무상의 정복자

Les Conquérants de l'inutile - Des Alpes à l'Annapurna by Lionel Terray
© 1961 by Hors série Connaissance, Gallimard

Korean translation copyright 2016 by Haroo Publishing Company

* 이 도서의 국립중앙도서관 출판예정도서목록(CIP)은
서지정보유통지원시스템 홈페이지(http://seoji.nl.go.kr)와
국가자료공동목록시스템(http://www.nl.go.kr/kolisnet)에서
이용하실 수 있습니다.(CIP제어번호: CIP2016005258)

위대한 등반가 리오넬 테레이 자서전

무상의 정복자

無償

리오넬 테레이 지음
김영도 옮김

하루재클럽

위대한 등반가 리오넬 테레이 자서전

무상의 정복자

초판 1쇄   2016년 3월 15일

지은이   리오넬 테레이Lionel Terray
옮긴이   김영도

펴낸이   변기태
펴낸곳   하루재 클럽
주소   (우) 06524 서울특별시 서초구 나루터로 15길 6(잠원동) 신사 제2빌딩 702호
전화   02-521-0067
팩스   02-565-3586
홈페이지 www.haroojae.co.kr
이메일   book@haroojae.co.kr
출판등록 제2011-000120호(2011년 4월 11일)

윤문   김동수
편집   유난영
디자인   장선숙

ISBN   978-89-967455-3-2 03690

* 책값은 뒤표지에 있습니다.

차례

나는 평생

산에서

살았다.

산의 발견

나는 전 생애를 산에 바쳤다. 알프스 산록에서 태어나 스키 선수가 됐으며, 등산 가이드를 직업으로 삼았다. 또한 알프스에서 대등반을 했고, 히말라야와 안데스로 여덟 번이나 해외 원정을 갔다. 그러니 이름 그대로 산사나이인 셈이다.

그런데 이런 생활과는 달리 어쩌다 슬라이드를 비춰가며 강연도 했다. 어느 날 저녁이었다. 강연이 끝나고 그 지방의 유지가 초대한 모임에 갔는데, 대학교수로 보이는 정장을 한 신사가 다가와 유심히 쳐다보며 정중하게 말을 걸었다.

"말씀 잘 들었습니다."

그러면서 내가 고맙다는 인사도 하기 전에

"하시는 일이 무엇인지요? 기술자이십니까? 아니면 대학교수…"

"아닙니다. 저는 등산 가이드입니다."

이렇게 대답하자, 그는 놀라움을 감추지 못하는 표정을 지었다.

싸늘한 호텔방으로 돌아온 나는 한숨 자고 싶었지만 잠이 오지 않았다. 사람들 앞에서 두 시간 동안 긴장해서 이야기하기도 했지만, 그 신사의 말이 머리를 떠나지 않았다. 지금까지 책에 나오는 이야기처럼 살아오다가 어느새 보기 드문 이중 생활자가 되어버렸다는 생각이 들었다. 넥타이를 매고 정장한 모습으로 사람들 앞에서 히말라야의 인류 지리학을 강의할 때 산사나이의 모습이 세상의 얼굴 뒤로 숨어버리고, 사람들에게 산사나이 답지 않은 인상을 주고 있는지도

테레이는 결과적으로 총 열한 번의 해외 원정을 갔다.

몰랐다. 인간의 운명이란 이렇게 참으로 묘한 것이라는 것을 알게 되었는데, 일반 지식층 가정에서 태어나 세계에서 가장 높고 어려운 산의 정복자가 됐으니 말이다.

이야기는 그레노블Grenoble에서 시작된다. 담쟁이덩굴로 덮인 성곽 같은 집이 도시를 내려다보고 있었다. 나는 그런 집에서 태어났다. 그 무렵 첫눈에 들어온 것이 하얀 눈에 덮인 벨돈Belledonne 산군의 빛나는 모습이었다.

부모님은 세상에서 말하는 좋은 가문 출신으로 유복한 시민이었다. 우리 집안에서는 대대로 관료와 실업가와 군인들이 나왔다. 좀 더 자세히 말하자면, 우리 집안은 평범한 시민으로 보이나 사실은 의외로 독창적이고 상상력이 풍부한 집안이었다. 아버지나 어머니 쪽으로 제법 두드러진 인물들도 나왔다. 열성적인 실업가와 부와 모험을 찾아 나선 여행자는 물론이고, 용기 있는 군인과 정치가가 있었다. 그러한 가문의 내력으로 부모님은 자유로운 정신을 이어받았으며, 그런 점에서 보통 사람들과 달랐다.

아버지는 키가 크고, 넓은 이마에 아래턱이 나온 건장한 체구였다. 도수가 높은 안경 뒤로 눈이 부리부리해, 틀림없는 북방 인종이었다. 급하고 열정적인 성격에 무뚝뚝하고 완고하면서도 친절하고 재치가 있었다. 특히 지적인 면에서 뛰어났고, 기억력이 남달리 비상했다. 아

버지의 생애는 한마디로 다사다난했다. 아버지가 화학기사로 재능을 발휘하여 브라질에 공장을 세우고, 그것으로 크게 성공하려던 때인 1914년 느닷없이 세계대전이 터졌다. 그러자 아버지는 모든 것을 내던지고 돌아와 군인이 되었다.

아버지는 나이 마흔에, 하던 사업에 염증을 느껴 겁도 없이 의료사업에 뛰어들었다. 그런 다음 의학을 공부하고 5년 뒤 병원을 차렸다. 아버지는 당시로서는 보기 드물 정도의 스포츠맨이었으며, 기구氣球나 자동차 경주에 나가기까지 했다. 특히 아버지는 처음으로 스키를 타본 프랑스 사람 중 한 명이었고, 멋진 텔레마크 기술 — 당시로서는 이것이 유일한 회전 기술로 알려져 있었는데 — 을 터득한 최초의 사람이었다.

아버지(오른쪽 흰 옷)는 멋진 텔레마크 기술을 터득한 최초의 프랑스인이었다.

한편, 어머니는 작은 체구의 이탈리아 사람답게 까만 눈과 까만 머리를 하고 있었다. 어머니는 예술적인 소질이 있어 그림 공부도 했으며, 남달리 활동적이고 창조적이었다. 1913년에 이미 차를 몰았으며, 겁 없이 바지를 입고 스키를 탄 첫 프랑스 여성이기도 했다.

특히 어머니는 승마에 열정을 갖고 있어서, 몇 주일 동안 말을 타고 일찍이 백인 여성이 가본 적이 없는 오지를 여행하기도 했다.

이처럼 부모님은 모험적이고 스포츠적인 성향이 강했지만, 그렇다고 모험이나 스포츠에서 극단을 달린 적은 없었다. 특히 아버지에게는 이런 것들이 자신의 생활에서 결코 중요한 자리를 차지하지 않았다. 따라서 내가 해온 일이나 교육에 스포츠적이고 행동적인 경향이 있다고 해서, 이것을 모험으로 완전히 기운 징조라 보는 것은 과장에 지나지 않는다.

여기 한 가지 분명한 것은 내가 산에 빠진 것이 결코 부모님으로부터 물려받은 것이 아니라는 것이다. 부모님은 생의 거의 대부분을 산 속에서 보냈으면서도 큰 산에 오른 적이 없었으며, 낮은 산에도 간 일이 없었다. 뿐만 아니라 그런 운동을 싫어하면서 미친 생각으로 여길 정도였다. 내가 일고여덟 살 때 어머니가 이런 말씀을 하셨던 것이 지금까지 잊히지 않는다.

"어떤 스포츠를 해도 좋다. 다만 오토바이를 타는 것과 암벽을 오르는 것은 안 된다."

암벽은 왜 안 되냐고 물었더니, 어머니는 이렇게 분명히 말씀하셨다.

"그것은 바보들이나 하는 짓이야. 손과 발로 자신을 끌어올리는 데 지나지 않는다."

어머니가 이렇게 암벽등반을 운동으로 여기지 않으신 것은 머리를 쓰지 않는다는 말씀이셨는데, 아버지는 어머니 이상으로 암벽등반을 빈정대고 무시하셨다. 아버지에게 스포츠는 사회에서 사업에 성공해 돈을 많이 벌어 잘 사는 데 도움이 되어야 하는 것이었다. 등산처럼 힘들고 위험하며 뭐가 뭔지 모르는 그런 일에 매달리는 것은 어리석기 짝이 없다고 아버지는 언제나 말씀하셨다.

"등산으로 몸이 녹초가 되는 것처럼 어리석은 일은 없다. 그래, 목이 부러질 듯 고생해 올라가 동전 한 푼 얻는다고 하자. 그래서 어쩌겠다는 거냐?"

산을 오르다 다쳐 평생 목발 신세가 된 사촌 형이 있었는데, 그런 미친 노릇을 하면 그렇게 된다고 귀가 따가울 정도로 들었다. 언젠가 신문을 보시고 또 같은 말씀을 하셨다. 신문에는 마침 독일 학생들이 도피네Dauphiné 산군에서 사고를 당한 기사가 크게 나 있었다.

"이것 좀 봐, 바보 같은 놈들! 이제 네 사촌 형 레네처럼 그들도 목발 신세야."

우리 집 내력이 그랬지만 나는 어려서부터 아주 씩씩한 아이였다. 나는 태어났을 때 몸무게가 5킬로그램 정도였는데, 머리숱이 많아

네 살 때부터 이발소에 갔다고 한다. 그런데 스물한 살 때 벌써 당구공처럼 머리카락이 한 오라기도 없었으니 얄궂은 운명의 장난이라고 할 수밖에.

나는 어려서 거의 혼자 놀기를 좋아했고, 겨울 같은 때는 밤에 난로 앞에서 이야기를 듣느라 시간 가는 줄 몰랐다. 네다섯 살 때, 어머니는 나에게 흰 깃이 달린 멋진 까만 벨벳 옷을 입히기를 좋아하셨다. 그래서 나는 싫어도 그런 옷차림을 하는 수밖에 없었는데, 이것이 거친 취미와는 전혀 맞지 않았다.

하루는 바닷가에서 어머니가 시키는 대로 하지 않았다. 노를 저으라는데 내가 꼼짝도 하지 않자 어머니가 드디어 손을 드셨다. 그때부

나는 어려서부터 아주 씩씩한 아이였다고 한다.

터 어머니는 내게 다시는 예쁜 옷을 입히지 않았다. 사람들은 내가 제멋대로 굴고 버릇이 없는 아이라고 했다.

서너 살 때 아버지가 처음으로 스키를 가르쳐주셨다. 가족들의 이야기가 저마다 달라서 잘 모르겠는데, 어떤 때는 아주 멋있게 탔고 어떤 때는 그렇지 못했다고 한다. 그 무렵의 어린아이들이 대체로 그러했듯이 스키를 처음 신고 누구나 자주 넘어졌는데, 나는 재빨리 스키에 취미가 붙어 스무 살이 될 무렵에는 그 세계에 거의 몰입하다시피 했다.

우리 집은 대지가 넓어 포도원과 텃밭이 있었다. 울창한 숲에 폐허와 바위산도 있었다. 이런 생활환경은 어린 나에게 자유와 자연의 신비를 꿈꾸고, 그리워하게 해주었다. 나는 어느 누구의 간섭이나 구속도 받지 않고 숲속을 달리고 바위를 기어올랐다. 토끼와 여우를 사냥하고, 새들도 총으로 쏘아 떨어뜨렸다. 겨울에는 스키에 매달렸고, 학교에 가지 않을 때는 거의 이 공원에서 지냈다. 영화를 보거나 공을 차는 일이 없었고, 오후 같은 때 친구들을 찾아가는 일도 없었다.

봄이 오면 그 독특한 봄기운에 끌려 밤에 잠을 자지 않고 집을 빠져나가곤 했다. 나는 들과 숲을 돌아다니며, 어둠과 고요 속 대자연의 신비를 느끼고 싶었다. 나는 오랫동안 숲속에서 꼼짝하지 않고, 나뭇가지가 꺾이는 소리와 부엉이가 우는 소리 같은 야행성 동물의 세계에 귀를 기울였다. 이렇게 어린 시절을 보내며 자연과 친해진 것이 결국 나에게 엄청난 육체적·정신적 영향을 주었다.

어린아이들은 누구나 그렇지만, 나는 덫으로 동물을 잡거나 카우보이와 인디언 놀이를 좋아했다. 나는 남들처럼 챙 넓은 카우보이모자나 요란스러운 무늬의 옷 같은 것은 없었지만 그 대신 사냥용 총과 칼이 있었다.

우리 집안은 수렵가의 집안이어서 대대로 내려온 총기류가 많았는데 브라질에서 가져온 것도 있었다. 믿기지 않겠지만 부모님은 나에게 그 총기들을 마음대로 만지도록 했으며, 아홉 살 때에는 벌써 내 총이 있었다.

그 무렵 하수구를 통해 엄청나게 많은 쥐들이 이웃 마을에서 나와 우리 밭을 엉망으로 만들어놓아서, 나는 친구와 함께 덫을 만들어 그 놈들을 일망타진한 일이 있었다. 이렇게 잡은 쥐들의 가죽을 벗겨 말려서 물을 들여, 그것으로 옷을 만들었다. 언젠가 책에서 읽었던 것을 그대로 해본 셈인데, 이런 야만적인 장난으로 인해 학교성적이 뚝 떨어졌고, 학교에서는 악동이 되고 말았다.

나는 품행도 보통이고 특별한 재능도 없었지만 유난히 바보스럽지는 않았다. 그런데 학교생활에서 집중력이 완전히 사라지면서 마음이 학교를 떠나 있었다. 선생님 말씀이 귀에 들어오지 않았고, 칠판과 검은 책상과 검은 복장 그리고 검은 잉크병 등 학교 분위기에서 멀리 떠나, 내 마음은 미친 듯이 눈 덮인 사면이나 푸른 숲으로 달려

가, 새 소리를 듣거나 무서운 뱀과 새들을 뒤쫓고 있었다.

어머니는 두 아들을 깊은 애정으로 키우셨는데, 내가 제멋대로 놀지 않았다면 나는 어머니 품안에서 자랐을 것이다. 어머니는 낙천적이고 명랑한 성격이어서, 좋지 않은 내 학교성적에 그다지 신경을 쓰지 않으셨던 것 같다. 한편 아버지는 사업에 바쁘다 보니 자식들에게 관심을 덜 보이셨다. 하지만 대학시절에 잘했던 일은 언제나 기억하고 있어, 나도 은근히 자신처럼 잘했으면 하는 기대를 품었던 것 같다. 그러다가 자식이 아버지보다 못하다는 것을 알고 분노와 실망에 어쩔 줄 몰라 하셨다.

나는 아버지의 분노와 학교에서 거듭되는 실패 속에서도 어두운 학교와 밝고 신비에 찬 공원 사이에서 더욱 씩씩하게 자랐다. 학교성

나는 농부로 소를 길렀다.

적은 여전히 꼴찌 수준을 벗어나지 못했으나 생기 넘치고 대담하며, 적극적이고 실질적인 지적 능력을 가진 소년이 되었다. 나는 열성적으로 이상을 좇으면서도 침울하고 말수가 적은 성격이었다.

아이들은 태어날 때부터 나무나, 담이나, 바윗덩어리를 기어오르길 좋아한다. 그래서 우리 집 뜰에 있는 작은 바윗덩어리가 나에게는 아주 좋은 놀이터였다. 이렇다 보니 일찍이 나는 어려서부터 바위를 오르는 기술의 기본을 몸에 익히게 된 셈이었다.

그런데 다섯 살 때 처음으로 등반 사고를 당했다. 뜰에 있는 바위에서 떨어져 머리에 구멍이 뚫린 것이다. 가족들의 이야기로는 내가 피를 흘리며 집으로 왔지만 조금도 울지 않았다고 한다.

바위를 몇 번 기어오른다고 그것을 등반이라고 할 수는 없다. 하지만 이렇게 해서 나는 일찍이 산을 오르는 것에 눈을 뜨게 됐고, 부모님이 아무리 말려도 나는 산을 멀리할 수 없게 되었다. 누구나 알고 있는 그 금단禁斷의 열매를 맛보고 싶었던 것이다.

아버지의 등산에 대한 혹평은 너무 심했으며, 그럴 때마다 내 마음이 크게 상처를 받아 아버지가 싫어졌다. 아버지는 어째서 그렇게 대놓고 반대하셨을까? 그것은 아버지가 세상을 보는 눈이 다르기 때문이라는 생각이 점차 들었다. 그리고 그 뒤 시간이 흐르며 알게 되었지만, 아버지는 어떤 예술적인 일이나 사회조직의 이상적인 생각에 대해서도 아주 싫어하면서 반대하셨다.

알프스의 심장부에 있는 그레노블 같은 도시에는 알피니스트가 많았다. 그런데 우리 집 친척이나 아는 사람들 중에는 그런 등산가가 별로 없었다. 물론 쿠튀리에 박사 같은 예외도 있기는 했다. 그는 야생동물 연구와 가이드 아르망 샤를레Armand Charlet와 함께한 몽블랑Mont Blanc 지역 등반으로 유명했지만, 그밖에는 누구 하나 본격적으로 산에 다닌 사람이 없었다.

거짓과 진실을 구별하지 못하면서도 나는 산의 영웅들이 자기가 한 일을 이야기할 때 얼굴이 빨갛게 달아오르도록 핏기가 오른 채 귀를 기울였으며, 그들이 보인 대단한 용기와 힘과 그들이 해낸 큰일로 내 상상력이 불타올랐다.

마침내 집에 산에 대한 책이 몇 권 있다는 것을 알고 정신없이 ― 모두 읽을 수는 없었지만 ― 그 책들에 달라붙었다. 그랬더니 어린 내 머릿속에 동화의 세계가 펼쳐졌다. 무서워 소름 끼치는 높은 봉우리와 거대한 눈사태 그리고 수없이 갈라진 빙하의 미궁迷宮이 눈앞에 떠올랐다. 빙하는 무서운 소리를 내며 계속 갈라지고 벌어졌는데, 그곳에서 초인적인 영웅들은 온갖 장애를 뚫고 나갔다. 그 무렵 나는 내가 장차 그러한 알프스의 영웅이 되리라고는 상상도 하지 못했지만, 그렇게 되면 얼마나 멋진 일인가 하고 생각은 했었다.

내가 잘 아는 빵집 아들은 그레노블 근처의 산을 여기저기 오르고 있었다. 그는 거짓말쟁이고 떠버리였는데, 자기가 한 일에 꼬리를 붙여 떠들어대기를 좋아했다. 그러나 나는 별 볼일 없는 이 소년을 한 없이 우러러보게 됐다. 그는 내 눈에는 영웅이었다. 마치 꿈같은 그의 모험담에 나는 시간 가는 줄 몰랐다. 나는 그런 산행에 데려가 달라고 애원하다시피 했다. 그러나 그는 "그건 안 돼. 넌 아직 어려. 산에 가려면 우선 어른이 돼야 해. 그리고 어떤 일이 있어도 겁먹지 말아야 해."라고 말했다.

그 무렵 나는 우리 집 문지기 딸 조르제트Georgette와 아주 친하게 지내고 있었다. 그녀는 열대여섯 살이었는데, 일요일이면 으레 '알프스 클라이밍 클럽' 사람들을 따라 산에 가곤 했다. 하지만 그렇게 가는 산행은 소풍이나 다름없었다. 고작해야 알프스의 앞산을 오르다 보니 어려운 산길을 가는 일은 없었다. 그래서 굳이 부모님의 허락을 받지 않고 조르제트를 따라 산에 가는 일은 조금도 어렵지 않았다. 결국 나는 자전거를 탄다는 핑계를 내세워 처음으로 산에 갔는데, 그때 느낀 등산의 감격은 이루 말할 수 없이 강렬했다. 그래서 그런지 몇 시간 안 되는 그 체험은 오늘날까지도 잊히지 않는다.

12살 때였다. 알피니스트가 되어야겠다는, 잠자고 있던 자각이 내 안에서 한층 강하게 일어났다. 그 무렵 동생의 건강이 안 좋았는데, 의사가 높은 곳의 공기가 좋다고 해서 어머니는 우리가 샤모니 Chamonix 계곡에서 쉴 수 있도록 해주셨다. 그때까지 나는 앞산의 알프스밖에 몰라, 멀리 만년설이 덮인 벨돈의 봉우리들과 오아장Oisans

계곡 주변의 고산들을 바라보고 그저 놀랄 뿐이었다. 그런데 이렇게 웅대한 고산들을 처음 바라보자 내 앞길이 열리는 것 같았다. 하늘 아래 이 세상의 것 같지 않게, 눈부시게 빛나는 거대한 빙벽을 바라보고 마치 귀신에 홀린 듯했다.

당시 나는 누가 보아도 열대여섯 살의 당당한 체구를 하고 있어서 외모는 젊은 스포츠맨 같았지만, 내 안에는 어딘가 불안하면서도 다감한 것이 감추어져 있었다.

빛나는 고산을 처음 보고 강하게 끌렸던 그 착잡한 심정이 일단 지나가자, 나는 내 꿈인 고산에 가서 등반해보고 싶다는 생각이 들었다. 그리하여 같은 또래들과 에귀 루즈Aiguilles Rouges 전망대 한두 군데를 오르고, 메르 드 글라스Mer de Glace 빙하를 가로질렀는데, 이때 빙하 기슭에서 손님을 기다리고 있던 어느 나이 많은 가이드의 도움을 받았다. 그렇다고 이 정도의 산행으로 내 모험심과 욕구가 채워질 리 없었다. 내 마음속은 이 놀라운 산의 세계로 깊숙이 들어가 더 높은 곳을 오르고 싶다는 갈망으로 가득 찼다. 내가 이런 갈망에 대해 끊임없이 이야기하자 어머니는 하는 수 없이, 샤모니 가이드 조합이 모집한 등산 팀에 나를 넣어주셨다. 이때 내가 처음으로 한 산행은 에그랄Egrales 암벽을 넘어 쿠베르클Couvercle 산장까지 갔다가 탈레프르Talèfre 빙하와 피에르 베랑제Pierre Béranger를 거쳐 돌아오는 것이었다. 여기서 처음으로 빙하의 균열을 뛰어넘고 <u>스노브리지</u>를 건너며

크레바스 등에 다리처럼 눈이 얼어 있는 상태

맛본 그 흥분은, 훗날 피츠로이Fitzroy나 마칼루Makalu 정상에 섰을 때 압도당했던 그 기분보다 강하면 강했지 결코 약하지 않았다.

그런데 이 등산 팀이 하는 일이 점점 마음에 들지 않았다. 나는 자일과 피켈, 아이젠과 같은 장비를 사용해 내 마음대로 오르고 싶었다. 어머니는 지금까지 무슨 일이나 잘 들어주셨는데, 이번에는 위험한 모험이라며 절대 받아주지 않으셨다. 그런데 운이 좋았던지 직업 군인으로 있는 사촌 형이 육군고산학교EHM로 부임했다. 그는 우수하고 믿음직하며 신중한 등산가라는 평이 나 있었다. 그러한 지도자가 나의 안전을 보장하게 되자, 안심하신 어머니는 마침내 사촌 형을 따라 에귀 아르장티에르 등반에 따라가는 것을 허락해주셨다.

이 봉우리는 너무 작아서 이름을 붙일 만한 것도 못되었는데, 나는 이 세상에 태어나 처음으로 여기서 자일을 타고 내려갔다. 자일 하강은 기술이라고 할 것도 없었지만, 그것은 새로운 것이어서 나에게 강한 인상을 심어주었다. 애들과 여자들은 허공을 내려가는 일이 무서워 울기도 했다. 나는 울지는 않았지만, 너무 긴장해서 녹초가 되고 말았다고 실토할 수밖에 없다. 처음에는 몸이 따르지 않아 억지로 했다.

내가 등반을 좋아하면서 즐기는 것을 보고, 사촌 형은 산에 대한 열정을 억압하지 않고 체계적으로 지도하는 것이 좋겠다고 생각했다. 어머니는 그의 이야기를 듣고 어느 우수한 가이드에게 나를 맡길 생각을 하셨다. 이 가이드는 플랑프라즈Planpraz에 있는 클로슈통 Clochetons과 브레방Brévent 남서벽에서 내가 연습을 하도록 해주었다. 이뿐만 아니라 나는 이렇게 처음으로 고산에 머무르면서 그랑 샤르 모즈Grand Charmoz와 프티트 에귀 베르트Petite Aiguille Verte에도 올랐다.

앞날에 도움이 될 이러한 많은 경험을 쌓고 그레노블로 돌아오자, 이제는 가이드 없이도 등반을 잘해나갈 수 있겠다는 자신감이 생겼다. 봄이 되자 나는 여자 친구 조르제트를 설득해서, 트루아 푸셀Trois Pucelles의 당 제라르Dent Gérard를 '그랑주 쿨르와르Grange-Couloir'로 오르기도 했다. 이 등반은 그레노블에서 멀지 않은 곳에서 이루어졌고 그렇게 어렵지도 않았지만, 나는 아직 익숙하지 않은 기술 같은 것들이 필요하다는 것을 느꼈다. 결과적으로, 그때의 등반은 내가 지금까지 체험한 것 중에서 가장 극적인 것의 하나가 됐으며, 아마도 이날처럼 내가 죽음에 가까이 가본 적도 없었던 것 같다.

그날 우리의 장비는 최악이었다. 베르코르Vercors의 암벽은 보기 드물게 미끄럽고 부서지기 쉬운 석회암으로 되어 있었는데, 우리는 징이 박힌 등산화를 신고 있었다. 요즘 같으면 생각할 수도 없는 일이었다. 첫 번째 횡단에서 등산화 바닥의 징이 긁히며 무서운 소리를 내더니 미끄러질 때마다 불꽃이 튀었다. 그러고 나서 몇 차례나 두 손으로 암벽에 매달렸는데, 20미터 아래의 너덜지대로 떨어지지 않은 것이 신기했다. 나는 완전히 지쳐서 평편한 테라스 위로 올라섰

눈 또는 얼음이 쌓인, 경사가 급한 협곡

다. 내가 오르는 것을 불안하게 지켜보던 다섯 명의 등산가가 같이 등반하지 않겠느냐고 말을 걸어왔다. 그들은 죽은 사람을 힘들게 밑으로 내리느니 살아 있는 사람을 위로 끌어올리는 것이 낫겠다고 생각하는 것 같았다. 이런 요구에 기분이 약간 상했지만, 나 자신의 본능이 결국은 자만심을 이겼다.

그들이 자일로 확보를 해준 덕분에 나는 앞 사람들을 쉽게 따라갈 수 있었다. 하지만 불행하게도 여자 셋이 있는 다른 팀은 모두 초보자여서, 리더는 구간마다 그들을 한 사람씩 자루처럼 끌어올려야 했다. 그래서 시간이 많이 걸렸다. 일곱 명으로 된 우리 팀은 느릿느릿 올라갔다. 두 줄로 된 수직의 크랙 밑에 도착하자 날이 완전히 저물었다. 자일의 톱에 선 사람이 왼쪽으로 붙었는데, 그곳은 상당히 어렵다고 알려진 크랙이었다. 고무창이 달린 등산화를 신은 이 본격적인 등산가는 한두 번 시도하더니 고양이 같은 모습으로 그곳을 넘어섰다. 그러나 그다음으로 몸이 무겁고 재주가 없는 여성들을 뒤따라 오르게 하는 것은 보통 어려운 일이 아니었다.

크랙은 반반한 수직의 암벽에 어느 정도 비스듬히 나 있었는데, 그 암벽은 마치 춤을 추는 마룻바닥처럼 반질반질했다. 그런데 첫 번째 여자가 그 크랙에 손발을 끼워 넣지 못하고 손을 놓쳐버려 벽에 매달린 채 몸이 흔들거렸다. 잠시 후 그녀는 어떻게 해서든 손발을 놀리며 바위를 붙잡았다. 이제 먼저 올라간 사람이 60킬로그램이나 나가

암벽등반에서 선등자

는 살아 있는 짐을 끌어올려야 했다. 있는 힘을 다해 소녀를 자기 옆으로 끌어올리기는 했지만, 그 가엾은 남자는 여기서 힘이 빠져 다음 여자를 또 그렇게 끌어올릴 수 없었다. 그 여자는 가슴은 큼직한 데다 엉덩이가 살쪄 둥글둥글하다 보니 마지막 사람이 그녀에게까지 올라가 도와주어야 했다.

이렇게 하는 동안 소중한 시간이 흘러갔다. 리더는 이러다가 어두워지면 암벽에서 밤을 지새워야 할지 모른다고 걱정하는 듯 보였다. 그는 시간을 줄이기 위해 나에게 오른쪽의 쉬워 보이는 '샌드위치' 크랙을 확보 없이 오를 수 있겠느냐고 물었다. 내 능력에 대한 이런 신뢰의 표시는 내 자긍심을 크게 고무했다. 나는 주저 없이 선두에 서서 그 좁고 가파른 크랙을 올라갔다. 이 암벽은 아주 어려운 곳은 아니었지만, 내 몸 속에 있는 기술 이상의 것을 요구하고 있었다. 뿐만 아니라 징이 박힌 등산화가 미끄러지곤 해서 여간 겁이 나는 것이 아니었다. 그러나 나는 확실한 힘과 유연한 몸짓으로 만만찮게 갈라진 그 크랙을 필사적으로 기어 올라갔다. 나는 등산화 바닥의 징에서 소름 끼치는 소리가 날 때마다 마치 물개처럼 헉헉거렸다. 그러면서도 오르고 또 올라 마침내 2~3미터면 테라스에 도달할 수 있는 지점까지 이르렀다. 그런데 운이 다했는지 수직의 크랙이 그 지점에서는 약간 오버행이었다. 이 마지막 몇 미터를 넘어서려면 나는 될수록 벽에서 몸을 떼고 올라야 했는데, 이렇게 하려면 크랙의 확보를 포기하는 수밖에 없었다. 나는 이미 힘이 다 빠지고 녹초가 되어 어떻게 해야 할지 몰랐다. 하지만 나는 있는 힘을 다해 필사적으로 올라갔다. 간신히 믿을 만한 바위의 돌출부를 잡는 순간 나는 미끄러지면서 바위에 매달렸다. 저 아래 계곡으로 떨어져 몸이 으스러질 수밖에 없겠다는 생각이 이때만큼 강렬하게 든 적은 그 전에도 그 후에도 없었다. 그런데 절망적인 상태에 빠졌을 때 생각지도 않은 힘이 솟아나는 것처럼, 나는 다리를 크랙에 집어넣고 올라가 그 위기에서 탈출할 수 있었다.

그러나 이것으로 다 해결된 것이 아니었다. 적어도 리더라면 자기 손님이 뒤따라올 수 있도록 해야 했다. 어떻게 하면 내 여자 친구를 높은 이곳까지 끌어올릴 수 있을까? 이제 열세 살밖에 안 된 소년이 힘도 다 빠져버렸으니, 이것은 큰 문제가 아닐 수 없었다.

그때 작은 나무 하나가 크랙이 끝나는 지점 2~3미터 앞에 뿌리를 내리고 있는 것이 눈에 들어왔다. 그 뿌리는 단단해 보였다. 그 나무가 아니었다면 우리는 꼼짝없이 비박을 하거나 구조 요청을 해야 했을지도 모른다.

나는 그 나무에 자일을 돌려 감고, 조르제트를 조금씩 끌어올렸다. 그렇게, 그녀를 끌어올릴 때마다 나는 있는 힘을 다했다. 그리하여 자일에 감겨 숨도 제대로 쉬지 못하는 조르제트를 마침내 내 옆으로 끌어올리는 데 성공했다. 이렇게 해서 가장 어려운 고비를 넘기고,

다른 사람들과 만났다. 하강은 순조로웠다.

　자일의 톱에 서서 혼이 났던 그때의 일로 자신감을 잃고, 나는 그 뒤 오랫동안 나 자신의 마음을 속박했다. 그리고 그때의 등반으로 알피니즘이란 특별히 용기를 가진, 그리고 유능하고 우수하며 초인적인 힘을 가진 스포츠맨을 위한 것임을 굳게 믿게 됐다. 나는 체력이 부족하다는 것을 절감하고 매일같이 힘을 길러 나갔다. 그리하여 열세 살 소년치고는 나의 팔 근육이 상당히 강해졌는데, 바위를 오르던 그때 이런 힘이 있었더라면 얼마나 도움이 되었을까?

　샤모니로 다시 돌아왔을 때 나는 상상력이나 모험심이 별로 없는 가이드와 자일 파티가 되어 몇 군데의 산을 올라갔다. 그 사람은 적당한 난이도의 고전적인 루트만 등반하고 있었다. 게다가 그는 산장에 있는 아가씨에게 특별히 마음을 빼앗기고 있었다. 그래서 그는 '꿈속의 연인'에게 빨리 돌아가고 싶어 등반을 마구 서둘렀다. 그는 내가 미처 따라 올라가지 못하면 서둘러 자일로 끌어올리곤 해서 내 등반 기술이 늘 시간이 없었다.

　겨울이 오자 어려서부터 내가 좋아했던 스키 세상이 활짝 열렸다. 나는 도피네 지구 경기에 나갔는데 내 또래 가운데서 나를 따라오는 사람이 없었다. 이처럼 실력이 좋았기 때문에 나는 주니어대회에, 그리고 더 나아가서는 시니어대회에도 나가게 됐으며, 때로는 최우수 선수들 사이에도 낄 수 있었다. 주위의 많은 사람들은 내가 장차 세계적인 선수가 될 것이라고 격려했고, 내 생애에서 스키가 더욱 중요한 위치를 차지하게 됐다.

겨울이 지나면서 나는 일요일마다 산으로 갔다. 봄철의 만년설에서 스키를 타기 위해서였다. 여름이 되어 다시 샤모니로 돌아오자 어머니는 '하모 데 보아Hameau des Bois' 마을에서 멀지 않은 곳에 통나무집을 짓고 계셨다.

이 시즌에 나는 가이드를 설득해서 그와 함께 그레퐁Grépon을 종주하기로 했다. 그 무렵의 이 종주는 뛰어난 등산가들만이 할 수 있는 어려운 등반으로 정평이 나 있었다.

이때의 등반은 비록 가이드와 함께 한 것이기는 했지만 열네 살의 소년으로서는 대단한 일이었다. 나는 특히 머메리의 등반기를 읽었기 때문에 그 종주등반에 대한 기대가 무척 컸다. 나이 어린 등산가로서의 야심이 이 등반을 앞두고 몇 달 전부터 불타올랐다. 하지만 이런 등반을 가이드와 함께 하려면 비용이 적지 않게 들었다. 그래서 나는 비용을 절반씩 내기로 하고 친구 알랭 슈미트Alain Schmitt를 끌어들였다. 그는 나와 나이 차이가 없는 데다 등반에 소질도 있었고, 전통적인 루트의 경험도 꽤 있었다. 가이드도 그를 알고 있어서 우리가 한 파티가 되는 것에 반대하지 않았다.

별빛이 찬란한 밤이었다. 새벽 3시경 우리는 그레퐁을 오르는 일반적 출발점인 몽땅베르Montenvers의 오래된 호텔을 나섰다. 이제 나

영국 도버 태생의 알피니스트로, 1895년 낭가파르바트를 정찰하던 중 라키오트 벽에서 눈사태로 사망했다.

도 대등반을 한다는 기대감에 마음이 부풀었다. 몸 상태도 좋아서 힘이 솟았다. 멋진 하루를 약속 받은 듯했고, 아무 문제가 없을 것 같았다. 하지만 나는 몽땅베르의 호텔에 적어도 열 명 남짓한 아가씨들이 있다는 생각을 미처 하지 못했다. 가이드의 빠른 걸음은 그 아가씨들의 숫자와 비례한다는 것을 나는 나중에야 깨달았다. 그는 보통 때보다도 굉장히 빨랐다. 물론 알랭과 나도 훈련이 잘되어 있어서 그 정도는 자신이 있었다. 그래서 우리도 이 말도 안 되는 속도를 따라갔는데, 결국 그것은 파멸로 이어졌다. 어프로치를 하는 동안과 등반을 시작할 때까지는 그런대로 괜찮았는데 시간이 지나자 피로가 느껴지기 시작했다. 샤르모즈 그레퐁Charmoz-Grépon 쿨르와르 중간에서 힘이 빠지는 것을 느낀 나는 가이드에게 천천히 가자고 부탁했다. 그러나 그는 내 말은 들은 척도 하지 않고, 하늘에 구름 한 점 없는데도 기상악화가 염려되니 서둘러야 한다고 말했다.

머메리 크랙 밑에서 알랭과 나는 이 미친 등반에 그만 나가떨어지고 말았다. 나는 눈물을 흘리며 조금 쉬면서 무엇이라도 먹게 해달라고 애원했지만, 가이드는 인정사정이 없었다. 뛰어난 클라이머인 그는 눈 깜짝할 사이에 이 종주등반의 종착지인 정상에 올라섰다. 그리고 나는 마치 기중기에 붙들린 것처럼 무자비하게 공중으로 들어 올려졌다. 내가 바위 틈바구니에 내려놓아지기가 무섭게 이번에는 알랭이 마치 낚싯줄에 걸린 숭어 모양 깊은 골짜기에서 나타났다.

이 등반이 그 뒤 어떻게 이어졌는지는 기억도 잘 나지 않는다. 숨이 막힐 정도로 자일에 조이고, 지치고 또 지쳐서 의식조차 잃다시피 했고, 가이드가 내뱉는 말에 잔뜩 겁을 집어먹은 그날의 등반은 끝내 악몽이었다. 하지만 정오 무렵 여전히 푸른 하늘 아래 몽땅베르 호텔의 테라스에서 맥주 한 잔을 앞에 놨을 때, 나는 비로소 나 자신의 본래 모습으로 돌아올 수 있었다. 다행히도 이런 가이드가 점점 줄어들고 있지만, 그 희생자가 된 많은 사람들처럼 나는 이런 가이드를 따라가는 등반이 아주 싫었다. 이런 일이 없어지지 않았다면 나는 등반에서 멀어졌을지도 모른다. 내가 등반에 불만을 품게 된 것이 가이드가 성급하고 거친 데 그 원인이 있었던 것과는 달리, 나는 내가 등반에 소질이 없고 어려운 일을 해낼 자신이 없다고 생각했던 것이다. 이렇게 자신을 잃으며 나는 점차 열등의식에 사로잡혔다. 그러다가 5년이 지나서야 어느 운 좋은 기회가 생겨, 나는 비로소 용기를 되찾게 되었다.

벌써 오래전부터 부모님은 서로 성격이 맞지 않아 따로 살고 있었는데 끝내 갈라서기로 했다. 나는 아버지와 함께 사는 것으로 결정됐다. 아버지는 나를 기숙학교로 보내 학업을 계속하게 해주셨다. 이 학교는 권위 있는, 이른바 작은 신학교였다. 당시 그레노블 근처에 있었던 이 학교는 정상적인 교육과정보다는 기숙사생들의 소규모 활동이 주를 이루고 있었다. 그러나 이 학교의 규칙이나 전통은 창립 이래 크게 달라진 것이 없었는데, 엄격·강건·완전 등 낡은 사고방식이 그 특징이었다. 학교는 예전에 수도원으로 쓰였던 건물 안에 있었는데, 이제르Isère 계곡이 내려다보이는 멋진 곳이었다. 커다란 나무들에 둘러싸인 오래된 돌담은 확실히 사람의 시선을 잡아끌었다. 밖에서 보면 낭만적인 인상을 주지만, 일단 안에 들어가면 그런 인상은 전혀 찾을 수가 없었다. 오래된 먼지를 쓰고 있는 안의 분위기는 머물러 있을 기분이 나지 않았다. 하지만 교실 안에서만은 고풍스러운 스토브가 타고 있었다. 침실마다 40~50명 정도의 학생을 수용했다. 스포츠 시설로는 중간 크기의 운동장이 두 개 있었지만, 운동기구 같은 것은 별로 없었다. 학교생활은 군대 같은 분위기로 스파르타식이었다. 식사는 공동 취사장에서 나왔는데, 그때의 철판 식기는 한 번도 씻지 않은 것 같았다. 몸을 깨끗이 하라고 했지만 언제나 찬물에 얼굴과 손발을 씻어야 했다.

다만 스파르타식 학교생활은 큰 문제가 되지 않았다. 군대식 훈련과 과도한 수업만 없었다면, 교실이 낡았다든가 야비하고 거칠게 학생들을 다룬다든가 하는 것을 갖고 불만을 터뜨릴 정도는 아니었다. 대체로 10시간 정도의 수업과 자습시간 외에 매일 한두 시간의 종교 교육이 있었다. 건강을 위해서 매일 휴양시간이 있었고, 일주일에 한 시간의 체육시간과 주말의 짧은 산책시간이 있었다. 그때까지 왕성한 활동을 하며 많은 시간을 자유 속에서 대자연과 어울려 살아온 나에게는 이것이 소년 형무소의 생활로밖에 생각되지 않았다.

첫 시간부터 나는 새장에 갇힌 새처럼 불행하다는 생각을 하게 되었다. 그러나 나는 이러한 수도사 같은 생활을 통해서 뒤떨어진 나의 학교성적을 회복해보려고 열심히 노력하며 이런 생활에 익숙해지려고 했다. 두 달 동안 나는 학교규칙에 따라 노력하며 배우는 데까지 배워보려고 애썼다. 그러나 교실에 처박힌 생활과 어쩔 수 없이 받아들여야 하는 더러운 환경, 치사한 장난과 음모들이 매일 매일을 어둡게 해서 나는 도저히 견딜 수가 없었다. 끝내 나는 이대로 가다가는 내 몸이 견디지 못할 것이라고 생각되어 아버지에게 편지를 썼다. 이런 학교생활은 내게 도움이 되지 않으며 내가 원하는 것도 아니므로, 나 스스로 뭔가를 해보고 싶다고 말씀드렸다.

위대한 시민으로서 강한 자긍심에 눈이 어두웠던 아버지는 자신의 아들이 고등교육에 적응하지 못하는 것을 인정하지 않고 편지를 읽자 화부터 냈다. 아버지는 꼼짝 말고 학교에 있어야 하며, 딴생각은 아예 집어치우라는 답장을 보내왔다. 나는 곧바로 아버지가 학교에서 못 나가게 한다면, 결국 내 마음대로 할 수밖에 없다는 것을 보여드리겠다는 답장을 보냈다.

그리고 이어진 일요일, 나는 외출허가를 받고 시내로 나가서 사람들을 놀라게 하려고 권총과 화약을 샀다. 그날 밤 권총의 첫 발이 침실의 둥근 천장을 뒤흔들었고, 이어서 두서너 발의 총성이 더 울렸다. 그러자 명문으로 알려져 있던 이 학교가 느닷없이 큰 소란에 빠졌다. 다음 날 아침 10시 나는 교무실에 불려갔는데, 아버지가 잔뜩 화난 얼굴로 나를 기다리고 계셨다. 결국 나는 학교에서 추방되고 말았다.

이 권총 사건이 있고 나서 나는 크게 혼이 날줄 알고 걱정했는데, 남달리 뛰어난 심리 치료사를 자처하는 아버지는 이번 일을 예외로 취급하고, 나를 최신식으로 교육하는 중학교에 보내주었다. 아버지가 택한 학교는 베르코르 산군의 1,000미터 고지대에 있는 휴양마을 빌라르 드 랑Villard-de-Lans에 자리 잡고 있었다.

이 작은 학교는 지적 수준과 교양이 아주 높은 한 여성이 경영하고 있었는데, 이 여성은 모두가 명랑한 분위기 속에서 교육을 받도록 하면서도 성과가 오르는 학교를 만들어 나가는 데 능력이 있었다. 어느 반이나 학생의 수는 8명~10명 정도였고, 매일 오후 2시와 4시 사이에는 야외활동이 있었다. 나는 겨울에는 스키를 탔고, 일요일마다 경기에 참가할 수도 있었다. 그래서 나는 열여섯 살 때 처음으로 도피네 지구 주니어대회에서 우승을 차지했고, 시니어대회에서는 3위에 입상했다. 여름과 가을에는 스키 대신 숲이나 약간 어려운 산악지대를 걷는 행사가 있었다. 도보 산행에서 나는 언제나 뛰어났기 때문에 선생님을 대신해 내가 팀을 조직해서 내 책임하에 도보 산행을 하거나, 또는 위험하지 않은 등반을 해도 좋다는 허락을 받게 되었다.

뿐만 아니라 나는 고령회GHM 회원으로 우수한 등산가였던 이 학교 선생님과 함께 암벽등반을 해도 좋다는 허락까지 받았다. 그리하여 나는 그와 함께 트루아 푸셀의 '그랑주 쿨르와르'를 등반했다.

이 학교에서의 생활은 나의 취미와 재능, 기질에 꼭 들어맞았다. 나는 2년 동안 이 학교에 있으면서 더없이 행복하게 지냈고, 심신이 건강하고 건전하게 자랐다. 그럼에도 뒤떨어진 학교성적을 되찾지는 못했다. 졸업시험을 치러야 했는데, 영어와 프랑스어를 빼고는 거의 통과할 자신이 없었다. 그럼에도 아버지는 나를 다시 공부시키려고 2년 전부터 샤모니에 살고 계신 어머니 곁으로 보내, 그곳의 호화로운 환경에서 지내도록 했다. 그런데 불행하게도 이 학교는 빌라르 드 랑에 있던 학교의 경영을 따라가지 못했으며, 환경도 마음에 들지 않았다. 주위에서는 내가 틀림없이 학업을 계속할 것이라고 기대하고 있었지만, 나는 그런 환상에 빠져든 적이 없었다. 나는 날이 가면 갈수록 학교 공부에 흥미를 잃고, 오직 스키에만 빠져들어 갔다. 그렇다고 해도 일요일이 아니면 학교를 빠져나갈 수 없어, 결국 멀리 가지 못하고 샤모니에서 하는 경기에만 참가했다. 마침내 나는 일주일 동안 학교를 쉴 수 있게 해달라는 허가를 신청했다. 피레네Pyrénées 산맥의 루숑Luchon에서 열리는 프랑스 선수권대회에 참가하려고 했던 것이다. 하지만 그 요청은 거절당하고 말았다.

이 나이에 그런 선수권대회에 나가는 것보다 더 중요한 일은 있어

프랑스 산악회에는 속하지 않은 단체로, 유명한 프랑스 산악인 대부분이 회원이다. 상당한 등반경력이 있어야 가입할 수 있다. 등산 잡지 『몽타뉴』와 함께 황금피켈상을 주재하고 있다.

보이지 않았다. 결국 나는 학교에서 도망치기로 마음먹었다. 나는 이삼일 동안 몰래 도망갈 준비를 했다. 드디어 그날이 다가오자 나는 짤막한 글을 써서 침대에 남겨 놓았다. 이제 남은 일은 2층 복도의 창문을 열고 배낭을 밑으로 내던진 다음, 눈 위로 뛰어내리는 일뿐이었다. 그러고 나서 15분 뒤 나는 기차 안에 있었다. 아침이 되어 내가 도망쳤다는 사실이 알려졌을 때, 나는 이미 멀리 떨어진 곳에서 아주 밝은 기분으로 피레네로 향하고 있었던 것이다.

아버지는 루송에 있는 내게 전화를 하셔서, 이번 대회가 끝나고 집으로 돌아오면 너그러이 봐주겠다고 말씀하셨다. 하지만 나는 성적이 좋아 바르셀로네트Barcelonnette에서 열리는 '프로방스 그랑프리'에 초청받았다. 비용도 대회 주최 측 부담이었다. 나는 아무런 망설임 없이 이 남국의 요양지로 갔다. 그리고 그 대회에서 우수한 성적을 내어 종합 3위에 올랐다. 내가 만면에 희색을 띠고 단상에 올라가려고 할 때, 경찰 둘이 난처한 표정으로 건방진 사투리를 쓰며 아버지가 경찰에 신고했기 때문에 나를 다음 차편으로 고향으로 돌려보내야만 한다고 말했다.

이렇게 제멋대로 굴자 학교에서는 나를 다시 받으려 하지 않았고, 아버지도 제멋대로 구는 자식을 세상에 내놓은 것을 후회하면서 더이상 내 장래에 대해 흥미를 갖지 않으셨다. 드디어 나는 바람처럼 자유롭게, 젊고 미래가 약속된 듯한 광명의 빛을 받으며 여러 스키

대회에 초청받았다. 시즌이 끝날 무렵의 몇 주일간 나는 이름 있는 모든 대회에 나가 놀라운 성과를 올렸는데, 그중에서도 특히 브레시드 라 메이주Brèche de la Meije의 활강경기에서는 세계선수권 보유자인 제임스 쿠테James Couttet와 프랑스 국가대표 선수들이 여러 명 있었는데도 내가 우승을 차지했다.

그 무렵의 나는 빈털터리여서 스키가 부러지든가 하는 날에는 여간 비참하지 않았다. 부모님 사이가 좋지 않아서 나는 자유로운 몸이었으나, 대신 거의 금욕생활을 하는 수밖에 없었고, 장래에 대한 불안감도 있었다.

나는 바람처럼 자유롭고 패기가 넘쳤다.

1939년 여름, 사람으로서는 어찌할 수 없는 일이 세상을 뒤흔들었다. 전쟁이 일어난 것이다. 그로부터 수개월 동안 나는 어떻게 해야 좋을지 모르고, 정말 곤경에 빠져들었다. 아버지는 분명 나에게 관심이 없다시피 했으니, 어떤 기대도 할 수 없었다. 한편 어머니는 위험천만한 투기로 재산을 거의 잃고 혼자 살고 계셔서 나를 도울 형편이 되지 못했다.

나는 나대로 학교에서 공부를 못했고 졸업도 제대로 하지 못했으니, 두뇌를 쓰는 일자리가 있을 리 없었다. 그렇다고 손으로 하는 일을 익힌 것도 없으니, 그런 일자리에 끼어들 수도 없었다. 하다못해 임시직으로라도 들어가야 먹고 살 수가 있었다. 그때 나는 스키를 타는 일이 유일한 해결책이라는 생각이 들었다.

물론 당시로서는 스키 강사가 오늘날처럼 수입이 그다지 많은 것이 아니었다. 그러나 이 직업은 겨울철 6개월 동안 내가 지낼 수 있는 일이었다. 그것으로 안정된 자리를 얻으려면 우선 대단한 선수여야 했다. 그런데 내가 지금까지 올린 성과를 생각하면 언젠가는 뛰어난 선수층에 끼어들 수는 있겠지만, 그러한 생각만으로 미래를 기대할 수는 없었다. 게다가 스키와 연관된 모든 것을 전쟁이 망쳐버렸다. 겨울철 스키장을 찾는 손님이 10분의 9나 줄고, 모든 스키 대회가 취소됐다.

나는 겨울철 초반을 루숑에서 지내며 친구가 하는 스포츠용품점에서 일했다. 스키 수리와 바인딩 붙이는 일도 잘했고 판매도 도울 수 있었다. 하지만 일이 없어 나는 샤모니로 돌아가야 했다. 그곳에서 나 스스로 훈련 정도는 계속할 수 있었고, 이 우울한 시즌에 있었던 단 하나의 대회에서 우승하여 조그만 만족을 얻을 수 있었다. 1940년 드디어 의용군으로 나가려는 참이었는데 패전이 찾아왔다.

지난날 그레퐁 등반에서 크게 실망한 뒤 나는 대등반은 단념했지만, 그렇다고 등반을 아예 집어치울 생각을 한 것은 아니었다. 빌라르 드랑에서 나는 열심히 산에 갔으며 어려운 등반도 많이 했다. 샤모니에서는 규모가 작은 등반을 몇 차례 했을 뿐이었지만, 대신 봄철과 여름철에는 스키에 몰입했는데, 이것이야말로 알피니즘 그 자체였다. 이제 나는 정말 대등반을 하고 싶었지만 그러기에는 아직도 힘이 부족했다. 이곳에는 나를 후등자로 데리고 갈 사람이 없지는 않았으나, 그런 일류 클라이머는 초보자로 인해 자기 등반에 지장 받을까 봐 꺼리는 것 같기도 했다. 이런 상태는 태양빛으로 가득한 1940년 7월의 어느 날 아침까지 이어졌다. 그날의 산들은 수정같이 맑은 대기 속에서 매혹적인 아름다움으로 빛나고 있었다.

몽블랑을 바라볼 수 있는 창문을 열어 놓고 방 안에서 책을 읽고 있는데, 한 등산가가 찾아왔다. 의용군 장교였는데, 무장해제가 되자 곧바로 산에서 무슨 기분전환이라도 할 것이 없을까 하고 샤모니를 찾아온 것이었다. 그 장교는 불명예스럽게 당한 무장해제의 고통을 씻어버리고 싶어 했다. 그는 파트너를 찾던 중 한 친구가 나를 추천했다고 말했다. 감동을 받은 나는 행복해하면서 그의 요청을 받아들였다. 나는 기도 레이의 말대로 '행위의 도취' 속에서 어쩔 줄을 몰랐다.

우리는 곧바로 계획을 짰다. 그런데 나는 정말 놀라고 말았다. 그가 당시 아주 어려운 곳으로 소문나 있던 당 뒤 루퀸Dent du Requin의 마이어-디보나Mayer-Dibona 리지를 해보자고 제안한 것이다. 이 루트는 뛰어난 자일 파티만이 노리던 곳이었다. 그런데 그는 이런 이야기를 별것 아닌 듯 대수롭지 않게 꺼냈다. 그는 고령회GHM 회원으로, 자기와 같이 가면 어디나 오를 수 있다며 나를 과대평가하고 있었다. 나는 완강하게 거절하며, 이보다 훨씬 더 쉬운 므완Moine의 남쪽 리지 등반을 제안했다. 내가 끝내 양보하지 않는 것을 보고, 그 고령회 회원도 결국 그다지 시원치 않은 계획이긴 하지만 알겠다며 받아주었다.

므완의 남쪽 리지 전반부에서 그를 따라가는 일은 조금도 힘들지 않았다. 우리는 아주 순조롭게 전진했다. 그런데 가장 어려운 곳에 오자 이 파트너가 갑자기 생기를 잃었다. 훈련 부족이 원인인 것 같았다. 그뿐만 아니라 그는 고무 밑창이 달린 등산화도 갖고 오지 않았다. 그는 공연한 몸짓으로 온갖 노력을 되풀이할 뿐이었다. 그럴

기도 레이는 이탈리아의 클라이머이다.
리지는 날카로운 암릉이 연속적으로 이어진 곳을 말한다.

때마다 그가 절벽 밑으로 추락하지 않을까 마음이 조마조마했다.

이렇게 세 번의 시도 끝에 결국 기진맥진한 그는 곤혹스러운 표정을 지으며 여기를 뚫고 나갈 수 없으니 그만 하산하자고 말했다. 나는 뜻밖에도 일찍 되돌아서야 한다는 사실을 알고 놀랐다. 이게 말이 되는 걸까? 내 기운은, 이렇게 좋은 날씨 속에서, 아직도 하늘을 찌를 듯했다. 그곳은 그다지 어려워 보이지도 않았다. 내가 해보면 안 될까?

낭떠러지 위 2~3미터를 크게 건너뛰는 곳에서는 밑에 있는 바위가 마치 말뚝처럼 뾰족하게 돌출되어 있어 여간 불안하지 않았다. 그러나 그것은 대자연의 고요를 깨뜨리려고 찾아온 불청객들을 혼내주기 위해 만들어진 것이었다. 동양에서는 죄를 지은 사람이 자신의 죽음을 스스로 택하는 경우도 있다고 들었지만, 나는 지금 여기에 죽으러 온 것이 아니었다. 나는 순간 나 자신도 억제할 수 없는 힘이 솟구쳐 오르는 것을 느껴 조금 몸을 푼 다음 어려운 그곳을 넘어갔다. 용기가 생긴 나는 그대로 앞장서서 올라갔다. 위로 더 올라가자 손으로 잡을 곳이 하나도 없는 4~5미터의 수직 벽이 나타났지만, 모두 그런대로 넘어갈 수 있었다. 마지막 난관을 돌파하고, 나는 만면에 희색을 띠면서 므완 정상에 섰다. 하늘에는 구름 한 점 없었고, 빛을 가리는 것은 아무것도 없었다.

우리는 오랫동안 정상에 머물며, 우리를 둘러싼 연한 빛에 물든 거친 성벽 같은 산들을 마음껏 바라보았다. 이 산들은 드류에서 샤르모즈에 이르기까지 하나의 권곡을 이루면서 우리를 감싸고 있었는데, 알프스에서도 보기 드문 장대한 조망이었다. 그즈음 프랑스는 견디기 어려운 역사적 격동기를 겪고 나서 다시 제 모습을 찾으려 발버둥치고 있었지만, 이렇게 산에 온 것은 우리뿐이었다. 돌덩어리 같이 무거운 침묵이 우리 마음속에 스며들었다. 깊은 편안함을 느끼고 있었지만, 한편 내 마음속에는 어두운 그림자가 스쳐 지나갔다. 내 앞날에 위대하고 순결한 세계가 열린 것인가….

에귀 뒤 므완 등반은 내 앞날에 결정적인 의미를 부여했다. 나는 많은 등반 경험을 쌓으면서 기술적인 면에서는 커다란 발전을 이루었는데, 그러는 사이에 장래가 유망하다는 생각과 몸을 움츠리게 하는 공포감이 교차하는 것을 느꼈다.

이것은 또 다른 등반 이야기다. 청빙으로 된 샤르도네Chardonnet 북릉의 마지막 벽에서 친구는 간신히 작은 발판을 내고 있었다. 이 발판은 아주 불편할 뿐만 아니라, 더욱이 바깥쪽으로 기울어져 있기까지 했다. 나는 아이젠의 두 이빨을 청빙에 단단히 박으며, 여기가 평범한 곳이라는 자기최면을 걸어 아주 신중하게 올라갔다. 만일 내가 뒤에서 올라오는 사람들을 보지 못했더라면, 나는 아무것도 모른 채 정상에 올라섰을 것이다. 이 자일 파티는 대규모 등반으로 널리 알려진 사람들이었는데, 우리가 낸 발판에 기분이 상할 정도로 피켈을 마구 놀려서 세 배의 크기로 만들고 있었다. 그 순간 나는 내 기술에 의문을 품으며 불안해했다. 그러자 바로 나는 이렇다 할 확보도 없이 올라온 나의 발판이 얼마나 위험한 것인가를 깨달았다. 만약 몸을 잘못 놀렸거나 발판이 무너지기라도 했다면 우리는 발밑에서 입을 벌리고 있는 깊은 골짜기로 사정없이 떨어지고도 남았으리라. 갑자기 현기증을 느낀 나는 한 발짝도 앞으로 나갈 수 없었다. 우리는 함지박만 한 크기의 발판을 만들어야 했다. 이것으로 자신감이 생긴 우리는 간신히 정상에 올라설 수 있었다.

1940년이 끝나갈 무렵 나는 일련의 고전적인 등반을 모두 끝냈다. 등반 경험을 충분히 쌓은 나는 이제 완등에 대한 정확한 판단도 할 수 있었다. 여기에 또한 '중급 수준'의 암벽도 빠른 속도로 오를 수 있었다. 그러나 바위와 어려운 빙벽에서의 기술이 아직 완전하지 못했다. 주요한 원인은 나 자신으로, 해보고 싶은 데까지 해보지 못한 데 있었다. 어렵다는 곳을 간다는 생각만 해도 마음이 무거워지는 심리적인 위축과 싸워야 했다. 사정이 이렇다 보니 나는 이따금 루트의 설명을 잘못 읽고 어려운 곳을 아주 쉽게 넘어서는가 하면, 별것 아닌 곳을 어려운 곳으로 착각하고 두려움에 몸이 굳어 마음대로 움직이지 못한 적도 있었다. 그런가 하면 지금도 스스로 놀랄 정도로 본격적인 담력 시험 같은 곳도 헤치웠다. 그때 어떤 식으로 그곳을 했었는지 생각하면 지금도 등골이 오싹하다.

카르디날Cardinal을 올라갔을 때 이야기다. 반들반들한 오버행 침니를 모르고 붙었지만 그 장애물을 결국은 넘어섰다. 그때 그 불안정한 곳을 나는 벽과 벽 사이에 발을 쑤셔 넣어 몸을 받치고 올라갔다. 그러고 나서 수년 뒤 어쩌다 같은 산을 다시 오르게 됐을 때, 나는 굳이 루트를 벗어나 그전에 올랐던 침니를 다시 한 번 해보고 싶었다. 그런데 이번에는 '비브람 창 등산화'에, 이미 몽블랑 산군의 어려운 암벽에서 10년의 경험을 쌓았는데도 그 마지막 몇 미터를 도저히 오를 수 없었다. 등산에 있어 가장 위험한 것은 젊었을 때나 가질 수 있는 무모함이 틀림없다.

1940년 여름 몇 개월 동안 나는 사람이 거의 없는 알프스의 고요 속, 그야말로 바위와 얼음의 세계에서 정신없이 살았다. 세상은 여전히 혼란스러웠지만, 나는 다시금 옛날로 돌아간 기분이었다. 고지대의 계곡 주민들은 어느 하나 달라진 것이 없었다. 관광객들이 다시 찾아오면서 수입의 물줄기가 즐거운 소리를 내며 흐르기 시작했다. 일요일마다 젊은이들이 흥분된 얼굴로 크로노미터chronometer 주위에 모여들었고, 스키 대회가 열렸다. 이때야말로 내가 스키 강사로 대활약을 한 때였다. 12월, 프랑스 국가대표팀을 편성하는 예비훈련에 내가 선발된 것이다. 나는 특히 여름 내내 몸을 잘 단련시켰기 때문에 자신만만했다.

몸이 완전히 들어가는 넓은 크랙

내가 프랑스 국가대표팀에 끼는 것이 거의 확실했는데, 재수 없게 도중에 넘어져 무릎을 다쳤고 아직까지 완치가 되지 않았다. 하지만 나는 활강과 회전에서 이겼다. 도피네 지구 선수권대회에서는 4종목 종합경기에서까지 승리했다. 당시에는 어리석게도 활강과 회전뿐만 아니라 점프와 장거리까지 연습시켰다.

나는 운이 좋았는지 며칠 뒤 프랑스 선수권대회의 활강·회전 종합경기에서 2위, 그리고 4종목 종합경기에서 3위를 했다. 그리고 어머니 집에서 숙식을 하며 용돈도 받아, 마치 산양처럼 산 속에서 자유로운 생활을 했다.

12월 초부터 5월 말까지 스키 훈련과 많은 대회 참가로 쉴 틈이 없었다. 그리고 두세 시간 스키를 가르치면 얼마간의 용돈도 생겼으니 그저 고마울 따름이었다.

여름이 오면 가이드를 동반한 등반을 자주 했지만, 때로는 멀리 자전거 여행을 가거나 또는 수영 등으로 체력훈련을 하는 시간을 언제나 마련했다. 또한 나는 발자크Balzac와 뮈세Musset, 보들레르Baudelaire와 프로스트Proust 등을 즐겨 읽었다.

내가 만일 장래에 대한 걱정을 하지 않았더라면, 나는 이렇게 스포츠로 시간을 보내며 충분히 만족했을 것이다. 그런데 이 무렵에 벌써, 나는 일을 돈을 벌 수 있는 수단으로 여기지 않고 오히려 그 반대로 여겼다. 내게 가장 중요했던 것은 활동이었으며, 이러한 생각은 오늘날까지 변치 않고 있다. 그럼에도 그토록 자유롭고 멋있었던 내 생활은 날이 갈수록 불안해졌다. 어머니는 한없이 마음씨가 곱고 정이 많으셨지만, 언제까지나 나를 경마용 말처럼 돌볼 수는 없었다. 그때 갑자기 내 앞날에 길이 열리기 시작했다.

2장

최초의 정복

전통적인 군대는 이제 시민군이 그 자리를 대신했다. 목표는 서민적이고 도덕적이며 육체적인 단련에 있었다. 청년들은 21세가 되면 8개월간 의무교육을 받아야 했다. 그곳은 '청년 훈련소'였다. 이와 나란히 준 군사 청년조직인 '청춘과 산JM'이 생겼다. 이것은 자원에 의한 엘리트 집단으로, 젊은이들이 등산과 스키와 거친 야외활동을 통해서 인간의 가치를 느낄 수 있도록 하려는 것이었다. '청춘과 산'에는 스키와 등산 강사가 있었는데, 이들은 직업 가이드나 강사로서 이미 그 방면에서 실력을 발휘하고 어려운 시험을 통과한 사람들이었다. 보수는 사실 대단한 것이 아니었지만, 언제나 산을 접하면서 생활한다는 데 만족하고 있었다.

나는 이 강사 시험에 합격할 정도의 전문 지식을 몸에 익히고 있었다. 이제 어차피 2~3개월 안에 시민군으로 소집당하기 때문에 나는 '청춘과 산'에 들어가려 했고, 5월 초순에 채용되어 보포르Beaufort에 있는 본부로 배속되었다.

나는 한 팀에 배정되었는데, 이 팀은 1,800미터 고도에 있는 로즈랑드Roseland 고원목장의 새로운 건물을 쓰고 있었다. 하지만 이 고원목장의 건물은 아주 원시적인 시설로, 꼭 있어야 할 스토브, 침대와 매트리스, 그리고 담요 등이 하나도 없었다. 따라서 이 모든 것을 짐으로 져 올려야 했다. 이곳의 기후는 계절적으로 늦어서 로즈랑드의 고지대는 아직 그 반이 눈에 묻혀 있었고, 길의 마지막 4~5킬로미터

JM은 Jeunesse et Montagne의 약어이다.

는 거의 다닐 수 없을 정도였다. 내가 속해 있는 팀의 일은 이러한 운반이 주 임무로, 하루에 한 번씩 짐을 져 올리기로 되어 있었다. 짐의 무게는 평균 40킬로그램으로, 왕복에 소요되는 시간은 3시간 정도였다. 노동 시간은 비교적 짧았지만 상당히 고된 일이었다.

우리가 로즈랑드Roseland에서 해야 하는 거칠고 강건한 생활은 내 기질과 맞았지만, 그 3시간에 걸친 노동만으로는 내 행동 욕구가 채워지지 않았다. 그래서 매일 새벽에 일찍 일어나, 훈련을 함께 받고 있는 친구들과 로즈랑드보다 고도가 600미터 더 높은 곳으로 올라가 스키를 타고 내려왔다. 이 강도 높은 활강을 하고 나서 아침식사를 마친 후 짐을 지고 올라갔다.

이 작업을 마치면 쉬지만 나는 자원해서 두 번째 작업에도 참가했다. 나는 짐이 가벼워 보여서 매일 조금씩 더 지고 올라갔다. 이것이 모범이 되어 다른 친구들도 지지 않으려고 짐을 더 졌다. 그러자 본격적인 경쟁이 시작되어 우리는 60킬로그램까지 짐을 졌다.

눈이 녹자 우리의 생활은 상당히 달라졌다. 우리는 장작을 패거나 더 높은 곳에 올라가 스키를 탔고, 체육 활동과 약간의 암벽등반 등으로 하루를 보냈다.

일반적인 조직이나 규율의 유지 등은 여러 계급으로 나누어져 있는 '보스'들의 손에 맡겨져 있었고, 순수한 기술적 교육은 등산 강사들이 하고 있었다. '보스'라고 하는 사람들은 대부분 옛날 공군의 직업군인이나 하사관이어서 산에 대해 아는 것이 아무것도 없었다. 그런데 다행히도 우리 '보스'는 산악 하사관 출신으로, 등산에 경험이 있는 한때의 '블로자르Bleausard'였다.

그는 우리가 멀리 스키 반데룽을 하거나 암벽등반을 할 수 있도록 시간을 허락해주었다. 그런 목적의 일환으로 그는 로즈랑드가 내려다보이는 멋진 침봉군이나 커다란 석회암벽 밑에서 '등산교실'을 열 수 있도록 해주었다. 여기서 우리는 적어도 일주일에 두 번씩 반나절 동안 암벽등반 훈련을 했는데, 샤를레Charles라는 사람만은 이겨내기가 어려웠다. 그는 천재적인 능력을 갖고 있었다. 자일에 단단히 확보되어 아슬아슬한 곡예등반을 했던 이때의 경험은 유쾌했다.

내가 가스통 레뷔파Gaston Rébuffat를 안 것이 바로 이 무렵이었다. 그는 아레시Arèche 계곡을 근거지로 하는 팀에 속해 있었다. 그 계곡은 전나무가 무성한 숲과 눈이 부시도록 푸르고 비옥한 초원에 오래된 농가들이 있는 그림처럼 아름다운 곳이었다. 하지만 이처럼 목가적인 풍경 속에는 등반 연습장소가 없어서 그들은 로즈랑드에 있는 우리 '교실'까지 올라와야 했다.

어느 날 하루는 훈련 중에 비가 쏟아져 그들이 우리가 있는 곳으로 뛰어왔는데, 그들 가운데 마르세유에서 온 아주 뛰어난 등반가로 대등반을 여러 번 한 사람이 있다고 누군가가 말했다. 나는 마르세유Marseille 근처에 '칼랑크Calanques'라는 멋진 암장이 있다는 말을 전부

파리에서 가까운 폰텐느블로의 암장에서 활동하는 클라이머를 일컫는 말

터 듣고 있었기 때문에 이 말에 귀가 솔깃해서 곧바로 그 사람을 소개시켜 달라고 했다.

당시로는 누구나 레뷔파를 만나면 가슴이 철렁했다. 그는 큰 체구에 막대기처럼 깡마르고, 긴 목에 작고 까만 두 눈이 쏘아보는 듯 날카로웠다. 또한 어딘가 격식을 차리려는 듯한 태도와 아주 세련된 말투가 분명한 마르세유 억양과 재미있는 대조를 이루고 있었다. 나는 그의 개성에 다소 놀랐지만, 처음의 어색함이 사라지면서 우리는 서로 가까워졌다.

비가 오는 오후에는 종일 걸으며 이야기했는데 화제는 언제나 하나, 산이었다. 누구나 상상할 수 있듯이 우리는 지금까지 어디를 올라갔는가에 대해 서로 이야기를 나누었다. 내가 놀란 것은, 그가 오직 칼랑크에서 익힌 곡예등반 기술을 갖고, 내가 꿈에나 그리던 등반을 해냈다는 것이었다. 우리는 각자 자기의 계획을 이야기했는데, 그의 계획에 나는 너무나 놀라고 말았다.

그가 그 당시 알피니즘에 대해 품었던 생각은 한 시대를 앞서고 있었기 때문에 나에게는 새로울 수밖에 없었다. 그때까지 내가 사귀었던 등산가들이 생각하는 산을 오른다는 것은 전통과 순서, 그리고 금기가 따르는 일종의 종교적 의미를 가진 기술이었다. 이런 성지에서는 이성이 발동할 여지가 극히 제한되어 있었다. 이러한 보수적인 알피니즘 세계에서 나는 지금까지 그저 습관적 의식을 따라갔을 뿐이었다.

레뷔파는 회의적인 인간이어서 어떤 편견도 갖고 있지 않았다. 그는 거의 모든 것을 시대에 뒤떨어진 낡은 것으로 여기고 있었다. 알피니즘에 있어서, 그에게 중요한 것은 암벽등반의 대가가 되는 일이었다. 그렇게 되면 그다음부터는 의지와 용기가 이끈다는 것이었다. 이러한 이론의 증거로 그는 독일과 오스트리아의 유명한 클라이머들의 이름을 들었는데, 그들은 오직 돌로미테Dolomite와 동부 알프스의 석회질 암벽에서 익힌 기술만으로 높은 산에서 위대한 등반을 해내고 있었다. 독일과 오스트리아인들에게 좋은 것이었다면, 우리 프랑스인들에게도 좋을 것이라고 그는 굳게 믿고 있었다. 그렇게 하면 천부적인 재능으로 알프스의 거벽들을 극복해 나갈 수 있다고 레뷔파는 생각하고 있었다.

그는 특히 그랑드 조라스의 워커릉과 아이거Eiger 북벽까지도 생각하고 있었다. 하지만 빙하가 햇빛에 번들거리는 것을 보거나 뾰족한 바위 봉우리들이 푸른 하늘을 배경으로 날카롭게 서 있는 것을 보고 알피니즘을 직관적으로 받아들이던 나는 레뷔파의 방법적인 의지와 합리적인 이론, 그리고 거친 자신감과 냉정한 야심 같은 것에 어딘가 불안감을 느꼈다.

그와 이렇게 만나고 나서 얼마 뒤, 나는 자일의 톱으로서 시험을 보기 위해 오아장 산군 남쪽의 라 샤펠 앙 발고드마르La Chapelle-en-

---

'워커'는 1868년 그랑드 조라스를 남쪽에서 오른 영국 산악인이 정상에 붙인 말이다. 하지만 지금은 1938년 카신에 의해 초등된 북벽의 버트레스를 의미하는 말로 더 자주 쓰인다.

Valgaudemar에 있는 '청춘과 산' 교육본부에 가게 됐는데, 이때 나의 경쟁상대인 샤를레와 레뷔파도 함께 갔다.

나는 이미 수년 전부터 너무나 문명화된 샤모니 계곡에서 살아왔으므로, 그곳에 있는 케이블카와 리프트 그리고 편리한 숙소에 익숙해져, 등산을 가볍게 여기고 있었다. 우아하면서도 웅대한 침봉과 얼음이 번들거리는 몽블랑, 그리고 푸르고 부드러운 사부아 알프스의 모습에 익숙해 있다가 라 샤펠르 앙 발고드마르에 도착했을 때는 마치 티베트에 유배라도 당한 듯한 낯선 기분이었다. 자연과 사람 모두가 나에게는 무척 새로웠다.

여기에는 야생화가 만발한 초원도 없었고, 대자연의 평화를 노래하는 가축의 무리와 방울소리도 없었다. 영원을 위해 세워진 듯한 넓은 지붕을 가진 농가도, 외국인들이 웅성거리며 소란을 부리는 마을도 없었다. 여기는 그저 냉엄하고, 처녀지 같은 거친 자연이었다. 사람들도 딴 세상에 사는 사람들 같았다. 둥그스름한 능선을 가진 산은 마치 폐허를 연상케 했는데, 거무스레한 성벽을 지나 엄청나게 큰 너덜지대를 통과해야 드디어 빈약한 잡초에 덮인 고원지대를 만날 수 있었다. 더러운 눈을 뒤집어쓴 쿨르와르와 잔돌로 덮인 빙하가 그나마 주위의 음산한 풍경을 밝게 해주고 있었다.

준엄한 봉우리 밑에 작은 골짜기가 있었는데, 그곳 주민들은 아직도 중세를 벗어나지 못한 듯 비참한 삶을 살고 있었다. 그들은 이끼가 낀 지붕의 작은 돌집에서 원수 같은 자연으로부터 간신히 얻은 보잘 것 없는 땅덩어리에 의지하며 어려운 삶을 이어가고 있었다. 낮은 곳에 있는 메마른 목초지와 드문드문 곡식을 심은 곳은 돌밭 사이에서 마치 녹색과 황색 실로 짜인 것처럼 보였다.

라 샤펠르의 타맥이 깔린 거리와 몇 개의 작은 호텔은 현대 문명의 전초기지처럼 보였지만, 계곡으로 들어서면 문명의 흔적을 거의 찾을 수 없었다. 계곡 가장 깊숙이 리프 뒤 삽Rif-du-Sap이라는 한적한 산촌이 있었는데, 이곳은 눈사태로 생긴 두 개의 걸리 사이에 자리 잡고 있어 히말라야의 산촌보다 더 가난한 마을이었다.

라 샤펠르에 본부가 있는 '청춘과 산'의 간부학교는 낡은 건물 몇 동으로 이루어져 있었다. 우리는 팀의 리더와 자일의 톱으로서의 교육을 동시에 마쳐야 했다. 그 생활은 여간 힘들지 않았는데, 만일 내게 당시의 메모가 없었더라면 그런 때도 있었는지 전혀 생각이 나지 않았을 것이다.

우리는 학칙에 따라 멀리 떨어져 있는 숙소까지 올라가야 했는데, 마치 나귀처럼 짐을 지고 달리기 경주라도 하듯 빠른 걸음으로 가야 했다. 또한 암벽등반 때도 속도가 빨라서 참가자들은 대부분 곧바로 녹초가 되곤 했다. 먹는 것이 시원치 않아 몸이 튼튼한 사람들도 예외가 아니었다.

이삼일이나 아니면 며칠이 지나서 우리의 교육본부로 돌아오면,

___

쿨르와르보다 작은 크기의 도랑 또는 협곡

정도의 차이는 있었지만 거의 모두가 그 지경이었다. 그렇다고 주말에 마음대로 쉴 수 있는 것도 아니었다. 엄격한 훈련규칙이 있어서, 매일 10시간에서 14시간은 일을 해야 했다. 우리는 아침마다 6시에 일어나 보통 자정 무렵에야 볏짚 침대에 누울 수 있었다. 식사 시간이 아니면 휴식 시간이 전혀 없었다. 이따금 영양가 있는 야채가 나오면 온통 파리가 들러붙어 있어 거의 먹지 못했다.

우리들을 교육시키는 방침은 군대에서 온 것이 분명했다. 제복을 입은 교육자인 군인들은 평상시의 상태를 기준으로 하고 있었지만, 그 당시 프랑스를 위협하고 있는 것은 굶어 죽는 것이었다. 20일이 지나자 참가자의 반가량이 지쳐서 쓰러졌고, 나머지도 정도 차이는 있었지만 상태가 좋지 않았다. 교육기간이 길어지면 길어질수록 우리에게는 지옥과도 같았다. 만일 우리에게 살아남겠다는 악착같은 의지가 없었더라면, 우리는 아마도 그 어려움을 이겨내지 못하고 모두 쓰러졌을 것이다.

지휘관이라는 사람들이 우리에게 그러한 비인간적인 생활을 강요하는 것을 본다면 사람들은 그들이 잔인한 폭군으로 강제수용소의 감시자라고 생각할지 모르나 사실은 그와 반대였다. 그들은 좋은 사람들이었고, 지적이었으며 때로는 다정다감한 성질을 가진 사람들이었다. 그런데 이처럼 정신적으로 균형이 잡힌 사람들이 어째서 이토록 머리가 돈 것과 같은 교육방법을 응용했는지 내게는 영원히 풀리지 않는 수수께끼로 남을 것 같다.

　나는 이 교육기간을 우수한 신체 상태로 극복한 사람 중의 한 명이었지만, 그래도 이 5주일은 기억에 또렷이 남아 있다. 그토록 심신을 갉아먹는 고통을 겪은 적이 없었기 때문이다. 훗날 큰 원정등반에서 동료들은 내가 어떤 어려움이 닥쳐도 눈썹 하나 까딱하지 않고 이겨내는 것을 보고 놀랐지만, 그것은 내가 라 샤펠르에서 극복해냈었던 것에 비하면 애들 장난 같아서 그토록 아무렇지도 않았던 것이다.

　드디어 교육기간이 끝났다. 나는 암벽등반을 조금밖에 하지 못해 사실상 배운 것이 별로 없었다. 그래도 나는 이 발고드마르에서 보낸 시간을 조금도 후회하지 않았다. 특히 별것 아니기는 했지만 기술시험에서 1등을 차지했고, 전반적인 강평에서도 2등을 했으니 그것만으로도 만족할 만했다. 레뷔파는 아주 열심히 했고, 어떤 항목에서는 나보다 우수한 성적을 거두었다.

　5주일 동안 힘든 시간을 함께 보내면서 가스통과 나는 서로를 더욱 잘 알게 됐다. 우리 두 사람의 기질에는 큰 차이가 있었지만 우정이 두터워졌다. 교육기간 동안 큰 곤경을 겪었음에도 산에 대한 우리의 사랑과 위대한 등반을 희구하는 마음에는 조금도 변함이 없었다. 우리가 성적표를 받아들자마자 가스통은 유명한 올랑Olan 북벽을 나와 함께 가고 싶어 했다. 하지만 만약 그곳에 갔다가 교육본부로 돌아오는 것이 늦으면 처벌을 받을 수도 있었다. 처벌이란 배낭에

30~40킬로그램의 돌을 넣고 20~30킬로미터를 걷는 것이다. 그러나 그런 것 따위에는 아랑곳하지 않았다. 가스통의 제안이 내 마음을 끌었지만 그 정도로 어려운 등반을 내가 해낼 것 같지 않았다. 해보고 싶은 마음은 굴뚝같았지만, 조심스러운 마음이 앞서 나는 그것을 받아들일 수 없었다.

그레노블을 지날 때 우리에게 문명의 유혹은 너무나 강렬했다. 이곳에서 하루를 묵으며 우선 식사다운 식사를 한 번 해보고 싶었다. 이렇게 해서 배불리 먹고 실컷 자고 나니 힘도 되살아났다. 기분이 좋아지자 보포르에 돌아가고 싶지 않았다. 오히려 우리는 하루를 더 늦추어 트루아 푸셀의 당 제라르에 오르기로 했다.

그날 우리는 샌드위치 침니와 달로즈Dalloz 크랙 사이에 있는 슬랩을 넘어 어려운 변형루트를 개척했다. 나로서는 고도의 곡예등반 의식에 처음으로 초대받은 기분이었다. 이때 가스통은 자일의 톱에 서서 많은 하켄을 써가며 처음에는 잘해냈지만 오버행을 프리로 시도하다가 결국은 해내지 못했다. 그런데 놀랍게도 대신 내가 이 난관을 돌파할 수 있었다.

결국 우리는 48시간이나 늦게 보포르로 돌아왔는데, 지휘관인 테스토 페리가 생각하지도 못했던 방법으로 우리를 맞아주었다. 이런 자리를 맡기에는 아직 젊은 이 사나이는 공중전으로 유명했지만, 우리가 한 등반과 그 성과를 인정하면서 우리 팀이 아주 마음에 들었다고 했다. 그는 너무나 즐거워하며 얼굴에 미소까지 짓고 이렇게 말했다.

"먼저, 여러분이 자일의 톱 교육 때 보여준 우수한 성적에 대해 축하하고 싶다. 여러분과 같은 사나이의 도움이 있다면 프랑스는 다시 일어날 것이다. 또한 '파투로 미랑드Paturaud-Mirand' 본부장으로서 나는 여러분을 자랑스럽게 생각한다. 그러나 샤모니에서 이틀 전부터 여러분을 기다리고 있으니 유감스럽지만 여러분을 알피니스트 훈련장인 고소캠프로 보내지 않을 수 없다. 그런데 여러분이 늦는 바람에 훈련에 지장을 가져왔으니, 그냥 넘어갈 수는 없다. 여러분은 이제 곧 샤모니로 떠나야 한다. 다만 규칙 위반을 처벌하지 않으면 나쁜 전례를 남기게 되니, 나는 엄벌을 명한다. 머리를 깎는다. 그것도 아주 빡빡 깎아야 한다. 알아들었나? 시간이 너무 늦어서 여기서는 어떻게 할 수 없으니, 가다가 안느시Annecy 아니면 샤모니에서 이발소에 들러 머리를 깎아라."

이렇게 처벌 아닌 설교를 들으니 나는 너무나 기뻤다. 내가 좋아하는 몽블랑 산군과 다시 만나다니, 이 얼마나 기쁜 일인가! 머리를 빡빡 깎는다는 것은 처벌이라기보다 보상이나 다름없었다. 왜냐하면 내 청춘의 자랑인 머리숱이 스무 살도 되기 전에 이미 빠지고 있었으니까. 안느시에서 2시간이나 버스를 기다려야 했기 때문에 근처 이발소에 들어갔다. 그러나 이 처벌에 대한 세상의 손길이 뻗자, 처음에 그토록 점잖게 무관심해 했던 가스통 레뷔파의 뽐내던 태도가 돌변했다. 앞으로 몇 초 사이에 자신의 멋진 곱슬머리가 잘려 발밑으로 떨어질 것을 생각하고, 그는 절망적인 기분에 휩싸였다.

그는 억지웃음을 지어가며 마음 내키지 않는 목소리로 이렇게 말했다.

"3~4센티미터 정도 남겨두어도 지휘관이 참아주지 않을까?"

그러나 나는 치사스럽게 속에도 없는 말을 했다.

"뭐라고? 그런 식으로 한다면 창피하지도 않아? 명령은 명령이다. 반들반들하게 깎아버려!"

이렇게 해서 환희와 악의 속에 매의 머리가 점점 당구공처럼 되어가고 있는 것을 보고 있자니 가스통 레뷔파의 긴 얼굴이 더욱 길어지며 비참해져 갔다. 그러나 다행스럽게도 가스통의 사랑스러운 기질은 머지않아 힘을 되찾고, 자신의 재앙을 웃어넘겼다.

몽땅베르 호텔은 장대한 전망을 볼 수 있는 곳으로 유명하다. 우리는 옛날 마구간을 숙소로 개조한 곳에 묵게 됐다. 일요일마다 30명 가까운 젊은이들이 보포르에서 올라왔는데, 거의 모두가 초보자로 일주일 동안 고소에서 캠프생활을 하게 되어 있었다. 서류상에는 5명의 가이드와 강사가 있었다. 그런데 가이드 한 사람은 나이가 많아 자주 몸이 좋지 않았고, 강사 한 사람은 어려운 등반을 지도하기에는 능력이 부족해서 결국 우리 셋이 그 일을 맡을 수밖에 없었다. 즉, 가스통 레뷔파와 나 그리고 캠프 책임자인 앙드레 투르니에André Tournier, 이 렇게 셋이었다. 이 투르니에라는 사나이는 몸집은 작았지만 힘이 아 주 세서 마치 헤라클레스 같았다. 가슴이 넓고 코가 큼직했으며, 거 무스레한 살결에 까만 눈과 검은 머리였는데, 만일 얼굴에 강한 의지 가 담겨 있는 주름이 없었다면, 그는 동양인으로 보였을지도 모른다. 잘 생기고 맑고 밝은 얼굴은 중세의 기사 같은 인상을 주었다. 그는 한창 나이로 독특한 품격을 지닌 우수한 가이드였다. 그는 완고하고 성격이 과격했지만 정직하고 솔직해, 다른 가이드들과 달리 내가 도 시 출신이라는 것을 의식하지 않고 친절하게 대해주었다. 그는 레뷔 파 하고도 가까이 지냈는데, 제멋대로 노는 속에 감춰진 레뷔파의 의 지력을 감지하고 있었다.

자주 있는 일이지만 9월 초에는 좋은 날씨가 이어져, 우리는 매일 같 이 초보자들을 받아서 그 절반가량을 산의 정상으로 데리고 갔다. 참 가자들은 일주일에 세 번 등반을 했다. 이 등반은 어렵지는 않았지만 어느 정도의 기술을 알고 있어야 했으며, 비교적 긴 등반이었다. 강 사는 각자 서너 명씩 전혀 익숙하지 않은 초보자들과 자일을 함께 묶 고 있어서, 오르는 데 시간이 걸렸다. 모두 정상에 끌고 올라갔다가 다시 무사히 데리고 돌아와야 하니, 거기에 어느 정도의 인내와 고생이 따르는가는 상상하기 어렵지 않을 것이다.

우리는 새벽 서너 시에 출발해 저녁 예닐곱 시경에야 돌아오곤 했다. 옆에서 본다면 비참하기 짝이 없는 이런 일을 매일같이 되풀이하고 있으니 얼마나 지치고 견디기 어려울까 싶겠지만, 그런 일은 전혀 없었다. 나에게는 그 시간이 얼마나 빨리 지나가는지 모를 정도로 매일 매일이 즐거움의 연속이었다.

이렇게 일을 하는 동안, 앙드레 투르니에의 지도하에 초보자들과 자일을 함께 묶는 등산 가이드의 일이 나에게 정말로 어떤 의미인지 알 수 있었으며, 나는 그의 독특한 기술을 습득할 수 있었다. 그 기술은 겔렌데를 적절히 이용하고 순간순간 확보하는 일, 그리고 모든 가능성을 예측하면서 적절히 자일을 다루는 일과 기술이 서툰 파트너로 구성된 팀을 될수록 빨리 전진시키는 일 등이었다. 이것은 겉으로 보아서는 잘 알 수 없고 이해하기 어려운 일이나, 그런 일을 잘 익히고 자기의 것으로 만드는 것이 유능한 가이드와 일반 등산가들의 차이라고 할 수 있다.

5~6일 동안 이 신경 쓰이는 강습을 마치고, 나는 레뷔파와 주말 등반에 나섰다. 이렇게 할 수 있었던 것은 앙드레 투르니에의 이해 덕분인데, 그의 너그러운 마음씨가 우리들이 옆길로 새는 것에 대한 책임을 대신 져주기로 했기 때문이다. 마지막 훈련 참가자들을 말고앙 칸까지 데려가고 나서, 우리는 한 피난처 산장에서 그날 밤을 보냈

지형

다. 물론 피곤하긴 했지만 그다음 날 다시 '보통 등반'을 했다.

가스통은 천성이 낙천적이어서 밝고 차분한 기분으로 산을 대하는 면이 있었다. 그는 어려운 암벽에 붙어서도 이렇다 할 어려움 없이 잘 해나갔다. 하지만 그에게는 부족한 것이 있었다. 산속 주민과 등산가의 차이인 셈인데, 중간 정도의 암벽에서, 특히 눈과 얼음에서 발휘해야 하는 뛰어난 능력이 모자랐으며, 루트를 제대로 찾는 감각이 떨어졌다. 이에 비해 나는 조금 달랐다. 다소 신경질적이고 마음이 약했지만, 이따금 눈부신 등반을 해내면서도 등반 실력은 보통이었다. 그 대신 루트를 찾아내는 데는 육감 같은 것이 있어서, 높은 산에 올라가도 길을 헤매는 일이 없었다. 이렇다 보니 우리는 자연스럽게 서로를 보완할 수 있었지만, 아직 뛰어난 자일 파티는 되지 못했다. 우리의 등반은 전진이 느렸다. 한 팀의 전진 속도를 보면 그 팀의 능력을 충분히 알 수 있다.

레뷔파는 이런 일요일 등반에 상당한 열정을 보이면서 즐기는 듯했지만, 그는 이런 등반으로 만족해하지 않았다. 즉 그에게 이런 등반은 단지 '큰 건'을 위한 훈련에 지나지 않았던 것이다. 나에게는, 산의 세계가 멋있으면서도 무서웠다. 나는 언제나 대모험을 하는 기분이었고, 정상에 올라가야 비로소 마음이 편안해졌다. 이렇게 일을 해냈을 때 나는 순수한 환희와 긍지를 느꼈다. 그것은 훗날, 세계에서 가장 어려운 등반을 해냈을 때와 조금도 다를 바가 없었다.

'몽땅베르 캠프'는 9월 말경에 철수됐다. 나는 하얀 눈에 빛나는 높은 봉우리에서 눈을 뗄 수 없었는데, 3개월 정도가 지나자 다시 보포르의 산으로 돌아가서 '로즈랑드 캠프'에 배치되었다. 그때 자일 파티 두 팀이 한데 뭉치면서 레뷔파와 다시 합류했다.

1941년 마지막 몇 개월 동안은 그다지 엄하거나 고되지 않았지만, 여전히 힘이 들었으며 감격스러운 것도 없었다. 이렇게 3개월을 더 지내고 나의 근무기간도 끝이 났다. 이때 나의 건강이 그다지 좋지 않았기 때문에 예정되었던 강사의 일을 할 생각을 하지 않고, 되도록 빨리 고향으로 돌아가고 싶었다.

1월 초 나는 샤모니로 돌아와서 스키 훈련을 새로 시작했다. 그리하여 겨울 동안에 각종 대회에 나갔으나 그전 해처럼 성적을 내지는 못했다. 제대로 된 자세를 갖추기 위해서는 꼬박 두 달이 필요했는데, 일이 잘 되어가는 듯싶더니 끝내 무릎을 다치고 말았다.

봄이 되자 내 장래의 문제가 새로이 생기면서 일이 급해졌다. 대회장에서 알게 된 여성과 결혼하고 싶은 생각이 들어, 수개월 동안 준비해온 대담한 계획을 실천에 옮겼다.

어머니가 나를 생각하고 내놓은 얼마 안 되는 돈을 밑천으로 나는 샤모니에서 10킬로미터 떨어진 레 우슈Les Houches에 농가와 토지를 임차했다. 그리고 가축도 사는 등 나는 농부가 됐다. 이렇게 하는 데는 남다른 꿈이 있었지만, 1944년 9월 프랑스가 해방되자 이 힘들고 고상한 직업을 그대로 끌고 나갈 수 없어 정리하고 말았다.

나는 그때까지 시골에서 살았기 때문에 농사에 대한 지식은 어느 정도 갖고 있었지만, 그것만으로 농사일을 제대로 할 수는 없었다. 기대한 만큼 이 일에 익숙해지기는 쉽지 않았다. 일을 시작한 첫 번째 계절에는 경험 미숙과 가뭄으로 거의 실패할 뻔했지만, 이웃에 살고 있는 테레즈 부부의 도움으로 간신히 실패를 면할 수 있었다.

그런데 그 무렵은 식량이 부족한 상태여서 아르브Arve 계곡 위쪽 일대가 농경지로 변해 있었다. 나는 갖은 고생 끝에 약간의 토지를 손에 넣어, 소 몇 마리를 기르고 감자와 야채를 재배했다. 이 토지는 비싼 소작료를 물어야 했고, 몇 킬로미터나 멀리 떨어져 있는 데다, 3분의 1은 밭갈이를 하기에도 어려운 급경사지였다. 그렇다 보니 처음부터 자신의 토지를 주거지 주변에 갖고 있는 보통의 자작농에 비해 경제성이 아주 나빴다. 물론 나의 경우는 기술상의 문제로 더욱 불리할 수밖에 없었다.

하지만 다행스럽게도 나는 아르브 계곡의 농사일에 빨리 적응했다. 나의 인내력과 열성과 운동으로 다져진 강인한 체력이 크게 도움이 됐다. 다만 곡물을 수확할 때 탈곡하는 일과 농기구를 손질하는 일은 결코 쉽지 않았다.

하지만 나는 이 어려운 일과 힘든 노동조건을 잘 극복할 수 있어서 기술상 뒤떨어졌던 일을 대부분 만회할 수 있었다. 만일 내가 한

가한 이상주의적 생각만 갖고 있지 않았더라면, 나는 어떤 문제도 거뜬히 처리했을 것이다. 예를 들면, 언젠가 말 장사꾼으로부터 턱없이 비싼 값으로 나귀를 샀는데, 알고 보니 발굽을 안 하고 있었다. 나는 농사 경험이 있는 사람 대신 친구 가스통 레뷔파에게 도움을 요청했다. 하지만 그는 의지는 뛰어났지만 농사일에는 맞지 않았다. 그는 퇴비 일에 손을 들었으며, 이따금은 산에 가서 이삼일 동안 보이지 않는 경우도 있었다. 능률이 날로 떨어졌고, 그해의 건초 수확은 비참했다. 나는 네 마리의 소와 두서너 마리의 염소에게 먹일 사료가 필요했다. 이러한 일은 평지에서 기계로 농사일을 하는 사람들에게는 별 것 아닌 것이지만 나와 같은 사람에게는 보통 일이 아니었다. 사료의 3분의 1은 짧은 풀들을 긁어모아야 했는데, 이런 풀들은 관목이나 바위들이 있는 경사진 곳에서만 자라고 있었다. 그렇기 때문에 큰 낫과 갈퀴로 긁어모아 저장해야 했다. 헛간으로 건초를 나르기 위해서는 무거운 자루를 머리에 이고 수백 미터를 나르든가, 아니면 그것을 경사진 곳에서 끌어내려 머리에 이고 헛간까지 옮겨야 했다. 이러한 일은 어려서부터 해온, 산에 사는 농부에게도 간단치 않은 일인데, 우리가 설사 건장한 몸을 지니고 있다 하더라도 결코 이겨내기가 쉽지 않은 일이었다.

기술적인 능력이 없다는 것이 우리에게는 치명적이었다. 우리는 많은 시간을 낭비했다. 새벽 서너 시에 일어나 밤늦도록 일을 해도 얻은 것이 별로 없었다. 여기에 날씨가 나쁘고, 가스통까지 제멋대로 놀고 있으니 일이 끝날 줄 몰랐다. 하지만 드디어 마지막 자루를 머리에 이게 됐을 때 꼴풀이 볏짚처럼 말라서, 남들은 거의 희망 없는 싸움으로 보았을지 모르지만, 나는 혼자서 승리의 기쁨을 맛보았다.

내가 농사를 짓고 싶었던 것은 앞으로도 이런 식으로 산에서 살며, 등산과 스키를 하고 싶었기 때문이다. 물론 물질적 이유도 있었고, 그것은 그 당시로서는 용서받을 수 있는 일이기도 했다. 식욕이 왕성했던 나는 먹을 것만 있다면 굳이 독일까지 가서 일을 할 필요성을 느끼지 않았다. 또한 나는 대자연과 토지에 대한 애정이 있어, 어린 시절 학교생활을 할 때 우리 집의 전통인 의사나 실업가와 관리가 되는 것에 반감을 갖고 있었다. 그것보다는 차라리 사냥이나 영림 또는 수도 일에 관심이 있었고, 농업 연구가나 영농주가 되고 싶었다. 그러나 이러한 모든 꿈이 사라지자, 그저 평범한 농부가 되어 살고 싶었다.

첫해에 나는 여러 가지로 실패를 맛보고 나서, 필요한 기술과 지식을 몸에 익혀 경작과 축산에서 크게 발전해 나갔다. 주위에 적응하며, 남이 하는 일을 지켜보고 따르면서 억세고 끈질긴 농사꾼처럼 나도 끝내 강한 농부가 되었다. 1944년 나는 나의 농장을 떠날 수밖에 없었지만, 나는 이제 농장생활과 완전히 하나가 되어 있었다. 다만 레 우슈에 있는 스키학교 강사로서 생기는 수입이 농장에서 얻지 못하는 것을 보완해주었다. 내가 응용한 농사법은 이웃 농부들보다 덜 보수적이어서 때로는 질투가 섞인 조소의 대상이 되기도 했다. 나는 놀라운 수확을 거두었고, 내가 기른 소 한 마리는 매우 우수해서 "싸라밀롱Cahramillon 고원목장의 우유여왕"이라는 칭호를 받았다.

농부로서 나는 극히 만족해서, 아내가 좋아하는 한 농사일을 떠나고 싶지 않았다. 나는 농사를 짓고 그녀는 생 제르베 레 뱅에서 교사로 있을 때, 우리는 서로 알게 되어 1942년 여름이 끝날 무렵 결혼했다. 블론드의 긴 머리와 반짝이는 파란 눈의 아내는 젊고 예뻤다. 그녀는 정신적인 일에 관심이 많았고, 우아한 생활을 좋아했다. 따라서 시골 생활을 그녀가 받아들이기는 쉽지 않았다. 여자는 참을성 있는 완고함으로 언제나 싸움에서 이기는데, 아내도 그 완고함을 포기하지 않고 나를 설득해서 직업을 바꾸게 하려고 했다. 그러다 드디어 내 저항력이 약해지는 기회가 왔을 때, 아내는 바로 자기 뜻을 밀고 나갔다.

밖에서 하는 농사일은 힘들었고 여유 있는 시간이 거의 없었지만, 나는 레 우슈에서 보낸 네 번의 여름 동안 정기적으로 등반을 했다. 그리고 이 몇 년 동안 나는 위대한 고전 루트에서 초특급 등반으로 넘어가는 과도기를 경험했다. 그때까지 계속 발전을 해온 것보다 이 과도기에 비약적으로 발전했는데, 그것은 오직 한 번의 등반으로 이룩한 것이었다.

1942년 시즌 4월과 5월 사이에 두세 번의 등반을 했다. 특이했던 것은 에귀 프로첼러Aiguille Purtscheller의 짧지만 아주 어려운 서벽을 초등한 일이었다. 6월과 7월에는 농사일을 해야 했기 때문에 일요일에도 쉬지 못했으며, 8월 중순이 되어서야 간신히 4~5일 여유가 생겼다. 날마다 산을 바라보는 사이에 마음속에 오랫동안 품고 있던 대등반에 대한 열망을 더 이상 어떻게 할 수 없게 되어, 이제는 어떤 모험에라도 뛰어들고 싶었다.

레뷔파는 자신이 생각 중인 호쾌한 계획에 내가 드디어 아주 알맞은 정신 상태에 이르렀다고 생각하며 무척 기뻐했다. 그리하여 계획에 끌어들인 것이 카이만Caiman 콜에 있는 북동벽의 초등이었는데, 이것은 드디어 내 등산경력에서 가장 과감한 모험 중의 하나가 됐다. 그때 레피니Lepiney봉과 푸Fou 남릉을 넘어 돌아와야 했다.

이 카이만 콜 루트는 그 뒤 재등한 사람이 없었기 때문에 우리가 넘어선 어려움이 어느 정도이며, 우리의 어려움이 기술의 미숙에서 온 것인지 아닌지 분명하게 말할 수 없었다. 그렇기는 하지만 지금도 멀리서 바라볼 때 작게 보이는 수직의 빙벽은, 비록 우리가 오른 쿨르와르이지만 아무리 기술과 장비가 발달했다 하더라도 여전히 대등반인 것은 분명했다. 다만 한 가지 확실한 것은 가스통이나 내가 당시 등반에, 특히 빙벽등반에 경험이 없었다는 것이다. 만일 그런 경험이 있었다면 우리는 충분한 확보 수단을 써가며 올라갔을 것이다.

그 무렵 나는 특별히 기억에 남은 일들을 적어두곤 했는데, 어떤 때는 아주 생생한 체험을 그대로 기록하기도 했다. 이러한 기록 덕분에 나는 당시의 체험을 무슨 생각을 하며 어떻게 느꼈는지 지금 그대로 쓸 수 있는 것이다. 그래서 카이만 초등에 대한 기록이 남아 있다. 이 기록은 단숨에 써내려갔으며, 공표할 생각도 없었기 때문에 이따금 이상하고 어색한 곳이 있어 잘 읽히지 않는다. 그러나 그 이면에는 낭만적인 순수와 열정이 있어, 그것을 처음으로 해낸 그때의 위대한 등반 정신이 잘 나타나고 있는지도 모른다. 그래서 당시 기록한 것을 수정하거나 덧붙이지 않았다.

"어디로 가고 있는 것일까? 이 이상한 산사나이들은 페레랑Pèlerins 빙하를 빠른 걸음으로 가로지르고, 모레인 지대를 달리듯 뛰어넘자 점점 루트를 벗어나 몇 미터를 내리뛰더니, 이 바위에서 저 바위로 옮겨갔다. 도대체 어디로 가고 있는 것일까? 앞에 선 사나이는 키가 크고 건장한 체격에 무거운 배낭을 메고, 일정하지는 않지만 걸음이 빨랐다. 군데군데 기운 바지에 더 초라해 보이는 재킷을 걸치고 있었으며, 기분이 난다는 듯이 유난히 짧은 피켈을 휘두르고 있었다. 그의 눈에서는 이상야릇한 불꽃이 타오르고 있었다. 눈빛도 똑같은 모습을 띠고 있었다.

이 낯선 자들은 도대체 어디로 가고 있는 것일까? 그들은 불타오르는 시간을 체험하고, 고민하며 행복해하고, 싸우고 이기고 모험을 해보려고 여기에 온 것이다. 안전한 피난처와 남들이 많이 가는 산에서 멀리 떨어져, 산의 첫 정복자가 느끼는 감동과 불확실한 운명을 그들도 체험하고 싶었던 것이다.

날씨는 아주 좋았다. 다시없는 예감이 이 좋은 날씨를 약속하고 있었다. 시간이 늦은 감이 있었지만 아무리 고된 비박도 겁나지 않았다. 그만큼 그들은 행복해하고 있었다. 기나긴 가을밤에 잘 짜인 동화의 세계 같은 계획을 드디어 실행에 옮기게 된 것이다.

그러자 그들 앞에 에귀 데 페레랑의 음산하고 거대한 북벽이 모습을 드러냈다. 여기가 그들이 노린 곳이라고? 여기가 아무도 오르지 않은 가장 높고도 아름다운 벽이라고? 아니, 그렇지 않아!

그들은 몇 마디 이야기를 나누고 계속 앞으로 나아가서, 블래티에르Blaitière 현수 빙하에 이르렀다. 이곳에는 의욕적인 인간의 손길이 아직 닿지 않은 곳들이 남아 있었다. 카이만 콜에는 수직의 화강암 벽에 한 줄기 얼음의 선이 나 있는 것이 희미하게 보였는데, 그곳에 시선이 가자 일대 모험에 찬 도전 이야기가 들려오는 것 같았다. 그랬었다. 나는 그들 이야기를 깜빡 잊고 있었다. 이 두 사나이는 다른 사람이 아닌 바로 가스통 레뷔파와 보잘 것 없는 나 테레이였다. 우리는 60미터 자일을 이중으로 쓰고 있었는데, 모든 것이 부족하던 시절에 기적적으로 구한 자일이었다. 나는 자일의 톱으로 오르기 시

빙하 위쪽에 형성된 또 다른 빙하

작했는데, 이것은 눈과 얼음에서 정한 순서였고, 그날의 루트가 마침 그런 곳이었다.

우리는 첫 번째 장애물인 현수 빙하를 잘 살폈다. 여기를 넘어선 사람이 몇 안 된다고 했는데, 보기에도 소름 끼치는 그런 곳이었다. 우리는 이 루트에 대한 사전 지식이 없었다. 참고로 한 보고서도 기억에 남은 것이 없어 별로 도움이 되지 않았을 뿐더러, 우리의 상상력만 자극해서 오히려 위험했다. 그러나 반들반들한 화강암에 형성된 이 빙벽에 가까이 다가가자 그다지 무섭다는 생각은 들지 않았다. 여기를 돌파하려면 에귀 드 블래티에르 사면에 나 있는 바위지대를 지나, 마지막에 바위와 얼음 사이를 기어 올라가야 한다는 생각이 들었다. 두 군데 불룩 튀어나온 수직의 벽이 불확실했지만, 낙천적인 생각을 앞세워 큰 벽이라는 생각을 하지 않기로 했다.

우리는 공격에 나서기 전에 우선 쉬면서 장대한 주변의 경관을 잠시 둘러보았다. 지금까지 이런 황량한 곳에 온 적이 없어, 모든 것이 그저 소름만 끼칠 뿐이었다. 이렇게 차가운 잿빛 그늘 속에 있으니 막연한 불안감이 들었다. 우리야말로 보잘 것 없고 의지할 곳 없는 존재로, 오랫동안 완전히 잊어버리고 있던 겸허한 생각이 순간이나마 되돌아왔다. 그때 블래티에르 쪽에서 자일 파티의 귀에 익은 소리가 답답하게 짓눌려 있던 고요 속에 들려왔다. 우리는 그쪽 계곡을 바라보았다.

계곡은 햇빛 속에 있었는데, 멀리 떨어진 그곳에서 생명의 흔적을 보는 순간 우리의 마음은 한없이 녹아가며 이전에 갖고 있던 감동의 맥박이 다시 뛰기 시작했다.

우리는 첫 번째 얼음 돌출부 앞에 섰다. 그다지 어려운 곳과 부딪친 것은 아니었다. 아이젠을 신으며 먹을 것을 조금 입에 넣었다. 중간 정도의 경사면을 한 피치 오르자 7~8미터에 달하는 수직의 벽이 앞을 가로막았다. 돌이 굉음을 내며 떨어져서 북벽에 있다는 느낌이 실감 났다. 눈앞의 빙벽에는 크기가 서로 다른 수많은 구멍이 나 있어, 마치 그뤼예르Gruyère 치즈를 보는 느낌이었다. 순간 나는 이 모든 구멍이 홀드 역할을 해줄지도 모르니 위험한 스텝 커팅 작업을 안 해도 되겠다는 생각이 들었다. 그리고 사실 나는 이 구멍들 덕분에 빙벽의 절반까지 힘들이지 않고 올라갔다. 하지만 그곳에서부터는 얼음의 홀드 상태가 나빠지며, 그대로 오르기에는 마음이 내키지 않았다. 불안해진 나는 허리에 찼던 피켈로 스탠스와 홀드를 만들어보려고 했다. 몸놀림이 제대로 되지 않자 피켈이 손에서 빠지며 사람을 비웃기라도 하듯 소리를 내며 저 멀리 골짜기 아래로 사라져버렸다.

이제 어떻게 할 수도 없었다. 다시 내려가야 했다. 레뷔파가 있는 곳으로 내려가자, 이 시시한 일말의 촌극을 보며 불안해했을 그였지만, 그는 표정 하나 바꾸지 않았다. 잃어버린 피켈은 꼭 필요한 것이었다. 그것 없이는 등반 계획이 실패할 가능성이 높았다. 그런데 다

스탠스는 등반 중 발로 디딜 수 있는 곳을, 홀드는 손으로 잡을 수 있는 곳을 말한다.

행히도 아이스해머가 있어 피켈을 대신해 썼다.

나는 다시 오르기 시작했다. 우선 아이스하켄의 도움으로 왼쪽으로 횡단한 다음, 얼음과 바위 사이에 난 어려운 코너를 넘어섰다. 두 번째 벽도 이전만큼이나 어려워 보였다. 신비로운 영감이 떠올라 오른쪽으로 갔더니, 그곳은 제법 어려운 사면을 가로질러야 했다. 이 사면은 거대하지만 경사가 그리 심하지 않은 빙탑으로 이어지고 있었다.

드디어 이 빙탑 위에 올라서자 빙하의 상부는 만년설의 번번한 분지였다. 그 평탄한 눈과 같은 높이에 지금 내가 서 있다는 것을 알게 되자 갑자기 마음이 밝아졌다. 두세 번 빙하의 균열을 뛰어넘어 분지로 갔다.

그러고 나자 그야말로 감동적이고 웅대한 광경이 눈에 들어왔다. 주변을 반원형으로 둘러싼 채 솟아오른 암벽과 침봉군에 우리는 잠시 넋을 잃었다. 바위로 이루어진 이 혼돈의 세계는 빛과 그늘의 놀이터로, 눈과 바위 사이에서 일종의 조화를 이루면서 균형을 잡고 있었다. 그것은 나에게 더없는 세상으로, 지구상에서 가장 아름다운 곳이었다. 세상의 골짜기에서 나오는 시끄러운 소리는 여기까지 들리지 않았다. 몇 시간 동안 도망쳐온 세상을 다시 생각나게 하는 소리가 이곳까지는 올라오지 않았다.

그러나 우리는 그저 오를 생각만 할 수는 없었다. 루트가 만만치

아이스해머는 피켈의 피크 뒷부분이 망치로 되어 있는 것으로, 아이스하켄을 때려 박는 데 유용하다.
아이스하켄은 얼음에 때려 박는 쇠 못. 지금은 돌려 박는 스크루를 쓴다.

않았다. 이제부터 미지의 세계로 들어가야 했다. 우리 앞에는 두 개의 루트가 있었다. 가스통은 카이만 콜로 바로 올라 치자고 했고, 나는 블래티에르 콜 쪽으로 가다가 오른편으로 꺾는 것이 좋겠다고 주장했다. 산에서의 경험은 내가 더 많아 결국 내 생각을 따르기로 했다.

우리는 우선 레이니에Reynier 쿨르와르 가장자리를 따라 올라갔는데 몇 피치를 오르자 암벽의 중앙부로 다시 내려와야 했다. 하지만 그곳이 문제였다. 머리 위로 세모꼴의 얼음 사면이 솟아 있었는데, 그 사면은 마치 반들반들한 화강암 벽 사이에 끼어 있는 거대한 깔때기 같았다. 하지만 다행스럽게도 그 얼음은 2~3센티미터 두께의 굳은 눈으로 덮여 있어서 통과하기가 그렇게 어렵지 않았다.

여기까지는 경사가 그다지 심하지 않았는데, 앞쪽이 갑자기 어두워졌다. 우리는 시간을 아끼려고 확보도, 스텝 커팅도 없이 계속해서 올라갔다. 조금이라도 실수를 하면 둘 다 그대로 추락할 수 있었다. 물론 우리 둘은 신중에 신중을 기했다. 나는 피켈을, 가스통은 아이스해머를 들었는데, 그는 아이스해머가 더 편한 것 같았다.

그러자 빙벽의 경사가 더욱 심해졌다. 아이젠 소리에 우리의 신경이 날카로워졌다. 드디어 높은 곳에 올라서자, 발밑으로 이미 지나온 분지가 마치 만년설을 뒤집어쓴 호수처럼 펼쳐져 있었다. 다리 사이로, 긴장한 가스통의 얼굴을 내려다보는 것은 참으로 묘한 기분이었

가파르고 높은 두 산봉우리 사이의 가장 낮은 지점

다. 하늘과 땅 사이에서 우리는 아이젠 발톱 두 개에 매달려 있었다. 친구가 조금이라도 실수를 하면, 그는 나를 죽음의 세계로 끌고 갈 것이다. 하지만 만약 그렇게 된다면, 그것은 친구의 잘못이라기보다는 나의 무능 탓일 것이다. 나는 그것이 두려웠다.

경사가 아주 급해지면서 피켈의 피크가 제 구실을 못했다. 왼손으로 얼음 잡을 곳을 만들어야 했는데, 아이젠에 눈이 들러붙어 있어 무서운 생각이 들었다. 장딴지에서 경련이 일어났다. '아이고, 이러다 가는…' 그때 머리 위로 폭이 20센티미터 가량 되는 바위 턱이 보였다. 그곳이라면 매달리지 않고 설 수 있을 것 같았다. 시간도 얼마 남지 않았고, 이래저래 힘도 다 빠진 상황이었다. 나는 있는 힘을 다해 그곳에 올라섰다. 이제는 살았다는 생각이 들었다. 가스통도 뒤따라 올라왔다. 하지만 두 사람이 있기에는 너무나 좁은 곳이었다.

나는 작은 비늘 바위를 잡고 왼쪽으로 가로질렀다. 다행히 바위에 손으로 잡을 수 있는 곳이 몇 군데 있었고, 떨어져 나온 바위도 있어서 스텝 커팅 없이 그것들을 잡고 곡예등반을 하며 앞으로 나아갔다. 그때 썩 믿음직스럽지는 않았지만 그래도 확보를 받고 있다고 생각하자 안도감이 생겼다. 조금 더 올라가니 손으로 잡을 곳이 온통 얼음을 뒤집어쓰고 있어 피켈로 까내야 했다. 손이 얼어오는 것을 참아가며 굼벵이 걸음으로 앞으로 나아갔다. 그러자 수평으로 된 크랙이 나타나 하켄을 때려 박아 확보하고 가스통을 올라오게 했다.

우리는 반반한 얼음 사면을 계속 올라갔다. 이따금 작은 바위 턱이 나타났지만 쉴 만한 곳이 못 되었다. 여러 차례 스텝을 만들어야 했지만, 얼음이 유리병처럼 굳어서 우리는 달팽이 걸음으로 전진했다.

왼쪽으로는 블래티에르 콜로 가는 사면이 나타났고, 오른쪽으로는 카이만 콜의 쿨르와르가 한눈에 내려다보였다. 그 옆모습은 그야말로 깎아지른 벽이었다. 경사는 65도에서 90도에 이르러 쿨르와르라기보다는 빙벽이나 다름없었다. 이렇게 무서운 곳으로 가는 것은 미친 짓이었다.

그 순간 이성의 소리가 들려왔다. 이미 시간이 늦었다. 저 쿨르와르는 무서운 곳인데, 어둡기 전에 그곳을 넘어서기는 어려울 것이다. 점점 더 추워지면 하켄에 매달려 꽁꽁 얼어오는 비박의 고통을 피할 수 없으리라. 아침이 되어 몸이 말을 듣지 않으면 계속 오르지 못할 것이고, 그렇다면 천신만고를 각오하고 하산해야 하지 않을까? 그런데 어째서 이렇게 미친 짓을 하며 고뇌를 받아들이려 하는가? 왼쪽으로 한 피치 떨어진 곳에 블래티에르 콜 슬랩이 있으니, 그곳으로 가면 몸을 녹일 수 있으리라.

그런데 저 앞에 보이는 것은 라가르드-세고뉴Lagarde-Ségogne 쿨르와르로, 위대한 선구자의 모범적인 등반을 무정하게 보여주고 있었다. 그들은 그곳을 하켄도 없이 피켈과 용기만으로 오히려 우리보다도 두려움을 느끼지 않고 공격했었다. 우리들의 허약함이 부끄러웠다. 우리는 모험을 찾아온 것이 아니었던가?

나는 미지의 세계로 들어가며 있는 힘을 다해 발판을 찍어나갔다. 그러자 몸에서 피곤함이 점차 사라지고 얼었던 손도 녹아갔다. 2미터를 나가고 나서 멈춰 서서 손을 녹였다. 피켈을 믿고 기다시피 하며, 아주 작은 요철에도 필사적으로 달라붙었다. 침니가 나타났고 그 밑에 턱이 나타났다. 우리는 곡예사처럼 재주를 부려 배낭을 내려놓았다. 체력을 유지하기 위해서는 우선 무엇인가를 먹어야 했다. 그러고 나서 마침내 악전고투 끝에 침니를 넘어섰다.

험한 바위지대가 나타나자 우리는 그것을 따라 전진해서, 적지 않게 급경사를 이룬 곳으로 나왔다. 바위 자체는 그리 어려워 보이지 않았으나 눈과 얼음에 덮여 있어 오르기가 결코 만만치 않았다. 손잡을 곳이 많아서 겁날 것은 없었다. 피켈로 벽의 눈을 치워가며 몇 미터를 더 올라갔다. 올라갈수록 어려워져 잠시라도 손놀림을 멈출 수 없었다. 피켈이 거추장스러웠다. 아이스하켄 하나를 바위틈에 집어넣고 때려 박았다. 아이스하켄은 단단히 박힌 듯했다. 그러나 이것으로 다 된 것이 아니었다. 눈과 얼음이 큰 방해물이었다. 1미터 저쪽으로 나아가기가 그토록 힘겨웠다. 주위가 온통 얼음이어서 손으로 잡을 곳이 없었다. 애를 쓰면 쓸수록 몸에서 힘이 빠졌다. 더 이상 매달릴 수 없을 것 같아 마음이 불안해졌다. 이제는 무엇이라도 해보는 수밖에 없었다. 그렇다고 단단한 손잡이도 없어, 할 수 없이 비늘

에귀 드 블래티에르의 폰텐느 테라스에서 바라본 당 뒤 카이만. 카이만의 북동릉 쿨로로 이어지는 가느다란 얼음과 그 오른쪽의 라가르드-세고뉴 쿨르와르가 보인다.

처럼 생긴 얼음을 잡았다. 한데 놀랍게도 까딱없었다. 나는 여러 차례 필사적으로 몸을 놀려 드디어 목적지에 도달했다. 그곳에 믿을 만한 하켄을 때려 박고 레뷔파를 올라오게 할 수 있었다. 마음을 졸이며 레뷔파의 동작을 지켜보았다. 내가 어려웠던 것은 그 바위 탓일까, 아니면 내 미숙한 기술 탓일까? 나는 그것이 알고 싶었으나, 안다면 더 무서울 것 같았다.

레뷔파는 긴장한 얼굴로 올라왔다. 그리고 문제의 그 어려운 곳에 도달하자 거친 숨을 내쉬며 불쑥 한마디 했다. "신은 좋은 분인데 어쩌자고 이런 곳을 만들었을까?" 그는 최대한 몸을 뻗어 손으로 잡을 수 있는 곳을 잡았다. 그리고 드디어 내가 있는 곳으로 올라왔는데, 얼굴에 기쁜 웃음을 띠며 "음, 저기는 틀림없이 6급이야!" 라고 말했다.

얼마 후 우리는 눈에 덮인 콜에 도착했다. 빙하지대를 떠나고 나서 이제야 평편한 곳에 온 것이다. 여기는 비박 장소로는 더할 나위 없이 좋은 곳이었다. 아침부터 그렇게 고생하며 오르고 싶었던 쿨르와르가 바로 코앞에 있었다. 이 마지막 장벽을 넘어설 수 있을까? 아니면 우리 능력으로는 이기지 못해 그대로 내려가는 수밖에 없을까? 몇 시간 전부터 이 고민이 머릿속에서 맴돌고 있었다.

나는 몇 미터를 내려가서 화강암 돌출부를 끼고 돌았다. 그리고 능선에 올라섰는데 머리 위로 수직의 빙벽이 나타났다. 그것을 극복하

햇빛을 받고 있는 드류 서벽. 북벽은 그늘 속에 있다.

려면 수없이 많은 아이스하켄을 박아야 하고, 하루 종일이 걸릴 것 같았다. 다행스럽게도 오른쪽에 홀드와 크랙이 보여, 해낼 수 있겠다는 것을 한눈에 알 수 있었다. 용기를 얻은 나는 너무나 기뻐서 가스통에게 미친 듯이 소리를 질렀다.

나는 시간 끌 것도 없이 아이스하켄을 때려 박고, 빙벽에 큼직한 스텝을 될수록 높이 깎았다. 그리고 아이스하켄에 의지해서 몸을 끌어올려 좁은 발판에 올라섰다. 나는 몸을 벽에 밀착시키고 허리 높이에 스텝을 또 하나 깎았고, 이번에는 오른손으로 잡을 곳을 만들었다. 나는 침니 등반 자세로 몸을 끌어올리며 이 스텝에서 저 스텝으로 발을 옮겨, 천천히 그리고 안전하게 올라갔다.

물론 생각만큼 그렇게 간단하지는 않았다. 얼마 안 가서 쿨르와르가 곤두서더니, 쿨르와르와 접한 바위가 예각을 이루고 미끈미끈해서 도저히 올라갈 수 없었다. 그렇다고 목표를 코앞에 두고 돌아서야 한다는 말인가? 아니, 그럴 수야 없지! 이때 나는 4~5미터 오른쪽에서 새로운 루트를 발견했는데, 그곳은 오를 수 있을 것 같았다. 그쪽으로 건너가려면 수직의 빙벽을 8~9미터 횡단해야 했으며, 그것은 아주 어려워 보였다. 하지만 그 길밖에 없었다. 나는 단단히 마음을 먹었다.

마지막 남은 하켄을 바위에 때려 박고 아이스해머의 도움으로 발판과 손 잡을 곳을 만들며 횡단을 시작했다. 하지만 2미터도 채 못가서 자일이 어딘가에 걸리고 말았다. 나는 하켄 있는 곳으로 되돌아가서, 가스통에게 자일을 풀어놓으라고 소리쳤다. 그 사이에 시간이 흐르고 몸을 움직이지 못하게 되자 추워서 견딜 수 없었다. 나는 발밑의 허공만 내려다보며 이빨을 덜덜 떨었다. 하지만 이때 등산이란 것에 대해 깊이 생각해볼 수 있는 시간을 가질 수 있었다. 그러자 몇 차례 신호가 와서 나는 다시 횡단을 계속했다. 반들거리는 얼음은 단단하고, 빙벽은 수직이어서 붙기가 쉽지 않았다. 나는 온갖 기술을 동원해 신중히 나아갔다. 장갑을 낀 손으로는 얼음을 잡을 수 없었다. 손가락은 무자비한 추위로 비참했다. 나는 몇 미터 가지 못하고 자신감을 잃어버렸다. 이런 빙벽에서 곡예를 부리기는 처음이었다. 게다가 마지막으로 박은 하켄은 이미 2미터 밑에 있었다. 빙벽을 오르는 것이 이토록 어렵다고는 생각해본 적이 없었다. 이런 식으로는 도저히 극복할 수 없었다. 아이스하켄을 아무래도 하나 더 때려 박아야 했다. 몸을 지탱하고 있는 왼손이 단단하게 얼어버려 이러다가는 곧 힘이 다 소진될 것 같았다. 그 순간 아이스하켄이 얼음 속으로 깊숙이 잘 들어갔다. 이제 빠질 염려는 없을 것 같았다. 카라비너를 서둘러 하켄에 걸었는데 잘 걸렸다. 그러자 마음이 조금 놓였다. 손에 피가 제대로 돌기까지는 15분 이상이 걸렸다. 이렇게 쉬고 나니 횡단 등반이 애들 장난 같았다. 나는 얼음과 바위 사이에 몸을 쐐기처럼 끼우고 하켄을 단단히 때려 박았다. 그러고 나서 발판을 만들기 위해 얼음을 까냈다. 그제야 우리 배낭 가운데 큰 것을 먼저 끌어올렸다. 내가 확보하는 사이에 가스통은 자일 하나에 의지해 올라왔다. 머리 위로 얼음을 뒤집어쓴 반들반들한 암벽이 입을 쩍 벌리고 있었는데, 보기만 해도 소름이 끼쳤다. 아직 승부가 끝난 것이 아니었다.

해가 저물고 있었다. 그러나 비박을 생각하지는 않았다. 이제 더 이상 어려운 곳은 없을 것이다. 주위가 곧바로 어두워지겠지만 그렇다고 서둘 일도 아니었다. 나는 얼음 밑에 손으로 잡을 곳이라도 있을까 해서 죽을힘을 다해 얼음을 깨냈는데, 마침내 울퉁불퉁한 바위가 나왔다. 적지 않게 힘은 들었지만 덕분에 4~5미터는 전진할 수 있었다. 다행히 크랙이 있어 하켄을 박을 수 있었다. 위쪽으로 올라가자 경사가 다소 완만해졌다. 얼음을 까내 찾아낸 홀드도 이제는 믿을 만했다. 나는 더욱 빨리 올라갔다.

그러는 사이에 어두워졌다. 그러나 하늘은 별빛 주위가 어슴푸레했다. 콜이 멀지 않다는 것을 알고, 나는 있는 힘을 다해 마지막 싸움에 도전했다.

날카로운 암각이 나타나 이제 설 자리가 생겼다. 10여 미터를 어렵게 오르니 경사가 누웠다. 하지만 커니스가 나왔다. 나는 피켈을 휘둘러 길을 냈다. 평편한 곳에 올라서자 이제 마지막이라는 생각이 들었다. 그러자 가스통도 올라왔다. 우리는 기뻐 어쩔 줄 몰라 하며 서로를 미친 듯이 껴안고, 달을 쳐다보며 환호성을 질렀다.

날카로운 능선에 형성되는 눈의 처마

도대체 저 사람들은 그곳에서 무엇을 찾는 것일까? 속세의 사람들은 물을 것이다. 명예? 이런 바보들을 누가 걱정할 것이며, 세상 사람들이 보고 있지 않은 곳에서 그들의 청춘을 쓸모없는 일에 낭비하고 있는데 누가 생각이나 해줄까? 돈? 우리는 지금 누더기를 걸치고 있다. 물론 내일이면 먹고 살기 위해 노예 같은 생활로 다시 돌아가겠지….

하지만 지금 우리가 찾고 있는 것은 이 자유로운 행복감이다. 오랜 등반 끝에 드디어 죽음의 깊은 골짜기를 넘어서, 다시금 생명의 팔을 벌려 서로를 껴안을 때 우리의 가슴이 터질 듯하면서 온몸 구석구석까지 스며드는 이 행복감 말이다."

카이만 콜의 북벽 정복은 내가 처음으로 경험한 대단한 등반이었다. 카이만 콜의 가는 얼음에서처럼 다시금 나 자신을 온전히 쏟아부어가며 싸운 것은 그로부터 여러 해가 지난 후였다.

다시 농사일을 하면서 생각보다 많은 시간을 빼앗겼다. 그러면서도 나는 그다음 계절에 고도의 기술등반을 많이 했다. 함께 간 동료들은 그때그때 달랐지만, 당시 이름난 암벽이나 빙벽 루트를 다시 오르거나, 그렇게 대단하다고는 할 수 없는 루트도 초등하면서 즐거운 시간을 보냈다.

레뷔파는 '농사 돕는 일'을 잠시 했는데, 별로 마음에 들지 않았다.

그러다가 그는 자신이 좋아하면서 능력에 맞는 일을 만나게 되었다. 당시 샤모니에서 그리 멀지 않은 몽트록Montroc에 있는 '청춘과 산'의 중앙학교에서 레뷔파를 민간강사로 채용해주었다. 이렇게 되어 시간이 많이 생기자 우리는 이따금 대등반을 함께 할 수 있었다. 1944년에는 팽 드 쉬크르Pain de Sucre의 동북동 버트레스를 초등했는데, 특히 에귀 데 페레랑의 북벽 등반은 하나의 큰 수확이었다.

그 무렵의 등반은 사실상 어려웠다. 당시 우리가 갖고 있던 등반 장비는 지금 보급되고 있는 것과는 비교할 수도 없었다. 우리는 징이 많이 박힌 등산화로 오르다가 어려운 곳을 만나면 그것을 배낭에 집어넣고 등산화라고 할 것도 못 되는 고무창이 달린 것으로 갈아 신었는데, 이것이 제법 도움이 되었다. 자일은 마로 꼰 것이었는데 전시戰時라 품질이 그리 좋지 않았다. 설사 이중으로 쓴다 하더라도 4~5미터 이상을 추락하면 도움이 되지 않았다. 하켄은 두세 종류가 있었는데, 나무 쐐기는 아는 사람이 없었다.

좀 더 자세히 알아본다면, 당시 우리가 쓰던 장비나 사용법은 오늘날 '6급 클라이머'들의 그것보다 오히려 알피니즘의 영웅시대에 개척자들이 쓰던 것에 더 가깝다는 것을 알 것이다. 6급 클라이머들은 정으로 암벽에 구멍을 내는 것을 아무 일도 아닌 것처럼 여기는가 하면, 머리를 쓴 도르래 시스템을 이용해서 배낭을 끌어올렸다. 어느새 우리는 여기까지 온 것이다.

전면에 두드러지게 펼쳐지는 메인 페이스

초보자가 보면 어려운 산을 오른다는 것은 그저 사람의 마음을 조이게 하는 곡예등반의 연속이며, 등반자는 단순한 초인적 의지력과 행운으로 죽음을 면할 수 있다고 생각할지 모른다. 하기야 지금 프랑스만 하더라도 한 해에 30~50명에 가까운 사람들이 산에서 사고로 죽는 것이 사실이다. 하지만 만 오천 명이나 되는 등산가의 수에 비하면 그다지 많은 숫자라고 할 수 없다. 게다가 잘 알려지지 않은 사실이 있다. 즉, 그러한 조난의 90퍼센트가 자기능력 이상의 것을 하려는 무모한 초보자들에 의한 사고라는 것이다. 그것은 필요한 기술을 사전에 익히지 않고 등반에 나서는 것으로, 조종도 배우지 않고 비행기를 조종부터 하려는 것과 똑같이 어리석은 일이다.

나의 등반은 다사다난했다. 통틀어 100번이나 되는 어려운 등반을 전문적인 방법으로 해오면서 20번이나 죽을 고비를 넘겼는데, 그중 10번은 추락이었다. 한번은 허공으로 날았는데, 그때는 정말 죽는 줄 알았다. 카이만 콜에 갔다 온 지 얼마 안 된 1942년의 일이었다. 거두어들인 감자를 지하창고에 쌓아 놓고, 땔감도 많이 마련해 놓아서 나는 겨울이 오기 전에 며칠 동안 자유 시간을 즐기고 싶었다. 농가를 아내에게 맡겨 놓고, 나는 가스통과 함께 당시 누구나 가던 마르세유의 '칼랑크'에 갔다. 많은 사람들이 아는 것처럼 그곳은 프로방스의 수도이자 레뷔파의 고향이었다. 아직 그곳에 살고 계신 레뷔파의 어머니께서 우리를 반겨주셨다. 우리는 매일같이 그곳의 우아한 침봉에 오르고 깎아지른 해벽에 올랐는데, 그 도시 근교에는 별 것 아닌 곳도 있었지만 이따금 아주 어려운 곳도 있었다.

이렇게 이삼일을 지내고 나서 우리는 '라 부피그La Boufigue'를 찾아 갔다. 암벽이 있었는데, 내가 60미터 가량을 올라갔다. 그때 매달렸 던 하켄이 빠지며, 순식간에 나는 거꾸로 떨어졌다. 4~5미터 아래에 박은 하켄도 충격을 이기지 못하고 빠져나가 내 추락속도를 줄이지 못했다. 무서운 속도로 땅이 가까워지자 자일이 끊어지면서 이제 바 닥에 부딪혀 박살나리라는 생각이 드는 찰나 어머니와 아내 그리고 온갖 생각이 머리를 스쳐지나갔다. 그런데 이상하게도 조금도 무섭 지 않았다. 나의 추락이 마치 남의 일 같았다. 그러자 가슴에 충격을 느끼며 나는 공중에 매달려 흔들리고 있었다. 추락이 멎은 것이다.

목숨은 건졌지만 허리가 몹시 아팠다. 자일에 조여서 숨이 끊어지 는 줄 알았다. 하켄 덕분에 내가 살았다는 것을 그제야 알았다. 자일 하나는 끊어졌고, 카라비너는 쇠가 약해서 벌어져 있었다. 만약 끊어 지지 않은 자일이 카라비너 개폐 장치에 걸리지 않았더라면 나는 살 아서 돌아오지 못했으리라.

나의 등반경력에서 추락으로 죽을 뻔했던 것은 이때뿐이었지만, 적어도 9번은 산사태와 낙석, 또는 얼음덩어리에 맞아 죽을 뻔했다. 사실 눈사태나 커니스 붕괴 등은 고산에 도전하는 알피니스트에게 큰 위험이다.

이 무서운 첫 번째 경험이 1943년 6월에 있었다. 그 당시 나는 이삼일 예정으로 그레노블에 갔다. 그곳에는 아직 내 가족과 많은 친구들이 있었다. 나는 그곳에 묵으면서 오아장 산군이라도 오를 생각으로 친구들과 넷이 떠났다. 지금은 고인이 된 피에르 브룬, 사촌 형인 미셸 슈발리에Michel Chevallier, 그리고 파리에 사는 알피니스트 로제 앙드웰Roger Endewell이었다. 앙드웰은 몸이 작아서 '미크로'라는 별명을 갖고 있었는데, 나는 이 친구와 자주 짝이 되곤 했다.

6월인데도 눈이 있어서 암벽등반보다는 차라리 빙벽등반이 좋을 것 같았다. 이들 셋에게 이 근처의 산은 자기 집 안마당 같아서, 어떤 곳도 문제가 없었다. 그래서 우리는 콜 뒤 디아블Col du Diable의 북쪽 쿨르와르를 택했는데, 이곳은 처음부터 경사가 심하지 않은 빙벽 루트였고, 특별히 어려운 곳도 없었다.

베르크슈른트Bergschrund를 넘어갈 무렵 붉은 아침 하늘이 무척 예뻤다. 날씨는 맑았다. 밤에 온도가 높아서 얼음이 단단히 얼어 있지는 않았다. 이러한 상태에서는 낙석의 위험이 있어서, 우리는 알피니즘의 엄격한 규칙을 따라 계획을 포기했어야 했다. 하지만 20대의 젊은이들인데 누가 이 규칙을 지키겠는가? 게다가 쿨르와르에는 눈이 살짝 덮여 있어서 낙석의 위험은 그렇게 크지 않을 것 같았다. 우리는 후퇴할 생각이 없었다.

그다지 어렵지 않은 사면을 몇 피치 오르니 경사가 45도 정도 되었다. 부드러운 눈을 뒤집어쓴 얼음 위에서 아이젠이 소리를 냈다. 아이젠 발톱으로 균형을 잡으며 오르는 미묘한 기술은, 그 당시에는 사용하는 알피니스트가 별로 없었다. 이것을 보고 훈련이 덜 된 친구들은 놀란 눈치였고, 해볼 생각도 하지 못했다. 사람들은 스텝 커팅으로 발판을 충분히 깎아내야 했다. 나는 반 정도는 깎아내고, 반 정도는 아이젠을 써가며 올라갔다. 그러다 보니 전진하는 데 시간이 걸려, 첫 아침햇살이 사면을 비출 때까지 우리는 4분의 1도 오르지 못했다.

그러자 넓은 쿨르와르에 산발적으로 돌이 튕기며 떨어졌다. 넓이가 200미터나 되는 사면에서 사람이 차지하는 면적이 보잘 것 없어, 작은 돌들은 어느 정도 요령 있게 그리고 담담하게 피할 수 있었다. 그렇기 때문에 이렇게 산발적으로 떨어지는 돌에 맞는다는 것은 여간 운이 나쁜 것이 아니다. 걱정이 아예 안 된 것은 아니었지만, 우리는 여전히 느릿느릿 올라갔다. 잠차 낙석이 심해졌다. 나는 가까운 곳에 있는 돌출부 위에 올라가 총알이 날아오는 것을 피하고 싶었다.

바로 그때 머리 위에서 바위가 깨지는 소리가 났다. 마치 기관총으로 집중 사격을 하듯이 짐짝만 한 돌덩어리들이 엄청나게 튀어 오르며 우리에게 떨어졌다. 순간 우리는 사면에 바짝 달라붙어 이 돌덩어리의 홍수를 바라보며 우리 자신을 그저 운명에 맡길 수밖에 없었다. 돌덩어리들은 30~40미터 저쪽에서 둘로 갈라졌다. 큰 것들이 15미터 가량 떨어진 왼쪽과 오른쪽 밑으로 떨어졌다. 그중 몇 개가 우리에게 떨어지기도 했지만, 다행히 다친 데는 별로 없었다.

그로부터 몇 개월이 지난 후, 나는 놀랍고도 이상한 우연으로 이와 거의 똑같은 위험한 돌사태를 겨우 면할 수 있었는데, 그때는 레네 페를레René Ferlet와 같이 있었다. 우리는 에귀 뒤 미디Aiguille du Midi 북릉을 오르려고 새벽이 밝아오기 2시간 전에 출발해 올라가고 있었다. 사방이 어두운 가운데 포근한 날씨였다. 그다지 어렵지 않은 겔렌데라도 어둠 속에 오른다는 것은 유쾌한 일이 아니어서 우리는 오른쪽으로 보이는 눈 덮인 쿨르와르로 가려고 했다. 물론 쿨르와르에는 얼음이나 돌사태의 위험이 있다는 것을 잘 알고 있었다.

15미터 정도를 올랐을 때 머리 위에서 낙석의 굉음이 들려왔다. 상황을 판단할 겨를도 없었다. 낙석이 우리를 향해 떨어지고 있다는 것을 알았을 때는 벌써 장딴지에 일격을 당해 나는 크게 튕기며 사면을 굴러 떨어지고 있었다. 순간 100미터가 안 되는 추락이라면 그대로 죽지는 않을 것이라는 생각이 들었다. 그런데 우리는 아직 100미터를 오르지 않았으니, 안도의 긴 한숨을 내쉬며 가슴을 쓸어내릴 수 있었다.

하지만 더 큰 충격이 기다리고 있었다. 베르크슈른트가 번개처럼 눈앞을 스쳐지나갔다. 다행히 10미터 가량 굴러 떨어지고 나서 부채꼴 너덜지대에서 제동이 걸렸다. 손이 조금 까졌지만 크게 다친 데는 없었다. 함께 떨어진 친구도 괜찮아서 바로 내 옆에서 일어났다.

몸을 위험에 노출시키는 것이 등반의 목적은 아니다. 하지만 등반에는 늘 위험이 따르기 마련이니 어찌 할 도리가 없다. 오직 오랜 경험, 즉 기억만이 아니라 잠재의식 속에 축적된 풍부한 경험 덕분에 많은 알피니스트들이 일종의 직관을 몸에 지니게 되는 것이다. 그들은 이 직관으로 위험을 사전에 알아차릴 뿐만 아니라, 특히 자기를 위협하는 위험의 정도도 추측할 수 있다.

나는 80킬로그램의 체중에 팔은 남달리 짧고 근육은 단단해서 어려운 암벽등반에는 맞지 않는 사람이었다. 그러니 이런 등반 분야에서 내가 이룩한 것은 그리 대단하지 않다. 그래도 나는 이따금 배짱과 야심으로 아주 어려운 암벽을 몇 차례 완등해냈다. 그러다가 추락하기도 했던 것이다. 지금 생각해보니 지난날의 많은 실패는 경험 부족에서 온 것이었다. 하지만 그 뒤부터는 차차 위험을 피할 수 있게 되었다. 20~30년 동안 '위대한 등반'을 밀고 나가다 나이가 들어 죽는 것은 누구나 할 수 있다. 정말 어려운 것은 처음 4~5년을 잘 견디는 일이다.

1942년에서 1943년에 걸친 다양한 경험으로 나는 많은 교훈을 얻었다. 그 뒤부터 나는 더욱 신중하게 행동하면서, 등반 계획에 기술적 기준을 세웠다. 레뷔파는 이와는 반대로 언제나 이상할 정도로 자심감에 차 있었다. 이것이 초보자인 내 눈에는 들어왔지만, 정작 그는 자신의 능력을 벗어나서 행동하는 것에 아무런 불안감도 없었다. 레뷔파는 일상생활에서는 소박하고 조용하며 사양하는 듯한 태도를 보이지만, 일단 산을 대하면 그런 겸허한 태도는 어디서도 찾아보기 어려웠다. 어떤 등반도 그에게는 앞으로의 대등반을 위한 훈련이었다. 하지만 언제나 이어지는 무서운 등반으로 인해, 함께 따라나서는 친구가 없었다.

레뷔파에게도 그리고 나에게도 워커릉 등반은 가장 아름다운 꿈이었다. 모든 벽 중에서 이 정도로 위대하고 등반 가치가 있는 곳은 달리 있어 보이지 않았다. 하지만 이것은 끝내, 하나의 꿈으로만 남을 것 같았다.

그런데 놀라지 않을 수 없었던 것은 레뷔파가 한 세대 전의 뛰어난 알피니스트인 에두아르드 프렌도Édouard Frendo를 끌어들이는 데 성공한 것이다. 하지만 그는 아직 이러한 등반을 해내기에는 능력이 충분하지 못했다. 그들 자일 파티는 벽의 4분의 1을 조금 넘어서는 데 시간을 너무 잡아먹은 데다, 날씨가 악화되어 끝내 후퇴하게 되었다. 결국 상황 판단을 제대로 하지 못했다는 이야기였다.

그로부터 2년 뒤, 레뷔파는 프렌도와 다시 짝을 이루어, 두 번을 비박하고 3일에 걸친 가혹한 등반을 전개한 끝에 워커릉 제2등에 성공했다. 이로써 레뷔파는 프랑스 알피니즘에서 최고 난이도의 등반을 처음으로 해내, 그 이름을 영원히 남겼다.

3장

알프스에서의 전쟁

1942년 이래 샤모니를 중심으로 한 알프스 지역은 레지스탕스 저항운동의 중요한 거점이었다. 마키Maquis단이 산 속을 점거하고 있었고, 샤모니 계곡 주민들이 이 조직에 대거 참여하고 있었다. 나는 저항운동을 하는 투사들의 식량을 조달하는 일을 하며, 그곳 '두목'들과 친해지기도 했다. 이렇게 나는 저항운동과 관계를 유지하면서 그들의 활동을 많이 알고 있었지만, 그 운동에 참여하지는 않았다. 그 운동이 공개적이었다면 나는 감동을 받아 함께했을지 모르지만, 지하운동이어서 마음이 내키지 않았다. 그밖에도 내게는 농사일이 있었고, 한창 산에 마음이 쏠려 있어 저항운동이 프랑스 해방에 어떤 역할을 하는지 생각할 마음의 여유가 없었다. 하지만 나는 이 투쟁이 일반화하는 형태로 전개되면 적극 나서겠다고 저항운동 지도자들에게 굳게 약속했다.

6월 6일이 지나면서 저항운동이 활발해지자 여러 사건들이 터졌다. 오트 사부아Haute-Savoie에서 독일군은 주요 마을을 점령하고 있었지만, 아르브 계곡 안쪽에 있는 다른 마을들은 마키단의 수중에 들어가 있었다. 독일군은 샤모니를 굳건히 장악하고 있어, 그곳의 큰 호텔은 모두 부상자를 수용하는 병원이 되어 있었다. 마키단이 샤모니 주변을 압박하기 시작하자, 겁을 집어먹은 독일군이 '마제스틱' 호텔 주변에 참호를 파고 저항했지만 긴 협상 끝에 끝내 싸우지 않고 물러났다.

제2차 세계대전 중 프랑스의 게릴라 부대

프랑스는 이제 사실상 해방되었다. 독일군은 이탈리아 국경으로 물러나, 그곳에서 완강하게 저항하며 프랑스 계곡을 위협했다.

저항운동은 끝이 났으나 전쟁은 계속되었다. 마키단의 역전의 용사들은 정규군으로 편성되었고 아프리카에서 처음 온 부대와 합류하면서 혼란을 가져와, 샤모니 일대는 과도기의 몸살을 앓았다. 개인이나 집단이 저마다 경쟁하다시피 나서서 그것대로 흥밋거리였으며, 그때 일어난 일들은 작품의 소재로 써도 충분할 정도였다.

10월 초 어느 날 '청춘과 산'의 옛 친구인 보몽Beaumont이 찾아왔다. 그는 이제르 계곡의 마키단 중대에 속해 있었는데, 이 부대는 활발한 작전으로 "스테판Stéphane 중대"라는 명성을 얻었다. 스테판은 가명으로, 사실은 상시르 출신의 에티엔느 포아투Étienne Poiteau 대위를 말하는 것이었으며, 그의 부대에는 산악 교관과 스키 선수 등 도피네 출신 알피니스트가 많아서 이제 산악중대를 하나 편성하려 하고 있었다. 즉, 이런 중대라면 알프스 능선에 진을 치고 있는 독일군을 밀어낼 수 있다고 생각하고 있었던 것이다. 그들은 이 부대를 전문적인 등산가의 힘을 빌려 강화하려고 보몽을 샤모니로 파견했다. 그의 임무는 본격적인 가이드와 강사들을 확보하는 것이었다.

스테판 대위의 명성이나 내 친구가 속해 있는 중대가 사실 강한 군대임을 말하는 것이어서, 나도 모험에 흥미를 느끼고 아내와 작별한 다음 농장을 떠나기로 마음을 굳혔다. 나는 배낭을 꾸려 근무지로 갔다.

스테판 중대에 들어가자, 그곳은 '청춘과 산'에서 가장 즐거웠던 시절을 연상케 하는 감동과 우정과 인간적 포근함이 가득했다. 나는 마치 물고기가 물을 만난 것처럼 그 분위기에 빠져 들어갔다.

스테판은 큰 체구에 금발의 헝클어진 머리를 하고 있었다. 햇볕에 탄 피부가 반들거리고, 넓은 이마와 크고 밝은 눈을 갖고 있어 아주 건강해 보였다. 이 젊은 사나이는 보기에는 수줍어하면서 어딘가 어색했지만, 그의 내면에는 중세 때 의용병을 이끌고 싸운 이탈리아 지휘관을 연상케 하는 담력과 강인한 의지력이 담겨 있었다. 그는 여기에 지혜와 통찰력과 인간성까지 갖추고 있었다.

스테판은 자기 중대의 명성의 기반인 고상한 기풍을 유지하려고 애쓰고 있었으며, 따라서 확고부동한 군기와 스파르타식 생활 그리고 아주 활발한 행동을 신조로 삼고 있었다. 그래서 그는 그야말로 엄한 생활태도를 요구했다. 날씨와 상관없이 우리는 원시적인 천막 안에서 자야 했고 훈련을 할 때는 거의 비박을 해야 했는데, 그런 때도 그냥 옷만 걸치고 전나무 밑에서 밤을 지새우기가 일쑤였다. 이동 취사장도 공동 취사장도 없었다. 12명으로 구성된 전투부대는 저마다 독립적으로 모든 일을 처리해야 했다. 사격과 독도법, 신호훈련을 하며 언제나 숲과 벨돈 산군에서 훈련하며 지냈다. 이 교육의 원칙은 우리가 언제라도 출동할 수 있는 경계태세를 유지하는 것이었다. 우리는 밤낮을 가리지 않고 수시로 행동에 임할 수 있도록 대기해야 했다.

1944년 10월이었다. 하루 종일 비가 온 그날의 알프스 날씨는 정말 나빴다. 1,800미터 위는 눈의 세상이었다. 우리는 옷을 말릴 겨를이 없어 언제나 젖은 옷을 입고 있어야 했다. 게다가 완전무장 강행군과 야간경계, 그리고 변변치 않은 식사로 우리의 생활은 말할 수 없이 힘들었다. 더구나 신병으로서는 더욱 견디기 힘들었다.

육체적으로 이겨내는 것이 결코 쉬운 일은 아니었지만, 대자연과 하나가 되어 느끼는 친밀감 넘치는 긴장과 그런 생활 자체가 나에게는 더없는 즐거움을 안겨주어 무척 마음에 들었다. 나는 기쁜 마음으로 몸과 마음을 던졌다.

11월 중순 프랑스 산악연대 소속 제2, 제11, 제15대대가 산으로 올라왔다. 몽 타보르Mont Tabor에서 몽 스니Mont Cenis 고개에 걸친 모리엔느Maurienne 알프스 경계선상에 분산해서 2개월 이상 수비 임무를 맡았던 부대와 교대하기 위해서였다. 눈이 깊어서 군사 작전은 모두 어려웠기 때문에 한동안 전선이 고요했다. 스키 부대가 전초선을 지키고 있는 동안, 우리 대대 주력은 마을과 문화재 경비에 임하고 있었다.

스테판 대위는 공격이 최상의 방어라고 판단하고 있었다. 그는 선수를 쳐서 독일군에 우리의 전투능력이 충분하다는 것을 알릴 필요가 있다며, 사전에 계획한 기습작전을 실천에 옮겼다. 나는 등산 전문가 자격으로 다른 동료 한 명과 함께 이 작전에 대해 장교들에게 조언했다. 스테판 대위는 이 작전이 굳이 군사적 가치가 있다고 생각하지는 않았지만, 부대가 하는 일 없이 놀고 있으면 오히려 독이 된다는 것을 알고 있는 것 같았다. 그래서 그는 이러한 소규모 전투 행위로 왕성한 사기를 일으키고, 공격 정신을 유지하려고 했다.

독일군은 이따금 가벼운 포격과 기관총으로 공격을 가할 뿐 공격 정신을 발휘하지 않고 있어, 아마도 단조롭고도 지루하게 보내고 있는 것 같았다. 이쪽에서 그 상태로 내버려둔다면 이번 겨울은 피를 흘리지 않고 그대로 넘길 수 있었다. 그러나 상대가 가만히 있기 때문에 우리의 설레는 마음을 달래기 위해서 스테판으로서는 이쪽에서 독일군을 건드리는 것 외에 달리 방법이 없었다. 그는 머리를 잘 써 심리전을 하면서 그것을 실행에 옮겼다. 결과적으로 우리는 군사적이라기보다는 스포츠를 하는 기분으로 일을 처리한 셈이었다. 이때 내가 해야 할 일로 부여받은 명령은 루Roue 콜의 독일 진지에 대해 교란작전이 가능한지 부트레트 대위와 함께 정찰하는 것이었다.

보통 부대로서는, 무섭게 깎아지른 두 봉우리 사이에 있는 아주 작은 안부를 공격한다는 것은 도저히 생각할 수 없었다. 그러나 알피니스트라면 이야기가 다르다. 즉, 적이 보지 못하는 암벽을 넘어 콜이 내려다보이는 4,500미터 고소인 그랑드 바뉴Grande Bagne 정상에 오

산의 능선이 말안장 모양으로 움푹 들어간 부분. 콜.

르면, 능선 위에서 독일군을 틀림없이 사격할 수 있을 것이라는 생각이 들었다. 등산이라는 면에서 본다면 이 정도의 일은 담력이라고 할 것도 없었다. 그러나 한겨울이었고, 경사진 벽에 눈이 붙어 있었다. 다행히도 우리 부대에는 가이드와 유능한 등산가들이 있어서, 나는 그들과 함께 행동하면 보통 사람들에게는 불가능하게 보이는 산악활동을 할 수 있다고 믿었다. 나는 대위에게 우리가 그랑드 바뉴 정상에 올라가, 700미터 거리를 두고 독일군을 사격하겠다고 말했다.

경사진 쿨르와르에 반쯤 얼어붙은 눈과 능선에 약간 위험하게 형성된 커니스 덕분에 등반은 생각보다 어렵지 않았다. 가장 힘이 들었던 것은 부트레트로 하여금 마지막에 남은, 확실히 위험한 암벽을 오르도록 하는 일이었다. 남쪽 출신인 그는 쾌활하고 호감이 가는 사나이였는데, 산에 오르는 것보다 여자 뒤꽁무니를 쫓는 것을 더 좋아했다. 자일에 매달려 — 조금 심하게 말하면 억지로 끌려서 — 우리의 용감한 부관께서도 뒤따라 올라왔다. 8~10명이 되는 우리 모두는 한데 뭉쳐 좁은 정상에 섰는데, 그곳에서 독일군이 바로 밑으로 내려다보였다. 그들 가운데 몇 명은 한가로이 일광욕을 하고 있었다. 다른 군인들은 스키를 연습하고 있었다.

700미터 떨어진 곳을 경기관총으로 위에서 밑으로 사격해봐야 효과는 별것 아니다. 그러나 부트레트는 간부로서 자기 책임을 인식하고 한두 발 사격 명령을 내렸다. 적은 어디서 사격하고 있는지 몰라 완전히 혼란에 빠졌다. 그들은 모두 설사면으로 도망쳤고, 그것을 봐서는 총에 맞은 자는 없는 것 같았다. 이 잔혹한 군사행동을 하고 나서 잠시 뒤 우리는 하산했는데, 무방비 상태의 적을 쏜 것이 마음에 걸렸지만 임무를 완수해서 만족스러웠다.

겨울철 한동안 나는 이와 비슷한 작전에 여러 차례 참가했고, 그 가운데 위험한 고비도 몇 번 있었다. 12월이 끝나갈 무렵이었는데, 한번은 전초기지로 나갔다. 식량 보급이 어려운 곳이었다. 고도차 2,200미터의 샬르 샬레Challe-Chalet 북릉 위였는데, 밤낮으로 꽁꽁 얼어붙었고 기온은 영하 33도까지 내려갔다. 우리는 30명 정도였는데, 난로는 하나뿐이었다. 난로에서 2미터 떨어진 곳에 있는 야전 수통 속의 포도주가 얼어붙었다. 장비가 형편없어서 우리는 추위에 그대로 노출될 수밖에 없었다. 독일군의 눈을 피해 스키를 탈 수 있는 곳은 오직 한쪽 사면뿐이었는데, 그런 곳에서 스키를 타거나 나무와 식량 또는 탄약을 나르는 일을 빼면 할 일이 없었다.

우리가 있는 곳으로부터 2킬로미터밖에 떨어지지 않은 아롱다즈Arondaz 콜은 독일군이 차지하고 있었고, 그 오른쪽에 2,444지점과 2,434지점으로 지도에 표시된 두 개의 봉우리가 있었다. 그 가운데 콜에 가깝고 높은 곳인 2,444지점에 독일군 감시대가 있어서 샬르 샬레에서 하고 있는 것이 모두 내려다보였다. 독일군은 여기서 이따금 대대 본부가 있는 샤르메Charmaix 마을을 포격하고, 라보Lavoir와 진지의 식량 보급소에 박격포를 쏘기도 했다. 다시 말해, 이 감시대는 적의 확실한 전략적 요충지로 철저하게 이용되고 있었다.

어느 날 아침, 우리는 시간을 보내느라 아롱다즈Arondaz 콜과 2,444지점의 고지를 폭격했다. 그러자 화가 난 독일군이 바로 샬르샬레로 몇 발을 포격해왔다. 사촌 형인 미셸 슈발리에가 소리쳤다.

"저기까지 올라갈 수만 있다면, 저놈들이 이런 장난을 하도록 내버려두지는 않을 텐데!"

내가 농담 삼아 한마디 했다.

"그럼, 왜 올라가지 않는 거지?"

"그걸 누가 한단 말이냐? 그 감시대는 그렇게 간단하지 않아!"

나도 지지 않았다.

"반드시 그렇지만도 않아. 2,434지점의 사면은 독일 놈들에겐 보이지도 않아. 그곳으로 올라가는 것은 그렇게 어렵지 않아. 밤이 되기 전에 그곳에서 놈들이 있는 봉우리를 해치울 수 있어. 우선 2,434지점을 오후에 오른 다음, 어두워지기 전에 감시대를 공격하는 거야. 놈들이 아롱다즈 콜에서 올라오기 전에 말이야. 그러면 사전에 설치해놓은 하강용 자일을 타고 내려올 시간의 여유도 있지! 이것이야말로 환상적인 공격이야."

이렇게 해서 2,444지점을 공격하는 아이디어가 생겼다. 알피니스트 두 사람의 생각과 행동 의욕이 이렇게 발전한 것이다. 먼저 스테판 대위를 만나 슈발리에가 우리 계획을 설명했는데, 그는 등산에 대해 아무것도 몰라 의심만 할 뿐 이해하지 못했다. 그러나 나는 우리 중대에서 등산가로 널리 알려져 있었다. 등산가의 입장에서 보면 이것은 조금도 문제될 것이 없다고 나는 자신 있게 말했다. 그러자 대위는 우리 생각을 받아들여 르 레이Le Ray 중령과 상의하겠다고 약속했다.

중령은 나이는 젊었으나 등산 경험이 있었고, 슈발리에의 산 친구였다. 그는 우리 계획에 관심을 갖고, 이것보다는 조금 부드럽게 하자는 의견을 내놓았다. 그것은 2,444지점을 실제로 공격하지 말고 2,434지점에서 감시대를 사격하자는 것이었는데, 그곳은 우리에게서 150미터밖에 떨어져 있지 않았다. 이 작전에는 슈발리에와 샤모니 출신 가이드 로랑 크레통 Laurent Cretton과 나 이렇게 세 사람만 참가하기로 했다.

우리는 철저하게 준비했다. 크레통과 슈발리에는 명사수였는데, 경기관총으로 150미터 떨어진 목표를 쏘는 연습을 며칠 동안 했다. 나는 나대로 등반에 필요한 자일과 피켈, 하켄과 해머 등을 준비했다.

우리는 스키로 세 시간 이상 고된 행진을 한 끝에 쿨르와르 밑에 도착했다. 쿨르와르는 45도나 경사져 있었다. 그런 곳에서는 스키가 소용없어 걸어가야 했는데, 만일 날씨가 춥지 않았더라면 틀림없이 눈사태가 났을 것이다. 위로 올라가자 점차 눈과 얼음이 바위에 얼어붙어 있어 오르기가 쉬웠다.

마지막에 평탄하지만 미끄러운 곳이 나타났는데 그곳을 넘어서자 커니스가 금방이라도 무너질 듯해서 아주 위험했다. 내가 선두로 나섰다가 2~3미터 떨어졌으나 다행히 제동이 걸렸다. 슈발리에가 자일로 확보해준 덕분이었다. 정오 무렵 우리는 마침내 사면 위로 올라섰지만, 바위에는 눈이 얼어붙고 극지처럼 추워서 이날의 등반은 정말 대단한 것이었다.

2,434지점과 2,444지점 사이는 약간 꺼져 있었는데, 150미터 떨어진 곳에 있는 적의 감시대가 분명하게 보였다. 처음에 우리는 발각되지 않도록 아주 세심한 주위를 기울였는데, 2~3분이 지나도 아무도 경계에 나서지 않았다. 독일군은 참호 속에서 따뜻함을 맛보고 있는 것 같았다. 우리는 잠시 기다렸다. 해가 떠올라 봉우리를 비추고 있었으나, 견디기 힘들 정도로 매서운 찬바람이 불어왔다. 발에서 감각을 느낄 수 없을 정도로 점점 추위가 더했다. 더 기다릴 수도 없었다. 독일군도 크리스마스이브를 준비하느라고 초소를 비운 것 같았다. 할 수 없이 우리도 산을 내려가야 할 것 같았다.

그때 별안간 한 명이 나타났는데, 2,444지점이 아니고 아롱다즈 콜 위였다. 거리가 300미터는 떨어져 있어 쏴도 맞을 가능성이 적었다. 그래도 슈발리에는 한 번 쏴 보려고 방아쇠를 당겼으나 작동되지 않았다. 그토록 정성껏 손질했는데 영하 30도가 되니 기관총이 말을 듣지 않았다.

손가락이 얼어오고 힘든 일이 한두 가지가 아닌데도 슈발리에와 크레통은 눈보라가 몰아치는 능선에서 기관총을 분해하려고 한두 시간 동안 무진 애를 썼다. 그러나 효과가 없었다. 우리는 더 이상 견딜 도리가 없어 결국 하산하기로 했다. 그래도 이 계획에는 자신이 있어서 슈발리에도 나도 콜에서 아무것도 모르고 한가롭게 지내고 있는 독일 경계병을 한 번 쏘아보고 싶었다. 알프스에서의 전쟁은 군사적으로 그리 대단하지 않다는 것을 우리도 잘 알고 있었다. 전선에 있다는 것은 우리로서는 애국심 때문이 아니었다. 전선은 인디언처럼 뛰어노는 곳이나 다름없었다. 그저 그 무대가 대자연이어서 우리를 극도의 흥분 속으로 몰아넣었을 뿐이다.

스테판 중대는 석 달 동안 모다나와 바르도네쉬 분수령의 산악지대를 지켜왔는데, 이번에는 더욱 힘들고 어려운 임무를 맡게 됐다.

아르크Arc 계곡 안쪽 깊숙한 곳에 베상Bessans과 본느발Bonneval 두 마을이 있었는데, 모리엔느의 나머지 지역과의 사이에 약 18킬로미터의 무인지대가 있어 연락이 되지 않고 있었다. 그런데 독일군이 몽스니 콜과 오래된 성채인 튜라Tura를 차지하고 있어서 그들의 포사격 사정권 내에 들어가 있는 지역은 지킬 수 없었다. 랑슬르부르와 랑르 빌라르 같은 작은 마을이 있는 계곡이 그런 지역이었다. 베상과 본느발 주민들은 그들의 고향을 떠나지 않고 있어서 그 마을 주민들을 적의 공격과 약탈에서 지켜야 했다. 따라서 그 지역에서 우리 임무는 아주 중요해, 우리는 매우 신바람이 나고 힘이 솟았다.

나는 우선 하사관 몇 명과 함께 이제르 계곡과 본느발 사이에 전화선을 설치하고 나서, 한동안 무인지대를 지나가는 수송대를 지휘하게 됐다. 결국 나는 그 구간을 5~6회 왕래했다. 30~40킬로그램의 짐을 지고 한밤중에 터벅터벅 걷는다는 것은 아무리 익숙하다 하더라도 기분 좋은 일이 아니었다. 이때의 육체적 고통 따위는 신경의 긴장에 비하면 아무것도 아니었다. 그 긴 구간에 매복해 있는 적의 공격을 받을지도 모르기 때문이었다. 다만 한 번도 그런 일이 없었다는 것이 그나마 위로가 됐다. 그러나 그런 가능성을 생각하니 심리적 압박은 어찌할 수 없었다. 그러는 가운데 가장 불안했던 것은 랑슬르부르를 지나갈 때였다. 이 마을은 좁은 계곡에 위치해 있었는데, 빈집이 많았고 파괴된 곳도 있었다. 바람만 가볍게 불어도 반쯤 찢어진 양철이 흔들리는 소리나, 열려 있는 창문이 덜커덩거리는 소리가 한밤중에는 여간 기분 나쁘지 않았다. 여하튼 폐허를 지나갈 때 기관총이 뒤에서 우리를 노리고 있는지도 모를 일이었다.

3월이 시작되자 좋은 날씨가 이어졌다. 내가 그동안 고산에서 익힌 등산 실력과 스키 기술을 새롭게 시험할 기회가 왔다. 모리엔느의 산들은 때로 3,500미터나 되고 콜도 높고 험했기 때문에, 우리와 대치하고 있는 독일이나 이탈리아 군대는 그런 곳의 능선을 차지할 만한 힘이 없었다. 따라서 그들은 이런 계절에는 군사행동이 어렵다고 보고, 스투라에 있는 계곡 세 군데의 마을에 틀어박혀 있었다.

이에 대해 — 아마도 스테판 대위가 제안했으리라고 보는데 — 사령부에서는 적의 방어선의 약점을 압박해서, 콜뿐만 아니라 이탈리아 쪽 봉우리들까지 점령하기로 했다.

이때 스테판 대위는 분명 나의 등산 경험을 믿고, 이 어려운 작전의 기술적인 지휘를 내게 맡겼다. 이러한 신뢰는 사실 영광이었으나, 나는 긴장할 수밖에 없었다. 나는 기쁜 마음으로 이 일을 수행했으나, 내 생애에서 이때처럼 어려운 일을 한 적이 없었다.

그 무렵 내가 참가한 가장 기록적인 작전은 4일간에 걸친 '기습작전'이었다. 그것은 아주 먼 길을 돌아가는 작전으로 한 번은 비박을 하지 않을 수 없었는데, 이때 이탈리아의 저항군과 부딪쳤다. 그들은 몽 스니 전선에서 약 20킬로미터 후방에 있는 작은 수세Susé 마을 근처에 숨어 살고 있었다. 이때 스테판 대위는 이 저항운동 투사들을 통해 중포병 중대에 대한 정보를 입수할 수 있었다.

우리의 정찰 활동은 군사적인 면에서 뿐만 아니라, 등산이라는 면에서도 대담한 계획이었다. 즉 우리는 험난한 능선을 답파해야 할 뿐만 아니라, 조금만 눈이 와도 눈사태의 위험이 있는 사면을 가로질러야 했다. 그래서 이 작전에서 우리는 많은 극적인 사건을 체험했다.

800명이 넘는 독일군이 주둔하고 있는 수세 마을과 2킬로미터 떨어진 곳에서 우리가 이탈리아의 저항군과 함께 은신해 있을 때, 모든 가옥이 수색을 당했다. 누군가 밀고한 모양이었다. 한밤중에 마키단원이 우리를 깨워, 우리는 도망쳤다. 그러나 두 시간이 지나 우리가 숲속에서 고원지대로 나왔을 때, 강력한 정찰병들이 다가오고 있었다. 그들은 근처를 수색하고 있었다. 우리는 큰 나무 사이에 몸을 숨겼고, 다행히 독일군은 우리를 보지 못했다. 이때 만일 흔한 예로 군견이라도 있었다면 무슨 일이 벌어졌을지 모른다.

다음 날 저녁이 되어 우리는 거의 굶다시피 하고 오랜 강행군으로 지친 채 라크 드 라 루세Lac de la Rousse의 오래된 발전소로 다가가고 있었다. 그때 총성이 들려왔다. 우리 전초기지가 습격을 받아 내 친구 로베르 부세Robert Buchet가 죽고 부상자도 나왔다.

우리는 기대했던 휴식도 못 하고 도착하자마자 반격에 나섰다가 아르네 콜 쪽으로 철수했다. 이때 나는 부상자의 배낭까지 져야 했다. 콜의 반대쪽에 있는 아주 작은 마을 아베롤에 간신히 도착했을 때는 한밤중이었다. 먹은 것도 없이 20킬로그램이나 되는 배낭까지 지고 5,400미터 이상을 오르내렸는데, 그 가운데 2,800미터는 계속 올라가는 것이었다.

언젠가 나는 미셸 슈발리에와 함께 샤르보넬Charbonnel 정상으로부터 약 100미터 떨어진 곳에 있었다. 3,750미터의 이곳은 이 산군에서 가장 높은 곳이었다. 봉우리는 사면이 급경사를 이루고 있었지만 등반은 그다지 어렵지 않았다. 다만 겨울철에는 눈사태의 위험이 없을 때만 올라가야 했다. 우리는 쿨르와르의 눈이 굳어 있을 때 정상 100미터 가까이 올라가서 사면에 설동을 팠는데, 아주 쾌적한 피난처였다. 이 설동 덕분에 우리는 이틀 동안 독일군을 자세히 정찰할 수 있었다. 독일군은 리봉Ribon 계곡 반대편에서 공격을 준비하고 있는 듯했는데, 이 지역을 정찰할 수 있는 곳은 샤르보넬 정상밖에 없었다. 우리의 임무는 적의 규모와 지뢰 매설 지역의 위치 그리고 정찰 초소를 알아내는 것이었다.

포레Faure와 로렌슈Laurenceau가 설동 파는 것을 도와주고 나서 우리와 하룻밤을 함께 지내고 내려갔다. 하늘은 구름 한 점 없었고, 바람도 불지 않았다. 우리는 서로 망원경을 들여다보았다. 밤이 되자 우리는 설동 안에 에어매트리스를 깔고 편히 잤다. 배불리 먹었으니 잠도 잘 왔다. 아침 7시에 눈을 떠, 입구에 쳐놓은 가림막을 걷으니 눈발이 얼굴을 때렸다. 밤새 기상이 악화된 것이다. 밖에는 눈이 20센티미터 가량 쌓였는데, 얼어서 단단해진 눈덩어리가 위에서 굴러 떨어졌다. 눈은 아직도 오고 있었다. 이런 상황에서는 경사진 쿨르와르를 눈사태를 피해 내려갈 수도 없었다. 결국 우리는 설동에 갇힌 셈이었다. 먹을 것이 넉넉하니 지금 이렇게 있는 것도 나쁘지는 않았다. 그러나 이제 우리의 임무는 끝나 더 이상 할 일이 없었다.

날씨가 호전될 기미를 보이지 않았다. 눈은 계속 쌓였지만 그렇다고 눈사태가 나지도 않았다. 우리의 처지는 절망까지는 아니더라도 심각했다. 다행히 정오 무렵 눈이 멎고 기온도 올랐는데 이제는 쿨르와르가 걱정이었다. 점차 지루해지면서 배도 고팠다. 나는 마음을 굳혔다. 한 번도 해본 적이 있는 방법으로 탈출할 생각을 한 것이다.

나는 스키를 신고 오른쪽의 완만한 경사면을 몇 미터 내려가 쿨르와르 가장자리까지 갔다. 그 앞은 벵상디에르Vincendière 계곡으로, 낭떠러지였다. 쿨르와르 건너편으로 15미터 정도 떨어진 곳에 분명하게 튀어나온 능선이 있어, 그 위에만 올라서면 눈사태가 나도 걱정이 없을 것 같았다.

나는 가능한 한 재빨리 눈사태의 위험이 있는 쿨르와르를 가로질렀다. 예상했던 대로 내가 사면을 뚫고 지나가자 두터운 눈의 표층이 무너져 내렸다. 그러나 경사면을 재빨리 지났기 때문에 나는 눈사태에 휘말리지 않고 안전지대에 도착한 것이다. 그 뒤로는 그저 굳은 설사면을 멋진 보겐을 그리며 내려가면 됐다.

나는 이 방법을 평생 세 번 썼는데, 사실 남에게 추천할 만한 것은 아니었다. 어떤 위험한 눈의 상태에서도, 어떤 사면에서도 할 수 있는 것은 아니었다. 이 방법은 불안정한 눈의 상태에서 스키가 일정한 속도를 낼 수 있고, 안전지대가 바로 앞에 있어 그곳에 재빨리 도착할 수 있을 때가 아니면 안 된다. 우수한 스키어가 적당한 상황에서

양쪽 스키 사이를 벌린 상태로 사면을 회전하며 활주하는 것

이 방법을 쓰면, 옆에서 보기에 그렇게 위험하지는 않다.

알프스 산악 전투에서 나는 큰 눈사태를 두 번 겪었는데, 두 번 다 운이 좋았다. 첫 번째는 거대한 양의 눈에 400미터 가량 밀려 내려갔는데 경사면에서 눈사태가 멈추자 스키만 잃고 그 위에 올라서게 됐으며, 두 번째는 흘러 내려가다 작은 나뭇가지들에 걸려 살아난 것이었다. 친구 한 명은 스키가 다소 서툴렀었는데 유감스럽게도 그때 죽었다.

나는 그동안 안전과 위험을 갈라놓는 아슬아슬한 경계선을 오가며 얻은 많은 체험으로 눈과 눈사태를 알게 됐는데, 이것은 산에 사는 농부가 아니면 얻기 어려운 지식이다. 보통 사람들은 이 경계선을 넘기가 쉽다. 눈에 대한 지식은 충분한 기술적 데이터와 직관에서 얻는데, 그저 타고 난 본능으로만이 아니라 거듭되는 관찰로 점차 다져지는 것이다.

이 지역에서 한때의 겨울을 지내며 나는 지금까지 사는 동안 배운 것 이상으로 많은 것을 체득했다. 사실 나는 젊었을 때 위험한 설사면에서 얼마나 무모한 모험을 감행했는지 모른다. 아주 한참 뒤에 나는 한 극적인 사건과 부딪쳤다. 이 사건에 대해 자세히 말하고 싶지는 않지만 그것은 커다란 충격이어서, 나는 산에서 만난 모든 사람들과의 연대감, 더 나아가 인간이라는 존재 자체에 대해 회의를 가졌을 정도였다. 내가 훗날 당할지도 모르는 어떤 모욕에도 불구하고, 소심

1957년 1월 몽블랑을 트래버스 하던 중 폭풍설에 휘말려 실종 사망한 두 명의 젊은 클라이머에 대한 이야기다.

하고 능력 없는 족속들에게 대든 것은 눈에서 배운 이러한 경험에 기인한 것이었다. 1957년 1월의 정말 운이 없었던 그때에 대해 신문은 말도 안 되는 기사를 실었지만, 내가 다시 한 번 언급한다면 — 나와 동행한 유명한 스위스 클라이머들이 글로써 증언한 바와 같이 — 산의 상태가 양호해 두 명의 젊은 생명은 충분히 구할 수 있었다. 하지만 구조와 관련된 관료들이 허둥대는 것을 참지 못하고, 나와 내 친구들이 마침내 현장으로 출동했을 때는 불행하게도 하루가 늦고 말았다. 우리는 소위 '불가능'이라고 말하는 그 설사면과 쿨르와르를 4분의 3까지 올라가는 데 전혀 어려움이 없었다. 우리는 우리의 전진을 가로막은 폭풍설이 만든 깊은 신설을 뚫고 다시 그곳을 통해 내려오기까지 했다. 그때 이탈리아의 구조대가 고넬라Gonella 휘테에 갇혀 있던 보나티와 게자를 무사히 구출한 것을 잊어서는 안 된다. 고넬라 휘테까지 올라가는 길은 눈사태가 자주 일어나는 곳으로 유명하다. 몽블랑의 한쪽에서 가능했던 일이 왜 다른 쪽에서 안 되었을까?

4월 초순, 스테판 중대가 본느발-베상 지역에서 철수했다. 랑슬르부르를 차지하고 몽 스니 콜과 튜라 성채 기슭에 있는 숲에 진지를 구축하려는 것이었다. 허를 찔린 독일군은 포격해 왔고 여러 차례 기습을 감행해 왔다. 대포와 박격포 사격, 숲속 깊은 곳에 숨어 있다 튀어나오는 전투는 나를 우울하게 했고, 언젠가는 틀림없이 더 무서운 일이 벌어질 것 같았다.

이탈리아 반도에서 연합군은 독일군에 일대 타격을 주었다. 이제 알프스 국경지대에 독일군의 대부대를 포위해 두고, 지금까지 중요하게 생각하지 않았던 전선을 뚫고 나가기 위한 총공세 명령이 떨어졌다. 제1군은 유력한 포병대로 우리를 지원해 주었고, 멀리 남쪽에서는 보병부대가 산악부대에 합류했다. 모리엔느 지구에서는 솔리에르Sollières 콜과 그 주변의 벨콤브Bellecombe, 몽 프로와드Mont Froid, 그리고 클레어리Clairy 침봉들에서 공격이 벌어졌다. 우리 군이 이 지역을 장악하게 된다면, 독일군은 몽 스니의 고지대 일대를 더 이상 유지하기 어렵게 되는 것이다.

클레어리 침봉은 작은 바위들이 산재한, 길면서 완만하게 굽은 능선이 솔리에르 콜로 이어지고 있었다. 이 능선 곳곳에 독일군은 견고한 진지를 구축하고 있었는데, 우리가 전국을 지배하려면 산의 정상뿐만 아니라 그 밖의 모든 거점을 확보하지 않으면 안 되었다.

지휘관은 에두아르드 프렌도였다. 그는 이로부터 몇 개월 뒤 워커룽 제2등을 성공적으로 해냈다. 공격은 그의 지휘로 제11산악대대 세 부대와, 제15대대의 한 부대, 그리고 이 대대의 중대 중에서 제일 왼쪽에 배치되어 내가 지휘를 맡았던 소규모 전투부대가 하게 됐다. 지형은 공격하기에 그다지 유리하지 않았다. 제11산악대대 세 부대는 아이젠을 신고, 깎아지른 썩은 설사면을 올라가야 했다. 이곳을 통해서 능선으로 올라서게 되는데, 능선에는 바위가 있어 거기까지 가야 비로소 몸을 숨길 수 있었다. 제15대대에서 온 부대는 별도로 정상을 공격해야 했는데, 은폐물이 거의 없고 온통 급경사인 쿨르와르를 아이젠을 신고 올라가야 했다.

대원들은 모두가 알피니스트가 아니면 산속 주민으로, 그들은 어둠 속을 소리 내지 않고 전진해서 적의 전초병들은 그들이 다가오는 것을 알지 못했다. 그들은 능선 가까이 가자 민첩한 행동으로 공격 태세를 취하면서 바위 사이에 진지를 확보했다. 그런데 유감스럽게도 첫 번째 공격에서 적의 저항 거점을 한군데밖에 공격하지 못했다. 그래서 독일군은 여전히 능선 전체를 확보한 채 진지를 구축하고 탄약을 충분히 저장하고 있었다. 공격대형의 왼쪽 끝을 맡은 내 부대는, 적이 사면을 넘어 우리의 후방을 공격할 염려가 있었기 때문에 사면을 잘 경계해야 했다. 그러다 보니 우리가 하는 일은 전혀 눈에 띄지 않았다. 부하들은 은폐물 뒤에 숨어서 이따금 적이 나타나면 그들을 쏘는 정도였다. 독일군들은 공격당하고 있는 자기 군을 지원하려고, 튜라 성채를 넘어오려 했다. 나는 내 진지 가장 가까이에서 벌어지고 있는 전투의 대부분을 목격했는데, 쌍방 모두가 강력한 포병의 지원사격을 받고 있었다. 프랑스군은 각종 구경의 포를 80문 갖고 있다고 들었는데, 독일군도 거의 비슷한 화력이었다. 그러니 수백 미터에 걸친 전선에서 대략 150문의 포가 교전했다는 것은 지옥이나 다름없었다.

그 무렵 제11, 제15대대의 산악병들은 능선에서 영웅적인 전투를 벌였다. 자크 보엘은 부상병들의 모습을 다음과 같이 전했다.

"그들은 스스로의 힘으로 돌아와야 했다. 단단한 눈에 덮인 사면을 미끄러져 내려가서 몽 프로와드 산골짜기에 도달했다. 고랑이 깊어서 부상병들은 사면에 몸을 붙여 가며 이 긴 거리를 적의 사격에 노출되지 않고 내려갈 수 있었다. 그들은 눈 속에서 고투했는데, 계속 피를 흘리는 사람도 있었고 적의 기관총에 맞아 팔과 다리가 거의 떨어져 나간 사람들도 적지 않았다. 다행히 골고다Golgotha라는 산의 기슭에서 위생병이 들것을 준비해 놓고 있었다. 종군 사제司祭의 지휘로 적의 포화를 뚫고 여기까지 온 것이다."

온갖 희생을 무릅쓰고 우리 군대가 용기를 다해 싸웠지만 적은 클레어리 침봉과 솔리에르 능선의 반 이상을 점거하고 결사적으로 사수하고 있었다. 따라서 독일군을 진지에서 내쫓을 수가 없었다. 게다가 사태가 더욱 좋지 않았다. 아군은 탄약이 떨어져 반격이라도 받으면 꼼짝 못하고 당할 판이었다. 이런 절망적인 상태를 알고 있는 데다, 독일군의 포화에 노출되는 설사면을 대낮에 내려오기가 얼마나 위험한지도 알고 있었기 때문에 르 레이 중령은 프렌도에게 무전기로 후퇴를 명령했다.

클레어리 침봉을 둘러싼 전투에서 나는 함께 싸웠다기보다는 방

관자에 지나지 않았지만, 깊은 인상을 받았다. 나는 마음속 깊이 상처와 분노를 느끼며 평화스러운 숲을 지나 계곡으로 내려왔다. 마침 산에는 봄이 오고 있었다. 프리뮬러Primula 꽃이 푸른 사면 여기저기에 피어 있었고, 대기는 평화와 사랑을 말해주는 향기로 가득 차 있었다. 이 맑고 밝은 세상 속을 걸어가며 나는 전쟁의 참혹함과 이 겨울 동안 몇 개월을 마음으로 감격하며 맛본 스포츠적인 활동 사이에는 공통점이 전혀 없다는 것을 절실히 느꼈다.

나는 나 자신을 심판관으로 치켜세울 생각은 없다. 다만 언제나 똑같은 생각이 들었다. 즉, 알프스에서 무의미한 공격명령을 일삼고 있는 지휘관들 대부분은 공명심도 있겠지만, 조국애에 불타 행동하고 있는 것이 틀림없었다. 그러나 시간이 흐르면 흐를수록 생명을 바친 희생은 결과적으로 볼 때 너무나도 크다는 것이 분명했다.

클레어리 침봉 전투는 나에게 있어서 아직 마지막 전투가 아니었다. 몽 스니 콜의 프랑스 쪽은 랑슬르부르의 튜라 성채에 의해 방어되고 있었다. 이 견고한 성채는 보방Vauban 시대 ─ 17세기 후반 ─ 의 것이나, 거대한 돌로 꼼꼼하게 세워졌기 때문에 지금까지 온갖 풍설에도 견디어 왔으며, 옛 모습 그대로였다. 그런데 1944년 9월 독일군이 그 두꺼운 성벽 속으로 들어가 진을 치고 있었기 때문에, 전략상의 이 요충지를 독일군이 점령하고 있는 한 몽 스니 콜을 제압하기가 어려웠다.

튜라에서 적을 쫓아내라는 명령이 떨어졌다. 폭격이 시작되자 적의 보루는 24시간 동안 그야말로 노아의 홍수처럼 불바다가 됐다. 설사 성벽은 피해 없이 남는다 할지라도 그 불바다 속에서 더 이상 버틸 수는 없을 것 같았다. 이제는 나가서 그 성채를 점령하는 일만 남아 있었다. 제15대대의 한 중대가 숨어 있던 숲에서 나와, 성벽 주변의 사면으로 전진했다. 그때 돌격하던 병사 몇 명이 지뢰밭에 걸렸다. 프랑스군이 접근하자 그때까지 가만히 있던 적이 기관총 사격을 가해왔다. 부대는 급히 후퇴했지만 여기서 여러 명이 죽었다. 이렇게 패퇴를 당하자 군 수뇌부에서는 보다 근대적인 전투 수단을 강구했다. 그들의 생각은 오직 하나, 그 성채를 바주카로 포격해서 파괴하는 것이었다. 이 사명을 띤 것이 제15대대의 1중대로 그 대원 일부가 특수훈련부대로 배속됐다. 그러나 스테판은 성벽 몇 개를 제압하는 데 부하를 희생하고 싶지 않은 듯했다. 게다가 머지않아 전쟁이 끝날 것 같기도 했다. 스테판은 되도록 훈련을 오래 끌어보려고 했다. 그러던 어느 날 적의 성채에 사람이 없다는 것을 전초병이 알아냈다.

이탈리아 평원에서는 진지에서 쫓겨난 독일군이 북쪽으로 패주하고 있었다. 그때 알프스 전선의 군대도 이 대열과 합류하려고 급히 방향을 돌린 모양이었다. 스테판은 그 중대로 하여금 독일군을 추격하도록 했다. 남은 우리는 전진하고 있어서 이탈리아 저항군과 함께 곤궁에 빠진 적을 이탈리아 서북부에 있는 토리노까지 추격했다.

전쟁은 토리노를 몇 킬로미터 앞두고, 좀 더 정확히 말하면 로바소메로Robasomero 마을에서 끝났다.

한 전우로부터 휴전 소식을 들었을 때 나는 숲 언저리를 배회하고 있었다. 이탈리아의 산야에는 봄기운이 가득했는데, 주위의 분위기는 어딘가 맥이 빠지고 활기가 없었다. 한밤중에 이상한 소리가 많이 들려오고, 머리 위에는 찬란한 별이 무수히 떠 있었다. 이 위대하고도 평화로운 대자연 속에서, 나는 내가 어린 시절에 맛보았던 그 평화와 희열을 이날 일어난 일로 흐트러진 마음속에서 되찾으려고 했다. 나는 부하를 데리고 동맹군 '가리발디니Garibaldini'를 구원하기 위해 왔던 것이다. 이 동맹군은 나치 친위대의 한 중대를 생포해서 연행하고 있었는데, 우리가 도착했을 때는 전쟁이 끝나서 이 전투의 대세와는 관계가 없었다. 독일군으로서 살아남은 자는 그 뒤 총살됐다. 포로 가운데는 12살과 14살 정도로 보이는 두 어린 소년이 있었는데, 아마도 나치 친위대에 보호를 부탁했던 이탈리아 '검은 셔츠' 당 소속 군인의 아이들 같았다. 내가 그곳에 갔을 때 광기 어린 세계의 가여운 희생양인 두 소년을 격노한 여인들이 달라붙어 못살게 굴고 있었다. 그들은 어린 소년들의 머리칼을 잡아 뜯고 얼굴을 손톱으로 할퀴며 발로 걷어찼다. 죽음의 공포에 떨고 있는 아이들의 눈을 보고, 돌덩어리 같은 마음인들 그대로 있을 수 있을까? 보다 못해 내가 대들자, 햇볕에 얼굴이 타고 수염이 있는, 붉은 비단 목도리를 두

르고 허리에 수류탄과 권총과 단도를 찬 사내들이 내게 대들었다. 그
들은 협박조로 자기들이 하는 일에 참견하지 말라고 했다. 그러고 나
서 자기들끼리 한참 동안 쑥덕거렸다. 그들은 나의 항의는 들은 척도
하지 않고, 두 소년의 어깨를 쥐어 잡고 보조를 맞추어 걷게 하더니,
벽을 보고 서게 한 뒤 총을 쏴서 죽였다. 이 잔인무도한 살인이 눈 깜
짝하는 사이에 일어나는 것을 보고 나는 공포에 질려버렸다. 아무런
죄도 없는 어린 희생자의 눈동자를 나는 죽을 때까지 잊지 못할 것이
다.

　이탈이아 북부에서 프랑스군은 열광적인 환영을 받았다. 군대의
선두에서 행진하는 우리를 맞이하는 사람들의 감격은 미친 듯했다.
마을마다 우리는 꽃 위를 걸어갔으며, 그 축하연은 언제 끝날지 몰랐
다. 그런데 연합군 측에서는 프랑스군이 이탈리아 영토 내에 있는 것
을 좋아하지 않는 것 같았다. 우리 군은 점점 국경지대로 밀려나가
끝내는 프랑스 영토로 돌아가야 했다. 스테판 중대는 오아장 산군의
중심부에 있는 에일프로와드Ailefroide로 갔으며, 이렇게 해서 나의 전
투는 사실상 끝났다. 당시 나는 막 스물네 살이었으니 제대하기엔 너
무 젊었다. 그래서 스테판은 나를 샤모니에 다시 개교한 육군고산학
교EHM의 교관으로 보냈다. 그는 자기 중대의 등산 훈련에 나를 데리
고 있고 싶어 했다. 따라서 나는 산에 전념할 수 있었고, 아내가 있는
곳으로 돌아갈 수 있었다.

라 슈 날 과 만 나 다

1945년 여름은 내 생애의 일대 전환기였다. 알피니즘은 지금까지 내 마음을 사로잡았지만 이제는 바로 삶 그 자체였다. 다시 말해서, 알피니즘은 나에게 열정이고 고민인 동시에 생계를 해결하는 수단이 되었다.

날씨가 유난히 안정적으로 좋았다. 우리는 매일 학생들을 산으로 데리고 갔다. 특별히 어려운 등반이 아니어서 4~5일 동안 계속했지만, 솔직히 주말에는 좀 쉬고 싶었다. 그러나 나의 열정은 누그러지기는커녕 오히려 더욱 강해져 갔고, 나는 주말에도 체력이 충분히 남아 있었다. 나는 집에 갈 생각도 하지 않고, 나를 따라오려고 하는 아주 뛰어난 학생들을 데리고 산의 정상으로 가곤 했다. 이렇게 해서 나의 등반경력이 쌓이고 쌓였으며, 때로는 등반이 5~6회 계속되기도 했다. 그러다가 오전 중에 휘테로 돌아오는 경우 친구를 설득해서 그날로 또 산에 가려 하기도 했다. 특별히 할 일이 없었기 때문이었다. 산이 그토록 그리웠고, 나를 못 견디게 했다. 나는 하늘의 문 앞에서 놀면서 내가 땅 위의 사람이라는 것을 잊고 있었다.

군대에서는 식사가 형편없었기 때문에 몸이 뼈만 남을 정도로 비쩍 말랐고, 눈동자만 말똥말똥했다. 우리 집 경제는 완전히 엉망이었다. 아내는 내 등반을 참지 못하고 더 이상 견디기 어렵다면서 집을 나가겠다고 협박했다. 그러나 그것은 아무런 효과도 없었다. 나는 몸의 피로도 마음의 고통도 몰랐다. 산봉우리들이 햇빛 속에 반짝거리며 그 어떤 생각보다도 더 강렬하게 나를 유혹했다.

그 무렵 육군고산학교의 교관들은 모두 알피니스트였다. 에두아르드는 강의 하나를 맡고 있었는데, 우리 중에서도 가장 우수한 사나이였다. 자발적으로 봉사하고 있는 우리들은 급료를 받고 있는 교관에 비해 지위도 낮았지만, 한 가지 예외를 빼고 모두가 큰 아량과 이해로 우리를 대해주었다. 즉, 그 속이 좁아터진 대위만 없었더라면 우리 생활은 정말로 멋졌을 것이다. 그 대위는 끝도 없는 강연과 토론으로 우리를 못살게 했는데, 그는 내 머릿속에 되도록 많은 군기를 집어넣으려고 했다. 그는 중간 수준의 알피니스트였는데, 내 성과에 대해 마음이 불편한 것이 분명했다. 그래서 그는 아무것도 아닌 일을 갖고 트집을 잡았다.

처음에 그는 내가 계급장이나 훈장이 없다는 것을 갖고 트집을 잡았는데, 그렇다고 이것이 나의 일요일 외출의 자유를 막지는 못했다. 다음에 그는 내가 모자 없이 숙소를 나서는 것을 군기 위반이며 돼먹지 않은 태도라고 했다. 따라서 앞으로는 허가 없이 산에 가지 못한다고 했다. 다행히 사령관은 내 소원을 한 번도 거절하지 않았다.

하지만 어느 날 나의 적이 승리의 노래를 불렀다. 이야기는 이렇다. 나는 고열로 일주일 동안 병상에 누워 있다가 금요일에 기력을 되찾았다. 파란 하늘의 산이 강렬하게 나를 유혹했다. 나는 견딜 수 없었다. 다리는 아직 힘이 없었으나 파트너를 찾으러 거리로 나갔다.

샤모니는 멋지게 차려 입은 사람들로 활기를 띠고 있었다. 나이 들고 뚱뚱한 여자들이 반바지 차림으로 거리를 누비고 있었고, 카니발 모자를 쓴 사람들도 있었다. 그 가운데서 나는 우연히 의사인 자크 우도Jacques Oudot를 만났다. 그는 파리에 사는 이름난 등산가였는데, 훗날 안나푸르나Annapurna 원정 때 나의 동료가 되기도 했다. 그러나 당시 나는 그를 잘 몰랐다.

우도 박사는 당시 유명한 외과 의사였다. 겉으로는 전혀 등산가 같지 않았다. 몸집이 작고 안색이 시원치 않았다. 이를테면 실험실이나 복잡한 병원의 흐린 공기 속에서 일하며 지쳐버린 도시 사람이라는 느낌이 강했다. 그러나 가까이서 보면, 그의 작고 쏙 들어간 눈 속 깊은 곳에서 남다른 의지력이 빛나고 있었다. 사실 그는 내가 지금까지 알아 온 알피니스트 중에서 가장 용감한 사람이었다. 그는 놀라울 정도로 센 힘을 갖고 있었는데, 이것은 그의 몸에서 받은 인상으로는 도저히 생각할 수 없는 것이었다. 처음 만났을 때부터 나는 우도 박사에게 친밀감을 느껴서, 단도직입적으로 함께 프티 드류 북벽을 등반하지 않겠느냐고 물었다. 그는 그 자리에서 흔쾌히 응낙했다.

그 당시 이 북벽은 세 번밖에 등반되지 못했다. 그것도 모든 자일 파티가 비박을 해야 했고, '알랭 크랙Allain Crack'은 알프스에서 가장 어려운 곳으로 정평이 나 있었다. 이런 이유로 첫날 밤은 작은 현수 빙하 테라스에서 — 니쉬Niche라고 불리는 곳에서 — 지내게 되리라고 생각했다. 우리는 첫 전차를 타고 몽땅베르로 올라갔다. 아침에 우리는 알펜로제Alpenrose가 피어 있는 가파른 고원지대를 넘어, 내리쪼이는 햇볕 속을 천천히 올라갔다. 공기가 남풍을 몰고 와 몸이 나른했다. 우도는 마치 열 살이나 젊어진 듯, 초등학생처럼 떠들었다. 그가 웃을 때는 어딘가 촌스럽고 거칠게 보였던 그의 성격이 놀라울 정도로 부드러워졌다.

지독하게 뜨거운 날이었다. 며칠 동안 열이 나서 누워 있었던 몸이었지만 오후 일찍 우리는 등반을 시작했다. 헉헉대며 천천히 오르고 있을 때 머리 위에서 자주 낙석이 발생해 300미터의 허공 속으로 사라졌다. 여름에 비가 적어서 뜨거운 오후의 늦은 시간에 이렇게 낙석이 심한 것은 당연한 일이었다. '랑베르 크랙Rambert Crack'은 넘어섰지만, 오버행이 나타나서 어깨를 짓누르는 배낭을 멘 채 이곳을 돌파하기는 어려워 보였다. 나는 일단 내려가서 자크 우도에게 배낭을 맡겼다. 배낭은 후에 매달아 올리기로 하고 나는 오버행에 붙었다.

오버행은 생각보다 쉬웠다. 밑에서는 잘 보이지 않던 홀드들이 있었다. 이제 풍화작용으로 반들반들해진 경사진 쿨르와르로 몸을 끌어올려야 했다. 바위 위로 얼굴을 내미는 순간 30세제곱미터나 되어 보이는 거대한 바윗덩어리가 나에게로 떨어지고 있었다. 나는 오버행 밑으로 재빨리 몸을 숨겼는데, 이 거대한 바윗덩어리의 무게로 오버행이 깨져 나가지나 않을까 걱정이 됐다. 그때 무서운 굉음이 공기

를 진동시켰다. 엄청난 힘을 동반한 바윗덩어리는 내 옆으로 1미터
도 안 떨어진 곳을 지나 20~30미터를 더 날아가더니, 깎아지른 암벽
한가운데서 튕겨 올라 골짜기 밑의 모레인 지대로 폭탄처럼 낙하했
다. 그리고 얼마 뒤 지독한 먼지 구름이 피어올랐다. 낙하지점으로부
터 멀지 않은 곳에서 비박하던 다섯 명의 알피니스트들에 의하면, 그
바윗덩어리가 얼음에 2미터의 구멍을 냈다고 한다. 우리는 너무나
무서워 산이 얼어붙을 때까지 꼼짝 못하고 있다가, 쥐 죽은 듯 고요
한 밤하늘에 별이 떴을 때에야 비로소 다시 움직였다. 쿨르와르는 한
낮의 더위로 물이 흐르고 있었다. 어두워서 양쪽의 미묘한 바위를 오
르기가 여간 어렵지 않았다. 우리는 격류를 헤치듯 올라가, 흠뻑 젖
어 있는 비박 장소에 도착했다. 재수가 없으려니 얼음같이 찬 폭풍이
몰아쳤다. 우리는 바람에 완전히 노출되어 온몸이 동태같이 꽁꽁 얼
어붙었다.

그 무렵의 알피니스트들은 오늘날과 같은 쾌적한 장비가 없었는
데, 만일 그런 장비가 있었더라면 아무리 추운 밤이라도 견디어 냈
을 것이다. 나는 올라오며 입었던 옷 외에 조금은 도움이 될 듯한 시
원치 않은 다운재킷을 갖고 있었지만, 보통 스웨터보다 더 나을 것도
없었다. 그리고 반창고가 덕지덕지 붙은 방수 망토가 하나 있었다.
젖은 바지는 얼어서 널빤지처럼 굳었으니, 이렇게 얼고 눅눅한 옷차
림으로 하룻밤을 지내는 그 고생은 이루 다 말할 수 없었다.

태양은 오후 늦게서야 이 북벽을 비추기 때문에 우리는 그때까지 기다릴 수 없었다. 얼어붙은 바위를 오르려면 굳은 몸을 풀어야 했다. 우리는 바위 몇 군데에서 아크로바틱한 등반으로 몸을 녹였다.

우리가 유명한 알랭 크랙에 달라붙자, 뒤에서 일곱 명의 알피니스트들이 하나둘씩 나타났다. 이런 벽에서 이렇게 많은 사람을 만나는 것은 운명의 장난이 아닐까? 그전에는 도대체 없던 일이었다. 그들의 말투로 보아, 나는 앞의 다섯 명이 니스 출신으로 몇 해 전 도피네의 암벽을 오른, 널리 알려진 팀이라는 것을 알 수 있었다. 그리고 다른 두 사람은 샤모니의 유명한 가이드인 펠릭스 마르티네티Félix Martinetti와 질베르 라바넬Gilbert Ravanel로, 그들의 스포츠맨십과 산에 대한 헌신적인 애정은 유명했다. 그들은 미명에 비박장비도 없이 가벼운 암벽용 등산화 차림으로, 등반 시작 지점에서부터 맹렬한 속도로, 즐거운 경쟁 심리를 불러일으키며 올라왔던 것이다. 그런데 이 크랙에 우리가 있는 바람에 그들의 등반이 지장을 받았다. 이곳이 유난히 어렵다 보니 시간도 걸렸다.

그러자 마르티네티가 기다리지 못하고 오른쪽 바위 턱을 이용했다. 그는 좁고 편편한 그곳에 갈라진 틈이 있는 것을 보고 그곳을 올라갔다. 그는 처음에 하켄 두 개를 써서 20미터 위에 있는 또 다른 바위 턱에 도달했는데, 그곳에서 오르기에 아주 쉬운 곳을 발견했다. 그 뒤 거의 모든 자일 파티는 이 루트를 이용하게 되었다.

마르티네티는 위에서 내려다보며, 우리를 격려하기 위해 요들송을 본격적으로 불렀다. 우리는 배낭이 여기저기 걸려 크랙을 아직 벗어나지 못하고 있었다. 그러는 사이에 일곱 명의 알파니스트들은 한 사람씩 우리 머리 위로 올라갔다. 우리는 한참 뒤 그들을 따라잡았고, 모두 함께 즐겁게 샤르푸아 휘테Charpoua Hutte로 내려갔다.

바로 그때였다. 24시간 사이에 죽음의 공포가 두 번째로 다시 내 옆을 스쳐지나갔다. 거의 수직에 가까운 쿨르와르 한가운데에 있을 때였다. 내가 앞장서서 내려가고, 장 프랑코Jean Franco가 뒤따라 좁은 곳으로 내려왔다. 그 순간이었다. 커다란 바위가 우리 쪽으로 소리를 내며 떨어졌다. 그 바위는 여기저기 벽에 부딪치며 떨어졌는데, 7~8킬로그램은 되어 보이는 돌덩어리 하나가 우리들 사이에서 깨지며 부서졌다. 날이 어두워질 무렵 우리는 간신히 샤르푸아 휘테에 도착했다. 몸이 아파 일주일 동안 누워 있었던 뒤라, 이 힘든 등반과 추웠던 비박이 독특한 치료법이 되었는데, 이상하게도 피로감이 느껴졌다. 다음 날 오전 9시 가이앙Gaillans의 암벽등반학교에 가야 했다. 샤모니 입구에 있는 암벽에서 육군고산학교를 위한 강습이 열리기로 되어 있었다. 나는 배낭 속에 남아 있던 얼마 안 되는 식량을 꺼내 먹고, 휘테의 낡은 자명종을 6시에 맞춰 놓은 다음, 볏짚 침대에 들어가 바로 잠이 들었다. 꿈도 없는 밤이었다.

아침에 눈을 뜨니 8시였다. 그 순간 두 가지 상반되는 생각이 머릿

속에 떠올랐다. 내가 암벽 강습에 나가지 않아도 세상은 멸망하지 않을 것이라는 생각과 내게 주어진 의무는 지켜야 한다는 생각이었다. 그런데 가이앙에 9시에 도착한다는 것은 거의 불가능한 일이었지만, 죽자 사자 달린다면 9시 반쯤에는 가 닿을 수도 있었으며, 그렇게 되면 강습이 시작되기 전일지도 몰랐다. 나는 바로 배낭을 메고 산의 사면으로 몸을 던졌다. 그리고 휘테 밑에 있는 가파른 바위지대를 순식간에 넘어섰는데, 실수하면 목이 부러질 판이었다. 나는 산양처럼 재빠른 동작으로 모레인 지대를 넘어 20분 만에 빙하로 나왔다. 목숨을 걸고 달렸더니 몽땅베르까지 30분도 채 걸리지 않았다. 그리고 이어서 25분을 발밑만 보고 내리달려 샤모니에 도착했는데, 몸에서 땀이 폭포처럼 흘러내렸고 발은 피투성이였다. 나는 바로 차를 타고 달려 얼마 뒤 가이앙에 도착했다.

처음 몇 조의 자일 파티가 등반을 시작하려는 참이었다. 이때 내가 수염이라도 말끔히 깎았더라면 내가 늦은 것을 누구도 몰랐겠지만, 얼굴은 3일 동안 깎지 못한 수염으로 시커멓고 바지가 찢겨 엉덩이가 빤히 보였다. 이런 모습을 본 대위는 잔뜩 화가 나 있었다. 눈알이 튀어나오고 얼굴이 빨개지며, 그의 긴 코가 권총 같은 모양으로 나를 향했다. 그는 나를 그 자리에 부동자세로 세우더니, 어린아이들을 상대로 한다 해도 웃음이 날 정도로 설교를 시작했다. 대위 앞에 선 상대는 적과 마주했을 때 믿어지지 않는 용기를 과시했던 모범적인 자세의 스물네 살 하사관이었다. 나는 모욕감에 화가 나서 눈에서 불이 날 지경이었다. 그러나 나는 움켜쥔 주먹을 바지 주머니 속에 감추고 참았다. 정복 차림을 한 이 멍청이는 그제야 나에게 일을 시켰다. 나는 슬쩍 돌아서며 내 엉덩이를 보여주었다. 그러나 그는 이 웃지 못할 상황을 전혀 알아차릴 수 없을 정도로 우둔했다.

오후 내내 나는 타는 갈증을 달래며 학생들로 하여금 뙤약볕 아래서 암벽을 오르내리게 했다. 점심시간이 되어 가려는데 새로운 학생들이 나타났다. 어떻게 하려는가 묻자, 그들은 대위가 식사시간 동안 강사와 함께 등반 연습을 하라고 명령했다고 했다.

1945년의 이 시즌에 나는 비로소 루이 라슈날Louis Lachenal과 등반했는데, 라슈날은 나와 함께 알프스에서 대등반을 한 뛰어난 파트너였다. 이해 봄이 시작될 무렵 나는 그를 알았는데, 그때 나는 안느시에서 기차를 기다리고 있었다. 내가 하릴없이 거리를 걷고 있을 때 허름한 옷차림의 사나이가 한 손에 우유 통을 든 채 낡은 자전거를 끌고 오고 있었다. 그때 그가 느닷없이 "혹시 리오넬 테레이가 아닙니까?" 하고 물었다.

눈빛은 살아 있었지만 창백하고 마른 얼굴이었던 것 말고 달리 기억이 나는 것은 없다. 이 사나이는 아주 초라해 보여, 나는 순간 실업자가 아닌가 했다. 내가 그렇다고 하자 그도 자기 이름을 말했는데,

희미하게 기억에 떠오르는 것이 있었다. 사실은 2~3년 전 샤모니에 서 길을 걸어가다가 소개받은 적이 있었다. 그때 그는 '청춘과 산JM' 의 제복과 베레모를 쓰고 있어서 아주 당당하게 보였다. 그와 함께 공부하던 콘드보가 내 친구여서 그의 이야기를 많이 들려주었었다. 그래서 나는 그가 남달리 뛰어난 클라이머이고, 1942년에는 자일 파 티의 지도자 강습 때 수석을 차지한 사나이라는 것을 알고 있었다. 그러던 그는 근로봉사가 싫어 훗날 스위스로 도망가 버렸다. 나는 역 에서 멀리 떨어지지 않은 비어홀에서 맥주 한잔을 하지 않겠는가 하 고 말을 건넸다. 라슈날은 마음이 끌렸는지 곧바로 말이 많아지며 이 야기가 점차 흥겨워졌다. 내가 지난날 알프스 전선에서의 생활을 자 랑삼아 말했더니, 그는 스위스 보도아Vaudois 지방의 악센트와 사부아 지방의 사투리 그리고 로잔느Roseanne 속어를 써가며 전쟁과 군대에 대한 혐오감을 퍼부었다. 솔직히 말해서 나는 라슈날과의 첫 만남에 서 강한 인상을 받지 못했다. 설사 그의 산에 대한 소박한 열정은 마 음에 들었을지 모르지만, 그의 군국주의에 대한 반감과 말투가 아무 래도 마음에 걸렸다.

육군고산학교EHM는 아르장티에르 계곡 상부 깊숙이 있는 호텔 을 숙소로 하고 있었다. 아내가 샤모니에 살고 있어서 나는 산에 올 라가지 않을 때는 이 두 곳 사이 10킬로미터의 길을 자전거로 오가 곤 했다. 그러던 어느 날 아르장티에르를 지나가다가 라슈날이 한 무리의 알피니스트들과 함께 있는 것을 보고 말을 걸었다. 그는 큰 조직체인 국립산악센터 UNCM에서 교관으로 있다고 말했다. 이 조직은 스키와 등산을 국민적인 운동으로 발전시키는 것을 목적으로 하고 있었다. 그 뒤에도 우리는 자주 만났다. 그는 오래된 농가에 방을 얻어 살고 있었는데, 나는 이따금 그를 찾아갔다. 라슈날은 아내 아델 Adèle과 함께 살고 있었다. 그녀는 로잔느 상류가정 출신으로 성격이 밝았으며, 대수롭지 않은 가문의 라슈날을 깊이 사랑하고 있었다. 그들의 건강한 어린 아들 장 클로드 Jean-Claude는 장난꾸러기였다. 곧 나는 라슈날의 사람을 조롱하는 듯한 성격 뒤에 숨은, 여러 가지 좋은 점을 알게 되어 그와 굳은 우정을 맺게 되었다.

어느 금요일 나는 그에게 J.P. 파이요 Payot와 다음 날 에귀 베르트 북벽, 그리고 일요일에는 에귀 뒤 므완 동벽을 재등할 계획이라고 말했다. 그러자 그의 눈에서 열정의 불꽃이 튀었다. 이것은 그에게서만 보이는 것이었는데, 그는 "멋진 계획인데! 르노아르 Lenoir와 나도 함께 하면 안 될까? 우리도 시간을 낼 수 있을 것이고, 우리도 오를 수 있을 텐데…" 하고 말했다.

르노아르도 라슈날처럼 국립산악센터 교관이었다. 나는 그 몇 해 전 르노아르와 함께 등반한 적이 있어 넷이 함께 가는 것을 기분 좋게 받아들였다. 평범한 조건하에서 경사진 쿠튀리에 쿨르와르를 오르고, 청빙 위에 엷게 분설까지 덮인 윔퍼 쿨르와르를 하강할 때 나는 라슈날의 몸놀림을 보고 그의 숙련된 기술에 놀랐다. 당시 그는 벌써 얼음에서, 그리고 눈이 덮여 있거나 부서지기 쉬운 바위에서 밀어지지 않을 정도로 경쾌한 몸놀림과 고양이 같이 우아한 자세를 보였는데, 그는 당대 가장 우수한 알피니스트였다.

우연히도 이렇게 무척 즐거운 시간을 보낸 다음 날, 르노아르와 파이요를 만났더니 둘 다 가벼운 설맹 증세가 있었다. 르노아르는 등반 중 고글을 잃어버렸고, 파이요는 안경알이 깨졌기 때문이었다. 이런 상태에서 므완 동벽을 함께 등반한다는 것은 그들에게 무리였다. 그래서 나는 라슈날과 자일을 함께 묶게 됐다. 에귀 뒤 므완 동벽은 오늘날 고전적인 5급 루트로 되어 있지만, 뛰어난 클라이머인 오레이유Aureille와 푸트랑Feutren이 초등한 이후 1945년 당시에는 재등에 성공한 사람이 없었다.

이날 나는 몸의 컨디션이 이상할 정도로 좋아서 빨리 올라갔다. 하지만 라슈날은 내 속도에 비할 바가 아니었다. 그는 바위에서나 반들거리는 얼음에서나 주춤거리지 않고 조금도 걸리는 데 없이 고양이처럼 날렵하게 올라갔다. 그의 경쾌함은 한없이 부드러웠다. 우리는 생각했던 것보다 빨리 정상에 올라가게 되어 오랫동안 휴식을 취했다. 이런 고소에서의 전망은 그야말로 최고였다. 나는 햇빛 속에서 피로도 몰랐다. 눈앞에 그랑드 조라스가 거대한 성채처럼 웅대한 모습을 드러내고 있었다. 특히 우리를 감동시킨 것이 워커릉이었는데,

1,200미터의 검고 매끈한 벽이 마치 거인처럼 하늘 높이 치솟아 있었다. 우리는 이날 프렌도와 레뷔파가 그곳을 오르고 있다는 것을 알고 있었다. 우리는 그들이 과연 성공할 것인가를 놓고 이야기를 나누었다.

"그들이 완등할 수 있을까?"

"알 수 없지. 시간만 허락된다면 할 수 있겠지. 게다가 가스통은 가죽처럼 질기니까. 내 생각에는 이 부근에 있는 어느 곳보다 3급이나 더 높은 것이 워커야."

"하지만 너는 더 자세한 건 모르잖아. 지금까지 그런 곳을 가본 적이 없잖아?"

"그래, 없었지. 아마 갈 일도 없을 거야."

"그들이 성공해도 말인가?"

"그렇다면 이야기가 다르지. 문제는 함께 갈 친구가 있을까 하는 것이지. 나와 함께 가면 어떨까?"

"무슨 소리하는 거야? 그건…. 워커를 말이야? 생각해본 적이 없는데. 도대체 내가 할 수 있다고 생각해? 그렇게 큰 등반을 해본 적이 없는데."

"그럴 거야. 경험이 많지 않으니까. 그렇지만 어제와 오늘 네가 하는 것을 보니 너는 해볼 만할 것 같은데. 대단한 실력이야. 우리 약속하자. 그들이 오르면 다음엔 우리가 하기로." 이렇게 해서 우리는 이 크지 않은 봉우리를 형제처럼 함께 오르고, 나아가서 알프스의 거벽을 하나씩 정복해 나가게 됐다.

9월이 되어, 국가 가이드 자격증을 위한 5주일간의 강습에 참석할 수 있게 군이 허락해 주어, 나는 아주 간단히 그것을 획득했다.

나는 계속 군복차림으로 강습에 임했으나, 강습을 마치고는 내 마음대로의 자유를 누렸다. 그 당시 나는 멋진 자유 시간에 추위도 눈도 아랑곳하지 않고 많은 등반을 했다. 그때 그레퐁 동벽을 오른 것을 나는 잊지 못한다. 이 고전적인 루트의 등반은 눈이 없을 때는 세 시간밖에 걸리지 않지만, 많은 눈이 와서 우리는 12시간을 위험하게 오르고 나서야 정상에 설 수 있었다. 하강은 밤에 이루어졌다. 가파른 빙하지대는 온통 미끄러운 빙판이 되어 있었다. 랜턴도 아이젠도 없어, 한계에 다다른 친구는 자주 쓰러졌다. 내가 옆에서 그를 붙들어줄 수 있었던 것이 천만다행이었다.

가을이 가는 동안, 나는 군에서 나오자 물질적인 궁핍에 직면하게 됐다. 우리는 일 년 내내 가축을 판 돈으로 살아왔는데, 그것도 아주 절약해야 했다. 그러나 그 밑천도 곧 바닥이 났다.

겨울이 와서 나는 다시 레 우슈에서 스키 강사를 시작했다. 전쟁이 끝난 지 몇 개월이 되어 손님들이 제법 있었고, 나는 많은 학생들을 맡게 되었다. 그러나 수강료는 많지 않아서 그것만으로는 겨우겨우 살 수밖에 없었다. 게다가 집을 집주인에게 돌려줘야 했기 때문에 나는 샤모니에서 가난하게 살았다. 교통비 10프랑이 없어서 다음 역까지 기차를 타고 가지 못한 적이 한두 번이 아니었다. 눈보라와 추위 속에 나는 샤모니에서 레 우슈까지 얼어붙은 거리를 아침저녁으로 자전거로 오갔다. 날씨가 아주 나쁠 때는 기차를 탔지만 돈을 내지 않으려고 나는 자주 달리는 기차에 뛰어올랐다. 때로는 집으로 오면서 눈보라 속에서 기차가 떠나려고 할 때 올라타고, 도착하기 바로 직전에 기차의 속도가 느려지면 눈이 쌓인 언덕으로 뛰어내리기도 했다.

라슈날이 일하고 있던 국립산악센터는 샤모니에서 2킬로미터 떨어진 레 보송Les Bosson이라는 마을로 터전을 옮겼다. 저녁이면 레 보송 마을을 지나 집에 오는 길에 친구와 만나 이야기를 나누곤 했는데, 그는 작은 방에서 가족들과 그런대로 잘 지내고 있었다. 그때 우리는 많은 시간 동안 여름 계획을 이야기했다. 그랑드 조라스의 북벽 등반이 이야기의 중심이었는데, 결국 우리의 대화는 악명 높은 워커릉으로 달려갔다. 프렌도와 레뷔파가 성공했다는 이야기에 우리는 기술적으로 어려운 문제에 대해서는 그다지 걱정하지 않았다. 그곳을 등반하는 데 반드시 초인적이어야 할 필요는 없을 것 같았다. 다만 시간이 상당히 걸릴지 모른다는 것이 염려되었는데, 그것도 두 번의 비박에 3일이라는 시간은 너무 긴 듯했다. 그러나 지금은 전술이나 장비가 많이 좋아져, 우리는 한 번의 비박으로 워커릉을 해낼 수 있지 않을까 하는 희망을 가졌다.

겨울이 끝나자 나는 땡전 한 푼 없는 빈털터리가 됐다. 하루하루를 어떻게 지낼 것인가 머리를 짜내야 했다. 이때 내 마음속에는 앞으로 독립해서 등산 가이드가 되고 싶다는 희망이 싹텄다. 나는 이 지방 출신은 아니었지만, 당시까지 예외적으로 주어진 단기간의 혜택으로 가이드 자격증을 받아 '샤모니 가이드 조합Compagnie des Guides de Chamonix'의 정식 회원이 되었다. 이 조합은 1823년 지역 주민들의 요청에 의해 생긴 것인데, 대대로 이어져 내려온 관습에 따라 일반 등산객들을 안내하는 일의 수익성을 높이려는 것이 목적이었다. 샤모니 주민들의 현명한 발상이었는데, 잘 조직되고 믿을 만한 이런 조합이 있으면 산에 올라가려는 사람들은 반드시 이용할 것이라 생각했던 것이다.

국가가 수여하는 등산 가이드 자격증은 25년 전까지는 없었으므로, 그전까지는 여러 해 동안 포터로 일한 아주 유능한 사나이들만이 가이드로 인정받았고 뒤에 가서 자격증이 수여되었다. 정직하지 못하고 평판이 좋지 않은 사람은 여기에 끼지 못했으며, 주벽이 있거나 행실이 좋지 않은 사람은 엄중히 처벌되었을 뿐만 아니라 제명까지 됐다. 가이드 사이의 경쟁을 피하기 위해 안내 비용을 정확히 정했으며, 가이드라는 위험한 직업에 종사하다 사망한 사람의 유가족에 대한 생활보조금이 마련됐다. 사무소가 문을 열고 새로 오는 손님에게 가이드를 소개하게 되면서, 호텔 담당자가 자기 마음대로 가이드를 소개하던 폐단이 없어졌다. 사무소는 손님이 없는 가이드들에게도 매우 유용했다. 하루에 두 번씩 선착순으로 손님 명부를 제공했기 때문이다. 사회적으로나 상업적으로 도움이 많이 되는 가이드 조합이 생겼다는 것은 획기적인 일이었고, 세상에서 멀리 떨어져 살고 있는 사람들에게도 협동정신이 생겼다는 하나의 증거가 됐다. 또한 이것은 알프스의 깊은 계곡에 살고 있는 사람들마저 그 본을 이어받게 했다.

알프스의 계곡에서 태어난 주민에 한해 가입할 수 있는 것이 가이드 조합의 전통이었다. 하지만 제2차 세계대전 막바지에 이 전통에 오직 두 가지 예외가 생겼다. 1945년 이래 등산 가이드로 일하려는 원주민이 점점 줄어들자 타 지역 사람이라도 필요한 자격을 갖추고 됨됨이가 된 사람은 조합 가입을 허용해도 좋다는 의견이 나왔다. 물론 거기에는 이 지역에 깊은 애착을 갖고 있어야 하며, 이 지역의 여자와 결혼을 하거나 혹은 여러 해 동안 집을 갖고 있으며 선거권이 있어야 한다는 조건이 붙어 있었다.

나는 이 혜택을 처음 받은 사람들 가운데 한 사람으로, 1946년에 직업 가이드로 삶을 꾸려나가기로 결심했다. 이렇게 되면 군대에 들어가거나 국립산악센터 또는 그밖에 여기저기서 급료를 받지 않아도 됐다. 그런데 그때 '국립 스키등산학교ENSA'의 교장인 레네 베케르René Beckert가 자기 학교의 교사가 될 생각이 없는지 물어왔다. 이 학교는 그동안 발전을 거듭해, 당당한 국립 기관으로 스키 강사와 등산 가이드를 양성하고 있었다. 그 교과과정을 보면 알피니즘을 가르치는 하나의 단과대학이나 다름없었으며, 교사는 원칙적으로 우수한 스키 선수와 가이드 중에서 충당하고 있었다. 그들에게 필요한 것은 — 그렇다고 유난히 어려운 것도 아니지만 — 다만 일에 대한 열의와 행동 의욕이었다. 당시 이 학교의 역사는 길지 않아, 거의 모든 것이 걸음마 단계에 있어 몹시 활기찼다.

날씨가 좋으면 등반이 계속되었고, 한 과정이 끝나면 다음 과정까지 4~5일 동안 쉴 수 있었다. 이럴 때는 개인손님을 데리고 등반을 해서 용돈을 벌거나, 또는 자기의 취미에 따라 대등반을 할 수도 있었다. 따라서 베케르의 제안은 정말 솔깃했다. 이렇게 베케르가 나를 이끌어주었고, 그는 이와는 달리 나에게 재미있으면서도 보수가 좋은 일을 반드시 할 수 있도록 해주겠다고 했는데, 여기에 대등반을 할 시간적 여유까지 있었다.

내가 이 일에 마음을 굳힌 것은 친구 앙드레 투르니에가 이 학교의 수석교사였기 때문이었다. 그의 교사로서의 실력과 넓은 시야는 '청춘과 산'에서 이미 잘 알고 있었다. 그런 사람 밑에 있으면 능력도 없는 주제에 폭군처럼 구는 그런 상급자의 꼴을 보지 않아도 될 것 같았다. 그래서 나는 서슴지 않고 이 학교의 교사가 되기로 했다. 이제 모든 일이 해결되었고, 내 생활은 더욱 행복한 길로 접어들게 되었다.

라슈날도 또 다른 국가기관인 '국립 스키등산 콜레주'의 교사로 보람 있는 자리를 차지하고 있었다. 이 콜레주는 샤모니에서 멀지 않은 프라즈Praz라는 마을에 있었는데, 교사校舍는 그곳의 농가였다. 또한 이 콜레주는 국립 스키등산학교와 목적이 같았는데, 훗날 하나로 합쳐졌다.

이 콜레주를 진두지휘하고 있던 사람은 체력과 조직력 그리고 등산기술이 뛰어난 장 프랑코였다. 그는 드류 북벽에서 나를 추월했던, 니스에서 온 사람들의 리더였었다. 훗날 장 프랑코는 알프스에서 여러 성과를 거두었고, 1955년에는 프랑스 마칼루 원정대를 이끌고 8,485미터의 고봉을 초등하는 빛나는 기록을 세우면서 프랑스 등산 역사에서 큰 역할을 해냈다.

프라즈의 콜레주에서 라슈날은 이상적인 훈련을 할 수 있었다. 더구나 그곳은 그의 알피니스트로서의 본능과 인격 형성을 위해서 알맞은 환경이었다. 여기서 그는 재빨리 자기 수양을 이루었다. 우리는 워커릉에 도전하기 위한 준비를 착실하게 밀고 나갔다. 우리는 일요일마다 만나서 어려운 등반이나 장거리 산행을 하며 몸의 상태를 끌어올렸다. 재수 없게 날씨가 나쁘면 밀고 나가던 계획을 도중에 포기하기도 했다. 또한 악천후를 만나면 등반을 중단하고 후퇴할 수밖에 없었다. 이렇게 하다 보니 등반다운 등반도 하지 못한 채 8월을 맞이했다.

8월 3일이었다. 따뜻한 바람이 불면서 기상 조건이 바뀌자 파리의 우수한 알피니스트 네 사람이 레쇼Leschaux 산장으로 올라갔다. 우리는 그동안 많은 등반으로 지치고 별로 마음이 내키지 않아, 네 사람의 뒤를 그대로 따라갈 생각이 없었다. 그것보다는 우리의 수준에 맞는 드루아트Droites 북쪽 스퍼로 가보기로 했다. 높이가 워커릉 못지않은 이 버트레스는 지금까지 세 번 등반됐을 뿐이고, 그것도 하루에 해낸 일이 없었다. 그런데 우리는 날씨 덕을 보아 등반을 시작한 지 8시간 만에 정상에 섰다. 이 성공으로 글자 그대로 기쁨에 들떠 몸도 마음도 가벼워져 쿠베르클 산장까지 가는 데 한 시간도 채 걸리지 않았다. 드루아트에서 이처럼 빛나는 성과를 올렸지만 우리의 체력은 시원치 않았다. 아무래도 워커릉을 해낼 것 같지 않아, 당분간은 하던 일에 열중하며 쉬기로 했다.

하지만 파리의 친구들이 돌아와서 한 이야기를 듣고, 나는 워커릉에 대한 내 생각을 바꾸었다. 다시 말해, 정상에 올라서기 한두 시간 전에 비박을 하든지 아니면 굳이 비박을 하지 않아도 될 것 같다는 확신이 생겼다. 이렇게 앞일을 생각하니 꺼져 가던 열정의 불길이 다시 타올랐고, 나머지 일은 아내가 나서서 도와주었다. 그 무렵의 아내는 알피니스트로서 내가 하는 일을 전적으로 믿었으며, 훗날 나를 말리기도 했지만 나의 등반을 못 하게 한 적이 없었다.

마침내 일주일간의 휴가를 얻어 라슈날에게 전화했더니, 그는 아쉽게도 목요일 이전에는 시간을 낼 수 없다고 말했다. 나는 가져갈 물건들을 차근차근 챙겼다. 나는 언제나 배낭을 메고 등반한다는 생각이어서 무게가 10~11킬로그램이 넘지 않게 했다. 선등자가 3킬로그램 후등자가 7킬로그램, 이것이 내 원칙이었다.

목요일이 되어 라슈날을 만났는데 그는 피곤해 보였다. 그는 벌써 샤르모즈-그레퐁 횡단등반을 했고, 그전 날에는 블래티에르-시소-푸Blaitière-Ciseaux-Fou를 횡단등반 했던 것이다. 나는 마음이 조급했으나, 이 상태로는 라슈날이 하루를 더 쉴 수 있도록 해주어야 했다. 그런데 이 일로 뒤에 가서 큰 불행에 부닥칠 뻔했다.

오후가 되며 날씨가 좋지 않아 걱정이었다. 그러나 다음 날 하늘이 다시 맑게 갰다. 금요일, 우리는 햇빛을 잔뜩 받아가며 레쇼 산장으로 올라갔다. 우리는 이따금 걸음을 멈추고 우리가 오르려는 워커릉에 감탄했는데, 이날처럼 워커릉이 아름답게 빛난 적이 없었다. 저녁 무렵 날씨가 다시 나빠졌지만, 전에도 몇 번 그랬기 때문에 우리는 희망을 버리지 않고 잠자리에 들었다. 등반을 앞두고 긴장했는지 잠이 오지 않았다. 전에 없던 일이었다. 그렇다고 그다지 무서운 생각이 든 것도 아니었지만, 도박을 하는 자가 전 재산을 건 듯한 불안감을 느꼈다.

출발은 좋지 않았다. 새벽 1시였는데, 하늘이 칠흑같이 어두웠다. 그러나 우리는 희망을 버리지 않았다. 날이 밝을 무렵이 되면 바람이 달라지는 것을 자주 체험했기 때문이다. 새벽 2시 30분, 날씨는 좋아질 기미가 보이지 않았다. 우리는 마음이 조마조마해져, 입에 담을 수 없는 욕을 내뱉으며 실망한 기분을 달랬다. 새벽 3시 15분, 아직 공기는 텁텁했지만 여기 저기 별이 나타났다. 우리는 바로 출발하기로 했는데, 그저 잃어버린 시간을 보충할 생각밖에 없었다. 벽에 붙을 무렵 날이 밝아왔지만 날씨는 그대로였다. 북쪽과 서쪽 하늘이 파랗게 갰고, 춥지는 않았다. 능선 위로 반갑지 않은 구름이 무겁게 걸려 있었다.

이제 어떻게 할 것인가?

우리는 펜듈럼으로 트래버스 해야 하는 곳까지 올라, 필요하다면 다음 날까지 그곳에서 날씨가 바뀌기를 기다리기로 했다.

우리가 계획한 시간보다는 45분이 늦은 새벽 5시 10분, 베르크슈른트를 넘었다. 어려운 곳이 아니어서 걸음이 빨랐는데, '30미터 코너' 피치는 생각보다 빨리 올라갔다. 그러나 홀드가 거의 없었고, 있다 해도 좋지 않은 수직의 벽이어서 애를 먹었다. 훈련이 부족했다는 이야기인데, 다리와 팔에 경련이 일어나기도 했다. 그래서 하켄이 있는 곳에서는 오래 쉬어야 했다. 한 시간 이상이나 고생한 끝에 드디어 위쪽에 도달했지만, 나는 너무나 지쳐서 여기서 돌아서는 것이 어떨까 하고 말했다. 그때 무슨 일에나 낙천적인 라슈날이 나를 설득하다시피 이야기했다. 몸이 더워지려면 시간이 걸린다며, 여기는 원래 어려운 곳이고 이런 수직의 벽을 오를 때 나는 벽에서 과감히 몸을 떼고 오르는 남다른 장점이 있지 않느냐고 말했다. 그의 설득은 내가 오르기로 결정할 때까지 계속됐다.

겔렌데의 경사가 누워서 루트를 잘못 들어선 적도 있었으나, 우리는 그 유명한 '90미터 코너'에 빨리 도착했다. 나는 순간적으로 등반에 대한 강한 충동을 느꼈다. 긴 코너는 오른쪽으로 기울어져 있었으나 수직은 아니었다. 밑에서 위까지 작은 크랙이 죽 나 있어, 확실히 기어오를 수 있었다. 첫 번째 구간을 오르자 내 생각이 옳았다는 것이 입증되었다. 몇 분 동안 기분 좋게 등반하고 첫 번째 스탠스에 올라서자 라슈날이 뒤따라 올라왔다. 이 등반을 하고 나자 자신감이 생긴 나는 곧바로 다음 구간에 붙었다. 중간쯤에 작은 오버행이 나타나 줄사다리가 있어야 했다. 약간 어려운 곳에서는 하켄을 박았지만, 이러는 동안에 나는 그제야 나 자신의 본래 실력으로 돌아왔다. 마지막 3분의 1은 가장 멋진 암벽 구간이어서 나는 감격한 나머지 마치 달리듯 올라갔다. 우리는 한 시간 만에 여기를 올라설 수 있었다. 이 멋진 등반과 그것을 해낸 자부심으로 우리는 그저 황홀한 기분에 젖었다. 이어서 같은 속도로 올라가, 오전 11시에는 펜듈럼 트래버스 피

152쪽 듈퍼식 트래버스 참조.

치 밑에 도착했다. 등반 시간표를 짤 때 나는 라슈날에게 날씨는 종일 그런대로 유지되겠지만, 다음 날도 역시 좋으리라는 보장은 없다고 이야기했었다. 그래서 오늘 저녁까지 우리는 프렌도와 레뷔파가 두 번째로 비박한 곳까지는 어떻게 해서라도 가야 하고, 그곳이라면 기 풀레Guy Poulet의 말대로 악천후라도 탈출할 수 있을 것으로 생각했다. 언제나 낙천적인 라슈날은 이런 식으로 가면 문제가 없다고 말했다. 우리의 행동은 더 이상 낙관적인 시간표가 없을 정도로 빨랐기 때문에 라슈날은 조라스 산장에서 잘 수 있다는 생각을 버리지 않았다.

펜듈럼 트래버스에서 한바탕 혼이 났다. 자일이 엉켜서 다시 푸는 데 30분 이상이나 걸렸다. 결국 우리는 하켄 하나에 확보한 채 이것을 처리해야 했다. 그리하여 45분이나 지난 후에 우리는 우리와 세상을 연결하고 있는 자일을 끌어올릴 수 있었다. 하지만 일단 자일을 끌어올리면 후퇴할 때 어떻게 해야 할 것인가 하는 문제가 남게 된다. 신중함과 과감함 중 어느 쪽을 선택할 것인가? 나는 마음을 단단히 굳히고, 나의 파트너를 마주보며 분명한 다짐을 받았다. "돌아설 때를 잘 생각했지?"

물론 잘 생각하고 있다는 대답이었지만, 순간 나는 어떻게 해야 할지 몰랐다. 그러나 나는 결국 주사위를 던졌다.

정오가 되어 프렌도와 레뷔파가 첫 번째로 비박한 곳에 도착했다. 그런데 여기서 계속 오를 수 있는 루트가 보이지 않았다. 우리는 작은 일에 놀라는 그런 유형의 인간이 아니었다. 그런데 여기서는 붙을 수 있는 곳이 한군데도 없었고, 위로는 까마득히 하늘만 보일 뿐이었다. 다만 몇 미터 저쪽에 카라비너 하나가 걸려 있는 하켄이 보였는데, 그곳이 갈 수 있는 길 같기도 했다. 나는 간신히 하켄이 있는 곳까지 올라갔지만, 더 이상 올라갈 수 있는 곳이 없었다. 왼쪽으로 트래버스 하면 어떨까 했지만 그것도 소용이 없었다. 이루 다 말할 수 없는 고생 끝에, 앞을 가로막고 있는 오버행을 넘어섰다. 좁고 비스듬히 나 있는 바위 턱 위로 몸을 끌어올리려고 하켄 하나를 때려 박았다. 그러나 이것만으로는 마음이 놓이지 않았다. 후퇴로가 없었다. 머리 위쪽으로 약간 오버행 져 보이는 벽이 있어, 그곳을 시도해보면 어떨까 하는 생각이 들었다. 그리로 길이 있을 것 같다는 생각에 조금 용기가 났다. 알랭이 아주 어려운 오버행이 있다고 한 말이 생각났다. 틀림없이 이곳 이야기였다. 라슈날이 손으로 카라비너를 잡으며 뒤따라 올라왔다. 그때 나는 손에서 힘이 빠져, 몸을 뒤로 한 채 허공으로 떨어졌다. 그런데 아무런 불안감도 없이, 그저 중력의 법칙도 작용하지 않는 것 같은 이상한 느낌이 들었다. 나는 긴장에서 해방되어 놀라울 정도로 사뿐한 동작으로, 아무리 작은 홀드라도 모두 찾아 붙잡고 다시 올라왔다. 내가 있는 곳이 마음을 바싹 졸이게 하는 곳이라는 생각조차 그다지 들지 않았다. 만약 떨어지는 날에는 자일이 여지없이 끊어지며, 400미터의 허공 속으로 그대로 날아간다는 생각뿐이었다. 이런 생각이 들면서도 그런 일은 나의 이야기가 아닌 남의 이야기 같기만 했다. 나는 지상에서 헤아릴 수 없을 정도로 많은 끈으로 묶여 있는 그런 인간과는 다르다는 생각이 들었다. 나의 개성은 이미 나를 떠나 있었다. 지상과의 연결고리가 끊어지자, 공포감도 피로감도 없었다. 나는 공중에 떠 있었다. 나를 이길 자는 없었으며, 붙잡을 자도 없었다. 나는 그저 무의식의 도취에 빠져 있었고, 모든 물질적인 것에서 해방된 그런 존재였다. 이 해방감을 스키어는 눈의 사면에서, 비행사는 공중에서 찾는다.

이러한 공중곡예를 15미터 하고 난 다음 스탠스 하나를 발견하고 하켄을 때려 박을 수 있었다. 나는 홀드도 크랙도 없는 곳은 천사들도 오르지 못한다고 생각했었다. 내가 착각한 것이었다. 그때 오른쪽에 있는 아주 작은 홀드를 이용한다면 뒬퍼Dülfer 식 트래버스가 가능할지 모르겠다는 생각이 들어, 바로 실행에 옮겼다. 나는 라슈날에게 상황을 알렸다. 그는 밑에서 내 다리 사이로 불안한 표정을 지으며 올려다보고 있었다. 나는 천천히 풀리는 빳빳한 자일에 매달려, 몸을 바위에 바짝 붙여가며 트래버스 했다. 평형의 법칙 같은 것을 조소라도 하듯, 나는 단단한 홀드를 재빨리 잡았다. 마침내 좋은 홀드가 잡혀 작은 암각에 몸을 감았다. 그런데 놀랍게도 거기에 의자처럼 넓은 곳이 있었다. 그리고 2~3미터 높이에 하켄이 하나 있었다. 나는 하켄이 있는 곳까지 올라가 그곳에 자일을 걸고 다시 밑으로 내려갔다.

독일의 유명한 클라이머 뒬퍼가 1914년 이전에 고안해낸 트래버스로 시계추처럼 자일에 매달려 트래버스 하는 것을 말한다. '펜듈럼 트래버스'라고도 한다.

라슈날이 트래버스 하는 곳까지 올라와, 잠시 주춤하더니 침착하게 펜듈럼을 해서 나 있는 곳으로 왔다. 다소 불안감이 느껴져 시간을 확인해보았다. 하늘은 아직 맑았으나 그랑드 조라스 정상에 걸려 있는 구름이 차차 짙어지며 우리 있는 곳으로 내려와 불안했다. 서둘러야 했다.

군데군데 벽으로 가로막히는 밋밋한 상태가 계속됐다. 바위지대가 좌우로 발달해 있어, 도저히 뚫고 나갈 수 없는 보루 같은 회색 타워를 피할 수 있게 해주었다. 벽은 멋지게 생겼지만 가도 가도 어려웠다. 그렇다 해도 유난히 어렵지는 않았다. 나는 머뭇거리지 않고 빠르게 그리고 실수 없이 올라갔는데, 이런 일은 일찍이 없었다. 내 손이 닿는 곳이 곧 홀드였다. 우리의 등반은 어려운 등반이라기보다는 잘 익힌 발레 같은 등반이었다. 3시경에 알랭의 비박 장소에 도착했는데, 폭이 2미터나 되는 큰 길 같았다. 이 보기 드물게 쾌적한 장소에서 우리는 무엇이든 조금 먹으며 상황을 판단해보기로 했다. 파리의 자일 파티의 소요시간을 확인해봤더니, 우리 속도로 오르면 어두워지기 전에 아주 높이 오를 수 있을 것 같았다. 그런데 불행하게도 이 순간 안개가 짙게 끼어 앞이 보이지 않는 데다 우박까지 쏟아지기 시작했다. 이제 분명히 어떤 문제에 부닥친 것이었는데, 우리는 어떻게 해야 할지 알지 못했다. 후퇴할 것인가? 하지만 조금 전에 가로지른 그 거대한 암벽을 통해 후퇴한다는 것은 불가능한 일이었다. 아니, 차라리 계속 위로 올라가면 어떨까? 더 이상 기상이 악화되기 전에 프렌도와 레뷔파가 두 번째로 비박한 곳까지 가는 것이다. 그러면 조만간 돌파할 수 있을 것 같았다.

내가 기 풀레로부터 받은 스케치 — 내가 가져온 스케치는 그것뿐인데 — 에는 그저 조금 오른쪽으로 돌면 '갈라진 슬랩'이 있다고 나와 있었다. 안개가 물러가서, 이것이 우리가 있는 곳의 오른쪽에 있는 슬랩을 말한다는 것을 알았다. 그래서 나는 바로 머리 위에 있는 오버행을 오를 생각을 집어치우고 위험하지만 두 피치 오른쪽으로 나아갔더니, 크랙이 많이 있는 바위가 나타났다. 커다란 검은 슬랩이 이어지고 있었다. 결코 쉬운 곳이 아니었다. 전력을 다해야 했는데, 놀라울 만큼 힘이 났다. 우리는 왼쪽으로 다시 돌아가려고 애썼지만 그럴수록 지쳤다. 자꾸만 오른쪽으로 밀려나가서 걱정이 되었다. 스케치에는 그토록 어렵게는 나와 있지 않았다.

한두 피치를 오르자 매끈한 슬랩이 나타나 루트가 막혔다. 이대로 계속 오르는 것은 불가능했다. 다시 내려가는 수밖에 없는데 시간이 없었다. 달리 뚫고 나갈 방법이 있을까? 그때 갑자기 안개가 걷히며 오른쪽으로 비교적 쉬워 보이는 쿨르와르가 눈에 들어왔다. 순간 해결책이 머리에 떠올랐다. 그 쿨르와르를 통해 암벽 상단을 덮고 있는 만년설이 있는 곳으로 나가면 되겠다는 생각이 들었다.

우리는 펜듈럼 트래버스로 쿨르와르로 들어갔는데 보기와는 달리

오버행을 넘어서던 클라이머가 추락하고 있다.

거대한 성채 그랑드 조라스

상태가 나빴다. 경사가 60도 정도에 역층으로 된 편암지대였다. 홀드가 아주 작은 데다 바위가 무르고 크랙이 없어 하켄을 박을 수 없었다. 그러나 여기를 빨리 올라가야만 했다. 확보 따위는 생각할 수도 없는 이런 곳을 우리는 위험을 무릅쓰고 자일을 다루며 앞으로 나아갔다. 시간이 점점 흘러갔다. 안개에다 어둑해지기까지 해, 1~2미터 앞도 보이지 않았다. 이러다가는 쿨르와르 한가운데서 아주 캄캄해지는 것은 아닐까? 단단하게 박힌 하켄 하나 없이 1센티미터밖에 안 되는 홀드에 매달려 밤을 지새워야 한단 말인가? 신중한 행동법칙 따위를 무시하고 나는 미친 듯이 올라갔다. 친구가 그림자처럼 뒤따라 왔는데, 그 솜씨가 제법 뛰어나고 안정되어 있었다. 드디어 경사가 죽었다. 오른쪽으로 빈틈없는 암벽이 만년설이 덮인 작은 능선으로 뻗어 있었다. 여기서야 알았는데, 쿨르와르 두 곳이 한 곳으로 합쳐지면서 우리를 지키기 위한 신의 섭리가 산에 능선을 만들어주고 있었다.

능선 오른쪽으로 사람 머리만한 크기의 바위가 보였다. 최악의 경우에는 그곳에 걸터앉을 수도 있을 것 같았다. 눈을 치우자 하켄을 단단히 때려 박을 수 있는 크랙이 나타났다. 우리는 돌 하나를 치우고, 우리의 작은 궁전을 두 배로 넓혀 30×40센티미터로 만들었다. 그리고 비박 장비를 꺼냈다. 우모 조끼와 모자가 달린 방수 재킷이었다. 라슈날은 그밖에 '코끼리 발'이라는 오버슈즈를 갖고 있었다. 나

그랑드 조라스 워커릉. 왼쪽 점선이 카신 루트고, 쿨르와르로 빠지는 오른쪽 점선이 테레이와 라슈날 루트이다.

는 그것 대신 등산화 위에 양말을 신은 다음 배낭 속에 집어넣었다.

이렇게 비박 준비가 끝나기가 무섭게 기상이 악화되며 싸락눈이 쏟아졌는데, 그 크기가 구슬 같았다. 우리는 손으로 머리를 감쌌다. 눈보라가 한풀 꺾이자 나는 바로 먹을 것부터 챙겼다. 베이컨, 버터, 치즈, 오보말타인Ovomaltine, 그리고 건조 과일 등이었다. 라슈날은 나와는 달리 배가 덜 고픈 듯했지만, 나는 무리하게 먹었다. 우리가 있는 능선 양쪽으로 싸락눈이 홍수처럼 흘러내려갔다. 그 속에 있지 않기에 망정이었지만, 우박이 등 뒤에 쌓여 그것을 치워야 했다. 자연의 맹위, 등을 밀어내는 우박, 그리고 돌들이 떨어지며 내는 소리 등으로 우리는 견디기 어려운 처지에 놓여서 서로 몸을 맞대고 반쯤 바위에 걸터앉은 채 다리를 허공에 내리고 밤을 지새웠다. 둘이 서로 번갈아가며 아는 노래를 모두 부르고 온갖 이야기를 했다. 우리의 처지는 분명히 불안했으나, 그런대로 견딜 수 있을 것 같았다. 그뿐만 아니라 모험에 대한 나의 의욕은 대단해서 마음속으로는 이런 유별난 처지가 반드시 불만스럽지만은 않았다.

여명이 가까워지며 악천후가 점차 누그러지자, 우리는 무서운 추위 속에서도 잠이 들었다. 추웠지만 흐린 가운데 드디어 날이 점점 밝아왔다. 그제야 우리가 놓인 처지가 얼마나 극적인지 알게 되었다. 주위를 온통 안개가 덮고 있어서 지금 있는 곳의 위치를 확실히 알 수 없었다. 쿨르와르와 이어진 부분이 어제 올라온 곳과 구분이 되지 않았다. 게다가 아침의 찬 공기로 모든 것이 얼어붙어서 거북이 등처럼 딱딱하게 굳었다. 비브람의 딱딱한 창으로는 한두 발짝도 내디디기가 어려웠다. 다행히 나에게는 아이젠이 있어서, 이 바위지대를 아이젠으로 오르기로 했다. 되도록 왼쪽으로 루트를 찾아야 했다. 나는 비박용 옷차림 그대로 결사적인 각오로 나섰다. 괴로운 밤이었으나 몸에는 이상이 없었다. 등반은 힘들고 위험했다. 주로 아이젠의 앞발톱으로 균형을 유지했지만, 그것도 스탠스라고 할 것이 못되었다. 등반을 하며 필요한 홀드를 파내는 데도 손가락이 아팠다. 하켄은 바위에 1센티미터도 안 박히고 흔들려서 라슈날은 아예 빼버리기도 했다. 그야말로 강행군이 이어졌다. 이렇게 순간순간 온힘을 쏟다 보니, 고무창 바닥이 미끄러워서 라슈날이 몸의 균형을 잃어도 옆에서 붙들어줄 수 없었다. 이 바위의 돌파는 뭐니 뭐니 해도 라슈날이 해낸 등반 덕분이었다.

나는 그토록 노력을 했는데도 왼쪽으로 트래버스 할 수 없었다. 게다가 오른쪽의 청빙지대로 밀려가서 우리는 작은 스텝을 내며 올라갔다. 그러자 한 가지 생각이 나를 붙들고 놔주지 않았다. '빨리 뚫고 올라가지 않으면 안 된다. 이러다 눈이나 오면 어떻게 할 것인가?' 여느 때 같으면 어림도 없는, 난관을 돌파할 기력이 몸에서 솟았다. 이것은 일찍이 눈사태에 휘말렸을 때 눈의 표면으로 나오려고 죽자 하고 헤치는 그런 기력과 같은 것이었다. 그때와 같은 에너지가 나의 힘을 몇 갑절 보태주었고, 그때의 침착함이 주위의 영향을 받지 않고 상황을 제대로 파악하게 해주었다. 나는 겔렌데를 따라 전진하며 불안보다는 호기심을 느꼈다.

그러다 드디어 수직의 암벽과 만났는데, 그곳에는 일종의 넓은 침니가 한가운데 나 있었다. 언뜻 보기에는 통과할 수 있을 것 같아, 그 속으로 비집고 들어갔다. 우리가 선 자리가 안전해서 그때 뒤를 돌아보았더니 안개가 흩어지고 있었는데, 우리가 잘못 들어섰다는 것을 알 수 있었다. 내려다보니 우리가 뚫고 올라온 곳은 매우 환상적인 곳이었다.

그런데 루트는 계속 이어지고 있었다. 부서지기 쉬운 벽으로 된 오버행의 침니와 별것 아닌 것 같으나 실은 힘든 짧은 쿨르와르가 계속해서 나타났다. 지긋지긋할 정도로 넓은 침니 같은 곳을 뚫고 나가느라 정말 애를 먹었다. 경우에 따라서는 하켄 없이는 절대로 오르지 못할 곳도 있었다. 물러 터진 바위에는 하켄이 소용없어 2~3미터를 오르는 데 반 시간이 걸리기도 했다.

이런 경우 라슈날이 나보다 더 야단이었다. 내가 아무리 조심해도 돌이 떨어져, 그럴 때마다 그는 낙석을 피해야 했다. 그러다가 두 주먹만 한 돌을 머리에 맞았는데, 그는 잠시 후 다시 정신을 차렸으나 그야말로 기적이었다. 이따금 그는 가슴에 두른 젤프스트자일 Selbstseil로 하켄에 매달린 채 추위와 싸우며 한 시간이나 악전고투해야 했다. 격한 싸움 끝에 오는 심신의 따스함도 없었다. 그런데도 그는 버텼으니 놀라울 따름이었다. 라슈날은 추위 속에 떨며 낙석을 피하면서도, 웃어가며 오히려 나더러 힘내라고 용기를 주었다. 그는 곧 푸짐하게 먹을 수 있는 시간이 온다고 말했다. 이제 오버행을 넘으면 그다지 어렵지 않은 겔렌데가 나오리라고 생각했는데 그렇지 않아서 실망했다. 여전히 싸락눈과 얼음이 박힌 시원치 않은 암벽과 부딪쳤다. 균형과의 위험한 싸움이 계속될 판이었다. 이 등반은 글자 그대로 수난이었다. 손이 너무 얼어와 계속 때려서 피가 통해 따뜻해지도록 해야 했다. 발은 감각이 없어진 지 오래였다. 종아리와 허벅지, 목과 등이 경련을 일으켜 등반이 더욱 위험할 지경이었다. 하지만 무엇보다도 어떻게 해야 할지 분명치 않아 걱정이었다. 오버행에 걸려 꼼짝 못하고 있어야 한다는 말인가? 나는 그저 기계적으로 올라갔다. 그러면서 피치마다 어떻게든 부딪쳐 뚫고 나갔다. 낙석이 라슈날을 아슬아슬하게 스치며 떨어졌다. 낙석이 또 떨어졌다. 내가 바위지대를 가로질러 라슈날더러 내게로 트래버스 하라고 소리치자, 낙석의 충격으로 바윗덩어리가 떨어져 나갔다. 다행히 자일이 내 손에 쥐어져 있어서 몸이 밑으로 기우는 순간 제동이 걸렸다. 위로 조금 더 올라가 눈이 빗장 모양으로 얼어붙은 오버행을 오르고 있을 때 피켈을 손에서 놓치며 3미터 가량 떨어졌는데, 다행히 그 약한 지대가 무너지지 않았다.

잠깐 동안 안개가 걷혔다. 강한 남풍에 구름이 밀리면서 머리 위로 정상 능선이 보였다. 이 오버행을 넘어도 여전히 20~30미터는 더 올라가야 했다. 그러자 오랫동안 긴장했던 신경이 풀린 듯 어떤 위험이 느껴졌다. 피로와 현기증이 나를 마비시키고 있었다. 남은 마지막 구간은 어렵지 않았지만, 나에게는 가장 힘들게 느껴졌다. 나는 많은 하켄의 도움으로 간신히 정상에 설 수 있었다. 눈에 덮인 산마루에 몸을 던지니 강한 돌풍이 나를 덮쳤다.

감동적인 느낌은 없었다. 언제나 되풀이된 꿈을 이제 이루었다는 감정뿐이었다. 그러나 이것은 거의 감동을 주지 않는, 이 이름도 없는 봉우리에 오르기 위해 몇 개월 동안 준비하고 열정을 바쳐 이룩한 성취였다. 행복이란 소유에 있지 않고 열망하는 데 있지 않을까?

이제 모험은 끝났다. 내 인생이라는 책의 한 장이 넘어간 것이다. 나는 어느새 안개에 싸이며 허둥지둥 여기서 물러서기 시작했다.

워커릉을 등반할 때까지 라슈날과 나는 계속해서 나서지 않고 조심스러운 태도를 취했었다. 거대한 벽들과 장엄한 야생과 모험적인 성격이 우리를 등반으로 유혹했지만, 그 세계는 적의를 품고 있는 듯해서 언제나 무서웠다. 우리는 레뷔파의 차분한 자신감 근처에도 못 미치고 젊고 유능한 등산가에게서 볼 수 있는 지나친 욕심 같은 것과도 거리가 멀어, 인간에게 주어진 한계를 넘어서는 장애를 극복할 만한

워커릉을 오르고 나서

힘이 우리에게 있다고는 생각하지 않았다.

그런데 이번 그랑드 조라스에서의 성공은 우리에게도 가능성이 있다는 것을 분명하게 보여주었다. 등반 루트에서 큰 실수를 하면서도 그런 곳을 오르고 악천후 속에서 극적인 최후의 순간을 맞았지만, 시간적으로 볼 때 우리는 선구자들을 능가하고 있었다. 지금에서야 알았지만, 우리는 극한의 암벽에서의 경험부족으로 이른바 '6급 클라이머'는 못 되어도 빙벽이나 빙설이 섞인 겔렌데에서라면 거의 비범한 경쾌함과 속도를 갖고 있었다. 우리는 하나의 자일 파티가 된 덕분에 우리의 능력을 배가할 수 있었다. 사실은 우리들의 성격과 육체적인 능력이 합쳐져서 강해진 것이었다. 한쪽에 없는 것이 다른 한쪽에 있었던 셈이다. 자칫하면 큰일이 일어날 수 있는 암벽에서 뛰어난 기술과 무서움을 모르는 담력을 내가 갖고 있었다면, 라슈날은 내가 일찍이 몰랐던 신속하고 화려한 등반 솜씨를 갖고 있었다. 그러나 한편 그는 아크로바틱한 등반이 요구되는 암벽에서는 약했으며, 무엇보다도 정신적 의지력에 문제가 있었다. 충격적이면서도 믿기 어려울 정도로 낙천적인데도 참을성과 깊이 생각하는 점이 부족했는데, 특히 루트를 찾는 감각이 떨어졌다.

나는 모든 면에서 라슈날을 따르지 못했지만 체력과 인내력이 강했으며, 그보다 더 오래 견딜 수 있었고 주의력이 세심했다. 그래서 우리가 한 팀이 되었을 때 그것이 하나의 조절 역할을 해서 — 아무

래도 그렇게 생각되었는데 — 대등반을 할 때 없어서는 안 되는 확실
성과 신뢰성을 그에게 주었던 것이다.

나는 그랑드 조라스에서 발가락에 약간의 동상을 입어, 9월이 끝날
무렵까지 내 일에 전념했다. 그러나 차차 부기가 가라앉고 통증이 덜
하게 되면서 10월 초에는 완쾌되었다. 국립 스키등산학교와 프라즈
콜레주에서의 강습도 끝나고, 알프스에 좋은 계절이 찾아왔다.

우리는 몽블랑 산군 밖에 있는 다른 봉우리에도 가보고 싶었다. 그
래서 이 좋은 계절이 가기 전에 스위스에 있는 산에서 대등반을 하기
로 했다.

로잔느에서 우리는 적은 여비를 절약하며 라슈날의 아내 집에서
편안히 지내고 있었는데, 아르장티에르 산군의 석회암 등반의 묘미
를 알려고 길을 떠났다. 라슈날이 사촌 동생과 일반 루트를 오르고
있을 때, 나는 제네바의 우수한 클라이머 토미 지라드Tomy Girard와 한
팀이 되어 이 지역에서 가장 어렵다는 그랑 디에드르Grand Dièdre 제2
등을 해냈다. 마지막에 우리는 론Rhône 계곡 상부로 올라가, 비츄호
른Bietschhorn 남동릉을 등반하기로 했다. 항간에 소문난 곳이었는데
사실 아주 좋았다. 이렇게 해서 우리의 고산 훈련은 완전한 경지에
이르렀다. 우리 두 사람은 이제 일종의 고원지대 동물이었다. 원숭이
와 산양, 그 중간쯤의 존재였다. 한 시간을 뛰다시피 산을 오르고, 벽

은 마치 계단이나 다름없었고, 중력의 법칙을 비웃듯이 걸리를 쏜살같이 달려 내려왔다. 이번 등반도 대체적으로 어렵지 않고 쉬웠기 때문에 우수한 자일 파티가 걸리는 시간의 반이나 3분의 1로 우리는 해냈다. 비츄호른은 이래서 가장 인기 있는 곳이었다. 날이 밝기 전에 떠나, 그리 서둘지 않았는데도 다섯 시간이 채 안 걸려 정상에 올라섰다. 내려올 때는 북릉으로 하강했다. 우리는 곧 급한 설사면 위로 나왔는데, 그 동쪽은 급경사를 이루고 있었다.

그러자 라슈날이 말했다. "이리로 내려가자. 대피소에서 봤을 때 괜찮았거든."

"눈은 문제없는 것 같아. 네가 좋다면 여기서 추위에 떠느니 차라리 내려가자!" 하고 나는 주저 없이 말했다.

우리는 곧바로 경사가 50도나 되는 사면을 내려갔다. 싸락눈의 만년설이 10~20센티미터 녹아 부드러운 상태여서, 걷기가 쉬웠으므로 우리는 확보하지 않고 내려갔다.

이때 라슈날이 말했다.

"아이젠을 신으면 어떨까? 이런 눈의 급한 경사면에서는 정말 멋있을 거야! 아르망 샤를레의 말로는 윔퍼 쿨르와르를 그렇게 내려왔다는데…"

그러나 나는 조심스럽게 말했다.

"그러다가 빙판에 부딪치는 날에는 머리부터 떨어져, 그야말로 큰

일 날 거야!”

“무슨 소리야? 내가 잘 봤는데 빙판 같은 곳은 없었어.”

라슈날은 내 말을 기다리지도 않고 스키로 활강하듯 사면을 달려 내려갔다. 나는 친구 뒤를 따라갈 수밖에 없었다. 단숨에 놀라운 활강으로 우리는 1분도 걸리지 않고 300미터의 사면을 내려왔다. 오전 11시 30분, 사람이 아무도 없어 그저 우리만을 위해 세운 듯한 휘테 ‘발트쉬더Baltchieder’에 들어갔다.

며칠 뒤 체르마트Zermatt의 저명한 가이드 알렉산더 그라벤Alexander Graven이 비츄호른을 등반하려고 올라온다는 소리가 들려왔다. 그는 휘테 기록지에 써놓은 우리의 시간 기록을 보고 이렇게 소리쳤다고 한다.

“있을 수 없는 일이야. 젊은이들이 제멋대로 기록한 것이군.”

그런데 다음 날, 그는 능선을 지나 하강할 때 벽에 남은 우리 흔적을 보고 “여기를 그렇게 내려갔다면 그들의 말이 맞겠는데….”라고 말했다고 한다.

비츄호른을 오르고 나서, 우리는 제네바 친구인 토미 지라드, 레네 디테르와 함께 체르마트로 갔다. 마터호른의 푸르겐Furggen릉을 등반할 생각이었다. 이 기품 있는 피라미드는 꼭 만나보고 싶었다. 어려서 저녁마다 윔퍼와 머메리의 책을 들여다보며, 이 전설에 쌓인 산을 꿈속에 그리곤 했었다. 어느 빛나는 10월 아침이었는데, 길이 꺾이면서 황금빛 낙엽송 위로 마터호른의 고고한 모습이 드높이 나타났다. 나는 가벼운 충격을 받았다. 부드러운 색조를 띤 꿈결 같은 가을의 정서 속에서 푸르고 푸른 하늘을 배경으로 거무스레하면서 호쾌한 첨봉이 뚜렷하게 나타나 너무나 감동적이었다. 이처럼 하나의 봉우리가 멋있게 보인 적은 일찍이 없었다. 이 산이 알피니즘의 초기부터 사람들에게 안겨준 매력이 어떤 것인지 나는 확실히 알았다.

나는 마음속에서 우러나는 감동 속에 이 벽을 바라보고 또 바라보며, 보고서에 나와 있는 루트가 어느 것인지 살폈다. 그중에서도 특히 '푸르겐의 코'가 눈에 띄었는데, 그 거대한 오버행이 푸른 하늘을 배경으로 선명하게 나타나 있었다. 나는 그곳이 용감무쌍한 자들을 오랫동안 묶어두고, 오르지 못하게 한 곳이라는 것을 알고 있었다. 하지만 마침내 발투르낭슈Valtournanche의 유명한 가이드인 루이 카렐 Louis Carrel이 이 오버행을 성공적으로 극복했다. 그 뒤로 오직 한 자일 파티, 드 람De Rham과 티시에르Tissières가 재등을 이룩했을 뿐이다. 드디어 우리도 내일 하늘과 땅 사이에 매달리게 될 것이다. 도저히 믿어지지 않는 일이었다. 공포와 희망이 내 마음속에서 싸우고 있었다.

그런데 이 등반은 산양들의 또 다른 행진이었다. 마터호른은 멀리서 볼 때는 그토록 아름답지만, 가까이 갈수록 매력이 사라진다. 그것은 걸리들이 그저 수없이 엉켜 있는 거대한 편암 덩어리에 지나지 않는다. 중력의 법칙을 비웃는 듯한 낙석의 불꽃은 아무것도 남겨놓지 않는다. 그리고 부서진 돌들이 끊임없이 음산한 낙석사태를 일으켜 먼지를 날린다. 수백 미터 높이로 마치 방패처럼 솟아 있는 몽블랑 침봉의 불그스름한 화강암을 아는 사람은 이 폐허 같은 바위의 성채에 아무런 매력도 느끼지 못할 것이다.

우리는 자일을 쓰지 않고 뛰다시피 해서 두 시간도 채 되기 전에 카렐 오버행 밑까지 갔다. 이제야 과연 산이 크고 만만치 않다는 느낌이 들었다. 그런데 무슨 바위가 이렇게도 쉽게 깨질까? 나는 지금까지 수직의 암벽으로 이처럼 불안정한 곳을 오른 적이 없었다. 불안한 나머지 몸에서 힘이 빠져나가는 느낌이었다. 하지만 산에만 가면 춤추듯 하는 라슈날은 불안정한 홀드 따위에는 신경도 쓰지 않았다. 그는 환호성을 지르며 낙석의 홍수 속을 거의 하켄도 없이 돌로미테의 바위 세계처럼 올라갔다. 자일로 단단히 확보된 스위스 친구들과 나는 이 80미터 암벽을 돌파하는 데 시간이 그다지 많이 걸리지 않았다. 정말 어려웠다기보다는 사실 위험한 곳이었다.

이 유명한 봉우리의 등반으로 우리의 가을 시즌이 끝났다. 기쁨도 있었지만 마음 한구석 어딘가는 허전했다. 지난날 워커릉에서 체험한 감동을 다시 느낄 수 없었다. 우리는 대등반을 해왔으며, 그것은 멋진 스포츠였다. 그러나 '위대한 도전'은 아니라는 생각에 기분이 우울했다. 완벽한 훈련과 현대적인 장비로 인해 우리는 마치 지나치게 발달된 도구 같은 것이 되었다. 그러다 보니 당초의 목표를 넘어서 기술이 모험의 향기를 날려버리고, 모험의 새로운 경지를 창조하는 일이 되어버렸다. 워커릉을 등반하고 나서, 우리 앞에는 알프스에서 오직 하나의 등반만이 '위대한 도전'으로 남아 있게 되었다. 그것은 다름 아닌 벽 중의 벽, 아이거 북벽이었다.

아이거 북벽

아이거의 거대한 북벽은 알프스에서 가장 높고 가장 유명하며 가장 살인적인 벽이다. 이 북벽은 베르너 오버란트 한가운데 군림하며, 음산하고 질리는 데 없이 그린델발트 계곡의 푸른 고원지대 위에 1,800미터 높이로 솟아 있다. 내가 이 글을 쓰고 있는 지금에 이르기까지 이 북벽에서는 17명이 희생되었고, 그 숫자만큼 등반되었다.

1946년까지 아이거는 한 번밖에 등반되지 못했다. 그때까지 여러 차례 등반이 시도되면서 그 사이에 희생자도 8명이나 나왔는데, 1938년에 비로소 독일과 오스트리아의 합동 등반대가 3일에 걸친 필사적인 노력으로 초등을 이룩했다.

오늘날 아이거 북벽은 알피니즘의 발전으로 추월당했는데, 자일 파티 — 에리히 와샤크와 레오 휘르슈텐레히너 2인조 — 가 하루에 완등한 것이 그 증거다. 그다지 초창기 이야기는 아니지만, 네 명의 독일과 오스트리아 클라이머들이 아주 좋은 날씨 덕을 보면서 겨울 시즌에 이 벽을 오르는 멋진 일을 해내기도 했다. 비할 데 없는 이 벽은 알피니즘의 역사에서 독특한 위치를 차지하는데, 내게는 도저히 불가능해 보이는 이 북벽을 정복한 참다운 영웅들의 서사시를 먼저 이야기하지 않고 나의 제2등을 이야기할 수는 없다.

소름 끼칠 정도로 거칠고 무서운 이 북벽은 암울한 석회암으로 이루어져 있어, 그 속에 있는 몇 개의 설원이 밝게 보인 적이 없다. 2,200미터의 평화로운 고원지대인 알피글렌에는 샬레들이 산재해

1965년까지 26명 사망.

있고, 그 위쪽으로 아이거 북벽이 해발 3,970미터의 정상까지 치솟아 있다. 벽의 3분의 1인 하단은 작은 계단과 테라스 등으로 되어 있어서 그다지 어렵지 않다. 이 하단의 위쪽에 융프라우 철도의 창이 두 개 있는데, 산 속을 뚫은 철도가 융프라우요흐까지 나 있다. 동쪽에 나 있는 창은 '아이거반트Eigerwand 역'이라는 이름으로 알려져 있고, 서쪽에 있는 것은 '슈틀렌로흐', 즉 터널을 팔 때 나온 돌덩어리들을 버리는 데 쓰인 구멍이다.

아이거 북벽에서 클라이머가 처음 부딪치는 큰 장애물은 오른쪽으로 한층 높은 '붉은 암벽'이 바라보이는 암벽이다. 그 왼쪽은 약간 낮은 절벽인데, 거기서 바로 설원과 부딪친다. 이 설원의 경사는 그리 심하지 않다. 이 제1설원과 이것보다 경사가 급하고 두드러지게 보이는 제2설원 사이에는 깎아지른 가는 얼음 통로가 있다. 이 제2설원 위로 수직의 거대한 '황색 암벽'이 솟아 있으며, 이어서 분명히 눈에 띄는 오목한 암벽이 나타난다. 그리고 다음에 부딪치는 것이 '하얀 거미'라는 설원이며, 여기서 경사도가 급한 크랙이 여기저기 나 있는 대암벽으로 이어지고, 그중 제일 크게 갈라진 곳을 오르면 정상 약간 왼쪽으로 나가게 되는데, 비로소 북벽을 벗어나는 셈이다. 아이거 북벽에서는 계속 위험에 부딪치는데, 그중에서도 특히 어려운 곳이 '붉은 암벽'과 '황색 암벽'이다. 이 암벽들은 그 바위 구조가 역층이거나 또는 단단하고 반들거려서 하켄을 박을 수 없어 아주 뛰어난 기술을 필요로 한다. 그러나, 꼭 그래서만 아이거 북벽이 알프스의 최대 과제로 되어 있는 것은 아니다. 이밖에 여러 장애물들이 있는데, 우선 아이거 북벽에는 사람의 힘으로 어쩔 수 없는 위험이 도사리고 있다. 그것은 시간과 기상에 따라 다르며, 예측할 수도 없고 피할 수도 없는 낙석이다. 이 낙석은 특히 부서지기 쉬운 정상 지대에서 발생하여, 무서운 속도로 중앙 쿨르와르로 쏟아져 황색 암벽을 뛰어넘고 설원과 하단 전체를 휩쓴다. 또 하나의 커다란 장애물은 북벽 전면에 걸쳐 설원과 암벽이 계속 이어지며 나타난다는 것이다. 날씨가 풀리고 설원이 녹으면서 눈이 녹은 물이 암벽에 흘러내린다. 이렇게 되면 자연의 지형이 만든 등반 루트인 침니와 쿨르와르가 폭포로 변한다. 그러나 이것은 아직 최악의 상태라고 할 수 없다. 북벽에서 눈이 녹는 것은 이 정도의 고도에서는 고작 두세 시간이고, 날씨가 아주 춥거나 흐리면 눈은 녹지 않는다. 그래서 아이거 북벽은 대체로 청빙에 덮이고, 비교적 쉽다는 곳도 오르기 어렵다. 이런 이유에서 아이젠 기술을 완벽히 구사할 수 있는 일류 클라이머만이 여기를 돌파할 수 있는 것이다. 그렇더라도 1,800미터가 넘는 이 북벽이 얼음과 눈으로 덮여 있고, 여기를 극복하기 위해서는 클라이머들이 엄청난 장비와 싸워야 한다는 것인데, 결국 이것이 등반을 어렵게 하고 있다. 전진이 더디면 힘도 더욱 빠진다.

상상을 뛰어넘는 위험을 각오하지 않는 사람들은 이 비정하고 가혹한 벽에 맞설 수 없다. 악천후가 되면, 자일 파티는 이 북벽에서 살아나기 어렵다. 그때는 눈이 적게 와도 암벽은 이미 눈사태가 휩쓸어버린다. 이런 자연 장애는 오랜 세월 공격자들의 접근을 허용하지 않았지만, 다른 면에서 본다면 그것이 대모험을 추구하는 클라이머들에게는 어쩔 수 없는 유혹이기도 하다. 그러다 보니 등산계의 정예 클라이머들이 유럽 각지에서 모여들어, 본격적인 공격태세를 취하기 시작했다.

가장 눈에 띄는 최초의 본격적인 시도는 바이에른의 용감한 클라이머 칼 메링거Karl Mehringer와 막스 제들마이어Max Sedlmayer가 나선 1935년이었다. 이 두 명의 클라이머들은 그전까지 일찍이 이렇다 할 성과가 없었지만, 그나마 북부 알프스의 석회암에서 어려운 등반을 해왔다. 그러나 아이거의 거벽 같은 곳과 부딪치기는 이번이 처음이었다. 그러므로 고산에서의 경험은 없었지만, 그들은 수요일인 8월 11일 좋은 날씨 속에 등반을 시작했다. 그들은 붉은 암벽 아래까지 오르고 나서, 바로 이어서 제1설원 아래에 있는 번번하고 거대한 수직의 바위지대를 넘어섰다. 이러한 뛰어난 등반은 오늘날 등반에 정통한 사람들이 보기에도 놀라운 일로 극도로 어려운 하루의 등반을 요구하는 것이었다. 첫 번째 비박을 마치자 명백하게 지친 그들은 계속되는 어려움에도 느리게나마 전진을 계속해서, 목요일 이른 시간에 제2설원에 도달했다. 그때 그들은 심한 낙석으로 그 자리에서 비박하지 않을 수 없었다. 목요일에서 금요일로 넘어가는 밤에 아이거 일대에 맹렬한 눈보라가 일며, 폭설과 추위가 엄습했다. 아침이 되자 벽은 눈과 얼음이 덮여 꼼짝할 수 없었다. 게다가 구름마저 산을 뒤덮어 두 클라이머의 운명은 아무도 알 수 없게 되었다.

토요일 정오 무렵이 되어서야 북벽이 잠시 보였는데, 그제야 제2설원 왼쪽으로 조금 돌출된 바위 위쪽에 나타난 두 사람의 모습이 사람들의 눈에 띄었다. 그러자 바로 안개가 다시 그들의 모습을 감추면서 비참한 최후를 덮어버렸다.

겨울이 되자 눈사태가 두 사람의 유해를 쓸어내렸는데, 훗날 새로운 희생자를 수색하다가 그들이 발견되었다. 이때 함께 발견된 하켄 두 개가 미지의 세계에 도달한 그들의 최고 높이를 알려주는 유일한 것이 되었다. 이렇게 최초로 공격한 사나이들이 최후를 맞았는데도 사람들은 아이거 북벽을 정복해보려는 희망을 버리지 않았다.

1936년 여름이 되자 샤이덱에 독일과 오스트리아 클라이머 3개 조가 나타났다. 그들 여섯 명은 날씨가 좋아지기를 기다리며 텐트를 치고, 그다지 어렵지 않은 곳에서 훈련에 들어갔다. 그런데 아이거에서 세 번째 희생자 — 비록 간접적이긴 했지만 — 가 나왔다. 독일의 토이펠Teufel이 추락사한 것이다. 날씨가 좋지 않았지만 남아 있던 네 명은 정찰 등반을 계속했다. 이 덕분에 붉은 암벽 밑까지 짐을 올릴

정확하게는 '아이언'으로 불리는 이 돌출부의 바로 위가 오늘날 '죽음의 비박'이라고 하는 곳이다. 리오넬 테레이의 '무상의 정복자'라는 말은 이곳에서 사투를 벌인 메링거와 제들마이어의 녹이 슨 낡은 하켄을 보고 느낀 감정이다. 531쪽 참조.

수 있었으며, 무엇보다도 첫 번째 장애물의 약점을 발견하게 되었다. 이때에도 좋지 못한 일이 있었다. 한 명이 40미터를 추락했는데, 다행히 눈이 많은 곳에 떨어져 다친 데가 없었다.

그렇지만 알피니즘 역사상 가장 가혹한 죽음의 드라마가 이 네 명에 의해 전개된다. 그들의 첫 번째 자일 파티는 바이에른 출신의 아주 젊은 토니 쿠르츠Toni Kurz와 안드레아스 힌터슈토이서Andreas Hinterstoisser로 구성되었다. 쿠르츠는 직업 가이드로 동부 알프스에서 많은 등반을 해왔으며, 힌터슈토이서는 언제나 그의 파트너였다. 그들의 등반 중 최고로 꼽히는 것은 치마 그란데Cima Grande 북벽 등반이었으며, 이 2인조는 당시 아무리 어려운 등반이라도 해낼 수 있는 강력한 자일 파티였다. 한편 오스트리아의 빌리 앙게러Willy Angerer와 에디 라이너Edi Rainer는 인스부르크 태생으로 우수한 클라이머임에는 틀림없었으나, 중요한 등반을 한 적이 없었기 때문에 아이거 북벽을 등반할 만한 경험이 충분하지 못했다.

이 두 자일 파티가 7월 18일 새벽 2시 북벽에 붙었을 때, 하늘은 맑게 개고 별들이 반짝였다. 그들은 빠르게 움직여 곧바로 붉은 암벽 밑에 도달했다. 힌터슈토이서는 자일의 톱에 서서, 앞서 잘 관찰해두었던 루트를 따라 올라갔다. 그는 특히 오버행의 어려운 크랙을 넘어선 다음 왼쪽으로 대담하게 자일 트래버스를 시작했는데, 그 트래버스는 바이에른식 기술로 아주 멋지게 성공했다. 그들은 바로 제1설

'펜듈럼 트래버스'를 말한다.

원에 도달하고, 이어서 5시간의 노력 끝에 제2설원 입구를 막고 있는 짧은 벽을 넘어섰다. 오후 7시, 그들은 첫 번째 비박에 들어갔다.

이제 북벽의 반을 넘어서게 됐으니 이날 그들은 아주 커다란 성취를 이루어낸 셈이었고, 앞으로 어려움만 없다면 이 네 명은 정상에 올라설 가능성이 충분했다. 밤에 날씨가 바뀌며 짙은 구름이 산을 따라 번지기 시작했다. 이러한 이유로 이들 자일 파티는 — 틀림없이 — 아침 6시 45분이 되어서야 출발했다. 그들은 스텝을 만들며 느린 속도로 설원 동쪽 부분을 보고 올라갔다. 점점 짙어가는 안개가 산을 뒤덮었다. 그들을 보려고 클라이네 샤이덱Kleine Scheidegg으로 고생스럽게 올라온 구경꾼들도 클라이머들의 움직임을 볼 수 없었다. 다음 날이 되어서야 두 번째 비박 장소를 찾아내게 됐는데, 그곳은 지난날 제들마이어와 메링거가 죽은 곳과 거의 같은 곳이었다.

이틀째에 그들의 전진이 눈에 띄게 느렸는데, 그 이유는 분명치 않았다. 사람들은 그 자일 파티가 이제 지쳐서 후퇴하기로 한 것이 아닌가 생각했다. 하지만 아침 8시에 보니 그들이 포기한 것은 아니었다. 그런데 한두 시간이 지나고 나서 후퇴하는 것이 보였는데, 한 명이 머리를 다친 것 같았다. 그들이 첫 번째 비박 장소로 후퇴하기 바로 전에 구름이 그들의 모습을 가려 구경꾼들의 시야에서 사라졌다. 날씨가 다시 맑아진 오후 5시 무렵, 독일과 오스트리아 클라이머들이 북벽을 내려오고 있는 것이 보였다. 두 설원 사이에 있는 암벽이

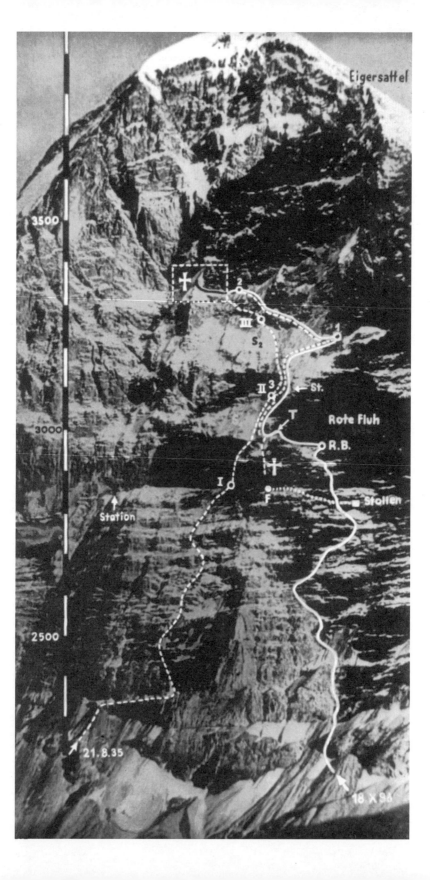

었다. 후퇴는 신중하게 이루어지고 있었고, 두 사람은 부상자 곁에 계속 붙어 있었다. 그들이 제1설원까지 내려왔을 때가 저녁 9시쯤이 었다.

7월 21일 화요일은 날씨가 아주 좋지 않았다. 비가 오고 눈이 내렸다. 새벽녘에 북벽에서 사람 살리라는 소리가 들려왔는데, 오전 11시 네 명의 클라이머는 제1설원 밑에 와 있는 것 같았다. 정오가 되어 융프라우 철도 보수공이 갱도 구멍에서 나와 보니, 클라이머들이 200미터 위에서 필사의 노력을 다하고 있는 듯한 소리가 들렸다. 그는 그들이 갱도로 내려올 것으로 보고, 뜨거운 차를 끓였다. 하지만 아무도 나타나지 않자, 그는 다시 나가 클라이머들과 이야기를 나누었다. 그들은 모두 잘 있었다.

시간이 지나고 그가 다시 소리를 쳤을 때 들린 것은 구조를 요청하는 소리뿐이었다. 그는 바로 아이거글레처Eigergletscher 역에 전화를 걸었다. 가이드인 한스 슐루네거와 크리스천 그리고 아돌프 루비Adolf Rubi가 마침 있었는데, 그들은 바로 특별 기차편으로 출발했다.

이날 가이드 세 사람은 토니 쿠르츠가 있는 바로 100미터 밑까지 올라갔는데, 토니 쿠르츠는 자일에 매달린 채 바위에 붙어 있었다. 가이드들은 쿠르츠에게 이야기를 건넸는데, 살아 있는 사람은 오직 그뿐이었다. 그런데 그는 하켄이 없어 밑으로 내려오지 못하고 있었다. 쿠르츠는 공포에 떨며 아이거 북벽에서 네 번째 밤을 맞이했다.

아이거 북벽의 등반 루트. 왼쪽 점선이 메링거와 제들마이어 루트고, 오른쪽 실선이 힌터슈토이서, 쿠르츠, 라이너, 앙게러 루트이다. 십자가는 클라이머들의 사망 장소이다.

수요일 새벽 4시경, 구조대에 아놀드 글라트하르트Arnold Glatthard가 합류해 다시 구조작업이 시작되었다. 가이드들은 붉은 암벽 밑까지 올라갔다. 쿠르츠는 40미터 위에 여전히 매달려 있었는데, 이때 그의 대답이 다음과 같이 들려왔다. "지금은 나 혼자다. 라이너Rainer는 위에서 얼어 죽었고, 힌터슈토이서는 어제 떨어졌고, 앙게러는 저 밑에 매달린 채 죽어 있다."

구조대원들이 구조작업에 나서자 쿠르츠는 비교할 수 없는 용기와 인내력을 발휘했다. 구조가 가능한 방법은 오직 하나, 즉 쿠르츠가 하강용 자일과 하켄을 끌어올릴 수 있는 약간의 끈을 마련하는 것이었다. 그는 20미터 밑에 있는 앙게러에게 내려갔다. 그는 동료의 시체를 떨어뜨리고, 자기가 있는 좁은 곳으로 다시 올라왔다. 그는 꽁꽁 얼어서 굳어버린 손으로, 가져온 12미터 자일의 매듭을 풀기 위해 안간힘을 썼다. 그는 견딜 수 없을 정도로 어렵고 무서운 노력을 오랫동안 한 끝에 겨우 성공했다. 이제 그는 36미터 가량 되는 끈을 구조대원에게 내려서 하강에 필요한 물건들을 달아 올렸다. 그리고 마침내 6시간이 지나, 쿠르츠는 자일에 매달려 내려오기 시작했다. 가이드들은 일이 이렇게까지 되리라고는 아무도 상상하지 못했다. 쿠르츠가 30미터 밑까지 내려오자, 이제 피켈을 내밀면 그의 몸이 닿으리라고 모두가 생각하고 있었다. 그런데 그 순간 쿠르츠가 움직이지 않았다. 두 팔이 처지고 머리가 뒤로 넘어가 있었다. 쿠르츠는 이미 죽은 것이다. 쿠르츠는 인간의 한계를 넘어선 정신력을 발휘하며 완강히 그의 생명을 유지하려고 했다.

철도 보수공이 두세 번 관찰하던 그 몇 시간 동안 무슨 일이 있었는지는 영원한 수수께끼다. 아마도 그들은 올라갈 때 힌터슈토이서의 멋진 선등으로 넘어섰던 트래버스 루트를 되돌아오지 못했을 것이다. 그래서 그들은 바로 하강하기로 했을 것으로 보이는데, 그때 낙석이 그들을 엄습했을 것이다. 자일 파티는 북벽 밑으로 내동댕이쳐졌는데, 하켄에 확보된 자일 덕분에 바닥까지 떨어지지 않았을 것이다. 사람들의 마음을 뒤흔든 이러한 패퇴가 있은 후, 알피니즘의 세계에서 아이거 북벽은 확실히 오를 수 없는 곳이라는 생각이 지배적이었다. 그러나 사실상 등반에 정통한 사람들의 생각은 오를 수 있다는 데 의견이 일치되어 있었으며, 특히 그 시대를 대표하는 우수한 자일 파티는 아이거 북벽을 사람의 힘으로 오를 수 있다는 것을 조금도 의심하지 않았다. 물론 여기에는 다음의 세 가지가 전제조건이었다. 완벽한 기술, 불굴의 용기, 그리고 행운이었다.

1937년 여름에는 북벽과 구별되는 아이거 북동벽이 바로 극적인 사건의 무대가 되었다. 자일 파티가 북벽에 대비한 훈련 중 사고를 당한 것이다. 이때 잘츠부르크의 클라이머인 골라커Gollaker가 체력 소진으로 죽었고, 그의 파트너였던 프리마스Primas가 발에 동상을 입었다. 북벽을 노리는 클라이머들의 능력은 뛰어났으며 그 수도 많았지만, 아이거 북벽은 그 신비의 베일을 벗지 않았다.

다만 레비츠Rebitsch와 훼르크Vörg의 자일 파티만은 본격적인 시도를 할 수 있었다. 그들은 우선 사전에 제1설원까지 정찰을 하고 나서 8월 11일 드디어 북벽에 붙어, 제들마이어와 메링거가 비박한 곳보다 약간 더 높이 올라갔다. 그런데 이때 악천후가 닥쳐 3일간에 걸친 극적인 후퇴로 간신히 고원지대로 내려올 수 있었다. 레비츠와 훼르크는 풍부한 경험과 비범한 능력 덕분에 북벽 한가운데서 살아 돌아온 최초의 클라이머가 되었다.

1938년 여름에는 많은 수의, 그리고 한층 더 집요한 도전이 있었으며, 곧바로 새로운 희생자도 나왔다. 6월 22일 이탈리아 출신의 클라이머인 마리오 멘티와 바르톨로 산드리가 북벽 하단에서 낙석으로 사망했다. 그들은 일류 클라이머로, 특히 토레 트리에스테Torre Trieste와 푸트레이Peuterey의 에귀 누아르Aiguille Noire 초등으로 유명했었다.

드디어 불굴의 노력에 대한 보상을 받을 날이 다가왔다. 1938년 7월 21일부터 24일에 걸쳐 독일과 오스트리아의 클라이머인 안드레아스 헤크마이어Andreas Heckmair와 루드비히 훼르크Ludwig Vörg, 그리고 하인리히 하러Heinrich Harrer와 프리츠 카스파레크Fritz Kasparek가 처음으로 거대한 아이거 북벽을 완등한 것이다. 이 네 명은 모두 초특급 클라이머이자 알피니스트로서, 그들은 돌로미테와 스위스 알프스, 그리고 카프카스Kavkaz 등지의 산에서 극히 어려운 등반들을 해왔다.

따라서 그들은 아이거 북벽 등반 이전에 이미 '위대한 도전'의 역사에 이름을 남기고 있는 사람들이었다.

안드레아스 헤크마이어는 우선 동부 알프스에서 두각을 나타냈는데, 1930년 그는 당시로서는 가장 길고 가장 어렵다고 하던 돌로미테의 루트 두 곳의 등반에 성공하고 있었다. 즉 치베타의 북서벽에 있는 솔레더 루트의 제5등과 사스 마오르Sass Maor 동벽의 제2등이 그것이었다. 1931년 헤크마이어는 그랑드 조라스 북벽을 노렸으나, 날씨가 좋지 않은 데다 그밖에 여러 가지 일들로 이 도전을 단념할 수밖에 없었다. 그는 이 지역에서 있으면서 그랑 샤르모즈Grands Charmoz 북벽 직등 루트의 제2등을 해냈다.

독일 뮌헨에서 온 루드비히 훼르크도 같은 동부 알프스의 전문가였지만, 그것과는 달리 중앙 코카서스 원정에 두 번 참가했으며, 1934년에는 네 번의 비박으로 우슈바Ushba 남봉과 북봉을 잇는 첫 종주에, 그리고 1936년에는 그 산의 거대한 서벽 초등에 성공했다. 1937년 그는 마티아스 레비츠와 한 조가 되어, 그로스 피셔호른Gross Fiescherhorn 북벽 직등 루트의 제3등을 해내고, 이번에 아이거 북벽에서 지금까지 없었던 대도전에 성공한 것이다.

두 번째 자일 파티도 아주 뛰어난 클라이머로 구성되어 있었다. 오스트리아 빈 출신인 프리츠 카스파레크는 동부 알프스 최고의 클라이머였다. 그의 많은 성취 중에서 그저 다흘Dachl 북벽 초등, 치마 오베스트 디 라바레도Cima Ovest di Lavaredo 북벽의 제3등, 그리고 특히 치마 그란데의 코미치Comici 루트 동계 초등을 들면 된다. 이 동계 초등은 이번의 아이거 북벽에 대비한 셈이었다. 하인리히 하러는 훗날 티베트의 경험을 감동적으로 쓴 책으로 유명해졌는데, 그들 중에서 가장 어렸으나 일찍부터 대등반을 많이 해왔다. 훼르크는 히말라야 원정에 참가할 예정이었으나 자기 대신 레비츠가 히말라야에 가게 되자, 헤크마이어와 함께 북벽에 가게 됐다.

6월 20일 두 사람은 카이저 산군에서 훈련을 시작했다. 그들은 7월 10일 스위스에 가기로 했는데 이것이 어렵게 됐다. 그즈음 그린델발트에서 매일같이 편지가 오며, 여러 자일 파티 가운데 카스파레크조가 이미 현지에서 기다리고 있다고 했다. 그래서 충분히 훈련해온 그들은 등반에 필요한 장비를 챙기려고 뮌헨으로 갔다. 훼르크가 가장 중요하게 여긴 것은 암벽 장비 외에 빙벽 장비였다. 드디어 두 사람은 아이거 북벽 밑으로 와서 알피글렌 고원지대에 텐트를 치고 날씨가 좋아지길 기다렸다가 7월 20일에 오르기 시작했다. 짐이 무거워 그들은 붉은 암벽 밑에서 등반을 멈출 수밖에 없었는데, 마침 동굴이 있어서 비박하기로 했다. 그런데 다음 날도 날씨가 호전될 것 같지 않아 내려갈 준비를 하고 있을 때 카스파레크와 하러가 올라오고 있었다. 그리고 그들 바로 뒤로 빈에서 온 프라이슬Fraisl과 브란코우스키Brankowski가 올라오고 있었다. 이렇게 네 명이 올라오는 것은 생각지도 못한 일이었으나 바이에른 조는 그들의 계획을 바꾸지 않았다. 그들이 보기엔 날씨가 호전될 가망이 없었기 때문에 이 벽을 클라이머 여섯 명이 오르기는 어렵다고 느꼈다. 하지만 밑으로 내려갈 때 날이 점점 좋아지자 그들의 얼굴에 실망의 빛이 드리워졌다.

훼르크와 헤크마이어는 알피글렌 초원에서 네 명의 빈 출신 클라이머들이 오르는 것을 지켜보았다. 그들의 등반 속도는 느렸지만 확실했다. 한편 브란코우스키 조는 후퇴하고 있었는데, 브란코우스키 Brankowski가 낙석에 부상당한 것 같았다. 이때 독일의 자일 파티는 다시 오르기로 했다. 우선 베른에 날씨를 알아보고 오후에 여유 있게 식사를 하고 나서 새벽 2시까지 깊은 잠을 잤다. 그리고 새벽 3시에 힘이 넘치는 가운데 오르기 시작했는데, 믿어지지 않을 정도의 빠른 속도였다. 새벽 4시에 앞서 비박했던 곳에 도착하고, 아침 8시 힌터슈토이서 트래버스 지점을 돌파하고, 11시에 제2설원 서쪽에 있는 카스파레크 비박 장소를 지나, 30분 뒤에 오스트리아 조와 합류했다. 이렇게 그들이 올라올 수 있었던 것은 오스트리아 조가 스텝을 만들어 놓았기 때문이었다.

여기서 그들은 서로 상의를 한 다음, 협력해서 함께 오르기로 했다. 오후 2시 이 네 명의 사나이들은 지금까지의 도전에서 도달했던 지점을 넘어섰다. 그곳은 제2설원과 제3설원 사이의 암벽으로 '아이언'이라고 부르기도 하는데, 여기서 그들은 제들마이어와 메링거

의 명복을 빌었다. 그들은 '황색 암벽'의 동쪽으로 등반을 계속했다. 가장 오르기 쉬워 보이는 크랙이 발코니 같이 생겼기 때문에 그들은 '램프Ramp'라고 이름을 붙였다. 처음에는 이렇다 할 어려움이 없었는데, 오르면서 램프가 좁아지고 수직의 침니로 바뀌더니 나중에는 하나의 크랙이 됐다.

침니의 오른쪽은 누런 색깔의 부서지기 쉬운 오버행이어서 도저히 오를 수 없을 것으로 보였고, 왼쪽은 홀드가 없는 수직의 벽이었다. 침니로 물이 쏟아지고 있었다. 시간도 오후 7시, 머지않아 날이 어두워질 것인데 이런 장애물을 돌파하기는 너무 늦은 듯했다. 결국 그들은 비박을 선택했다.

다음 날 아침 7시부터 침니 등반이 시작됐는데, 쏟아지던 물이 얼음으로 변해 있었다. 하켄이 두세 번 빠졌지만 새로운 등반 기술을 모두 동원했다. 특히 아이스하켄의 도움으로 결사적으로 달라붙어 이곳을 넘어섰다.

램프는 침니 위에서 다시 깎아지른 빙벽으로 나타났다. 여기서 클라이머들은 이 빙벽을 피해 '거미'로 가려고 했다. 그리하여 그들은 아주 좋지 않게 층을 이룬 암벽을 넘어선 뒤, 20미터 가량 되는 극히 위험한 암벽을 또한 넘어서서 길게 돌출된 바위 선반을 지나 드디어 '거미'에 도달했다. 그러자 지금까지 맑았던 하늘에 구름이 일고 천둥이 치기 시작했다. 그래서 악천후가 엄습하기 전에 되도록 암벽 위

힌터슈토이서 트래버스

를 알아두려고 헤크마이어는 오스트리아 조와 잠시 동안 떨어졌다. 오스트리아 조는 빙벽에 그다지 익숙하지 못해서 헤크마이어는 전진이 더뎠다. 그는 아이젠을 신고 '거미'를 기어올랐는데, 그가 정상으로 빠지는 크랙에 도달하자 악천후가 엄습하며 설원 위 일대를 싸라기 눈보라가 덮쳤다. 독일 조는 좋은 장소에 있어서 악천후에 당하지 않았지만 다른 사람들은 꼼짝 없이 당했으리라 생각하고 있었다. 그러나 그들은 단단히 박힌 아이스하켄 덕분에 기적적으로 살아났다.

카스파레크가 손을 다치기는 했지만 눈보라가 그리 오래 가지 않았기 때문에 두 자일 파티는 다시 합류해서 정상으로 빠지는 깎아지른 얼음 크랙을 지나 등반을 계속할 수 있었다. 그리고 그들은 그다지 좋지는 않아도 비박을 할 만한 그런대로 평편한 곳을 찾아냈다. 이날 밤은 아주 힘들었다. 이미 두 번이나 비박을 한 뒤여서 무서운 긴장과 노력에서 오는 극도의 피로감을 느꼈다. 특히 걷잡을 수 없는 불안감에 휩싸였다. 눈덩어리가 더욱 커지면서 그들은 이런 상태에서 과연 살아 돌아갈 수 있을지 걱정했다.

마지막 날은 그야말로 극적이었다. 그들이 넘어서야 할 곳은 그다지 어렵지는 않지만 사정이 이래저래 좋지 않다 보니, 헤크마이어가 여러 번 추락했다. 그가 마지막으로 추락했을 때 그들에게 아주 큰일이 일어날 뻔했다. 헤크마이어는 발꿈치를 다쳐서 아이젠을 신은 채로 훼르크의 손 위에 떨어졌다. 등반이 기술적으로 어려운 데다 눈사태의 불안까지 있었다. 눈사태는 일정한 간격을 두고 정상으로 빠지는 크랙으로 떨어졌다. 확보를 위해 하켄을 수없이 때려 박았는데도 자일 파티는 두 번이나 밀려 떨어질 뻔했다. 아찔한 순간을 넘기고 나자 크랙이 정상으로 이어지며 경사가 완만해지더니 곧 정상 능선이 나타났다. 네 명의 클라이머들이 놀라운 기술로 용기를 발휘해 알프스의 최대 과제를 해결한 것이다.

1946년 시즌 동안 우리는 많은 성과를 올렸는데, 이것으로 라슈날과 나는 큰 자신감을 얻었다. 우리도 기술적으로나 체력적으로 독일과 오스트리아 클라이머들이 아이거에서 해낸 만큼 할 수 있지 않을까 하는 생각이 날로 강해졌다. 그래서 우리는 바로 다음 시즌에 이 모험에 나서기로 마음을 굳혔다. 그런데 11월에 가서 바보 같은 일이 생겨 모든 것이 애매해지고 말았다. 깨진 유리에 내 오른손이 깊은 상처를 입은 것이다. 집게손가락의 힘줄이 끊어지고, 그리로 균이 들어가 오른손을 거의 쓰지 못하게 됐다. 한 달이나 병원에 있다가 나왔을 때, 손가락은 죽은 것이나 다름없었고 물건을 잡을 수도 없었다. 일단 최악의 사태를 면했기 때문에 이 부상을 갖고도 가이드 일은 그런대로 할 수 있었다. 그러나 앞으로 어려운 암벽등반을 다시 해낼 수 있을지는 의문이었다. 그래도 꾹 참아가며 훈련을 열심히 계속한다면 몇 년 후에는 손가락이 회복될 것이라는 기대가 없지 않앉지만, 그때 가서도 격렬한 암벽등반은 무리해 보였다. 나는 하지도 못할 일에 굳이 속상해하지 않기로 하고, 모든 대등반 계획을 집어치우고 산장이나 짓는 일에 전력을 기울이기로 했다.

시간이 흐르자 많은 일들이 제대로 돌아갔다. 나는 지금까지 오랜 세월 동안 성격과 세대 차이로 아버지와 냉랭한 관계에 있었는데, 이제 아주 나무랄 데 없는 관계로 다시 돌아왔다. 점차 분명해졌지만, 그토록 엄격하고 딱딱했던 아버지의 거칠고 굳은 껍질 속에 실은 마음씨 좋은 인간성이 숨어 있었던 것이다. 아버지는 내가 아주 외길로 나가지나 않을까 두려워하셨는데, 성실하게 참고 노력하는 것을 보고 실은 마음속으로 기뻐하셨던 것 같다. 내가 택한 직업이 아버지가 기대했던 것과는 달랐지만, 이 분야에서 내가 눈부시게 활동하고 있다는 사실이 속상했던 아버지의 마음에 위로가 됐다. 알피니즘에 대한 나의 열정은 물론 아버지로서는 이해가 안 가는 일이었으나, 내가 사는 태도가 엄격하고 일관돼 있었던 것이 아버지에게 아주 좋게 보였던 것이다.

이 몇 해 동안 아버지는 나에게 화해의 손길을 뻗쳤지만, 내가 고집불통이어서 그 손길을 받아들이지 못했다. 그러다가 가족의 장래를 위해 내 집을 가진다는 것이 아주 중요하다는 것을 알았지만, 없는 재산으로서는 그것을 마련할 처지가 못 되어서 나는 고집을 버리고 아버지에게 부탁하기로 마음을 먹었다. 결국 나는 아버지의 도움으로 아주 좋은 기회를 얻게 되어, 몽블랑과 바로 마주 보이는 토지와 아직 괜찮은 상태에 있는 산장의 건축자재를 손에 넣게 됐다. 이 산장은 소유주가 부수려고 했던 모양인데, 나는 그것을 해체하면서 판자와 그 밖의 건축자재에 일일이 번호를 매기고, 내가 있는 곳으로 모두 날라 와서 멋진 나무 집을 놀라울 정도의 적은 비용으로 다시 짓게 됐다. 물론 대부분의 일을 내가 직접 해야 했지만, 놀고 있던 몇 개월이 나에게 충분한 시간을 주었다. 또한 많은 친구들이 그때그때 나를 도와주었다.

이렇게 해서 이 일에 일단 매달리게 되자 나는 온 정신을 여기 쏟아붓게 되었고, '위대한 도전'을 단념해야 하는 처지에 이르렀다. 그렇다고 해도 불만은 없었다. 이제 소위 평범한 시민생활에 빠지다 보니, 지금까지 가능성의 한계까지 밀고 갔던 등산기술의 완성이라는 시대와 인연을 끊는 것이 좋을 것 같다는 생각이 들었다. 그런데 라슈날은 그런 이야기를 들으려 하지 않았다. 그는 본인의 능력에 자신을 갖고 있었기 때문에 힘이 넘쳐 올라서 전력을 다해 아이거를 해보려 하고 있었다. 라슈날은 등반 전체를 이끌 자신이 있었기 때문에 만일 내 손이 제대로 움직이지 않더라도 후등을 맡으면 되지 않겠는가 생각하고 있었다. 그는 이런 생각으로 나를 끌어들이려고 했으며, 내 아내로부터도 효과적인 지원사격을 받아냈다. 사실 아내는 내가 스물다섯 살인데, 대등반에 대한 열정을 버리고 평범한 가이드 일이

나 하려고 하는 것을 몹시 가슴 아파하고 있었다. 아내는 놀라울 정도로 소박해서 내가 아이거 등반이라는 큰일을 해내면 내 열정이 다시금 살아나리라고 믿어 의심치 않았다. 라슈날과 마리안느Marianne가 때로는 한목소리를 내어 내게 훈련을 다시 시작하라고 독촉했다. 그들은 한걸음 더 나아가 내 침대 맞은편에 아이거 북벽의 사진까지 걸어 놓았다.

5월이 되었는데, 아무리 힘을 내어 움직여 보려고 해도 손가락이 제대로 움직이지 않았으며, 특히 추위에 민감했다. 그래서 나는 산장 짓는 일에 집요하게 매달렸다. 그런데 날씨가 너무나 좋았고, 산의 상태도 빙벽등반을 하기에 꼭 알맞았다. 힘든 토목공사 일을 하다 잠깐 쉬면서 눈을 위로 들어 올리면 끝없이 푸른 하늘을 배경으로 빛나는 침봉들이 내 정신을 빼앗아 갔다. 그리하여 가슴속에 하늘 높이 솟은 세계에 대한 동경이 나도 모르는 사이에 스며들었다. 그래서 그 달이 끝날 무렵 라슈날이 에귀 베르트의 낭 블랑Nant Blanc 벽의 제3등을 해보지 않겠느냐고 제안했을 때, 나는 그 멋지고 어려운 빙벽등반의 유혹을 뿌리칠 수 없었다. 그러나 한동안 산장 생각도 잊을 수 없어, 라슈날의 제안에 동의하기에 앞서 내가 등반으로 잃는 시간을 보충하기 위해 그만큼 내 일이 빨리 끝나도록 도와달라고 라슈날에게 요청했다. 그렇다고 하루의 일을 줄이는 일은 결코 하지 않았다.

우리는 식사를 대충 끝내고, 저녁 7시 30분 자전거로 레 틴느Les

Tines를 떠났다. 그리고 급사면을 지나 알펜로제가 덮인 곳을 3시간이나 걸어서 벽에서 아주 가까운 비박 장소로 갔으며, 5시간이 채 되기도 전에 또 출발했다. 첫 걸음부터 산의 상태가 아주 좋았다. 알프스에서 경사가 가장 심한 곳 중 하나인 이 쿨르와르가 눈에 덮여 있어서, 우리는 아이젠을 신고 착실히 기어오르며 빠르게 앞으로 나아갈 수 있었다. 언제나 그랬지만 라슈날은 마치 쇠사슬에서 풀려난 듯 맹렬한 속도로 확보도 없이 올라갔다. 이렇게 암벽의 4분의 1을 올랐을 때 얼어붙은 짧은 곳이 나타나 우리의 빠른 걸음을 막았지만, 바로 눈에 덮인 사면이 나타난 덕분에 미친 듯이 내달리던 우리의 걸음을 다시 찾을 수 있었다. 이제 해가 떠서 눈을 녹이기 전에 어려운 곳을 지나온 것이 분명했다.

이것이 우리의 올해 첫 등반이었다. 겨울에는 스키를 타고, 봄에는 일을 한 덕분에 몸의 상태가 아주 좋았다. 당연한 이야기지만, 그렇긴 해도 고소등반 훈련을 못했기 때문에 장시간에 걸친 등반을 시즌을 맞아서 하는 식으로 경쾌하게 해나가기에는 무리였다. 거의 한잠도 자지 못한 채 마치 달리다시피 한두 시간도 넘게 등반했으니, 온몸이 지치고 아팠다. 이렇게 올라가서 등반에 무슨 도움이 되겠는가 싶어 좀 천천히 가자고 했지만, 라슈날은 올해 첫 등반에 나섰는데도 피로한 기색을 조금도 보이지 않았다. 라슈날은 기적적인 일을 가능케 하는 도취상태에 빠져들어서 속도를 늦춘다는 생각은 전혀 하지 않았다. 오히려 그와 반대였다. 그는 더욱 속도를 올리고, 나의 흐리멍덩한 태도를 심하게 저주하며 마치 동물을 몰아치듯 자기를 따라오게 했다. 이렇게 해서 드디어 마지막 정상에 도달하기까지 4시간이 채 안 걸렸다. 그런데 바로 이때 조금 별난 일이 생겼다.

긴장이 풀리자 준비가 부족했던 몸의 기관이 고도의 영향으로 놀라운 변화를 가져왔다. 엄청난 피로감이 엄습한 것이다. 라슈날의 초인적인 정력이 마침내 바람 앞의 촛불처럼 꺼지고 말았다. 나보다 그가 더 지쳐서 팔도 올리지 못할 정도였다. 마치 갓 태어난 아이처럼 힘이 없어 스무 발짝을 걷기도 전에 눈 속에 주저앉아 버렸다. 그러다 보니 이 등반의 마지막에 가서는 여느 때보다 3배나 시간이 걸렸다. 그러나 이러한 돌발적인 피로에도 불구하고 우리는 이번 등반을 5시간 반 만에 해냈다. 이렇듯 터무니없는 시간으로 보면 우리의 자일 파티가 그 당시 얼마나 뛰어난 체력과 우수한 기량을 갖고 있었는지 알 수 있다.

낭 블랑에서의 빛나는 성공은 나에게 큰 자신감을 불어넣어 주었다. 이 정도라면 그다지 어렵지 않은 빙벽등반은 충분히 해낼 수 있겠다는 생각이 들었다. 우리가 붙었던 어려운 암벽은 비록 짧기는 했지만, 다친 손은 걱정했던 것보다 그다지 지장이 없었다.

6월이 되자 국립 스키등산학교 일로 다시 돌아가, 가이드 자격증을 따려는 젊은이들을 교육하게 됐다. 날씨가 계속 좋아서 우리는 거의 매일 고전적인 루트를 오를 수 있었다. 그러는 사이에 손이 점점 암벽등반에 익숙해지고 몸 상태도 좋아졌다. 비브람 고무창을 프랑스에서는 구할 수 없어 이탈리아 친구인 가이드 토니 고비Toni Gobbi에게 우리의 것을 부탁했다. 언제나 우정에 변함이 없는 토니는 흔쾌히 받아주었다. 그리하여 6월 어느 일요일에 밀수업자와 미디 콜에서 만나기로 했다. 발레 블랑슈Vallée Blanche 길은 끝이 없고, 롱 빙하는 짧지만 재미가 덜해서 너무 지루했다. 그래서 기분에도 맞고 실익도 생각해서 우리의 만남 장소를 우아하고 어려운 에귀 뒤 미디 북릉으로 해서 가기로 했다. 여기라면 틀림없이 좀 더 돌아가게 되는 멀고 재미있는 길이었다.

우리는 오래된 케이블카의 역에서 밤을 보냈다. 자명종 소리에 눈을 떴지만 밖은 아직 어두웠고 하늘에는 별도 없었다. 싸락눈이 내리고 축축한 안개가 산허리를 덮고 있었다. 행동을 개시하기에는 날씨가 별로 좋지 않아서, 우리는 침낭 속에 다시 머리를 파묻었다. 날이 밝으며 하늘은 조금 개인 듯했으나 좋은 날씨를 기대하기는 어려웠다. 비는 어느새 멎어, 구름이 이따금 갈라지고 푸른 하늘이 보였다. 버트레스로 간다면 그토록 따질 일도 아니나, 약속된 곳에 늦지 않으려면 서둘러야 했다.

30분도 되기 전에 우리는 암벽에 붙어서 미친 듯이 기어올랐다. 그리고 5시간 뒤에 우리는 북봉 정상에 도달했다. 루트의 3분의 2를 오르고 30분가량 쉬었는데, 그래도 약속 시간에 대지 못한다는 것을 알았다.

등반을 하는 동안 나는 점차 나 자신의 체력에 자신감을 갖게 됐다. 그런데 월말 경에 잘나가던 등반에서 불행하게도 뜻하지 않게 사고가 일어났다. 페뉴Peigne 서벽을 오르고 있을 때였다. 이 서벽은 이미 초등이 된 곳이었는데, 이번에 정상으로 빠지는 크랙으로 어려운 트래버스를 하려는 참에 하켄과 카라비너, 해머 등 등반장비들을 매단 끈이 계곡으로 떨어졌다. 여기에 일이 안 되려니 다른 등반 팀이 루트에서 지나치다 싶을 정도로 많은 하켄들을 빼버렸던 것이다. 이렇게 반격에 부딪쳤으나, 나는 뚫고 나가고 싶었다. 그러나 하켄은 없고 오른팔을 제대로 쓰지 못해, 그러지 않아도 어려운 암벽에서 애를 먹었다. 그런데 나는 다행히 정상으로 빠지는 루트가 있는 곳으로 건너가게 됐다. 하지만 여기가 입을 벌리고 있는 허공으로 튀어나온 곳이었다. 나는 간신히 몸의 균형을 잡고 그 좁은 곳에 섰으나 이제 이러지도 저러지도 못하게 됐다. 오른팔에 힘이 없어서 몸을 확보할 홀드를 단단히 잡지 못하니, 다음 행동으로 옮겨가는 충분한 힘을 써볼 수 없었다. 이제 왼팔에서 점점 힘이 빠지고 있었다. 몸이 걷잡을 수 없도록 떨리며 한기가 전신으로 퍼져갔다. 이러다가 곧 떨어질 것 같아 최후의 수단을 써보기로 했다. 기를 써서 왼팔이 힘을 쓸 만한 홀드를 잡을 수 있게 되어, 바위틈에 한쪽 발을 낄 수 있었다. 나는 그제야 겨우 한숨 돌리고 이 암벽을 돌파했다.

이러한 위험천만한 경험이 심리적으로 동요하게 만드는 것은 당연하다. 이런 일을 겪고 나니 나는 알프스의 저 무서운 북벽에 차분히 도전할 자신이 없었다.

가이드 강습이 있은 후 며칠 틈이 나, 이참에 한 번 어려운 일에 부딪쳐 보기로 했다. 즉 아이거 북벽 등반 계획을 취소할 것인가 아니면 실행에 옮길 것인가를 판단하기 위한 큰 규모의 등반을 하나 해보려고 했다. 라슈날이 자기 일을 떠날 수 없다고 해, 내 친구인 가이드 조 마리야크Jo Marillac가 함께 가기로 했다. 이 계획이 딱 들어맞는 곳은 푸트레이의 에귀 누아르 남릉으로 유난히 어려운 곳이었다. 여하튼 그 웅대한 규모며 1,200미터나 되는 고도차 등으로 보아 나무랄 데가 없었다. 그러나 이 어려운 등반을 감행하기에 앞서 훈련 삼아, 페르랑Pèlerins 남서릉에 있는 거대한 스퍼를 해보기로 했다. 이 스퍼의 오버행은 오를 수 없는 곳으로 알려져 있었으니, 거리는 얼마 안 돼도 상상외로 어려운 등반을 각오해야 했다. 우리의 생각은 틀리지 않았다. 손발만으로 이 오버행을 넘어선다는 것은 다른 곳처럼 아주 어려웠다. 손은 여전히 힘이 없었지만, 나는 자일의 톱에 서서 여기를 넘어서고 용기를 되찾았다.

푸트레이의 에귀 누아르 남릉은 알프스를 통틀어 순수한 암벽등반지 중에서도 가장 멋진 곳으로, 길고 당당하면서도 그렇다고 아주 어렵지도 않았다. 1947년만 해도 아주 어렵다고 되어 있었지만, 얼마 안 가서 그렇지 않다는 것이 알려졌다. 우리는 이 루트에서 한번 길을 잃었는데, 악천후가 들이닥친다고 해서 남릉을 9시간이 채 안 걸려 주파했다. 그 뒤 여기는 속도가 좋은 자일 파티가 7시간도 안 걸려 올라갔다. 나는 가이드로서 다섯 번이나 올라갔기 때문에 특히 이 남릉은 잘 알고 있었다. 내가 안내한 일반 등산가들은 황당한 수준의 사람들이었는데, 이 루트는 분명한 6급으로 그들이 감당할 수 있는 곳은 아니었지만, 그걸 알아차린 사람은 한 명도 없었다. 물론 이러한 '테스트'는 그렇게 분명한 증거가 되지는 않았으나, 그래도 나는 아주 경쾌하게 올랐으니 그것으로 크게 자신감을 얻었다. 그래서 나는 라슈날을 따라 아이거에 가기로 결심했다.

나는 에귀 누아르에서 내려오다 재수 없이 한쪽 복사뼈를 삐었다. 그런데 하늘이 내 편이었다. 날씨가 좋지 않아서 계곡 주변에서만 움직이게 되었고, 복사뼈를 조심하며 의사에게 보일 수 있었다.

라슈날은 시즌 시작부터 날씨가 좋아 대등반을 계속했는데, 눈이 번쩍 뜨일 정도의 시간으로 그랑드 조라스의 중앙릉 제4등까지 성공적으로 해냈다. 기가 막힐 정도로 컨디션이 좋아지고, 글자 그대로 힘과 용기가 충만했다. 지금도 나는 그가 고양이 걸음으로 산장에 왔던 모습을 기억하는데, 당시 그는 맑고 밝은 눈이 야무지고 당당한 얼굴을 빛내고 있었다. 이렇게 해서 우리들의 아이거행은 그 전도가 밝았다. 다만 날씨가 계속 좋지 않았다. 우리가 계획한 출발 전날이 돼서야 하늘이 맑기 시작했다. 높은 곳에는 눈이 내렸으나 산 밑으로는 좋은 편이었다. 그래서 우리는 결단을 내렸다.

아주 이따금 예외가 없는 것은 아니나, 알피니스트는 명예를 기대하지 않으며 관중의 박수갈채로 흥분하지 않는다. 자신의 파트너 외에 보는 사람이 없는 곳에서 고독을 느끼고, 정적이 흐르는 산에서 자신과 싸우며 곤란을 이겨내고, 자신 속에 잠재된 힘과 용기를 느끼는 것으로 희열을 맛본다. 스포츠처럼 사람들을 모으느라 신경 쓰지 않고, 이기적이지 않은 순수한 행위로 본다면 알피니즘 같은 것이 없다. 알피니즘이 가진 이러한 소박한 형태야말로 위대함과 매력이다. 그러나 알피니스트들이 하늘 가까이 빛과 아름다움이 끝없이 펼쳐지는 세계에서 행동한다 할지라도 반드시 천사는 아니다. 그들도 명예라는 유혹에 적지 않게 마음이 끌린다. 알피니스트들 사이에 언제나 일종의 경쟁의식이 있는 것은 부인할 수 없는 사실이다. 알피니즘이 많은 봉우리와 암벽을 정복하려고, 그리고 더 나아가 그것들을 초등하거나 제2등을 하려고 때때로 열정적이며 격한 경쟁의식마저 내세우는 싸움이었다는 것도 부인하지 못한다. 그래서 알피니스트들이 벽 밑에서 서로 욕하고 싸움까지 하는 일이 벌어진다. 한편 어떤 사람들은 경쟁상대를 몰아내려고 수단 방법을 가리지 않고, 거짓 정보를 제공하거나 상대방의 장비를 감추고 훔치며, 심지어는 자일을 잘라버리는 일까지도 있다.

나는 우리의 자일 파티에서는 이러한 경쟁의식이 그다지 없었다고 말하고 싶다. 그래서 당시 기회가 많았지만 우리는 초등을 많이 하지 않았다. 이에 대해 많은 사람들이, 우리가 오르고 있던 센세이셔널한 시대야말로 특히 치사스런 경쟁이 벌어지지 않았던가 하고 말할지도 모른다. 물론 나는 이에 대한 반론을 제기할 용기가 없다. 그러나 내가 장담하는 것은, 라슈날이 맹렬한 속도로 기어오른 것은 그가 활력에 넘쳐 있었기 때문이며, 또한 속도란 개인의 능력이 필요한 것이라는 이야기다. 그는 산을 춤추듯이 오르는 무용가였고, 곤란을 즐겼으며, 중력을 비웃다시피 했다. 라슈날의 터무니없이 많은 등반경력은 별로 알려지지 않았다. 그의 등반은 대부분 무서운 속도로 시작하지만 끝에 가서는 언제나 아름다운 경치 앞에서 걸음을 멈추는, 여행자와 다름없는 한가로운 산책으로 끝났다. 그런데 나는 어떠한가? 나는 언제나 이 친구의 자석 같은 힘에 끌려다니다시피 했다. 그러면서 이따금 이런 저런 불평을 쏟아냈다. 그러나 진심을 말하자면, 우리는 경쟁심 따위의 좋지 않은 생각으로 마음이 상한 적은 없었다. 물론 우리라고 경쟁심을 완전히 초월할 수는 없었는데, 특히 아이거 북벽에서 그러했다. 우리가 생각하고 있던 1947년의 7월에, 다른 클라이머들도 아이거 북벽에서 그들의 등반 실력을 시험해보려는 열정을 보이고 있었다. 그래서 우리는 마음속으로 독일과 오스트리아의 초등자들 뒤를 우리가 먼저 이어보고 싶었다.

우리에게 최대 라이벌은 1년 전 워커릉에서 우리 앞을 간 네 명의 파리 출신 클라이머들이었다. 그들은 세계대전 이전 세대의 가장 중요한 프랑스 알피니스트인 피에르 알랭으로부터 동기부여를 받았는데, 자일 파티는 암벽등반의 명수들이고, 훈련이 잘 되어 있었으며, 최신식 장비들을 갖추고 있었다. 게다가 그들에게는 시간도 많았기 때문에 성공의 전망이 밝았다. 다만 그들에게 부족한 것은 빙벽 경험과 고산에서 장기간에 걸친 훈련이었다. 지난 시즌 이래 우리는 이 파리 클라이머들과 친한 경쟁자 사이였다. 그리고 그들은 시간이 충분해 올해도 우리보다 일찍 그곳에 나타날 것으로 보였다. 그런데 우연히 사정이 바뀌고 말았다. 파리의 세 명은 일찍이 샤모니에 도착한 듯한데, 알랭은 알프스의 기상 상태가 계속해서 좋지 않다는 것을 알고 출발을 늦추고 있었다. 그런데 우리가 출발하는 날이 되자 날씨가 좋아졌으니, 경쟁상대를 앞지를 기회가 온 셈이었다.

베르너 오버란트의 기차여행은 한창 마음이 들떠 있는 순혈종의 젊은 말 같은 우리에게 견디기 어려운 시련이었다. 특히 라슈날은 나와 달리 독서를 싫어해서 이 여행이 그에게는 너무나 길었다. 그는 기분을 달래느라 담배만 피웠다. 우리의 신분증명서는 제대로 되어 있었는데도 샤이덱으로 가는 케이블카 역에서 가이드 할인을 거절당했다. 이것은 손님을 구별하지 못하는 스위스의 맹점이었다. 드디어 7월 14일 오전 10시에 우리는 클라이네 샤이덱에 도착했다. 바로 눈앞에 음산하고 거칠며 당당한 아이거 북벽이 솟아 있었다. 자주 사진을 보며 감탄했으니 친밀감이 느껴질 거라 생각했는데, 상상했던 것보다 훨씬 더 무서운 느낌이 들어 이것이 사진에서 보던 그 벽이라고는 도저히 생각되지 않았다. 한동안은 목이 조여 숨통이 막히는 것 같았다. 우리는 이 거대한 벽을 살피며 서로의 인상에 대해 이야기를 나누었다. 나는 그다지 내키지 않는 기분에서 "여기서 봐서는 불가능할 것 같은데, 좀 더 가까이 가서 봐야 하지 않을까?" 하고 중얼거렸다.

라슈날은 아이거를 겨울에 본 적이 있지만, 여름의 아이거는 마치 돌로미테 같아서 그다지 마음이 내키지 않는 듯했다. 그는 턱을 만지작거리며 이렇게 말했다. "좋지 않아, 좋지 않아! 마치 내 엉덩이처럼 밋밋한데…. 어머니가 보셨다면 뭐라고 하셨을까?"

그러나 이러한 첫 인상은 곧 사라졌다. 벽을 개략적으로 보고 나자, 특색 있는 것들이 눈에 들어오면서 초등자들의 루트를 따라갈 수 있었다. 힌터슈토이서 트래버스와 제1, 제2설원 그리고 램프와 거미.

하늘은 맑고 푸르렀으며, 솜털구름이 한두 개 산허리에 걸려 있었다. 모든 것이 한동안의 좋은 날씨를 약속하고 있었다. 그런데 북벽의 상태는 그다지 달가운 편이 아니었다. 정상은 신설로 덮여 있었고, 벽에는 눈 녹은 물이 떨어지며 바위를 적시고 있었다. 신중히 행동한다면 벽이 마를 때까지 하루 이틀 기다려야 할 것 같았다. 그러나 우리는 이 좋은 날씨를 하루라도 놓치고 싶지 않았다.

우리가 참고로 한 기록은 『알피니즘Alpiniosme』 잡지에 나와 있는 헤크마이어의 보고서와 몇 가지 모순된 곳이 있는 불확실한 정보뿐이었다. 그러다 보니 문제점을 철저하게 조사할 수 없었다. 그러나 여하튼 우리로서는 이런 것들을 참고해서 등반 계획을 세워야 했다. 그래서 지금까지의 경험을 바탕으로 내린 결론은 다음과 같다. 즉 힌터슈토이서 트래버스까지는 그다지 어렵지 않을 것 같고, 그 위는 램프와 거미 사이가 얼음이어서 여기가 이 북벽 등반의 열쇠가 될 것 같았다. 그리고 마지막 정상지대가 비교적 다시 쉬워진다는 것이다.

우리는 이런 자료를 근거로 이른 오후에 행동에 들어가기로 했다. 그러면 힌터슈토이서 트래버스를 넘어서서 바로 비박할 수 있을 것이다. 만일 날씨가 좋지 않으면 후퇴할 수 있도록 그곳에는 자일을 남겨 놓을 작정이었다. 우리의 빙벽 기술이 좋아서 램프까지 다음 날 오전이면 갈 수 있을 것이고, 그렇게 되면 그날로 정상에 도착하게 될 것이다. 다만 마지막 암벽이 상태가 나쁘면 야간 등반이 될 것이다. 이렇게 하루 반나절 만에 완등하는 것은 오늘날 일반화되어 있지만, 1947년의 제2등은 신비와 전설 속에 싸여 있었다. 지난날 8명의 클라이머가 희생됐고, 초등 때는 3일 이상이나 필사적인 싸움을 벌였다는 것을 생각할 때 하루 반나절 만에 오른다는 것은 정말 대단한 일이다.

드디어 공격에 나섰다. 우리는 작은 톱니바퀴 기차로 아이거글레처 역에 갔는데, 이곳은 아이거 북벽의 이상적인 출발점이었다. 여유가 없기도 하고 말도 잘 안 통해서, 우리는 이곳에서 프랑스에서 준비해 온 식량을 꺼내 먹었다. 우리는 배낭 하나에 옷과 식량과 편지를 함께 넣고 우리가 돌아올 때까지 봐달라고 맡겼다. 어디를 간다는 말도 없이, 만일 3일이 지나도 나타나지 않으면 그때 편지를 뜯어보도록 관리인에게 부탁했다.

북벽 기슭에 있는 짧지만 잔돌이 깔린 걷기 불편한 곳을 올라가, 벽에 붙기 가장 좋아 보이는 곳에 도착한 것은 1시 5분경이었다. 우리는 바로 오르기 시작했다. 등반 난이도는 그저 그래서 자일은 배낭에 그대로 두었다. 첫날의 목적지는 그다지 멀지 않아서 시간은 넉넉했다. 그리고 쓸데없이 피로를 자초하지 않으려고 서둘지 않았다. 북쪽에서 산들바람이 불어올 정도로 하늘은 더없이 맑았다. 이런 행운이 또 어디 있을까? 앞길이 멋지다는 생각에 기분이 너무 좋아, 우리는 계속 떠들며 이 살인적인 알프스의 높은 벽과 마주하고 있었다.

광학작용으로 그렇게 보인다는 것은 이미 잘 알려져 있지만, 위에서 내려다보니 벽이 내리눌려서 경사가 그다지 심하다는 느낌이 들지 않았다. 벽의 요철 상태가 명확해서 아주 쉽게 느껴졌다. 그래서 나는 장난치듯 말하기도 했다. "봐, 거저먹는 거 아닐까? 어두워지기 전에 여기까지 왔으니 말이야."

기분은 이처럼 낙천적이었으나 바위의 상태는 조금 걱정스러웠다. 특히 기분이 언짢은 것은 돌이 계속 떨어지고 그 소리가 메아리치는 것이었다. 바위는 아주 미끈거리는 단단한 석회질이었고, 잘게 턱을 이룬 벽이 이어지고 있었다. 벽의 높이가 얼마 안 돼 쉽게 올랐지만 위쪽에서는 어려운 등반을 각오해야 할 것 같았다. 가장 걱정이 되는 것은 낙석이었다. 지금은 비교적 작은 돌들이지만, 이렇게 계속해서 위협하니 신경이 곤두섰다. 그래서 돌이 떨어지는 소리만 들려도 우리는 몸을 바위에 바싹 붙이곤 했다. 붉은 암벽에 가까이 갔을 때 머리 위에서 폭발음이 들려왔다. 이어서 바윗덩어리들이 무서운 소리를 내며 왼쪽으로 떨어지더니 50미터 밑에서 암벽에 부딪쳐 산산조각이 났다. 그리고 그 먼지가 우리 있는 곳으로 연기처럼 올라와 유황 냄새가 코를 찔렀다.

비로소 사람의 흔적이 나타났다. 찢어진 모자와 누더기가 된 낡은 옷이었다. 이 쓸모없는 바위의 세계를 정복하려다 뜻을 이루지 못 하고 목숨을 잃은 사나이의 것이 틀림없었다. 이러한 유물들을 볼 때마다 말할 수 없이 서글픈 마음이 든다. 기계가 지배하는 세계에서 인간으로 살려고 했던 이 사나이의 옆에 융프라우 철도 건설로 남은 자재들이 많이 버려져 있는 것을 보고, 운명의 장난 같이 느껴졌다.

우리는 '갱도 입구'를 알아보았다. 그곳으로 터널 공사 때의 쓰레기가 버려졌고, 쿠르츠와 그 일행을 살려보려고 그곳에서 구조대가 북벽으로 나갔지만 결국은 헛수고를 하고 말았다. 오른쪽으로 큰 구멍이 두 개 있었으나 지금은 폐쇄되어서 눈에 띄는 것이 없었다.

앞서 오른 곳보다 한 단계 넘어서자 깎아지른 벽이 나타났다. 그리고 그곳에 세월과 풍설에 검게 색이 변한 자일이 바람에 흔들리고 있었다. 이때부터 등반이 점점 어려워졌다. 우리는 비로소 자일을 묶었다. 몇 미터 어려운 곳을 넘어서서 라슈날이 오버행에 도달했다. 그런데 넘어서기가 어려워 보이자 라슈날은 그 낡은 자일을 이용해보려고 했다. 그 자일은 암벽을 오르내리기 편하라고 달려 있었지만 약해 보여서, 라슈날은 그냥 오르기로 했다. 암벽은 번번하고 홀드도 작고 많지 않았기 때문에 오르기가 여간 힘들지 않았다. 다행히 오른쪽에 오래된 하켄이 세 개 있었다. 조금 더 왼쪽으로 나가면 힌터슈토이서 트래버스 루트다. 암벽은 위에서 흘러내리는 물로 흠뻑 젖어 있었다. 반 정도 썩은 자일이 두세 개 걸려 있었으나 만지고 싶지도 않았다. 그런데 여기를 매달려 트래버스 한다는 것은 아주 위험했다. 라슈날이 배낭을 내게 넘겨주고, 그곳에 박혀 있는 하켄을 믿고, 몸에 물을 뒤집어쓰며 위로 올라갔다. 그런데 불행하게도 우리 자일이 짧아서 하는 수 없이 이 트래버스 루트에 자일을 남겼다. 만일의 경우 후퇴할 때 쓸 수 있을지도 모르는 일이었다. 나는 배낭을 두 개 멘데다 배낭의 어깨 끈이 짧아 팔에 피가 통하지 않았다. 이렇게 친구 뒤를 따라갔는데 이것은 시작에 불과했다. 위에서 수직의 침니에 부닥쳤을 때 이 배낭 때문에 얼마나 겁이 났는지 모른다. 비교적 넓은 테라스에 도착해 배낭의 무게에서 해방되자 살 것 같았다. 라슈날은 어느새 담배를 피워 물고 농담을 하며 "어때요? 가이드님, 우리 침실로 가시죠?" 하고 나를 맞았다.

비박 장소는 제법 넓었다. 두 사람이 손발을 뻗을 수 있을 정도였는데, 분명 사람의 손이 간 곳으로 울퉁불퉁 튀어 나온 곳이 없었다. 더구나 오버행이어서 낙석이나 비 맞을 걱정이 없었다.

오후 6시였다. 힌터슈토이서 트래버스에 붙었을 때 밑에서 안개구름이 피어올랐었다. 그러나 이것은 전형적으로 좋은 구름이어서 우리는 걱정은 고사하고 낙천적인 기분이었다. 저녁 냉기가 다가오자 안개구름이 한 움큼 뭉치며 장밋빛으로 물들더니 차차 흩어져 끝도 없이 하늘로 사라졌다.

우리는 느긋한 마음으로 비박 준비에 들어갔다. 우선 주위의 물건들부터 정리해야 했다. 다 헤진 옷과 빈 깡통과, 클라이머들이 버렸거나 잊어버린 하켄 종류 등이었는데, 힌터슈토이서와 쿠르츠 일행의 첫 시도 때부터 이곳까지 날라 왔던 물건들이었다. 한쪽 구석에 잘 간직된 금속함이 있었는데, 그 안에 독일어로 쓴 종이쪽지들이 들어 있었다. 우리도 뒤에 오리라고 생각되는 파리 팀에 몇 마디 농담을 섞어서 여기를 지나간다고 알리는 쪽지를 써 남겨두었다.

가지고 온 식량이 충분해서 우리는 마음껏 먹었다. 배가 부르자 이제 비박을 위한 옷차림을 했다. 우모 조끼에 두건이 달린 방수 망토를 걸치고, 여태껏 해본 적이 없는 사치지만, 발을 보호하기 위해 감자 부대를 두 겹으로 해 그 속에 발을 집어넣었다. 물론 우리는 이 새로 고안한 '코끼리 발' 덕분에 첫날 밤을 아주 쾌적하게 지낼 수 있었지만, 정상으로 갈 때 될수록 짐을 줄이려고 이것을 여기에 남겨두기로 했다.

안개구름은 깨끗이 사라지고, 우리에게 차분히 내려온 밤은 너무나도 맑았다. 우리는 마음 편하게 몸을 벽에 기대고 다리는 허공에 걸치다시피 했다. 그러자 마치 고전 루트에라도 가려는 전날 밤처럼 말할 수 없는 기분에 젖어들었다. 밤하늘은 별빛으로 찬란했다. 나는 이 순간 세계 여기저기에서 별하늘을 쳐다보고 있을 외로운 양치기 목동들이 생각났다. 나도 한때 목동이 되어 별하늘 밑에서 잠자는 생각을 한 적이 있었다. 그런데 지금 발아래 빛의 세상은 다르다. 부르면 들릴 정도의 거리지만 사람들은 서로 멀리 또는 가까이 살고 있다. 산간 주민들은 지금 나무집에서 길었던 하루를 마무리하고 있을 것이다. 많은 사람들이 소의 젖을 짜고, 수소는 신선한 목초로 배가 부를 것이다. 또 어떤 사람들은 식탁에 둘러앉아 천천히 소박한 저녁

힌터슈토이서를 넘어선 모습

식사를 하고 있을 것이다. 저 멀리 오른쪽 골짜기 그린델발트의 큰 호텔에 있는 맥주홀이나 바에서는 사람들이 놀고 떠들며 우울한 장식 속에서 무료한 시간을 보내고 있을 것이다. 이따금 자동차의 경적과 개 짖는 소리, 그리고 목동의 소리가 들려온다.

이러한 목가적 분위기 속에 또 다른 소리가 우리를 놀라게 했는데, 그 소리는 산에서 수천 배로 울려 퍼졌다. 우리 오른쪽에서 거센 물줄기가 쏟아지고 있었는데, 그 속에 끼어 쉴 새 없이 떨어지는 낙석이 마치 총성처럼 들렸다. 우리는 말이 없었고, 라슈날은 그저 담배만 피웠다. 이러한 이상적인 비박을 자축하는 의미에서 나는 피운 적도 없는 담배에 불을 붙였다. 그러는 사이 몸이 나른해져 우리는 한 침대에 누운 어린아이처럼 서로 몸을 웅크리고 잠을 재촉했다.

새벽 4시경 스토브를 켰다. 아직 캄캄한 밤이었고, 주위는 조용했다. 이윽고 동이 트며 날이 밝기 시작했다. 이제 우리는 다시 싸울 준비에 들어갔다. 청빙에 덮인 슬랩을 몇 개 넘자 제1설원의 빙벽이 나타나서 속도를 올려 설원을 가로지르니 제2설원과의 사이에 있는 절벽이었다. 처음에 멀리서 이 북벽을 관찰했을 때, 이 절벽은 지금 오른쪽으로 보이는 좁은 얼음 통로로 넘어설 수 있다고 생각했다. 그런데 실은 그렇게 마음이 가지 않는 곳이었다. 그리로 가면 아마도 오랜 시간 지루하게 스텝을 만들어야 할 것 같았다. 지금 눈앞에 있는 암벽은 크랙이 없어 오를 수 없어 보였지만, 왼쪽 암벽이 다소 오

오늘날 '신들의 트래버스'라고 하는 곳에서 '거미'로 가고 있다.

목하게 되어 있었다. 라슈날이 그곳을 바라보자 눈짓을 했다. 그곳은 오버행으로 오목한 크랙이 나 있을 뿐이어서 도저히 갈 수 없을 것 같았는데, 라슈날은 우물쭈물하지 않고 아이젠을 벗더니 그 오목한 부분의 왼쪽을 넘어서고 나서 오른쪽으로 어려운 트래버스를 했다. 첫 번째 하켄이 흔들거려서 믿음이 가지 않았지만, 그는 그것을 의지하고 균형을 잡았다. 그때 큰 돌이 떨어져 나갔는데, 그것은 지금까지 그곳을 지나간 사람이 없다는 이야기였다. 두 번째 하켄은 더욱 믿음이 안 갈 정도로 흔들거렸는데, 그는 정신적으로 확보 받는 듯 대담하게 다리를 벌렸다. 세 번째 하켄을 박을 곳이 없어 라슈날은 이렇게 대담한 수단을 쓰는 것 같았다. 그는 발끝을 좁은 바위에 걸고, 몸을 벽으로 밀어붙이며, 거친 바위에 왼손으로 균형을 잡고, 발을 서서히 뻗으면서 오른 손가락을 써서 단단한 홀드를 잡았다. 그리고 두세 번의 반동으로 반대편으로 건너갔다. 배낭을 두 개 짊어진 나는 친구의 뒤를 따라, 체면도 없이 자일의 도움으로 기어올랐다.

우리는 결국 아주 어려운 곳에 왔는데, 다행히 먼저 간 사람들이 남겨 놓은 낡은 링 하켄이 있어 좋은 확보지점으로 쓸 수 있었다. 이제 우리는 얼어붙은 쿨르와르의 오른쪽 끝에 도달했다. 여느 때 같으면 여기서 아이젠을 신어야 하지만 지금 상황에서는 그렇게 할 수가 없었다. 왼쪽 위로 경사진 슬랩은 분명 반반했지만, 그곳만 넘어서면 확실한 바위 턱에 갈 수 있을 것 같았다. 그러면 그곳에서 설원 밑까지 그다지 고생하지 않고도 도달할 수 있을 것으로 보였다.

라슈날이 주저하지 않고 행동에 나섰다. 바위에는 크랙이 전혀 없었고 지붕의 기와 모양으로 역층을 이루고 있었다. 그런대로 경사져 있었으나 전진이 가능했다. 등반의 명수인 라슈날은 이런 지형이 나오자 더욱 좋아했다. 그는 균형을 잘 잡는 실력을 과시하며 빠른 몸놀림으로 오른쪽의 바위 턱으로 보이는 곳에 도달했다. 그리고 나서 그는 "바위 턱이 아니야. 단단한 홀드가 두세 개 있을 뿐, 그밖에는 아무것도 없어. 하켄도 없으니 올라올 때 조심해. 떨어져도 나는 몰라." 하고 소리쳤다.

올라가 보니 그의 말 그대로였다. 홀드라고 할 수 없을 정도로 오목하게 들어간 바위로 아주 작은 크랙도 없어 하켄은 생각도 못할 뿐더러 확보할 만한 암각도 없었다. 게다가 슬랩은 그렇게 쉽지 않았고, 얼음까지 덮여 있었다.

발밑은 무서운 허공이고 확보 수단은 아무것도 없다는 생각에 불안하고 불쾌한 기분이 엄습해 왔다. 그런데 라슈날은 내가 뭐라고 말도 하기 전에 슬랩에 붙더니 청빙 사이로 재주 있게 그곳을 넘어섰다. 그러더니 고양이 같은 우아한 몸놀림으로 쑥쑥 올라갔다. 그런데 경사가 다시 심해지며, 그의 경쾌한 전진을 가로막았다. 라슈날은 정신을 극도로 집중시키고 잠깐 생각하는 듯하더니, 약간 두드러져 보이는 바위에 손바닥을 붙이고 그 마찰력으로 몸을 끌어올렸다. 조금이라도 실수하는 날에는 곧바로 제1설원으로 떨어진다는 것은 너무나 분명했다. 오직 라슈날의 비범한 기술을 믿는 마음 하나로 잘 되리라는 희망을 가질 따름이었다. 그렇긴 한데 이대로 올라가다가 도저히 넘어설 수 없는 장애물이 나타나면, 그때는 다시 내려가지 못한다는 생각도 들었다. 이 바위는 콘크리트 같아서 가장 작은 하켄도 소용이 없었다. 라슈날도 점점 힘이 빠지면 나중에는 떨어질 것이다. 정신없이 오르는 선등자는 그런 걱정조차 생각할 틈이 없을 터이니 그가 부러웠다.

라슈날이 발을 들어 올리며 얼음과 얼음 사이를 천천히 오르고 있는 것이 보였다. 머리 위쪽이 확실치 않은 듯 그는 손을 떼면서 살펴보았다. 그곳에서 다시 몸을 일으킨 것을 보면 그는 표면이 거친 바위를 만난 것 같았다. 마찰만으로 몸을 받치고 있는 발이 미끄러지지 않을까 걱정되었다. 그것을 보며 나는 본능적으로 내 확보지점에 달라붙었다. 라슈날은 조심조심 손을 위로 뻗다가 순간 두 발을 올렸다. 잘된 것 같았다.

바짝 긴장했던 내 신경이 풀렸다. 그때 하켄 박는 소리가 들렸다. 그리고 위에서 라슈날이 말했다. "잘 됐어! 앞으로는 어려운 곳이 없어. 그런데 징 박힌 등산화가 먹지 않아서 도와주기가 어려우니 떨어지지 않도록 조심해."

나는 친구가 온전히 실력으로 해낸 그 어려운 곳을 그보다 못한 내가 따라가야 한다는 생각에다, 배낭까지 무거워서 마치 사형 판결을 받은 기분으로 바위에 붙었다. 문제의 장소에 와서 나는 잠시 동안 라슈날이 이곳을 통과할 때 쓴 독특한 동작이 생각나서 그대로 해보려고 했다. 손바닥으로 몸의 균형을 잡기란 여간 힘들지 않아서 "단단히 확보해줘!" 하고 소리쳤다.

그 순간 자일이 내 체중의 일부를 가져간 듯해서 이제는 살았다 싶었다.

라슈날의 말은 거짓말이 아니었다. 앞에 있는 슬랩은 바짝 섰지만 지금까지의 바위보다 홀드가 많았다. 설원은 아직 보이지 않았다. 저 위로 올라가면 또다시 반반한 바위가 나타나서 길을 막지는 않을까? 라슈날은 맹수처럼 날쌔게 머리 위에서 사라졌다. 자일은 규칙적으로 풀려나갔다. 그러다가 그 움직임이 멎더니 몇 초 동안 그대로 있었다. 나는 불안했는데 라슈날의 소리가 들려 마음이 놓였다. "암각을 찾았다!" 라슈날은 웃으며 작은 바위 선반에 걸터앉아서 나더러 옆으로 오라고 했다. 조금 흥분한 뒤여서 긴장을 잠깐만이라도 풀어야 했다. 우리는 그때 상황을 다시 파악했다. 우리가 이처럼 우회하는 바람에 시간을 벌기는커녕 잃은 것은 두말할 것도 없었다. 그러나 분명한 것은 친구의 비상한 등반 능력으로 이 덫에서 빠져나가게 됐다는 것이다.

그리고 얼마 안 돼서 제2설원에 도달했다. 6월의 건조기가 지나면서 눈이 그런대로 녹았을 것이고 설원도 많이 후퇴해서 암벽의 가장 자리는 지나갈 수 있지 않을까 기대했다. 하지만 사실은 그렇지도 않았다. 얼음이 '좁은 보도'라도 만들어 놓은 줄 알았는데 바위의 가장자리까지 퍼져 있었다.

그러나 경사는 50도가 안 되고 눈이 거의 없어, 잿빛 얼음은 아이젠으로 오를 수 있을 정도로 부드러웠다. 아니, 그 정도가 아니라 어떤 곳은 확보 없이 서로 앞뒤에 서서 오를 수 있을 것 같았다. 하지만 우리는 지나친 위험을 자초하고 싶지 않았다.

날씨가 좋아서 정상 바로 전에서 비박할 수도 있을 것 같았다. 피치마다 우리는 얼음에 조심스레 긴 하켄을 한두 개씩 박았다. 루트가 왼쪽으로 약간 대각선으로 나 있었다. 등반은 한 피치 한 피치 규칙적으로 진행됐다. 햇빛이 벽에 와 닿으며 기온이 올라갔다. 작은 돌들이 소리 내며 옆을 스쳤다. 다행히 우리는 빠르게 설원 상단에 도달했다. 튀어 나온 암벽이 우리를 낙석에서 보호해주었다. 이제 왼쪽으로 벽을 따라 올라갔다. 작은 돌출 암벽이 나와 일단 내려가야 했지만 그대로 넘어섰다. 그런데 석회질 층이 고약해서 여기를 넘어서는 데 반 시간이나 걸렸다. 그러자 작은 슬링이 달린 하켄이 나타났는데, 아마도 레비츠와 휘르크가 후퇴할 때 사용한 것 같았다. 루트가 좀 더 왼쪽으로 나 있는 것이 틀림없었다. 그래서 우리는 더욱 옆으로 나아가, 거의 '아이언'까지 갔다. 여기를 넘어서면 제3설원이다.

도착할 시간도 됐다. 그런데 머리 위로 번번한 얼음지대가 나타나고 물이 뚝뚝 떨어졌다. 그때 라슈날이 하켄 하나를 발견했다. 이제 얼음이 문제가 아니었다. 우리는 그곳까지 가야만 했다.

이처럼 어려운 암벽에서 라슈날은 아이젠을 신고 놀라운 기적을 연출해냈다. 그렇기는 해도 그는 있는 재주를 다 부리고 하켄을 두 개나 쓴 후에야 두 발로 설 수 있는 장소에 도착했다.

잠시 후 우리는 돌출 암벽 위에 올라서게 됐다. 수직의 슬랩을 등으로 하고 섰는데 이곳에 녹슨 하켄이 두 개 있는 것을 보고, 메링거와 제들마이어의 사투를 생각했다. 순간 그들의 모습이 눈앞에 떠올랐는데, 메링거는 얼굴에 어린아이 같은 기쁨을 띠고 있었고, 제들마이어는 어딘가 침울했으며 다소 서글픈 미소를 입 언저리에 띠고 있었다. 영웅적인 투쟁에 지친 그들은 여기서 주저앉은 것이다. 그리고 그들은 몇 시간이고 날씨가 호전되기를 기다리며 죽음과 싸웠으리라. 하지만 점차 눈이 그들을 덮었다. 그로부터 세월이 흐르고 폭풍설이 지나갔다. 자일이 끊어졌다. 그리고 어느 날 바위가 다시 처음의 모습으로 나타났다. 이제 하켄만이 남아, 이 '무상의 정복자'들의 희생을 증명하고 있는 것이다.

나는 이 어두운 생각을 털어버렸다. 생명이 우리의 혈관으로 흘렀다. 태양이 아낌없이 그 빛을 퍼부었다. 우리 가슴에 즐거움이 솟아났다. 그렇다! 이 멋진 싸움도 앞으로 몇 시간이면 끝나고, 우리는 정

532쪽 옮긴이의 말 참조.

상에서 불어오는 바람을 맞으며 전진하게 될 것이다.

오후 1시였다. 어찌된 일인지 시간이 빠르게 지나갔다. 우리는 서둘
렀다. 내 마음은 앞으로 또 앞으로 나아가고 싶었는데, 라슈날은 굶
은 늑대처럼 배가 처져 아무래도 쉬고 싶어 했다. 작지만 평편한 곳
이 있어 배낭을 풀었다. 우리는 허겁지겁 먹으며 상황을 파악했다.
지금 있는 이 돌출 암벽은 북벽의 중앙에 있는 얼음 위여서 시야가
넓어 벽을 내다볼 수 있었다. 그래서 앞에 간 사람들의 루트 외에 과
연 다른 길이 있지는 않은지 알아보았다. 그런데 어디를 봐도 시선은
황색 암벽의 무서운 주름 속으로 사라질 뿐이었다.

'램프'가 이제 눈앞이었다. 이 경사로는 밑의 낭떠러지로 내달리는
일종의 지붕의 빗물 통로 같은 것으로, 그 밑은 수직의 침니고, 좌우
의 벽은 번번했다. 여기서 보니 모든 것이 소름 끼쳤는데, 그렇게 보
이는 것을 믿지 말고, 실제 그곳에 가서 판단할 수 있을 때까지 기다
리기로 했다.

아이거 북벽이야말로 별다른 곳이었다. 다른 어느 벽보다 거칠면
서, 사람들이 사는 파도 속에 뱃머리를 내미는 듯했다. 워커릉에서는
클라이머들이 고독한 가운데 거대한 벽과 얼어붙은 빙하밖에 보지
못한다. 그러나 여기서는 발아래 사람 사는 곳이 손에 잡힐 듯하고,
별의별 소리가 다 들려온다. 그런데 우리 자신은 검은 까마귀만이 사

제3설원에서 '램프'로 건너가고 있다.

는 벽의 세계에 있다.

오늘도 어제처럼 안개구름이 일고 위로 올라와서 우리를 감쌌다. 그러나 바로 바람에 날리고, 계곡은 햇빛 속에 활짝 웃고 있었다.

우레 같은 낙석 소리에 놀라 벌떡 일어났다. 바윗덩어리가 몇 시간 전에 우리가 지나온 제2설원 바로 그 자리에 떨어졌다.

라슈날이 이제 나더러 선등하란다. 나는 오른팔에 자신이 없어 주저했지만, 라슈날이 하도 간곡하게 말해 끝내 수락했다. 나는 램프로 통하는 아주 가파른 제3설원을 자일의 톱으로 올라갔다. 여기는 규모는 크지 않았지만 낙석이 계속 떨어지는 곳이어서, 횡단할 때 아이젠을 찍으면서 늘 위를 살펴야 했다. 다행히 아무 일 없이 램프에 도착했다. 하지만 우리가 상상했던 것과는 전혀 달랐다. 좁고 힘든 빗물 통로로 알았는데 그런 흔적은 전혀 없고, 쾌적하고 호감이 가는 쿨르와르여서 당황할 정도였다. 우리는 빠른 속도로 앞뒤에 서서 올랐다. 드디어 램프가 돌연히 끝났다. 높고 좁은 침니가 나타났는데, 이것이 수직의 벽이 겹겹으로 되어 불룩하게 튀어나온 한가운데를 지나가고 있었다. 바로 여기가 길이어서 이제 됐다 싶었는데, 재수 없게 침니 바닥에 물이 심하게 흐르고 있으니, 이 물 속에서 등반한다는 것은 조금 어려워 보였다. 이런 장애물은 생각 밖의 일이어서 우리는 아연실색했다. 승리를 눈앞에 두고 후퇴해야 한다는 말인가? 그러나 우리는 원기를 되찾아 하여간 이 침니를 돌파하기로 했다. 나

'램프'에서 바라본 중간 정도 크기의 설원

는 방수 망토를 뒤집어쓰고 물에 뛰어들 준비를 했다. 그런데 돌연 라슈날이 소리쳤다. "잠깐 기다려! 오른쪽으로 길이 있을 것 같다. 이 오버행에 크랙이 있으니까. 이런 '힘든 일'은 네 몫이 아닌가. 너 같으면 능히 해낼 거야. 위에 가면 괜찮을 테니 오버행과 오버행 사이만 잘 넘어봐. 침니 위까지 오르면 다시 루트로 돌아올 수 있단 말이야."

나는 자신이 없었으나 일단 해보기로 했다. 마음이 내키지 않는 오버행일지라도 물이 쏟아지는 곳보다는 나을 것 같았기 때문이다. 나는 몸의 균형을 잘 잡아가며 2~3미터를 가로 질러 작은 동굴로 건너 갔다. 머리 위로 아치 모양을 한 천장에 20센티 정도의 넓은 크랙이 가로지르고 있었다. 그곳으로 오르면 될 것 같았다. 나는 긴 하켄 하나를 때려 박고 그 크랙에 붙었으나 바위 생김새가 고약했다. 흔들리는 바위 층이 겹쳐 있을 뿐 누런 암맥이 나 있어, 손을 대기만 해도 여지없이 떨어졌다. 크랙 끝까지 2미터 정도 남아 있었는데 더 이상 올라갈 수가 없었다. 할 수 없이 라슈날이 있는 곳으로 돌아갈까 하다가 다시 한 번 지형을 살펴봤더니, 오른쪽에 보이는 오버행이 통바위로, 작은 바위 층이 어느 정도 수평으로 돼 있었다. 그것을 보고 한 가지 생각이 떠올랐다. 손끝으로 그곳에 매달리면 7~8미터 위에 튀어나온 바위 턱같이 생긴 곳까지 갈 수 있을 것 같았다. 그리고 그곳이라면 침니로 다시 돌아올 수 있을 것 같았다. 나는 한 번 해보기로 했다. 그런데 움직이려는 순간, 자일이 내 몸을 뒤로 잡아당겼다. 바위 동굴에 하켄을 박았기 때문에 자일이 튀어나온 암각에 걸려 빠지지 않았다. 다른 하켄을 박을 크랙을 찾았으나 조그마한 틈도 없었다. 그때 3~4센티미터 깊이의 구멍이 눈에 띄었다. 그것은 보통 하켄에는 작았는데, 오늘 아침 비박 때 아주 작은 '하켄' 하나를 주워왔던 것이 생각났다. 그것은 포크의 창보다도 크지 않았다. 가슴에 걸치고 있는 등반장비 속에서 가장 작은 하켄을 찾았더니 하나가 있었다. 이것은 맞춤이나 한 듯 그 구멍에 딱 맞았다. 나는 힘이 나서 이것을 확보로 쓰면서 오르기 시작했다. 몸을 뒤로 젖히고 등산화 끝으로 균형을 잡으며 손가락 끝으로 2~3미터를 기어올랐다. 그러자 암벽에서 손이 걸리는 곳이 넓어졌다. 손가락과 발가락 끝을 전적으로 놀린 덕분에 1미터를 더 벌었다. 이제 바위 턱이 눈앞이었다. 몸만 조금 뻗으면 손끝이 닿을 것 같았다. 그런데 내가 매달려 있는 곳이 너무 작아서 자칫하면 몸이 뒤로 넘어갈 것만 같았다. 피로가 겹쳤는데, 이제 물러서기에는 늦어 나는 익은 과일이 땅에 떨어지듯 운에 맡기기로 했다.

폰텐느블로의 작은 바위에서 쓰던 기술이 머리에 떠올랐다. 나는 두 발을 높이 올릴 수 있는 곳까지 들어 올려 힘껏 바위를 걷어차고, 오른손을 될수록 벌리며 뛰어올랐다. 동시에 왼손도 바위의 턱을 붙잡았다. 순간 그 홀드가 좋다는 것을 알고 다시없는 행복감에 젖었다. 그저 잠깐 두 발이 떨어졌지만, 아크로바틱한 몸놀림으로 두 발을 끌어올릴 수 있었다. 이래서 나는 행운아가 아닐까?

　나는 바위 턱 위에 엎드려 헉헉거리며, 이제는 살았다는 짧은 행복감에 젖었다. 조금 전까지만 해도 낭떠러지가 내 다리를 잡아끄는 듯한 느낌이 들었었다. 그 느낌을 떠올리자 다시 냉정을 찾으며 차분히 생각하게 됐다. 어쩌다 이곳으로 오게 됐는데, 이곳이 불안했다. 빨리 무슨 대책을 세워야겠다는 생각이 들었다. 지금 있는 곳은 1제곱미터도 안 되는 곳으로, 별로 좋은 곳이 아니었다. 머리 위쪽은 바위가 튀어나와 오를 수 없었다. 그곳을 넘어서려면 적어도 하켄을 박아야 하는데 그것이 불가능했다. 조그마한 틈도 없었다. 그래도 한 번 해볼까 했지만, 방금 전의 동작으로 너무 지쳐버렸다. 그렇다면 어떻게 할 것인가? 후퇴를 해야 하나? 그것도 좋은데 어떻게 내려간단 말이지? 크랙도 조그마한 암각도 없으니 자일 하강을 할 수 없다. 결국 덫에 걸린 것이다. 마음이 불안해졌다. 나는 화가 나서 서 있는 바위 턱을 발로 내려찼다. 그러자 마음이 차분해지며, 어쩌면 해머로 때려 바위 턱 언저리에 돌기라도 만들 수 있지 않을까 싶었다. 허리를 굽혀 살펴보았지만 가망이 없었다. 그러나 벽 모서리에 먼지에 싸인 아주 작은 크랙이 보였다. 잘하면 얇은 하켄을 때려 박을 수 있을 것 같았다. 나는 갖고 있던 것 중에서 제일 얇은 것을 골랐다. 그러나 그것은 반밖에 들어가지 않았다. 이 정도로는 충분하지 않지만, 하켄 대가리를 평편한 바닥으로 구부리면 그런대로 쓸 만할 것 같았다. 달리 길이 없었다. 자, 서둘러야 한다! 하강용 슬링을 하켄에 걸고 고정 자일 두 줄 가운데 하나로 하강 준비를 했다. 나는 자일 중간에 몸을 매고, 라슈날더러 한쪽으로 확보하도록 했다. 물론 확보할 수 있으면 그렇게 해달라는 이야기였다. 믿을 수 없는 하켄에 매달리자 몸 전체에 불안감이 엄습했다. 그러나 나는 강한 의지력으로 허공에 매달렸다. 다행히 아무 일도 없었다. 그것은 당연한 일이었다. 사람의 몸을 떠받치는 것은 그리 대단한 일이 아니니까. 숨을 죽이면서 나는 자일을 믿고 내려섰다. 벽은 무섭도록 오버행이어서 나는 벽을 떠나는 순간 완전히 허공에 매달렸다. 마치 거미처럼 공중에 매달린 것이다. 이제 어디로 내려가는 것일까? 나는 잠시 매달려 흔들거리다가 앞서 출발했던 바위 동굴로 돌아왔다.

격렬한 투쟁이 벌어지는 동안 시간이 흘러, 정신이 들었을 때는 두 사람이 모두 짙은 안개 속에 있었다. 무엇인가 쏟아지는 소리가 났다. 싸락눈이 벽을 때리고 있었는데, 허공을 바라보니 4~5미터 앞에 싸락눈이 두터운 커튼처럼 쏟아지고 있었다. 그러나 우리는 오버행 밑에서 보호를 받고 있었다. 기상이 악화된 것일까, 아니면 그저 잠깐 저녁 소나기일 뿐일까? 그런데 그토록 빨리 변한다면 날씨치고는 너무 밉살맞았다.

이제 어떻게 하지? 라슈날에게 돌아가서 결국 폭포를 기어올라야 한다는 말인가. 방금 쫓겨 온 저 오버행만 넘어서면 그 이상 바랄 것이 없는데…. 그래, 다시 한 번 해보자. 부서지기 쉬운 바위 층에 달라붙었다. 몸무게로 바위는 부서졌지만 동작이 빨라서 한쪽 팔을 바위 틈에 쐐기처럼 꽂아 넣을 수 있었다. 치열한 싸움이 시작됐다. 몸이 뒤로 잡아당겨지는 것을 느끼는 순간 공중에 떴던 발 하나가 발판에 닿았다. 그리하여 나는 몇 센티미터 앞으로 나아가며 단단한 홀드를 잡았다. 이제는 걱정이 없었다. 아주 혼났지만 다리를 걸고 올라 작은 바위 동굴 속으로 들어갔다. 시간을 낭비할 수 없어 우선 배낭 두 개를 매달아 끌어올리고, 라슈날이 자일을 마음껏 써서 뒤따라 올라올 수 있도록 했다. 라슈날은 올라오자 이렇게 말했다.

"야, 너무하잖아. 이런 오버행을 올라오라고 하다니! 어떻게 이런 곳에 매달릴 생각을 했지?"

"도저히 못할 것 같았는데 운이 좋았지!"

바위 동굴은 두 사람이 있기에는 너무 불편해서 나는 서둘렀다. 몇 번 노력한 끝에 위험했지만 왼쪽으로 건너갈 수 있었다. 그러자 길이 쉬워지면서 물이 쏟아지던 침니의 끝으로 나왔다. 하지만 배낭들이 오버행에 걸려 이것들을 끌어올리느라 이루 말할 수 없는 고생을 했다. 이제 아이젠을 신을 시간도 없어, 나는 10미터 정도 되는 완전히 얼어붙은 바위를 단숨에 올라갔다. 다행히 청빙이 아니어서 해머로 손잡을 곳을 몇 군데 만들 수 있었고, 그리 고생하지 않았다. 그리고 이제 높이가 7~8미터 되는 물이 흐르는 침니 밑으로 왔다. 그런데 엄청난 얼음이 얼어붙어 있었고 그 안으로 물이 흘러내려서 문제가 없었다. 나는 여기서도 시간을 아끼려고 아이젠을 신지 않았다. 마침 큰 구멍들이 있어 그것들을 잡고 나는 재빨리 침니 끝까지 올라갔는데, 단단하고 번들거리는 빙판이어서 아이젠 생각이 간절했다. 나는 해머로 작은 틈을 찍어내며 올라갔다. 떨어질 듯할 때마다 하늘이 도왔다. 나는 엄청난 물세례를 받았다. 아무것도 보이지 않았고 몸의 절반은 물속에 있었다. 두건은 방수였지만 물이 목을 통해서 두 팔의 소매로 흘러내렸다. 드디어 얼어붙은 넓은 쿨르와르로 나왔다. 마침 낡은 하켄이 하나 있어, 그것을 이용해 배낭들을 끌어올리고 라슈날을 확보했다.

그가 올라왔을 때는 오후 6시가 다 되어가고 있었다. 전신이 흠뻑 젖었지만 투덜거릴 틈이 없었다. 이곳 역시 낙석 위험에 노출되어 있어 마음이 놓이는 곳이 아니었다. 우리는 아주 작은 바위 틈새를 이용해서 가로질러, 쿨르와르 오른쪽 끝에 있는 바위 돌출부로 건너갔다. 그다지 어렵지 않은 바위여서 서둘러 올라갔다. 싸락눈이 퍼부으며 멀리서 천둥이 울렸다. 우리는 악천후가 잠깐 지나가기만을 바랐다. 그러나 마음은 불안했다. 지난날의 극적인 워커릉 대등반을 체험한 후부터 우리는 거벽에서 악천후가 얼마나 위험한지를 알고 있었다. 어떻게 해서라도 저녁 안에 여기를 벗어나야만 했는데, 그렇게 할 수 있을 것 같았다. 두 시간 내에 '거미'에 가게 되면, 다시 두 시간이면 정상으로 빠지는 크랙에서 벗어날 수 있을 것 같았다. 오른쪽에 바위 턱이 나타났는데, 그것은 20미터 수직의 벽이 있는 곳의 끝이었다. 나는 바로 이 벽에 붙어서, 마치 접시들을 겹쳐놓은 듯한 흔들거리는 바위를 잡고 천천히 올라갔다. 그런데 라슈날이 나더러 돌아오라고 불렀다. '거미'로 트래버스 하는 곳은 쿨르와르 훨씬 위라는 것이었다. 그러나 내 생각은 달랐다. 이곳은 비행기에서 찍은 사진에서 본, 네 사람의 초등자가 오른쪽으로 건너간 곳과 같은 지형이었다. 그러나 라슈날은 이곳은 비행기에서 찍히기 어려운 곳이라고 굳이 말했다. 나는 싸우기 싫어서 평소처럼 내가 지기로 했다. 나는 어차피 뾰족한 수가 없다고 보았기 때문에 라슈날더러 좀 더 올라가 뚫고 나갈 곳이 있는지 알아보라고 했다. 그런데 그는 15미터쯤 올라가 두랄루민 하켄 하나를 발견했다. 아마도 하강에 사용한 듯이 보였는데, 라슈날은 승리의 환호성을 지르듯 기뻐했다. 때마침 앞으로 나갈 수 있을 것 같은 바위 선반이 눈에 띄었는데, 시원치 않았으나 그는 그것 보라는 듯이 나를 비웃었다. 그러면서 라슈날은 말을 걸 틈도 주지 않고 그리로 갔다. 루트는 위로 오르면서 트래버스 해야 하는 잘 부서지는 바위로 아주 위험했다. 그러나 날이 어두워지고 내 차례가 왔다. 나는 시간이 없어 하켄들을 모두 회수하지는 않았다. 20미터만 올라가면 비교적 넓은 테라스가 있는 곳으로 나아갈 것 같았다. 나는 용기가 나서 자일의 톱을 섰다. 하지만 10여 미터를 가자 아주 어려운 곳에서 막히고 말았다. 그러자 라슈날이 왼쪽에서 길을 찾아 오르더니 "3미터만 더 오르면 위로 빠진다!" 하고 소리쳤다.

그런데 바로 그 순간, 라슈날이 한 발짝도 앞으로 나아가지 못한 채 혼자 욕지거리를 내뱉으며 악전고투하는 소리가 들려왔다. "한 번만 올려 치면 되겠는데, 이렇게 흔들거리는 하켄으로는 도저히 무리야. 조금 왼쪽으로 가봐야겠어. 그게 좋을 것 같아."

어두워지고 있었다. 안개 속에 라슈날이 내려오는가 싶더니 바위 저쪽에서 모습이 보이지 않았다. 빗발이 뿌렸다. 가만히 서 있으니 냉기가 스며들었다. 옷이 몽땅 젖어서 추위 견딜 수 없었다. 조금 있으니 손에서 풀려나가던 자일이 멈추었다. 해머 소리가 들리면서 잔돌이 떨어지는 것을 보고 라슈날이 곤란에 부딪쳤다는 것을 알았다. 돌아가는 상황이 마음을 무겁게 했다. 안개 속에서 어두워지고 있는 저녁 시간에 고약한 암벽에 매달려 있으니 고독과 불안감이 찾아왔다. 순간, 눌렸다가 한 번에 터져 나오는 듯한 낙석 소리가 들려 나는 반사적으로 긴장하며 충격에 대비했다. 그러나 그는 떨어지지 않았다. 나는 "어떻게 된 거야?" 하고 소리쳤다. 잠시 후 "큼직한 바위와 붙었는데, 다행히 잘됐으니 걱정 안 해도 돼."라는 그의 대답이 들려왔다.

라슈날은 조심스럽게 처리해서 큰일 없이 잘 넘어갈 수 있었다. 나는 이렇게 밤에 등반하는 광기에 전적으로 반대하며 혼자 중얼거렸다. "제발 부탁인데, 이 정도로 그만 해라! 그러니까 큰 코 다치는 거 잖아. 아직 쿨르와르가 보일 때 무엇보다도 그리로 내려가지 않으면 안 되는데…."

그런데 라슈날은 그 못된 바위가 떨어져 나갔으니 통로는 뚫린 셈이고, 조금 더 오르면 좋은 테라스가 있다고 대답했다. 그러나 그의 음성에서 열기가 느껴지지 않는 것으로 보아, 그도 스스로의 말에 크게 자신하는 것 같지 않았다. 이제 나는 그의 말대로 따라가지 않았다. 나는 소리 질렀다. "야, 이 바보야! 네가 돌아오든 안 돌아오든 자일도 다 되고 끝이야. 여기서 비박하는 수밖에 없단 말이야. 앞으로 나아가는 것은 다음 문제야."

그러자 바로 라슈날이 나 있는 곳으로 돌아왔다. 거의 밤 10시가 다 되어 상당히 어두웠다. 보이지는 않지만 어루만져서 크랙을 찾아 내 하켄을 박았다. 그리고 자일을 내려서 하강 자세를 취했다. 라슈날이 먼저 내려가기로 했다. 다음에 내가 내려가려고 자일을 당기자 하켄이 빠졌다. 순간 나는 벽에 붙었다. 온몸에서 전율이 일어났다. 잠깐 당황하다 다시 정신이 들어, 다른 하켄을 박으려고 애를 썼는데 아무것도 보이지 않았다. 바위가 연해서 잘 부스러졌다. 그러다가 틈 같은 곳을 찾게 되어 다시 한 번 해보기로 했는데, 이번에는 믿을 수 있을 것 같았다. 그러나 그것에 몸 전체를 맡길 수 있을 것 같지 않아, 나는 자일을 따라 벽을 클라이밍 다운했다. 벽이 아주 고약해서

2~3미터를 내려가다 미끄러져 자일에 매달렸다. 순간 나는 이제 끝이다 했는데 오늘은 운이 좋은 날이었다. 하켄이 충격을 흡수해서 나는 라슈날에게 내려갈 수 있었다.

계속 내려가기 위해 믿을 만한 하켄 두 개를 썼다. 그래도 상황은 불안했다. 우리는 아직 오버행 벽 한쪽 가장자리, '램프'의 마지막 쿨르와르에 있었다. 이제 자일이 짧아 암벽의 가장자리까지 갈 수 없었다. 본래의 루트로 다시 돌아가는 길은 하나밖에 없었다. 우리가 지금까지 올라온 기분으로, 가로질렀던 트래버스 루트를 따라 내려가는 것이다. 하지만 이 캄캄한 밤에 부서지기 쉬운 바위를 내려간다는 것은 다시없는 모험이었다. 하켄이 빠지는 날에는 오버행에 매달리게 되면서 허공에 떠, 다시 오를 수 없을 것이다.

라슈날이 선두에 섰다. 그는 위험을 잘 알고 있어서 있는 힘을 다해 천천히 밑으로 내려갔다. 그가 어둠 속에 그대로 서 있는 순간 불안한 기분이 들었다. 그러나 드디어 환호성이 들렸다. 라슈날이 하켄 있는 곳까지 간 것이다. 다행히 내가 오를 때 남겨두었던 그 하켄이었다. 카라비너를 거는 소리에 그가 자일을 통과시키고 있다는 것을 알았다. 그러나 이것으로 위험이 사라진 것은 아니다. 두 번째 하켄까지 가야 했다. 카라비너 거는 소리가 또 들려왔다. 잠시 후 라슈날이 내려오라고 소리 질렀다. 나는 어렵지 않게 내려가면서도 바위에서 떨어져 매달리지 않도록 밑에서 자일을 잘 잡아달라고 부탁했다.

올라올 때 나는 쿨르와르의 오른쪽 가장 자리에 분명치는 않으나 테라스가 있는 것을 보았기 때문에 그곳으로 가서 비박을 하는 것이 어떠냐고 제안했다.

한밤중이 되어서야 쉴 자리가 나타났다. 너무 지쳐서 졸음이 몰려왔다. 필요한 확보수단을 강구하거나 최소한의 '쾌적함'을 만들어내기 위해서는 절대적인 의지력이 있어야 했다. 우리는 온몸이 젖고 추워서 죽을 지경이었다. 배낭을 풀어 우모조끼를 보자 몸이 따뜻해지는 것 같았다. 내가 젖은 옷을 모두 벗고 상체를 알몸으로 만들자, 얼음처럼 차디찬 이슬비 속에서 묘한 쾌감이 느껴졌다. 그러고 나서 따뜻한 마른 옷으로 몸을 감쌌다. 안된 이야기지만, 라슈날의 우모조끼는 물에 흠뻑 젖어 마치 해면 같았다. 조끼를 짜봐야 별 소용이 없었다. 입는다고 해서 몸이 더워지지도 않을 텐데….

돌을 치워내고 또 몇 개를 나란히 깔았더니 그런대로 기댈 만한 자리가 생겼다. 라슈날은 7~8미터 오른쪽 밑으로 자리를 잡았다. 배는 그다지 고프지 않았지만 체력을 유지하려고 나는 될수록 많이 먹었다. 라슈날도 그렇게 하라고 했으나 그는 조금 입에 대다가 그만두었다. 낮에 한동안 물속에서 시달려 수통에는 물이 충분히 남아 있었다.

하지만 우리는 스토브를 꺼내 뜨거운 물을 만들어 마신다는 생각조차 귀찮을 정도로 지쳐 있었다. 그러다가 그만 잠이 들었는데 얼마 안 가서 숨이 막히는 듯했다. 거짓말이 아니었다. 자는 동안 미끄러져 자일에 매달린 것이다. 나는 다시 제자리로 올라왔지만, 비박 장소라고 해봐야 돌출부의 평편한 작은 곳에 지나지 않았다. 그 위에서 등을 어디에 붙이지도 못한 채 앉아 있어야 했다. 게다가 잠자는 동안 이리저리 미끄러져서, 잠은 쏟아지지만 괴로운 밤을 보내야 했다. 라슈날은 나보다 좋은 자리에 있었지만, 옷이 젖어 추위를 견디지 못하고 덜덜 떨고 있었다.

새벽 3시경 멀리서 심한 천둥소리가 들렸다. 이따금 번개가 짙은 안개 사이에서 번쩍거렸다. 그러나 아이거 상공은 조용했다. 비는 멎었지만 추위가 닥쳐왔다. 불안감이 고조되어 우리는 상황을 의논했다. 지난날 워커릉에서는 후퇴할 수 없어 곤궁에 빠졌었다. 위로 빠지지 못하면 죽을 수도 있었다. 그러나 지금 우리 앞에는 몇 가지 길이 있었다. 크렌뷸Krähenbühl과 슐루네거Schlunegger가 지난여름 이곳까지 올라왔다가 악천후를 만나, 눈사태의 위험 속에서 믿을 수 없는 하켄에 의지해 무사히 탈출했던 것을 우리는 알고 있었다. 그러므로 우리는 설사 위험하더라도 하강하면 살 수는 있을 것이다. 목표를 눈앞에 두고 물러선다는 것은 견디기 어려운 일이지만 우리는 이 방법 쪽으로 기울어졌다. 그러나 라슈날의 의견은 하강이 정상으로 올라가는 것보다 더 모험적이라는 것이었다. 앞으로 몇 시간만 오르면 안전한 곳으로 간다는 것은 틀림없었다. 이런 이야기를 나누다가 나는 끝내 라슈날의 생각에 끌려갔다. 안개 속을 내려간다는 것은 아무래도 마음이 내키지 않았다. 우리는 모험을 찾아 이곳에 온 것이어서, 지금이야말로 그 모험을 감행할 때였다.

새벽 5시가 되자 우리는 접시를 겹쳐 놓은 듯 흔들거리는 곳으로 아크로바틱한 횡단을 시작했다. 공기는 무겁고 눈이 올 듯했다. 서둘러야 했다. 그저 바라는 것은 하늘이 몇 시간만 참아주었으면 하는 것이었다.

이 모험적인 벽에서 발을 내디딜 때마다 산 전체가 무너질 것 같은 공포감 속에 두 피치 정도 올라가니 단단한 테라스가 나타났다. 랜턴과 슬링이 달린 하켄이 있는 것으로 보아 여기가 위로 올라가는 루트인 것이 분명했다. 여기서 짧은 빙벽 트래버스로 벽 밑으로 건너 갔는데, 별로 마음이 내키지 않는 곳이었다. 출발 장소가 오버행으로 몸을 의지할 하켄 하나 박을 수 없었다. 틈이 하나 있었는데 너무 넓었다. 나는 될수록 팔을 뻗어 아이스하켄을 단단히 때려 박았다. 이제 못하겠다는 소리는 더 이상 할 수 없어 이것으로 몸을 끌어올려야 했다.

아침 서리에 비에 젖었던 바위에 살얼음이 끼어 있었다. 게다가 눈까지 덮여 있으니 아이젠으로 오를 수밖에 없었다. 시간을 벌려고 배낭을 멨다. 이런 상황에서 수직의 벽은 아주 어렵다. 나는 홀드를 하나하나 파내면서 천천히 올라갔다. 무척 힘이 들었다. 12미터 정도 올라가니 이제 테라스 가장자리를 알 수 있을 것 같았다. 그 사이는 길지 않은 오버행이어서 나는 바로 하켄 하나를 박으려고 했는데, 크랙이 모두 너무 넓었다. 이제는 하켄 없이 오르는 수밖에 별 도리가 없었다.

　나는 손끝으로 홀드를 잡아가며 뚫고 나가야 해서 너무 힘이 들었다. 다친 손의 손가락이 힘이 없어 점점 손이 펴졌다. 이대로 나가다간 떨어질 것만 같았다. 이렇게 세 번 해보았지만 그때마다 제자리로 돌아왔다. 발밑을 내려다보았더니 마지막 하켄까지 적어도 4~5미터가 되었다. 떨어지기에는 너무 긴 거리였다. 어떻게 해야 좋을까? 겨우 2미터의 오버행에서 꼼짝도 못한다면 말이 되나? 여러 차례 더듬어보니 왼쪽에서 쓸 만한 크랙이 손에 잡혔다. 위험한 자세지만 시몽Simond이 나를 위해 특별히 만들어준 다소 무거운 하켄을 때려 박았다. 이제 이것을 믿고 앞으로 나갈 수 있었다. 나는 있는 힘을 한데 모아 잠시 후 괜찮은 테라스에 올라섰다. 이때 해머가 바위에 걸리면서 그 충격으로 가죽 끈이 끊어져 해머가 절벽 밑으로 떨어졌다. 해머를 잃어버렸으니, 이것은 큰 손실이었다. 앞으로 하켄을 회수할 수 없게 됐다. 이제 하나밖에 없는 피켈 해머를 잃는 날엔 어떻게 할 것인가?

　'거미'로 가는 트래버스 루트는 생각했던 것보다 훨씬 쉬워 보였다. 물론 바위는 지독했다. 그러나 적당한 곳에 낡은 하켄들이 있어서 확보에 도움이 됐다. 우리는 거의 확보 없이 빠른 속도로 올라갔다. 발판도 만들지 않았다. 다행히 얼음도 굳지 않았고, 무른 바위가 이어졌지만 골라가며 나아갈 수 있었다. 승리가 눈앞이라는 생각에 감격한 나머지 소리를 지르며 정상으로 빠지는 크랙 쪽으로 방향을 잡았다. 벽의 경사가 심하지 않아서 그린델발트의 가이드인 아돌프 루비의 말대로, 여기는 그렇게 힘들지 않은 것 같았다. 좁은 곳으로 들어가자, 바로 하켄이 눈에 띄어 루트를 제대로 따라가고 있다는 것을 알았다. 하지만 유감스럽게 그리 쉽지는 않았다. 10미터 앞에 가파른 바위 돌출부가 나와 있었는데, 그 굳은 바위는 두께가 3센티미터 가량 되는 물기 있는 얼음에 덮여 있었다. 나는 아이젠의 앞 발톱으로 2미터를 올라가서 하켄을 박으려다 떨어질 뻔했다. 여기서 어떻게 해야 할지 몰라 다시 내려가려고 하자, 라슈날이 나서서 얼음을 까내고 얇은 크랙에 하켄을 1센티미터 정도 때려 박았다. 그는 이 불안한 확보지점에서 놀라울 정도로 균형을 잡고 하켄을 네 개나 더 박았다. 이것들도 불안정했지만 결국은 바위를 넘어섰다. 나는 자일을 잡고 뒤따라갔는데, 하켄을 모두 손으로 회수하느라 여간 애를 먹지 않았다.

모두 물기 있는 얼음에 덮여 있었지만 경사가 누워 우리는 순조롭게 나아갔다. 몇 피치 올라갔을 때 밝은 빛을 한 절벽이 앞길을 가로막았는데, 오버행으로 된 크랙이 위로 나 있었다. 바위가 말랐으면 이런 장애물은 레이백 기술로 문제없이 넘어설 수 있는데 이렇게 얼음을 뒤집어쓰고 있어 그런 멋진 기술을 쓸 수 없었다. 나는 고생 끝에 오버행 진 곳을 올라갔다. 그리고 긴 아이스하켄을 때려 박은 다음, 다리를 크게 벌려 어느 정도 높이 오르고 나서 두 번째로 하켄을 또 한 개 박으려고 했는데, 잡을 곳이 적당하지 않아 몸을 끌어올릴 수 없었다. 그래서 나는 하켄을 두 손으로 잡고 두 발을 제대로 디딜 수 있는 곳으로 가져가려 했다. 아이젠이 얼음에 미끄러졌다. 간신히 몸을 조금 끌어올릴 수 있을 것 같았지만, 순간 나는 라슈날보다 7~8미터 밑으로 떨어졌다. 순식간에 일어난 일이어서 놀랄 틈도 없었다. 그러나 다행스럽게도 제동이 단단히 걸려, 나는 아무런 충격도 없이 추락한 곳에 '서 있었다.'

루이가 그의 독특한 농담으로 "야, 마치 제비처럼 노는데!"라며 나를 보고 말했다. 그러고 나서 정색을 하고 "다친 데 없어? 내가 할까 아니면 네가 다시 한 번 할래?" 하고 말했다.

바위와 싸우느라 열을 받은 데다 나 자신의 실패에 화가 나서 나는 "괜찮아, 내가 하지! 걱정 안 해도 돼. 이번엔 잘할 테니까." 하고 말했다.

나는 쉴 틈도 없이 다시 공격을 시작했다. 이번에는 하켄을 두 번 모두 단단히 때려 박았고, 홀드가 좋아서 몸을 끌어올릴 수 있었다. 이어서 슬랩을 지나 왼쪽으로 건너가야 했는데 물이 얼어 있어 아주

바위 틈을 팔로 당기고 발로 밀면서 올라가는 기술

어려웠다.

날씨가 점점 겁을 주었다. 습기를 품은 구름이 잔뜩 매달려 있었다. 주위가 온통 안개에 싸여, 모든 것이 축축했다. 금방이라도 눈이 내릴 것 같았다. 나는 이 얼어붙은 빙판을 어떻게 해서라도 피하고 싶었지만, 그것은 불가능해 보였다. 그렇다고 달리 방법도 없었다. 이제 여기를 뚫고 나갈 수밖에 없으며, 그것도 빨리 해야 했다. 생사가 달린 문제였다. 더 이상 생각에만 매달리지 말고 위험을 정면으로 받아들일 수밖에 없었다. 나는 아이젠 앞 발톱을 빙벽에 찍은 다음 간신히 그곳을 넘어섰다. 그리고 재빨리 배낭을 끌어올렸다. 보통의 후등자들이 하는 방식과 달리 라슈날도 자일을 이용했다.

머리 위로 또 오버행이 나타났다. 도대체 이 지옥 같은 크랙과 악마 같은 오버행은 언제 끝이 날까? 독일 팀은 도대체 어디를 지나갔을까? 능선 저쪽으로 왼쪽에 나 있는 크랙에 또 다른 루트가 있는 것은 아닐까? 조금 더 올라가 튀어나온 곳에서 내다보았으나 그럴 것 같지도 않았다.

이때 틀림없는 자일 하강장치인 낡은 쐐기가 눈에 띄었다. 알았다! 이것으로 독일인들은 테라스까지 내려간 다음, 세 번째 크랙으로 건너간 것이다. 나는 자일의 상태를 생각지도 않은 채 이 자일을 잡고 청빙을 뒤집어쓴 폭이 넓고 가파른 침니를 끝까지 내려갔다. 별로 마음이 가는 곳은 아니었으나, 탄력을 붙여 몸을 잘 놀리고 낙천적인

마지막 침니에 붙어 있다.

기분으로 한다면 될 듯도 해보였다. 라슈날이 오자 바로 나는 다리를 크게 벌려서 올라갔는데, 너무 힘들어 살이 찢어지는 것 같았다. 바위가 단단해서 하켄을 박을 수가 없었다. 이제 거의 한 피치 올라간 셈인데, 다행히 하켄을 2~3센티미터 때려 박을 수 있어서, 제대로 된 확보는 아니나 마음의 확보로 믿고 라슈날이 뒤따라오도록 했다.

드디어 싸락눈이 쏟아지기 시작했다. 말 그대로 싸락눈의 홍수가 옆의 쿨르와르로 흘러 떨어졌는데, 그것이 우리 있는 곳까지 날아왔다. 우리는 운 좋게 오버행 밑에 있어서 모진 싸락눈의 타격을 면할 수 있었다.

겔렌데의 어려움도 점차 줄어들어 이제는 됐다는 생각이 들었다. 큰 장애물도 지나고 더 이상 걸릴 데가 없어진 것이 확실했다.

싸락눈은 눈송이가 굵고 커지면서 하얀 커튼처럼 퍼부었다. 한 시간만 늦었더라도 여기를 돌파할 수 없었을지 모른다.

이윽고 부서지기 쉬운 가파른 암벽에 도달했다. 이제 정상이 가까운 듯해서 우리는 서둘러 동시등반을 했는데, 겔렌데가 어려워서 이렇게 서둘다가는 위험에 빠지지는 않을지 걱정이 됐다. 따라서 우리는 이제 우리의 계획 마지막 단계에서 피치마다 단단히 확보하고 오르기로 했다. 라슈날은 마지못해 동의했다. 루트는 끝이 없었다. 피곤해서 그럴까, 아니면 마음이 급해서 그럴까? 하여간 정상이 아니었다. 나는 다시 라슈날을 자세히 바라보았다. 이제 알았다. 이 사기꾼 같으니라고! 라슈날은 나와 동시등반을 하며, 내가 돌아보면 마치 확보하는 척 흉내만 내고 있었다.

그러나 모든 것은 끝이 있기 마련이다. 이제 이 무른 겔렌데도 끝이 났다. 겔렌데가 정상 설원으로 바뀌면서 정상이 확실히 눈앞에 있었다. 피로가 전신에 느껴지며 발걸음이 무거워졌다. 지금까지 안개 속에 가려져 보이지 않았던 미텔레기 능선이 느닷없이 나타났다. 드디어 우리가 아이거 북벽을 올라선 것이다.

깊은 감동도, 동경해온 일을 해냈다는 긍지도 느껴지지 않았다. 어려운 일을 해냈다는 기쁨도 없었다. 안개 속으로 사라진 이 능선에 서서 나는 지치고 굶주린 동물과 하나도 다를 바가 없었다. 무사히 이 벽에서 벗어났다는 동물적 만족감이 있었을 따름이다.

나는 잠시 이곳에 있고 싶었는데, 라슈날이 그런 시간 여유를 주지 않았다. 그는 아주 흥분하고 있었다. 한시라도 빨리 내려가서 아내를 안심시키고 싶은 충동에 그는 반쯤 미친 듯이 보였다. 그가 된 소리 안 된 소리를 마구 외치고 있었으나, 나는 조금도 개의치 않고 천천히 마지막 능선을 올라가서 드디어 오후 3시에 정상에 섰다. 그러나 이것으로 모험이 끝난 것은 아니었다. 무서운 하강이 기다리고 있었다.

신설이 10센티미터나 쌓여 있었다. 언제 미끄러질지 모르기 때문에 아이젠을 신은 채로 있었다. 너덜지대를 갈 때는 발목이 굽어서 걷기가 매우 힘들었다. 라슈날은 투덜거리며 내 앞에서 내달리다시 피 했다. 우리는 안자일렌을 하고 있어서 나는 그에게 끌려가지 않을 수 없었다. 그의 걸음 속도에는 어쩔 수 없어, 이 제멋대로 하는 놈 뒤에서 나는 속으로 욕을 퍼부었다.

여기서 하나의 실수를 저질렀는데, 하산에 대한 정보가 우리에게 없었던 것이다. 우리는 그저 하산이 힘들지 않다는 것과 서쪽 사면으로 내려간다는 것만 알고 있었다. 그림엽서에서 본 기억으로는 경사 가 심하지 않은 사면을 눈에 덮인 긴 쿨르와르가 남쪽에서 둘러싸고 있었던 것 같았다. 따라서 하산 루트는 그 쉬워 보이는 곳을 넘어서 내려가는 것이라고 생각하고, 바람과 안개 속에 쿨르와르로 나가려 고 했던 것이다. 잠시 우리는 확실치 않은 발자국을 따라갔는데 그것 은 곧바로 사라지고 보이지 않았다. 바람과 눈 속에서 그때그때 방향 을 확인하며 우리는 계속 내려갔다. 가까이서 천둥소리가 들렸다. 머 리칼이 소리를 내지르는 듯 위로 뻗어서 기분이 좋지 않았다.

산에서 갑작스럽게 뇌우를 만나는 것은 어딘가 무서운 느낌이 든 다. 그러나 이 뇌우는 라슈날의 광기에 불을 붙였다. 그는 조금도 물 러서려 하지 않고 오직 밑으로 내려갈 생각만 했다. 그는 달리며 소 리 지르고, 마치 악마에 사로잡힌 듯 날뛰었다.

오랫동안 석회암지대를 뚫고 나가자 드디어 발밑에 쿨르와르의 흰 사면이 나타났다. 여기는 어렵지 않은 곳이어서 아주 천천히 내려

246

5장

갔는데 이제 확실히 모든 난관을 넘어선 듯해서 우리는 환호성을 질렀다. 그런데 갑자기 쿨르와르가 끝나고 절벽이 나타났다. 자일 하강으로 내려가기엔 너무 높았고, 좌우 어느 쪽으로도 내려갈 수 있을 것 같지 않았다. 덫에 걸린 것이다. 다시 올라가야 하나? 과연 해가 지기 전에 길을 찾을 수 있을지 알 수 없었다.

오후가 지나면서 날씨가 다시 나빠졌다. 이제 세 번째 비박을 하는 수밖에 없다는 것은 알고도 남는 일이었다. 몰테니Molteni와 발제키 Valsecchi의 비극적인 최후가 생각났다. 그들은 피츠 바딜레Piz Badile 북동벽에서 돌아오다, 휘테까지 45분도 안 되는 곳에서 피로로 쓰러져 동사했던 것이다.

조금 밝은 틈을 타서 나는 왼쪽으로 내려갈 수 있을 것 같은 곳을 발견했지만, 라슈날은 오른쪽이 좋다고 했다. 나는 하는 수 없이 또 그의 말을 따랐다.

지친 몸을 끌고 우리는 다시 쿨르와르를 올라갔다. 그리고 테라스에서 천천히 서벽으로 들어갔다. 서벽에는 높이가 고르지 않은, 빗장처럼 생긴 바위 턱이 한없이 이어지며 미로를 이루고 있었다. 바위에는 크랙이 없었고, 우리에게는 하켄이 없었다. 다만 침니와 짧은 쿨르와르가 있어서 그 덕분에 내려갈 수 있었다. 그리고 이 침니와 쿨르와르를 통해 그 밑에 나타나는 겔렌데를 차례차례로 내려갔다. 그러다가 생각지도 않은 큰 암벽에 빗장 같은 곳이 나타나서 내려가는

알프스 산군의 6대 북벽 중 하나

길을 가로막을지도 모르는 일이었다. 하지만 이제는 야단났다 싶을 때마다 결국은 돌파구가 나타났다. 라슈날은 여전히 몸이 빨랐다. 그의 활력과 산에서의 천재성은 기적을 일으키고 있었다. 그는 믿기 어려울 만큼 재빠른 행동으로 눈에 덮인 슬랩을 이리저리 달리다시피 넘어갔다. 그는 어디서나 똑같았다. 우리는 그렇게 빨리 전진했다. 하지만 점차 무거운 긴장감이 느껴졌다. 만일 절벽이라도 나타나서 길을 막으면 어떻게 하지? 다시 올라갈 힘이나 있을까? 세 번째 비박을 해낼 수 있을까?

그러는 순간 불안감이 사라지면서, 모든 근심이 즐거운 마음속에서 녹아 없어졌다. 벽이 10미터 밑에서 끝나면서 넓은 설원으로 이어졌다. 이제 암벽의 세계와 악천후의 세계에서 벗어나 사람들이 사는 곳으로 내려가게 된 것이다.

아이거글레처 역에 갔더니 전화 문의가 많이 와 있었다. 우리가 아이거 북벽에 갔다는 것이 들통 난 셈이지만, 불안하게 나돌던 소문도 모두 사라졌다.

독일계 스위스 사람들은 냉랭하고, 때로는 불친절하다. 그러나 여기 예외가 있다는 것을 나는 말해야겠다. 역 앞 호텔 사람들이 모두 우리를 환영했다. 사람들이 찾아오는 것은 낮이어서 밤의 투숙객은 우리밖에 없었다. 그러다 보니 호텔 종업원들은 달리 하는 일이 없어 우리에게 있는 대로 서비스했다.

몇 시간 전부터 우리는 맛있는 음식을 고대하고 있었는데, 마침내 너무나 푸짐한 식사가 나왔을 때에는 결국 많이 먹지 못했다.

그날 밤은 기분이 편하지 않았다. 갈증에 몹시 시달렸다. 물을 마시고 또 마셨는데도 갈증이 가시지 않았다. 그러다 보니 잠도 제대로 자지 못했다. 나는 아이거에 갔다 온 것이 왜 그렇게 작용하는지 그 이유를 알 수 없었다. 워커릉은 아이거보다 곡예등반이 필요했지만, 그래도 아이거만큼 힘든 소모는 없었다. 그 뒤 나는 더 심한 등반도 해냈다. 특히 피츠로이의 마지막 암벽은 너무나 힘들었지만, 돌아와서는 거의 여느 때나 다름없이 먹고 잠을 잤다.

아침에 일찍 일어나 떠나려고 하자 신문기자가 나타났다. 그는 밤새 걸어서 여기까지 올라왔는데, 우리의 등반 이야기를 제일 먼저 취재하려는 것이었다. 곧이어 사방에서 전화가 걸려오고, 첫 차편으로 10여 명의 기자와 카메라맨이 올라왔다. 우리의 모험에 대한 이러한 갑작스러운 관심에 우리는 크게 당황했다. 우리는 우리의 두 번째 아이거 등반에 대해 신문이 이렇게까지 취재하리라고는 꿈에도 생각하지 않았다. 이러한 등반의 성공으로 우리의 이름이 유럽 신문에 크게 보도된다는 것은 뜻밖의 일이었다. 사실은 드루아트의 눈부신 초등이나 워커릉의 극적인 등반도 반응이 그다지 크지 않았으며, 지방 신문이 간단히 보도했을 뿐이었다.

신문기자들의 호기심이 채워지자 우리는 다시금 우리 둘만의 생

활로 돌아갔다. 얼굴은 야위고 옷은 너덜너덜했으며 모든 것이 아직 축축했으니 그 몰골은 보기에도 흉측했다. 숙박료를 내고 나니 빈털 터리가 됐다. 고맙게도 베른에서는 새로운 기자들이 기다리고 있다 가 아침 식사를 한턱냈다. 거리에서는 지나가던 사람이 우리를 불러 세우고 맥주를 사주었다.

제네바에서는 일류 알피니스트들의 등산클럽인 '앙드로사세 Androsace' 회원들이 성대한 환영회를 열어주었으며, 친구 피에르 보 낭Pierre Bonnant의 집에서 즐거운 저녁시간을 보냈다. 이 순수한 우정 과 인간미 있는 온정은 신문의 커다란 1면 기사보다 훨씬 더 기분이 좋았다. 다음 날 내 친구인 폴 파이요Paul Payot — 후에 샤모니 시장이 되는데 — 가 아내들과 함께 차로 달려와 우리들을 집으로 데려다주 었다. 그다음 날 나는 가이드 양성 코스 참가자들을 데리고 산장으로 올라갔다. 내 생활이 옛날로 돌아온 것이다. 이때부터 나는 명성이란 신문에 나오는 한두 줄 기사에 지나지 않으며, 두세 번의 건배와 친 구 몇 사람이 즐거워하는 일이라는 것을 알았다. 아이거 북벽은 하나 의 아름다운 추억이었다.

그 뒤 한동안 아이거 북벽의 역사는 막을 내리고 있었다. 그러나 1961년 3월, 독일인 세 명과 오스트리아인 한 명 — 토니 히벨러Toni Hiebeler, 안톤 킨스호퍼Anton Kinshoffer, 안데를 만하르트Anderl Mannhardt,

알프스 최대 과제였던 아이거 북벽

발터 알름베르거Walter Almberger — 이 7일간에 걸쳐 6번 비박을 하면서 이이거 북벽을 동계 초등반 했다. 알피니즘 역사에서 비할 데가 없는 이 성과는 토니 히벨러가 계획했다. 그는 톱으로 나서지는 않았지만 이 계획의 지도자라고 할 만한 사나이였다. 알프스에서 이만큼 신중하고, 계획대로, 그리고 창의적으로 준비된 등반은 일찍이 없었다. 히벨러와 그의 동료들은 마지막 세부까지 모두 점검하는 데 꼬박 1년이 걸렸다. 최신 장비라고 해도 그들에게 충분한 것은 아니었지만, 새로운 등산화와 등산복이 고안됐다.

첫 번째 도전은 악천후로 '갱도 입구'에서 중단됐다. 그들은 한 번 비박하고 벽의 하단부를 통해 하강했다. 4주일 동안 휴식을 취한 네 명의 클라이머는 앞서 올랐던 부분을 피해 '갱도 입구'로 올라갔다. 이때 그들은 날씨가 나빠도 10일 이상 버틸 수 있는 식량과 장비를 가져갔다. 그들은 이렇게 함으로써 어느 정도는 확실한 자신감을 가지게 된 것이 분명했다. 또한 그들은 추락의 위험을 최소한도로 줄일 수 있는 신중한 방법으로 움직였다. 그러나 이렇게 현명한 계획에도 약점이 있었다. 짐이 무거웠고 확실한 등반 방식을 지키다 보니 속도가 느려서, 벽에서 일주일이나 붙잡혀 있게 됐다. 어느 정도 짐 무게를 줄이고 과감하게 움직여 이삼일을 단축하면 더욱 안전하게 오를 수 있지 않았을까 하는 의문이 당연히 생겼다. 예외적으로 날씨가 좋아서 그들의 용기와 능력이 성공으로 보상받은 것이었다. 그러나 만일 그들이 악천후로 여러 날 벽에서 붙잡혔다면 어떻게 됐을까? 승리와 실패의 차이는 아주 작은 한 발자국일 뿐이다. 승리자는 영웅이 되고, 패배자는 무능한 자로 불리며 우매한 인간으로 전락한다. 히벨러와 그의 일행은 결국 영웅이 되었다.

아이거 북벽에서 지낸 시간은 내가 일찍이 경험한 가장 감동적인 것이었으나, 그래도 다시 한 번 해보고 싶지 않은 것들 중의 하나였다. 한 번쯤은 악마를 시험해보는 것도 좋지만, 그런 일을 자주 하면 사람은 오래 살지 못할 것이다. 나로서는 내가 다시 이 산으로 가게 되는 일이 있으리라고는 생각하지 않았다. 그런데 10년이 지나 나는 이 산에서 내 생애 가장 긴장했던 모험의 하나를 경험하게 된다.

1957년, 내가 안내한 손님 중에 뛰어난 네덜란드 클라이머 두 사람이 있었다. 나는 그들을 7년 동안 지도해왔다. 그들은 특히 빙벽등반을 좋아했다. 우리는 함께 몽블랑 산군의 아주 어려운 북벽도 몇 군데 올랐으며 페루까지 두 번이나 가서, 무서운 곳을 몇 개 초등하기도 했다. 우리는 친구였고 거의 형제나 다름없었다.

보람 있는 빙벽등반을 해보고 싶다는 생각에 우리는 베르너 오버란트로 갔다. 날씨가 그만이어서, 베터호른 북벽은 이미 잘 끝냈다. 이렇게 첫 등반이 성공해 너무 기뻐하면서 그린델발트의 베이스캠프에 돌아오자 사건이 일어났다.

"저기를 봐요! 내게는 그 사람들이 보여요! 저 암벽에서 그다지 떨어지지 않은, 저 커다란 설원 말이에요…."

"그래, 보여요! 셋이나! 저 세 번째 사람이 안 보입니까?"

아침 8시였는데, 우리 텐트 가까이서 이런 이야기가 들려왔다. 나는 아직 잠에서 완전히 깨어나지 않아 그 말이 무엇을 뜻하는지 잘 몰랐다. 나는 침낭 속에 그대로 있다가 그 이야기가 잠재의식 속을 파고들자 잠에서 완전히 깨어나고 말았다. 전날 밤에 이 지역 가이드가 아이거 북벽에 한 조의 자일 파티가 오르고 있다고 한 이야기가 생각났다. 이 클라이머들을 보고 캠프장에서 저렇게 흥분하고 있는 것이 틀림없었다. 나는 톰과 키스를 흔들어 깨우고, 쌍안경을 갖고 텐트 밖으로 나갔다. 그린델발트 캠프장에서는 사람들이 모두 어둡고 불길한 북벽을 쳐다보고 있었다. 그들은 벽에서 벌어지고 있는 상황에 대해 온갖 이야기를 하고 있었다. 제멋대로의 근거도 없는 말들이 들려왔다. 이 벽에서 30명이나 되는 클라이머가 죽었다든가, 재등도 되지 않았다든가 하는 이야기였다.

내 눈에는 분명히 셋이 아니고 넷이 보였다. 그들은 제2설원의 상단을 올라가고 있었다. 그리고 제들마이어와 메링거가 죽은 장소인 돌출 암벽을 보고 좌측으로 루트를 잡고, 그 암벽 가까이로 기어오르고 있었다. 그들은 한 조로 자일 파티를 구성한 듯했으며, 믿어지지 않을 정도로 천천히 전진하고 있었다. 이제 나는 내 경험으로 이 설원의 경사가 50도를 넘지 않는다는 것을 알고 있었다. 얼음은 없었고, 설사 날씨가 춥지 않아 눈이 얼어붙어 있지 않다 하더라도 분명히 좋은 상태일 테니, 설원은 좀 더 빠른 속도로 오를 수 있을 것이라는 생각이 들었다. 10년 전 라슈날과 나는 이 설원이 청빙으로 덮여 있었는데도 적어도 두 배나 빠르게 가로질렀었다. 그들이 왜 그렇게 느린지 이유를 알 수 없었다. 그런데 그것보다도 더 알 수 없는 것은 날씨가 악화되고 있는데도 그들이 등반을 계속하고 있다는 것이었다. 그동안 날씨가 좋았는데, 지금 시커먼 구름이 몰려오는 것으로 보아 기상 악화는 확실했다. 날이 밝으며 하늘은 더욱 겁이 날 정도로 변해갔다. 산의 상태가 좋고, 배짱 있고 자신만만한 자일 파티라면 저녁에도 정상을 공격할 수는 있다. 11년 전 라슈날과 나도 워커릉에서 이와 비슷한 일이 있었지만, 그때의 날씨는 1957년 8월 6일, 화요일인 오늘과 같이 위협적인 것은 아니었다. 지금 여기서 일어나고 있는 일은 나로서는 이해가 가지 않았다. 산의 상태는 분명히 좋지 않았다. 그들 네 명은 우수한 팀이라면 반나절 만에 올라갈 수 있는 곳을 하루 반이 걸려 올라가고 있었다. 나는 이탈리아인들이 토요일, 그리고 독일인이 일요일에 오르기 시작했다는 것을 뒤에 가서야 비로소 알았다. 지금 그들은 어렵지 않은 설원 위를 달팽이처럼 느릿느릿 가고 있었다. 금방이라도 기상이 악화될 것 같은 징후가 여기저기에서 나타났다. 그곳이라면 아직도 그다지 어렵지 않게 후퇴할 수 있었다. 그런데도 그들 네 명은 걱정스러울 정도의 느린 속도로 전진을 계속하고 있었다. 그들은 죽을 수 있는 합리적인 인간이 아니라 공포와 죽음을 느끼지 못하는 로봇과도 같았다. 정오 무렵에 그들은 '아이언' 밑에 도달했다. 오후 2시 30분, 구름 사이로 아이언에서 이어지는 설원이 보였다. 정상적인 전진 같았으면 그들이 보여야 했지만, 그들은 흔적이 없었다. 그들이 하는 행동으로 보면 정상이 목표가 아니라는 생각에 우리는 곧바로 그린델발트를 떠났다. 목요일 밤에 다시 돌아오기로 하고….

하늘이 마치 이 경솔한 인간들에게 후퇴할 최후의 기회를 주려는 듯 수요일 아침은 비교적 날씨가 좋았다. 그러나 오후 늦게 심한 비바람이 몰아치더니 목요일에는 비가 노아의 홍수처럼 쏟아졌다. 금요일이 되면서 하늘이 어느 정도 개어 벽을 자세히 바라보니, '아이언'에서 '램프'로 분명한 자국이 나 있었다. 여행자들의 말로는 수요일에 네 명의 클라이머들이 북동벽 쪽의 라우퍼Lauper 루트로 나가려 하고 있었다고 한다. 산에서의 비극을 잘 모르는 나의 네덜란드 친구는 이러한 일에 남다른 관심을 갖고 있었다. 톰은 아일랜드인인 할머니의 격하기 쉬우면서도 고결한 성질을 물려받았는데, 북벽에 있는 네 명을 구출하지 못한다는 생각에 어쩔 줄 몰라 했다. 그와 나 사이에 격한 논쟁이 벌어졌다.

"이봐, 리오넬. 저 친구들을 살릴 수 있는 방법이 없을까?"

"없어. 자네도 알다시피 우리는 벽을 잘 알잖아! 그들은 너무 아래쪽에 있어. '거미'나 아니면 라우퍼 루트 위까지 오르기 전에는 방법이 없어. 그전에 구조작업을 제대로 하기는 어렵고, 설사 하더라도 결코 쉬운 일이 아니야."

"누군가 구조에 나선다면, 자네도 구조대원으로 참가할 건가?"

"그러지 말고 들어봐, 톰. 지난겨울에 내가 어떤 일을 당했는지 자네도 잘 알고 있지 않은가. 그때 조금만 빨랐다면 두 사람을 쉽게 살려낼 수 있는 상황이었기 때문에 주위에서 비난이 쏟아졌지. 옳지 않게 행동하는 사람들은 그것을 지적하는 것도 싫어해. 그렇다 하더라도 만일 아이거가 프랑스에 있다면, 나는 무엇인가 할지 모르지. 함께 구조작업을 할 친구들이 있으니까. 그런데 여기서는 나도 어떻게 할 수 없어. 아는 사람도 없고, 독일어는 한 마디도 못해. 게다가 여기 친구들은 아이거 북벽을 오르는 것을 알피니즘이라고 여기지도 않아. 그야말로 과대망상에 지나지 않는다고 분명히 말도 하고, 글로도 쓰고 있어. 그래도 해야 한다면 비용도 위험도 자신이 부담할 각오를 해야 해. 구조 같은 것은 기대하지도 말라는 뜻이지. 몽블랑 사건이 있고 나서, 나는 다시는 하고 싶지 않아. 내가 만일 무슨 일이라도 하려고 하면 사람들은 쓸데없이 나서길 좋아한다고 비난할 거야."

"그렇더라도 누군가 다른 사람이 나서서 구조대를 이끈다면 같이 갈 건가?"

"아니, 나는 안 가. 남들이 나에 대해 이러쿵저러쿵 하는 것이 싫

115~116쪽 참조.

어. 저 친구들 넷은 운이 나빴던 용감한 몽블랑 젊은이들과는 달라. 바보들이지. 날씨가 나쁜데도 계속 올라갔단 말이야. 돌아오려고 했으면 올 수 있었을 텐데…. 이런 바보들 때문에 목숨을 바칠 생각은 없어."

"만일 와달라고 하면?"

"그렇다면 이야기가 다르지. 정식으로 요청이 온다면, 그때는 갈 거야. 산사나이의 의리로도, 아니라고 말할 수는 없지. 그러나 내가 여기 있는 것은 아돌프 루비만이 아는데, 그가 그런 부탁을 받을 리 없어."

이렇게 해서 별일 없이 오전이 지나갔다. 아이거 북벽을 흘러가는 구름은 여전히 클라이머 네 명의 모습을 감추고 있었으나, 파란 하늘이 여기저기 나타났다. 날씨가 호전되고 있는 것 같았다. 우리는 떠나기로 하고, 별로 드러나지 않은 곳을 목표로 삼았다. 묀히Mönch의 놀렌Nollen 리지였다. 구기Guggi 휘테에 갈 생각이어서 클라이네 샤이덱에서 기차를 탔다. 차 안의 화제는 온통 아이거 북벽에서 진퇴양난에 빠진 사람들에 대한 이야기였다. 승객 한 사람이 아이거 북벽을 제4등으로 오른 사람 중 한 명인 자일러Seiler가 앞장서서 구조대를 꾸렸다고 알려주었다.

아이거글레처 역에 왔을 때 비가 억수같이 쏟아져 여기서 하룻밤을 지내고, 밤중에라도 날이 좋아지면 새벽 1시에 출발하기로 했다.

우리는 식사를 하며 모두 말이 없었다. 친구들은 내가 무슨 생각에 잠겨 있었다고 했는데, 그들도 우리와 수백 미터 떨어진 곳에서 사나이 넷이 사투를 벌이고 있다는 생각에 마음이 침울했다. 그때 키스가 느닷없이 입을 열었다.

"리오넬은 올라가 구조대에 합류해야 해. 이제야말로 올라가야 하지 않겠는가?"

"아마 그렇겠지. 그러나 나는 구조대장이 요청하지 않는 한 나서지 않아."

그러자 톰이 말없이 일어서서 전화기가 있는 곳으로 갔다. 그리고 융프라우요흐 역을 불렀다. 바로 자일러가 전화에 나왔다. 그들은 독일어로 이야기했는데, 나는 '가이드', '테레이', '샤모니'라는 말만 알아들을 수 있었다. 톰이 수화기를 내게 넘기며, "자일러가 말하고 싶대."라고 말했다.

자일러는 프랑스어를 할 수 있기 때문에 우리의 대화는 지장이 없었다. 자일러는 나더러 바로 올라오라고 했다. 대원은 많지만 거의다 기술적으로 미숙하기 때문에 가이드와 우수한 클라이머가 아무래도 필요하다는 것이었다.

9시가 다 돼가고 있었다. 이 시간에 융프라우요흐로 가는 기차가 있을 리 없어 우리는 터널 안으로 철도를 따라 걸어서 올라가기로 했다. 그러나 역무원들이 제지했다. 그래서 톰이 역의 간부 한 사람을 전화로 불러냈으나, 우리 계획에 동의를 얻어내지 못했다. 규칙은 규칙이어서 구조작업이라고 해도 그것을 바꿀 수는 없다는 것이었다. 이러한 바보스러운 생각과 졸렬한 조치를 어떻게 할 수도 없어 우리는 새벽 4시에 출발해 아이거 서벽을 통해 정상의 구조대원들과 합류하기로 결심했다. 그들은 융프라우요흐에서 올라갔다. 키스는 아침에 일어나기는 했지만 몸 상태가 좋지 않아서 같이 갈 수 없었다. 그는 우리 행동에 방해가 되지 않도록 동행하지 않기로 했다. 날씨가 어느 정도 좋아졌으나 북풍이 강하게 불었다. 이런 상황에서의 구조작업은 어려울 수밖에 없겠지만, 우리는 어떻게 해서라도 올라가려고 했다. 겔렌데가 대부분 물기 있는 빙판이었으나, 7시 30분에는 벌써 북서릉에 도달했다. 정상까지 300미터 거리였다. 날씨가 맑으면 가운데가 굽어보이는 아이거 북벽이 대체로 바라다보인다. 오늘은 무거운 구름이 북벽을 몰아쳐서 사이사이로 눈과 얼음에 덮인 곳이 간간이 보일 뿐이었다. 그런 곳에서 사람이 악천후와 싸우며 과연 일주일이나 버텨낼 수가 있을까? 나는 의구심을 품지 않을 수 없었다. 내가 이 구조대에 참가하는 것은 스위스 구조대원들과의 연대감 때문이며, 그들의 숭고한 정신에 마음이 움직였기 때문이다. 하지만 결코 이 죽음의 구렁에서 누군가를 구조할 수 있다고는 기대하지 않았다. 나는 벽을 내다보며, 바람이 잦아드는 순간에 한두 번 소리를 질렀다. 그러나 들려오는 것은 강한 바람 소리뿐이었다. 그래서 다시 걸어가려는 순간 사람 소리가 분명하게 들려와서 우리는 깜짝 놀랐다. 마치 저세상에서 나는 소리 같아서 잘못 들었나 하고 우리는 서로에게 물었다. 그러자 바로 계속해서 부르는 소리가 들려왔는데, 확실치 않았으나 분명 아이거 북벽에서 누군가가 살려달라고 하는 소리였다. 이 순간에 일어난 극적인 일에 감동이 되어, 날씨만 좋으면 뜻있는 구조작업에 참가하게 되리라는 확신 아래 우리는 정상으로 향했다. 그때 아이거요흐 능선에서 강풍과 싸우고 있는 자일 파티의 모습이 보였다. 우리는 걸음을 재촉해서 8시 45분 정상에 올라섰는데, 놀랍게도 그곳에는 아무도 없었다. 바로 10년 전 악천후에 지치고 지쳐서 올라섰던 그 당시와 조금도 다름없는 모습이었다. 얼마나 그리운 모습인가! 살을 에는 듯한 찬바람이 계속 불어왔다. 몸을 조금이라도 따뜻하게 해보려고 눈을 파내고 평탄한 장소를 만들었다. 또한 뒤에 오는 사람들이 편하게 쉴 수 있도록 하기 위해서였다.

거의 2시간이나 지나서야 클라이머 두 사람이 정상으로 올라왔다. 굳은 얼굴에 결연한 표정으로 말은 적었으나, 그들은 가볍게 인사를 하고 옆에서 커피를 끓였다. 독일어에 스위스-독일어까지 하는 톰이 이 두 사람에게 이것저것 물었다. 그들은 40명으로 이루어진 구조대가 중무장하고 새벽 1시에 융프라우요흐를 출발했으나, 좁은 뮌히 리지에서 모진 강풍을 만나 지연되고 있다는 이야기를 전했다. 그들은 고정자일을 설치해야 했는데, 그 밖의 일은 잘 모르지만 머지않아

아이거 정상에서 펼친 구조작업

도착할 것이라고 말했다. 우리는 말 없는 두 사람 가운데 키가 큰 사람이 스위스 산악회가 표준으로 채택한 구조장비를 고안한 바로 그 에리히 프리들리Eric Friedli라는 것을 알았다. 나는 우리의 어려운 구조작업을 이 전문가와 함께한다는 사실에 몹시 기뻤다. 두 독일계 스위스인들은 간단히 요기를 하고 평평한 곳에 케이블을 고정하기 시작했다. 바위가 잘 부서져서 하켄을 많이 써야 했고, 케이블을 커다란 바위에 감아야 했다. 나는 아이거 북벽에서 정상으로 빠지는 크랙은 좀 더 동쪽에 있다고 알려주었지만, 그들은 들은 체도 안 하고 작업을 계속했다.

오후 2시경 다른 자일 파티도 도착해 정상이 붐비기 시작했다. 이들은 모두 스위스 산악회 회원들로 대부분 툰Thun이나 베른Berne에서 온 사람들이었는데, 프랑스어를 하는 몇 명은 비엘Biel에서 온 사람들이었다. 나는 어젯밤 뮌헨을 떠난 12명의 독일인들이 북서벽으로 올라오고 있다는 이야기도 들었다. 유명한 파일럿 가이거가 비행기에서 아이거 북벽에 아직 사람들이 살아 있다고 알려왔다. 그러자 곧 두세 대의 비행기가 아이거 정상을 선회하고 북벽으로 내려갔는데, 사람들의 시선은 끌었지만 효과는 없었다.

오후 3시경 케이블 고정이 끝나자, 프리들리가 정찰을 위해 누가 먼저 내려갈지 물었다. 자일러와 비엘에서 온 우수한 클라이머 페르누, 그리고 내가 앞으로 나섰다. 프리들리는 자일러를 선택했다. 그는

아이거 정상에서 펼친 구조작업

70미터 가량 내려가더니 정상으로 빠지는 크랙은 더 동쪽이라고 소리쳤다. 결국 모든 것을 옮긴 다음 케이블 작업을 처음부터 다시 할 수밖에 없었다. 툰 출신의 전문가들이 이 작업을 하는 동안 우리들은 비박 장소를 준비했다. 구조대원 일부는 아이거글레처 역으로 내려가 그곳에서 밤을 보내고 다음 날 식량과 장비를 가져오기로 했다. 그러나 점점 더 많은 사람들이 올라왔다. 먼저 그라밍거Gramminger가 이끄는 독일인들이었는데, 그라밍거는 알프스 역사상 가장 어려웠다는 구조작업들을 성공적으로 해낸 인물이었다. 그리고 얼마 후 놀랍게도 이탈리아의 저명한 알피니스트 카신Cassin과 마우리Mauri가 올라왔다. 이 두 사람은 레코Lecco에 있다가 그들의 동료들을 구조하려고 급히 달려온 것이었다. 어둠이 다가올 무렵 무거운 짐을 진 젊은 이 8명이 나타났는데, 전혀 예기치 못한 일이었다. 이 폴란드인들은 베르너 오버란트에서 북벽들을 공략하려 하고 있었지만, 등산가로서 연대감을 느껴 자발적으로 우리에게 합류한 것이었다.

아이거 정상 능선에서 30명이 넘는 사람들이 강풍을 피해 비박하기 위해 눈을 다지거나 설동을 팠다. 라틴어를 사용하는 두 명의 이탈리아인과 루체른 출신의 아이젤린, 그리고 톰과 나는 함께 비박하면서 친하게 지냈다. 우리가 꽁꽁 얼지 않았다고 하면, 그것은 거짓말이다. 사실은 더 말할 수 없을 정도로 나쁜 상태에 놓여 있었다.

새벽이 밝아오자 ─ 우리가 마실 차를 만들고 있는 동안 ─ 독일인들이 정찰을 위해 한 사람을 내려보냈다. 잠시 후, 아이거 북벽에 갇혀 있는 사람들과 연락이 됐다는 소식이 능선 전체에 전해졌다. 그들이 '거미' 꼭대기에 있는 것 같아, 지체 없이 그들을 끌어올리기 위한 구조작업이 시작되었다.

극복해야 할 문제들이 많았지만, 핵심은 날씨였다. 산에서는 날씨가 좋으면 모든 것이 가능하지만, 그렇지 않으면 아무것도 할 수 없다. 지금의 상황으로는 희망과 절망이 교차했다. 간밤에 몰아치던 강풍은 누그러졌다. 그리고 기온도 제법 올라갔다. 하지만 지금까지 푸르던 하늘을 검은 구름이 덮었다. 구름이 지금은 높이 있지만, 무겁고 검은 것으로 보아 곧 눈이 내릴 것이 틀림없었다. 우리의 구조작업은 어느 정도 이 구름에 달려 있었다.

이제 프리들리가 젊은 독일인 알프레드 헬레파르트Alfred Hellepart를 내려보냈다. 그는 헤라클레스와 같은 체력으로 뽑혔는데, 무전기를 갖고 있어서 수시로 상황을 알려줄 수 있었다.

그는 경사진 정상 설원지대를 지나, '거미' 위의 크랙과 쿨르와르를 따라 큰일 없이 계속 내려갔다. 가끔 수직의 벽이 나타나는 곳에서 진전이 느려졌을 뿐이었다. 케이블은 나무로 된 회전축에 감겨 있어 쉽게 속도를 조절할 수 있었다. 그는 100미터마다 멈춰 새로운 케이블을 이어야 했다. 300미터를 내려가자, 그는 일행보다 훨씬 높이 올라온 한 명의 생존자에게 다가가고 있다고 알려왔다. 그는 동료들의 목소리는 들을 수 있지만 볼 수는 없는 곳에 있는 것 같았다. 헬레파르트는 70미터를 더 내려가 그에게 다가갔는데, 그는 이탈리아인 코르티Corti였다. 그는 믿을 수 없을 정도로 건강했다. 헬레파르트는 그에게 코라민 주사를 놓고, 그라밍거가 고안한 특수 하네스를 등에 채웠다.

이론적으로는 이제 두 사람을 위로 감아올리면 됐다. 그러나 프리들리는 케이블이 암벽과의 마찰을 이겨낼지 확신하지 못했다. 그는 우리들로 하여금 60미터가 넘는 거리에 걸쳐 일종의 끌어올리는 길을 만들도록 했다.

몇 차례 시도를 했지만, 이 장치로 두 사람을 끌어올리기에는 힘이 부족했다. 프리들리는 조금도 서둘지 않았다. 그는 끌어올리는 길에 깔린 케이블을 따라 우리를 배치한 다음, 순식간에 탈착이 가능한 기발한 연결 장치를 이용해 케이블의 6~7미터마다 고리를 달게 하고, 고리 하나하나에 네다섯 명이 잡아당길 수 있도록 자일을 연결하게 했다. 이렇게 하면 결국 우리들 30명 이상이 한 번에 잡아당길 수 있었다. 그러나 첫 시도에서 어마어마한 힘을 주었는데도 케이블은 꿈쩍도 하지 않았다.

케이블과 케이블을 이은 나사 하나가 바위의 틈에 걸린 것 같았다. 그렇다면 심각한 상황이 발생한 것인데, 우리의 희망찬 낙관도 약간의 공황 상태에 빠지고 말았다. 만약 우리가 두 사람을 케이블로 끌어올리지 못한다면, 우리는 코르티를 포기해야만 할지 모른다. 또한 자일과 자일을 이어 헬레파르트를 끌어올리는 것 역시 결코 만만치 않을 것이다. 작업에 보강이 이루어져, 베른에서 온 우렁찬 목소리의 사나이가 우리를 지휘했다. 이렇게 힘을 효과적으로 합치자 케이블이 빳빳해지면서 움직이기 시작했다. 우리가 6~7미터를 끌어올리면 프리들리가 케이블을 고정하고, 우리는 고리를 앞으로 옮겨 당기는 작업을 계속했다. 이런 식으로 케이블을 370미터나 끌어올려야 해, 이 작업은 시간이 많이 걸릴 수밖에 없었다. 뿐만 아니라 헬레파르트는 힘이 많이 들어 자주 쉬어야 했다.

1시간 반이나 지나자 드디어 두 사람이 정상 설원 끝에 모습을 드러냈다. 이제 힘이 다 빠진 헬레파르트는 그의 무거운 짐을 능선 위에 내려놓을 수 있게 되었다. 코르티의 빠짝 여윈 얼굴에는 작은 두 눈이 쑥 들어가 있었지만, 그가 아이거 북벽에서 8일 동안이나 버텼다니 믿어지지 않았다. 그는 심한 동상에 걸리지도 않은 듯했고, 혼자 서 있을 수 있었으며, 몸짓을 하며 큰소리로 떠들고, 한탄도 하고 농담까지 했다. 불행하게도 그를 통해서는 정확한 상황을 파악할 수 없었다. 그는 동료들의 운명보다는 자신이 아이거 북벽을 오른 최초의 이탈리아 사람인지에 대해 더 관심을 갖고 있는 것 같았다. 그는 횡설수설했는데, 이탈리아인 롱히Longhir가 '신들의 트래버스' 어딘가에 살아 있는 것은 사실인 것 같았다. 계속 앞뒤가 맞지 않는 이야기

동히Longhir를 구조하기 위해
최선을 다했으나 실패하고 말았다.

를 하며, '거미'로 트래버스 할 때 동료 스테파노 롱히가 뒤에 처졌다고 했다. 이 사실은 카신과 마우리가 우리에게 전해준 것인데, 그들은 전날 저녁 북서릉에서 코르티와 몇 마디 말을 주고받았었다. 두 독일 클라이머의 운명은 알 수 없었다. 지금까지의 사실로 추측해볼 수 있는 것은 코르티가 '거미'의 끝까지 그들과 함께 등반했는데, 그는 그들과 어떤 이유로 헤어져, 헬레파르트에 의해 발견된 곳에 비박 장비와 함께 혼자 남게 됐다는 것이다.

헬레파르트가 다른 사람들의 흔적을 전혀 찾지 못했기 때문에 두 독일인은 추락한 것이 틀림없어 보였다. 어쨌든 누군가가 '거미'가 시작되는 곳까지 내려가 그들을 찾아보고, 롱히를 구조해야만 했다. 프리들리와 그라밍거가 나더러 이 일을 할 의향이 있는지 물어, 나는 즉시 좋다고 대답했다.

하늘을 덮었던 구름이 어느새 내려오고 있었다. 악천후가 예상돼서 나는 옷을 있는 대로 입었다. 낙석에 대비해 헬멧을 빌려 쓰고, 무전기를 가슴에 걸었다. 프리들리가 주사를 놓을 때 주의할 것을 이것저것 알려주었다. 나는 친구들의 응원을 받으며 정상 설원을 내려섰다. 경사가 수직으로 바뀌는 곳의 케이블은 3센티미터나 석회암 속으로 들어가 있었다. 이곳에서 나는 잠시 기존 케이블에 새로운 케이블로 볼트 작업을 했다. 나는 다시, 10년 전 결사적으로 올라섰던 바로 그 크랙과 침니를 통해 내려가기 시작했다. 당시와 마찬가지로 역층으로 된 홀드에 축축한 눈과 얼음이 덮여 있었으며, 무거운 구름이 산을 덮고 눈이 내리기 시작했다. 라슈날의 농담이 귀에 들렸다. 그때 그는 고양이처럼 날렵한 모습으로 침니에서 나타나, "어때요? 가이드님, 이런 등반 재미있어요?"라고 했었다.

갑자기 케이블이 멎었다. 나는 정상에 이 사실을 알렸으나 답이 없었다. 그 대신 독일어가 들렸는데, 정상과 클라이네 샤이덱 사이에 오가는 이야기 같았다.

이윽고 정상에서 응답이 왔다. "테레이 나와라. 내 말 들리나? 대답해라!" "잘 들린다. 왜 하강을 멈추었나? 내 말 들리나? 대답해라!"

내 말은 못 듣는 것 같았다. 독일어와 프랑스어가 다시 들리더니 오랫동안 끊어졌다. 모든 것이 끝없이 길게만 느껴졌다.

나는 케이블에 매달린 채 왼쪽으로 트래버스 했다. 이제, 1947년 아이젠 차림으로 물기 있는 빙벽을 올라야 했던 그 침니를 가장 가까이서 바라볼 수가 있었다. 그리고 나를 살린 하켄을 때려 박았던 크랙도 보였다. 다시 본래의 위치로 돌아오려니까 케이블이 작은 돌들을 떨어뜨렸다. 그러자 6밀리미터의 가는 케이블이 지나치게 팽팽하다는 느낌이 들었다. 눈이 날리기 시작했다. 정상 설원에서 일정한 간격으로 작은 눈덩이들이 떨어지며 나를 덮쳤다. 그때 "여기는 샤이덱. 테레이 나와라. 내 말 들리나?"라는 소리가 들려왔다.

긴 대화를 통해 정상에 있는 무전기가 불통이라는 것을 알았다. 케이블이 이따금 진동했다. 그때마다 나는 10센티미터를 오르내렸다. 나는 기분을 달래려고, 북서릉에 보이는 자일 파티를 보고 한두 번 소리를 질렀다. 그러자 밑에서 소리가 들려왔다. 그것은 아직 희망을 버리지 않고 죽음과 싸우고 있는 나이 든 롱히의 소리였다.

그를 살릴 수가 있을까? 1분 1초가 아까운 시간이었다. 오후 4시가 되어 가는데 날씨마저 나빠지고 있었다. 그렇다면 오늘 오후에는 아무 것도 할 수 없게 될 것이다. 악천후가 계속되는 한 '거미'까지 내려가 그를 구출하지는 못한다. 그는 지금 '거미'에서 왼쪽으로 100미터 떨어진 바위 턱에서 오도 가도 못하고 있다. 날씨가 좋아도 구조작업에 적어도 하루가 필요하다. 나는 그런 날씨라면 며칠간을 '거미'에서 견디며, 롱히를 죽음에서 살려내려고 힘쓸 사람들이 많으리라는 것을 의심하지 않는다. 롱히는 정말 놀라운 용기로 버티고 있는데, 다만 우리가 무력할 뿐이었다.

케이블이 다시 당겨지는 것을 느꼈다. 나는 두 발을 벽에 대고 버티면서 무리하지 않고 올라갔다. 어떤 신호나 무전 연락도 없었다. 프리들리가 케이블을 더 내리는 것은 위험하다고 판단하고 나를 다시 올리도록 한 것이었다.

오후 4시가 넘었는데도 코르티가 아직 그대로 있는 것을 보고 나는 놀랐다. 모두가 달라붙어 그를 돌보았지만, 그는 더 쇠약해진 듯했다. 여하튼 아홉 번째 비박을 하도록 해서는 안 되었다. 프리들리와 그라밍거가 급히 작전회의를 열었다. 결국 프리들리가 지휘하는 프랑스 구조대원들이 내일 날씨가 좋으면 다시 롱히에게 내려가기 위해 이곳에 남기로 했다. 나머지 구조대원들은 오늘밤 코르티를 데리고 내려간 다음, 내일 아침 일찍 다시 올라오기로 했다. 나는 바로 코르티를 어깨에 메고 북서릉을 따라 내려가, 하강을 시작하는 지점에서 그를 침낭 안에 넣고 썰매에 묶었다. 하강이 시작됐지만 처음에는 잘 되지 않았다. 케이블을 정상에 두고 와서 썰매는 60미터 자일 두 동으로 내리기로 했다. 자일이 다 될 때마다 하켄을 다시 박아 똑같은 작업을 되풀이해야 했다. 무른 석회암으로 된 아주 거친 바위 턱이 여기저기 나타나는 사면은 발바닥에 뭉치는 눈으로 덮여 있는 데다, 바로 내려갈 수가 없어 오른쪽으로 가야 했다. 하지만 여기는 아주 고약한 겔렌데여서 자일 기술이 요구됐다. 유감스럽게도 대부분의 사람들은 걸음이 매우 느렸다. 많은 사람들이 도움보다는 오히려 방해가 되었다. 자일 파티 중에서 누군가 미끄러질 것 같아 나는 항상 불안했다. 아니나 다를까, 폴란드 3인조가 미끄러졌는데, 톰이 침착하게 그들을 제지할 수 있었다. 몇 피치를 더 내려간 다음 대여섯 명의 최고 수준의 클라이머들이 이 작업을 맡아 하강이 아주 순조롭게 진행됐다. 날씨가 드디어 악화되면서 비바람이 몰아쳐 우리는 흠뻑 젖고 말았다.

어두워지려고 할 때 프리들리의 구조대원들이 우리를 따라잡았다. 그들은 이것저것 도와주고 나서 먼저 내려갔다. 정상에서 한 번 더 비박을 하면 내일 아침의 구조작업에 좋은 몸 상태가 아니라는 것은 명백하다. 따라서 그들은 장비를 정상에 남겨두고 잠을 자기 위해 아이거글레처 역으로 내려간 것이다. 밤사이에 날씨가 좋아지면 그들은 내일 아침 일찍 좋은 몸 상태로 다시 올라가기로 하고.

점점 더 어두워지고 있었다. 거센 바람이 눈을 얼굴에 뿌렸다. 이대로 가다가는 어떤 사고를 당할지 몰랐다. 하강 작업을 지휘하던 그라밍거와 나는 적당한 장소가 나타나자 모두 멈추도록 했다. 우리 모두는 이틀 낮과 하룻밤의 고된 작업으로 완전히 지쳐 있었다. 또 한 번의 비박은 아주 비참했다. 오랫동안 아무것도 먹지 못했고, 몸에 걸친 것은 모두 젖어 있었으며, 비박 장비 하나 제대로 된 것이 없었다. 우리는 어느 정도 평편한 곳을 찾아 코르티를 확보해 놓았다. 나는 완전히 바람에 노출된 그곳, 코르티 옆에 자리를 잡았다. 다른 사람들은 모두 바람을 피할 수 있는 피난처를 찾아 떠났다. 톰이 마지막으로 내 곁을 떠났다. 1시간 정도가 지나 코르티가 잠들자 나는 바람을 피해보려 애썼다. 내가 바람을 피해 몸을 도사린 지 30분도 되지 않아, 코르티가 슬픈 비명을 질러댔다. 그는 강풍과 눈보라가 몰아치는 능선에 자기 혼자 버려졌다고 생각한 것이 틀림없었다. 나는 그에게 다가가 안정을 시키고 나서 마실 것을 주었다. 그리고 뼛속까지 얼어와 나의 보잘 것 없는 피난처로 돌아갔으나, 그가 비명을 지

아이거를 오르고 나서

를 때마다 썰매가 있는 곳으로 가야 했다.

동이 틀 무렵, 몇 명의 자일 파티가 우리가 있는 곳으로 올라오고 있는 것이 보였다. 그들이 도착하자 우리 모두는 다시 하강을 시작했다. 새로 올라온 사람들은 대부분 나이 든 가이드들로 아이젠이 없어 도움이 되지 않았다. 다만 그중 한 사람은 장비는 초라하고 성격이 고약했지만 상당히 민첩했다.

설사면이 이제 일련의 수직과 오버행 지대로 바뀌었다. 이런 지형에서는 사람을 묶어 놓은 썰매를 대각선으로 내리는 것이 결코 쉬운 일이 아니다. 그때 뛰어난 가이드인 한스 슐루네거가 올라와 이 어려운 일을 완벽하게 해냈다.

우리는 샤토 덱스Chateau d'Oex에서 온 자일 파티와 만났는데, 그들 중 한 명이 위대한 여성 클라이머 베티 파브르Betty Favre였다. 그들이 보온병에 담아온 따뜻한 음료를 주어서 우리는 기운을 좀 차릴 수 있었다. 곧이어 구조를 위해 사방에서 수많은 사람들이 우리에게 달려왔다. 얼마 지나지 않아 믿을 수 없을 만큼 많은 사람들이 우리를 둘러쌌다. 그리고 마침내 프리들리와 그의 구조대원들이 올라와 썰매를 교대했고, 전진이 빨라졌다. 그럼에도 우리가 마침내 아이거글레처 역에 도착한 것은 오후 3시였다.

빙하가 시작되는 곳과 역 주변은 히스테리에 빠진 신문기자와 카메라맨, 그리고 구경꾼들로 아수라장이었다. 이것은 앞으로 다가올

달갑지 않은 싸움의 전조였다. 이 구조작업은 스위스와 독일, 그리고 이탈리아에서 격렬한 논쟁을 불러일으켰다. 현명하게도 이 구조작업에 참가하지 않은 사람들은 구조대의 조직체계와 구조작업을 강하게 비판했다. 당연한 이야기지만, 현장에서 그때그때 해나가는 작업이 완벽할 수는 없다. 그러나 여러 나라의 등산가들이 연대감으로 함께 뭉쳐, 참으로 절망적인 상황에서도 어리석은 동료의 생명을 구하려고 최선을 다한 것은 사실이다.

아이거에서의 구조작업이야말로 용기와 헌신 그리고 의지를 보여준 훌륭한 표본이다. 그리고 바로 이런 점에서 이 구조작업은 위대한 성과였다. 그 외는 무엇이든 악의에 찬 험담에 지나지 않는다.

죽은 스테파노 롱히는 1959년이 돼서야 스위스 가이드들에 의해 수습됐다. 독일인 두 사람이 겪은 운명은 1961년에 비로소 밝혀졌다. 그들의 시신을 설사면에서 찾은 것이다. 1957년 그 극적인 날, 아이거 북벽을 오르던 두 사람은 탈출 하강을 하던 중 피로로 인해 죽은 것으로 보인다.

6장

대등반에서의 가이드

아이거 북벽의 제2등은 나에게 있어 알프스 등반의 정점이었다. 그로부터 나는 아마추어 등산가로서의 행위에 그다지 무게를 두지 않고, 오직 가이드 일에만 몰두했다. 얼마 후 나에게 아마추어로서 중요한 등반을 할 수 있는 행운이 주어져, 처음으로 유럽을 벗어난 큰 원정에 여덟 번 참가하게 되었고, 히말라야와 안데스의 규모가 큰 많은 등반에서 성공을 거두게 되었다. 라슈날은 비슷한 수준으로 내 뒤를 따라왔다.

워커릉을 오르고 나자 우리는 이미 훈련단계를 끝냈고, 기술적으로 한층 더 완성단계에 도달했으며, 또한 정신적으로도 충실해져 알프스의 산들은 이제 우리가 추구하던 거대한 모험과 탐구의 이상도, 우리 자신을 능가하는 이상을 만족시킬 만한 플레이그라운드도 아니라는 것을 막연히 느끼고 있었다. 아이거 북벽을 오르고 나자 사정은 더욱 명백해졌다.

우리는 알프스에서 가장 높고 어려운 거벽들을 모두 올라갔다. 이제 여기 산들이 작아져, 이 좁은 세계에서는 더 이상 어려운 곳에 도전하고자 하는 야망을 가질 수 없었다. 나는 한번 이런 글을 읽은 적이 있다. "새롭게 모험을 하려면, 산이 그 정복자들의 기량과 비견할 만한 고도를 가져야 한다."

그 뒤로 유럽의 산은 우리에게 관광여행의 스포츠적인 형체가 아니면, 그저 기술 숙달을 위해 연습하는 데 도움이 될 뿐이었다. 심미적인 희열이나 스포츠의 새로운 형식보다도 더 큰 갈망을 채워주는 것을 찾고 있던 우리들로서는, 이제 등반 형식을 바꾸거나 자신의 힘을 시험하며 최고 난이도의 암벽을 혼자 오르든가, 아니면 한겨울에 공략해보는 것 외에 달리 할 일이 없었다. 물론 세계의 큰 산들이 우리의 갈망에 부응하겠지만, 돈이 없으니 어떻게 대륙이나 대양을 건너가겠는가?

많은 사람들이 우리에게 이렇게 주의를 환기시킬지도 모른다. 아직 가장 중요한 몇 개의 거벽은 정복되지 못했다고. 프티 드류의 서벽과 남서벽은 그대로 남아 있으며, 게다가 우리는 돌로미테의 대암벽은 아직 하나도 오르지 못했다고. 사실 그렇다. 이 산군에야말로 일찍이 인간에게 굴복한 적이 없는 가장 높고 어려운 거벽들이 있다. 따라서 이런 결론이 나올 수 있다. 내 생각과는 달리, 알프스의 아이거와 그랑드 조라스 북벽을 오른 후에도 우리들의 기대와 모험에 대한 열망을 만족시킬 만한 커다란 가능성을 알프스에서 찾을 수 있을 것이라고. 그런데 알피니즘은 다양한 특성을 갖고 있다. '고산'이 그 하나이며, '6급의 거벽등반'도 그중 하나다. 이 두 가지에 똑같은 열정을 느끼는 사람은 극히 드물며, 또한 이만큼 서로 다른 두 개의 기술을 완전히 구사할 수 있는 사람도 많지 않다.

'돌로미테 클라이머'들은 대부분 서부 알프스의 눈과 얼음의 벽에서 고전하고, 서부 산군의 전문가들 또한 동부 알프스의 석회암으로 된 수직의 암벽에서 애를 먹는다.

라슈날과 나는 완전한 '서부파'다. 우리가 생각하는 알피니즘은 눈과 얼음이 섞인 거벽을 오르는 것이다. 이것은 눈부신 하얀 눈과 뿌연 빙하가 숨을 넘어가게 하는 마술과 같은 매력을 가진 아름다운 세계를 만들어 우리를 매혹한다.

이에 반해 순수한 바위뿐인 대암벽은 색채가 너무나 단조로워 재미가 없다. '돌로미테 등반'은 분명 알피니즘에서 또 다른 분야이다. 그러나 우리는 이미 실력 있는 암벽등반가로 인정받았다. 라슈날은 미묘한 곳에서는 특별한 존재였다. 바위와 얼음이 혼합된 등반이나 빙벽등반이 순수한 암벽을 오르는 것보다 우리를 더 열광시켰다. 특히 우리는 인공등반을 해야 하는 루트를 싫어했다. 보통 수준의 클라이머들과 많은 초보자들까지도 하켄에서 하켄으로 몸을 끌어올리는 인공등반의 기술을 그다지 어렵지 않게 여기고 있었다.

하지만 이것은 소박한 견해다. 극히 드문 경우를 제외하고, 인공등반은 체력과 두뇌 그리고 용기가 필요하다. 이것은 보통과 다른 것으로, 몇 시간 또는 하루 종일 오버행에 매달려 고도의 기술을 구사해야 하며, 때로는 아주 불편한 자세에서 끊임없이 하켄을 때려 박아야 한다. 제멋대로 생긴 크랙에 하켄을 잘 박고, 자일과 카라비너를 제대로 다루려면 상당한 기술이 필요하다. 이러한 식으로 700~800미터의 암벽에서 1시간에 20~30미터를, 어떤 때에는 5~6미터밖에 오르지 못하는 등반은 보통을 뛰어넘는 인내력과 의지력이 필요하다. 부서지기 쉬운 암벽의 불안정한 금속 쐐기에 허공으로 매달리는 것은 극도의 불안감을 주기 때문에 이것을 견디는 대단한 용기마저 있어야 한다.

라슈날과 나는 어려운 기술을 요구하는 인공등반에 반대한 적이 없으며, 그렇다고 그것에 빠져들어 가지도 않았다. 우리가 좋아한 것은 중력의 법칙에서 벗어나 공간에서 춤을 추는 감각이었는데, 이것은 아크로바틱한 등반에서 오는 것이다. 이때 인간은 더 이상 땅을 기어 다니는 벌레가 아니고 하늘을 나는 비행사가 되어, 샤모아 chamois나 다람쥐 아니면 거의 새처럼 자유를 만끽한다. 인공등반은 정반대의 감정을 느끼게 한다. 바위에 매인 몸이 되어 기계적인 속임수의 도움으로 느리게 전진하며, 그럴수록 자기의 허약함과 무기력을 느낄 따름이다.

독일인들이나 이탈리아인들 중 '6급'에 속하는 사람들의 특기인 단독등반은 어느 정도의 기술을 구사하는 것을 아주 어렵게 만들거나 또는 불가능하게 만들기 때문에 많은 노력을 해야 하는데, 매우 위험하기도 하다. 이런 등반은 일류 클라이머가 갖고 있는 여러 가지 가능성을 어느 정도 제한한다.

이밖에도 단독등반은 완전한 자기 극복, 그 이상으로 아주 특별한

알프스산양

힘과 독특한 정신 구조까지 필요로 한다. 라슈날과 나도 정신적이라 기보다는 기술적인 이유에서 이런 식의 등반은 아직 해보지 못했다. 물론 우리도 어려운 곳에서 안자일렌을 하지 않거나 확보 없이 오르기도 했다. 따라서 이론적으로는 우리도 단독등반을 할 능력이 충분하다. 라슈날은 매우 사교적이어서 혼자 있는 것을 싫어했다. 개인적으로 나는 종종 고독을 즐겼지만, 산에서는 자연의 위험을 정교하게 인식하고 있었다. 나는 동료가 있을 때는 자일 없이도 쉽게 올라가는 곳을 혼자일 때는 무척 어렵게 느끼기도 했다.

내가 보기에 알피니즘이란 무엇보다도 개인적인 경험이다. 따라서 나는 일부 작가들이 우정을 굳건히 하는 것이 가장 중요한 동기라고 주장하는 것은 터무니없다고 생각한다. 그렇다면 왜 무서운 등반에 생명을 걸거나 자신을 완전히 지치게 만드는가?

때로는 남과의 경쟁의식이나 상대적으로 좋지 않은 감정을 일으키는 경우도 있다. 그러니 오랫동안 자일 파티의 참모습을 유지하는 경우는 드물다. 물론 예외의 경우도 있다. 서로 뜻은 맞지 않지만 혼자서는 자립할 수 없다는 것을 알고, 기술적으로 성공하려면 힘을 합쳐야 한다는 생각에 결국 하나의 자일 파티가 되는 경우다. 내 산 친구들 가운데 우정이 유난히 돈독한 사람이 몇 명 있는데, 특히 라슈날이 그런 친구다. 그런 친구들과 함께하는 등반은 언제나 유쾌하고 감동적이다. 그러나 등반은 친한 친구들하고만 할 수 있다고 주장한다면, 그것은 옳지 않다. 만약 알피니즘이 그런 것이라면, 그것은 이상한 행동이 아닐 수 없다.

많은 등반을 하면서 그때그때 이상적인 파트너를 찾기란 쉽지 않다. 그래서 "우정을 위해 산에 간다."라고 하는 사람은 처음 등반을 시작할 때부터 그런 습관에 빠져 있는 사람이다.

나는 마음이 맞지 않는 상대와 함께 산에 가는 것을 가급적 피한다. 그런데 인간적으로 나와 거의 통하지 않는 상대와 함께 산에 가게 되는 경우가 가끔 있다. 그런 사람들은 내게 아무런 즐거움을 주지 못한다. 나는 나 자신의 능력이 되는 등반만을 해왔을 뿐이다. 나는 정신력이 약해서 — 이 사실을 제대로 인식하지 못했는데 — 어려운 암벽에서 단독등반을 하지 못했다. 자일이 없어도 나는 다른 사람이 옆에 있어야 편안함을 느낀다.

겨울에는 추위와 눈과 바람, 그리고 해가 짧아서 등반이 더욱 어렵다. 하지만 많은 등반가들은 이 동계등반에서 투쟁과 정복에 대한 열망을 만족시키는 방법을 찾아내고 있다. 나는 이와 반대로 동계등반은 너무 힘들고, 기술적인 가능성이 지나치게 제한되기 때문에 싫어한다. 그래도 나는 동계등반을 해보려고 했지만, 사실은 그런 기회가 많지 않았다.

산에 대한 열정이 아무리 강하다고 해도 사람이 언제나 산에만 오르며 살 수는 없다. 그러니 숙달된 등반기술을 유지하려면 평소 엄하게 훈련을 해야 한다. 나는 스키 강사가 직업이어서 겨울에는 언제나 스키를 타며 진지한 등반에 대한 훈련을 대신했다.

앞에서도 분명히 말했지만, 아이거 북벽을 오르고 나서 몇 년간 나는 그전보다 더 가이드 일에 몰두했다. 이것은 어느 정도 경제적인 이유에서였지만, 사실 가이드 일은 내 넘치는 에너지와 용기를 충분히 흡수해서 모험을 하고자 하는 내 욕망을 효과적으로 잠재우기 때문이기도 했다.

나는 가이드라는 직업을 진정 객관적으로, 실제와 같이 기술한 책을 본 일이 없다. 가이드라는 직업은 육체적으로나 정신적으로 강한 자질을 요구하는 것으로, 그것을 실질적으로 행하려면 강건하고 기술적이며 용기가 있어야 하고 자신의 온몸을 던질 정도여야 한다. 그러나 전설과는 달리, 가이드가 챔피언이나 성자여야 할 필요는 없다. 보통은 비교적 단순한 등반을 안내하는 것으로 충분하다. 스포츠적인 업적을 완수하는 것은 그의 일이 아니며, 어느 정도의 '테크닉'을 가르치고 '일반 등산가'들이 그들의 힘만으로는 할 수 없는 등반을 안전하게 할 수 있도록 도와주면 된다. 가이드가 10종 경기에서 승리하는 선수처럼 등산의 대가가 될 필요는 없다.

그러나 가이드는 왕이다. 산에서 파티의 선두로 갈 때 그는 신神과 비슷한 사람이다. 그가 하는 일은 별것 아닌 것 같아도, 그에게 맡겨진 사람들의 생명을 한 손에 움켜쥐고 있다. 이러한 특권을 가진 강자는 지구상에 극히 적다. 파일럿이나 선장의 명예가 존중받는 것은 이러한 큰 책임이 그들에게 있기 때문이 아닐까?

가이드는 광채와 장엄함이 도처에서 빛을 발하고 있는 자연과 언제나 접하고 있다. 비열과 범용과 세상의 어둠은 그의 뒷전에 물러서 있다. 그들은 거의 언제나 주변 환경의 수려함과 웅대함에 영향을 받는다. 가이드가 전설로 만들어진 성자는 아닐지라도 적어도 누구나 될 수 있는 보잘 것 없는 하인은 결코 아니다.

인간의 온갖 활동과 같이 직업 가이드에는 그것에만 있는 가치들이 있다. 가이드에는 좋은 가이드와 나쁜 가이드가 있지만, 기술적으로 뛰어난 가이드가 반드시 가장 우수한 가이드라고 할 수는 없다. 가이드 일이 제대로 옳게 행해지려면 숙달된 기술이나 체력보다 정신적·지적 능력이 필요하며, 또한 그것을 행하는 방법보다 정신이 더 중요한 것이 이 직업의 소중함 중 하나이다.

이 일이 멋진 것은 남에게 즐거움을 안겨주기 때문이다. 좋은 가이드가 되려면 즐거움을 찾아서 온 '손님'이 행복한 환경 속에서 마음껏 그 즐거움을 맛보도록 이끌어주어야 한다. 곤경에 빠진 등산객에게 구원의 손길을 뻗칠 뿐만 아니라, 단적으로 말하면 자기의 나약함을 이겨내려고 하는 사람에게 힘을 보태주기 위해 헌신해야 한다. '손님'의 등반 속도가 아무리 늦어도 절대적인 인내심이 가이드에게는 필요하다. 지치고 원기를 잃은 손님을 정신적으로 도와주며, 끝까지 데리고 가기 위해서는 심리학도 필요하다.

이밖에도 가이드에게는 많은 능력이 필요하다. 장시간의 등반을 매일같이 하는 데는 직업과 육체적 노고를 사랑하는 마음이 필요하다. 쓸데없는 노력이나 시간의 허비를 피하고, 충실하고도 짧은 행동 시간을 구사하려면 머리를 상당히 써야 한다.

가이드는 보통 일반 루트나 쉬운 곳을 오르며 그날의 생활을 보장 받고 있는 셈인데, 자기의 행동을 보다 높은 수준으로 유지할 수 있으며 어느 기회가 되면 프로로서 대등반도 수행할 수 있다.

알피니스트 가운데는 자일 파티의 톱은 서지 못해도 대등반을 해내는 사람들이 있다. 물론 그 수는 많지 않으나 그들은 거의 산에서 가까운 도시에 살든가, 아니면 오랜 시간을 자유로이 보낼 수 있는 대학생 같은 자들로 재능 있고 젊은 사람들이다. 알피니즘은 그들의 열정 바로 그것이며, 그들은 규칙적이고 치열한 실천을 통해 경험을 쌓고 곤란을 이겨내는 훈련으로 자기 자신을 무장한다.

그런데 이런 열정이 있는 젊은이들은 어려운 등반에 가이드를 고용할 만한 돈이 없으며, 있다 하더라도 뛰어난 알피니스트로서의 기질로 가이드를 톱에 내세우려고 하지 않는다. 그들은 대개 능력 있는 동료를 따라 오르려고 한다. 직업적인 가이드를 고용하는 것은 그들이 가진 수준 높은 능력 때문인데, 등산의 최대 매력인 모험의 향기를 그들에게 빼앗긴다고 생각한다. 즉, 알피니스트로서의 자부심이 손상을 입는다고 생각하는 것이다.

등산은 무엇보다도 청년의 행동이다. 결혼과 같은 달콤한 생활을 하거나, 사회적 책임을 다하거나, 착실히 주일을 지키는 사람들은 대개가 퇴영적인 생활을 하게 된다. 하지만 이상에 이끌리는 사람들은 가장 활동적일 때 산과 만나며, 때로는 그렇게 일생을 보내기도 한다.

나이와 가정생활로 인해 규칙적인 훈련을 덜 하게 되면 뛰어난 등산가들도 기술 능력이 떨어지게 된다. 그런 등산가들은 나이가 들면 쉬운 루트를 오르며 그것에 만족하고, 그러면서 점차 모험을 멀리하게 된다.

물론 대암벽과 고산의 장엄한 세계에 마음이 쏠리는 사람들도 있으며, 이들은 마음속으로 언제나 규모가 큰 등산에 대한 열정을 불태우고 있다. 이런 사람들이 등산의 기회를 얻게 되면 바로 뛰어난 가이드의 힘을 빌리려고 한다.

이런 손님과 만날 때 가이드도 여느 때와 다른 수준의 어려운 루트를 등반할 수 있는데, 이런 손님은 극히 드물다. 이런 손님과 동행한 가이드가 오른 제1급의 등반은 쉽지 않으며, 워커릉에서 한 번, 아이거 북벽에서 두 번, 몽블랑 프레네이 산릉에서 한 번, 피츠 바딜레 북동벽에서 두세 번, 그랑 카퓌생 동벽에서 서너 번, 그리고 에귀 드 트리올레 북벽에서 두 번 있었다. 지금까지 드류의 큰 루트 세 곳과 동부 알프스의 '6급' 이상의 루트 가운데 '손님을 안내'해서 오른 곳은 단 한 곳도 없다.

고마운 일도 있다. 가이드가 평소의 활동 범위를 벗어날 수 있게 해주는 손님도 있다는 이야기다. 그들은 젊은 사람이기도 하고, 그다지 젊지 않은 사람이기도 한데, 가이드를 따라 처음 산에 간 사람으로 등산에 소질이 있다든가, 자기의 실력이 늘어 상당한 수준에 오르면서 이런 등반 형식을 충실히 받아들이는 재능 있는 사람들이다. 이들은 자기가 좋아하는 스포츠에 대해 많은 것을 가르쳐준 사람들에 대한 애정이나 생각이 깊은 인간성에서 우러나온다. 나는 이런 이들을 지금까지 많이 보아왔는데, 그중에서도 손님이며 친구였던 네덜란드의 드 부이De Booy와 에겔러Egeler 두 사람이 전형적인 예다. 이것은 근대 등산사에서도 보기 드문 일일 것이다.

그들은 초보자로, 가이드 조합에서 나의 손님이 됐는데 이 산 저 산을 오르며 우리는 알프스에서 가장 어려운 빙벽등반도 몇 차례 함께 할 수 있었다. 또한 아주 드문 일이지만, 그들은 나를 해외로 데리고 가서 안데스 산군의 미등봉 몇 개를 함께 올랐다.

나는 시골에 있는 내 집의 완공에 급히 돈이 필요하게 되어 여름 한철 손님을 받았다. 1947년 여름은 쾌적한 기상조건으로 청명한 날씨가 계속됐다. 따라서 매일같이 등반을 할 수 있었다. 가이드라는 직업과 등산학교가 요구하는 등반을 나는 할 수 있는 데까지 해나갔다. 그러다 보니 아이거에서 돌아오자마자 12일 동안 11개의 등반을 해냈으며, 그 가운데 7개는 연속적으로 성공했다. 그중 가장 편했던 것은 페뉴의 일반 루트고, 제일 길고 힘들었던 것은 몽블랑의 에귀 뒤 디아블 종주, 에귀 뒤 플랑의 라이언 루트, 에귀 베르트의 자르댕 아레트_{arête} 등이었다. 이렇게 등반을 하면서 저녁마다 산장에서 산장으로 옮겨 가려고 두 시간에서 네 시간을 걸어야 했으니, 때로는 18시간 이상 아니면 매일 몸을 놀렸다는 이야기다. 그리하여 나는 행운과 그 무렵 퍼지기 시작한 소문으로 멋진 손님들을 알게 됐다.

등산학교에서 교사는 매일 다른 학생들을 가르치는데, 그들과는 산에서 함께 시간을 보내는 것 외에 접촉이 없어, 그들을 거의 알지 못한다. 그들은 이미 어느 정도 능력을 갖춘 등산가들이다. 이제 교사는 그들을 감독하고, 지도하고, 판단하고, 몇 마디 조언을 하지만, 그들은 교사의 직접적인 지도가 필요하지 않다. 학생들은 대체로 졸업증서를 얻고 싶어 한다. 하지만 '손님'과의 관계는 사뭇 다르다. 손님은 자신의 즐거움을 위해 산에 가며, 그 즐거움을 가이드와 함께 나눈다.

가이드가 없으면 '손님'은 어찌할 바를 모른다. 그들은 전적으로 가이드에 의지하며, 그러한 사실을 잘 알고 있다. 손님은 가이드의 능력과 헌신을 무조건 신뢰한다. 그리하여 협동정신과 우정이 자라며 결실을 맺는다. 가이드가 어떤 인간적 장점을 조금이라도 갖고 있

바위나 눈의 각진 곳. outside corner

으면, 손님은 가이드에게 성실하게 다가온다. 내 손님들은 대부분 친구가 됐으며, 1947년부터 사귄 사람들 가운데는 지금도 나와 함께 등반을 하고 있는 사람들이 있다.

1948년은 정말 고약한 시즌이었다. 비가 계속 내리고, 산은 눈에 덮여 있어 어려운 등반은 하지도 못했다. 따라서 손님들과의 등반이 자연스럽게 제한되어 소규모에 그쳤다. 날씨는 10월이 돼서야 좋아져, 날짜가 많지 않고 추웠지만 네덜란드 여성과 에귀 누아르 남릉을 등반했다.

시즌이 끝나면서 나는 등산학교를 그만두고 전적으로 가이드 일에 몰두하게 됐다. 그 무렵 나에게는 많은 손님들이 생겨서, 시간 형편상 가이드 등반 일부를 거절하기도 했다. 그래도 그 손실은 크지 않았다.

그러나 이러한 결정은 어려운 일이었다. 급료가 연불年拂이었는데, 레 우슈에서 힘들었던 한때가 지나면서 생활이 비로소 보장되었다. 한편 내가 등산학교에서 겨울 동안 맡은 일은 보통의 스키 강사로서 기대하는 것보다 훨씬 더 흥미 있었다. 만일 내가 가이드를 직업으로 선택할 경우, 나는 겨울 시즌에만 스키 강사를 하면 되었다.

이런 일로 마음이 흔들리고 있을 때 뜻하지 않았던 일이 벌어졌다. 어느 날 저녁, 국립 스키 강사 조합의 가스통 카티아르 회장으로부터 전화가 왔다. 캐나다로부터 지난해에 캐나다에서 일하던 에밀 알레와 교대할 수 있는 강사 겸 코치를 추천해달라는 의뢰를 받았다는 것이다. 캐나다 측이 모든 비용을 부담해주는 데다, 보수는 내가 프랑스에서 받는 것의 두 배였다. 이제 모든 문제가 풀리면서 자유와 여행과 모험의 문이 활짝 열렸다. 나는 곧바로 그의 제의를 받아들였다.

11월 초 나는 영국 리버풀에서 배에 오름으로써 처음으로 넓은 세계로 나가게 됐다. 하지만 얼마 안 가서 배 멀미에 시달렸고, 요동치는 바다에서 6일을 보낸 후 정신없이 할리팩스Halifax 항구에 내렸다.

캐나다는 그저 막연하게 머릿속에서만 낭만적으로 그리고 있었다. 일부 사람들은 혐오스러운 프랑스어를 쓰고 있었지만 알아들을 수는 있었다. 따라서 의사소통에는 문제가 없었다. 사람들은 누구나 마음이 급하고 가난해 보였으며, 유럽에서는 볼 수 없는 거칠고 촌스러운 모습을 하고 있었다. 그러나 곧 외국 땅을 밟는 가난한 여행자가 으레 겪게 되는 문제에 부딪쳤다. 세관에서 내가 갖고 있는 스키 네 세트에 엄청난 세금을 부과하려고 했던 것이다. 나는 통역을 내세워 거칠게 항의했으나 소용이 없었다. 그러나 나는 물러서지 않고 강력히 요구해서 프랑스어를 하는 사람을 불러왔는데, 이 사나이는 부두에서 일하는 프랑스계 캐나다인이었다. 그런데 시골 농부의 심한 사투리와 묘한 표현 한둘만 빼고 나와 똑같은 말투여서 나는 놀라지 않을 수 없었다. 후에 알았는데, 프랑스어는 그들의 공용어였지만 30

퍼센트 정도의 사람들만이 쓰고 있었다. 더욱이 그들은 주로 퀘벡 주에 살고 있었다. 예를 들면, 몬트리올에서는 60퍼센트가 프랑스어를 쓰지만, '신 프랑스'의 오래된 주도州都 퀘벡에서는 90퍼센트가 프랑스어를 쓰고 있었다.

부두 노동자 덕분에 세관 사람과의 논쟁을 일단락 지을 수 있었다. 오전 11시경 나는 몬트리올로 가는 기차 속에 있었는데, 지도를 얼핏 보니 몬트리올은 할리팩스 항구에서 멀지 않은 곳에 있는 것 같았다. 차장에게 간신히 영어로 물어봤더니 오후 5시경 도착이라고 한다. 기차는 작은 활엽수림 사이를 달렸는데, 오후 4시 45분경에도 여전히 끝없는 숲속을 달리고 큰 도시가 나타날 기미가 보이지 않았다. 하지만 나는 내릴 준비를 했다. 오후 5시에도 기차는 여전히 숲속을 달렸고, 5시 반이 됐는데도 밖의 모습은 변화가 없었다. 어느덧 6시가 됐다. 나는 참다못해 차장에게 물어봤지만 내 영어가 시원치 않아 말이 통하지 않았다. 옆 칸에서 프랑스어를 하는 사람을 데려왔더니, 이 사나이가 내 질문에 놀라며 "예, 맞습니다. 말씀대로 오후 5시 몬트리올 도착인데, 그것은 오늘이 아니라 내일입니다."라고 말하는 것이었다.

그래서 나는 지구가 얼마나 큰지 새삼 깨달았다. 프랑스는 지구 위의 한 점에 지나지 않았지만, 캐나다는 러시아를 포함한 유럽만큼 넓다. 그래서 할리팩스에서 캐나다를 횡단해 밴쿠버에 가려면 4박 5

일이나 걸린다.

나의 최종 목적지는 퀘벡이었다. 여기서 나는 샤토 프론트낙 Chateau Frontenac에 머물렀는데, 중세풍의 큰 호텔에 방이 700개나 되고 거의 같은 수의 종업원이 있었다.

퀘벡은 북미에서 유럽을 닮은 도시 중 하나다. 오래된 벽에 둘러싸인 언덕 위에 있으며, 길은 좁고 꾸불꾸불하다. 도시 전체가 그림처럼 아름다운데 대륙의 대도시에 사는 사람들에게는 매력 있는 곳이다. 여름에는 미국에서 수천 명의 관광객이 몰려온다. 그러나 겨울이 되면 해수면까지 눈이 덮이고, 기온이 영하 30도에서 40도까지 내려가며, 샤토 프론트낙은 4분의 3이 텅 빈다. 그래서 겨울에도 손님을 유치하려고 호텔 경영자가 스키학교를 열 생각을 했던 것이다. 이 학교는 몇 년간 그런대로 유지됐다. 당시는 특히 프랑스 선수들이 국제경기에서 두각을 나타내, 그 스키 기술이 유행했다. 그래서 호텔 측에서는 손님들에게 특별 서비스를 제공하려고 그 스키 기술을 실제로 창안한 에밀 알레를 초빙했던 것이다. 그러나 결과적으로 그들은 왕년의 챔피언이 내세운 경제적 요구를 들어주지 못했다. 결국 이 일은 1년밖에 가지 못했다. 그러나 프로그램이 일단 시작돼, 에밀의 후계자로 내가 온 것이다.

내가 해야 할 일은 손님에게 스키를 가르치는 것으로 끝나지 않고, 스키 강사들을 상대로 프랑스 스키 기술과 교수법, 그리고 스키학교의 지식을 전수하고 그들의 교수법을 감독하는 일이었다. 그리고 한 편으로는 '데몬스트레이션'도 보여주어야 했다. 이 일만으로는 내 시간을 완전히 채울 수 없어서 나는 이곳의 우수한 스키 선수들을 훈련시켰다. 처음에는 제법 이상적인 일같이 보였는데, 실제로 해보니 다소 실망스러웠다.

매일 아침 서너 명의 스키 강사와 일단의 학생들을 데리고 버스나 택시로 호텔을 출발했다. 그리고 보포르나 발카르티에르에 갔다가 저녁에 돌아왔다. 이런 리조트에는 보통 적당한 규모의 호텔 하나와 몇 개의 스키 리프트가 있었다. 하지만 리프트가 설치된 곳이 경사가 누운 데다 고도차가 200미터 정도여서 재미가 없었다. 이런 곳은 초보자라면 모르되, 어느 정도 스키를 타는 사람에게는 너무나 쉬운 곳이었다. 이런 곳에서 스키를 타니, 나로서는 조금도 재미가 없었다. 게다가 앞으로 스키 강사가 되려는 젊은이들은 이것을 진지하게 자기 일로 받아들이지 않았기 때문에 그들을 가르쳐 능력 있는 스키 강사로 만들기가 어려웠다. 그렇다고 해서 호텔 투숙객들 가운데서 사람들을 골라 내세울 수도 없었다. 그들은 대개가 미국의 부자들이어서 내 손 안에는 들어오지도 않았다. 그렇기는 하지만 전체적으로 볼 때 어떻게 해서라도 영어를 익혀야 하는 처지여서 나에게 도움이 안 된 것은 아니었다. 훗날 직업 가이드 일과 히말라야 원정에 큰 도움이 됐던 것이다.

샤토 프론트낙의 스키학교 일은 그다지 재미가 없었지만, 다행히 레이싱 팀을 지도하는 것으로 충분히 보상받을 수 있었다. 겔렌데는 보통 수준이었는데, 젊은이들이 대부분 대학생이어서 슬라롬slalom에서 실력을 발휘했다. 그들이 스키를 배우는 것에 마음속으로 감격하고 있어서, 함께 일을 하는 것이 즐거웠다. 적당한 경사도나 긴 슬로프는 없었지만, 우리의 훈련은 기술을 한 단계 더 높은 수준으로 끌어올렸다. 특히 몇 명의 학생은 슬라롬의 아크로바틱한 기술에서 큰 발전을 보였다. 아주 재능이 뛰어난 젊은이 한 명은 나중에 나보다 더 잘 타게 되었는데, 이 젊은이를 캐나다 국제선수권대회에서 우승시킬 수 있어서 기분이 아주 좋았다. 그는 이 대회에서 자기 나라 선수들을 이겼을 뿐만 아니라, 특히 에곤 쇠프를 포함한 유명한 오스트리아의 선수들을 모두 이겼다.

우리는 거의 매 주말마다 여기저기에서 열리는 대회에 참가하곤 했다. 때로는 수백 킬로미터 떨어진 먼 곳에도 갔으며, 로키산맥까지 간 적도 있었다. 이런 여행은 아주 재미있었지만, 그것과 별개로 스키를 타는 조건이 더 좋은 곳으로 갈 수 있어서 나는 이따금 먼 거리를 달리며 행복한 기분에 빠지기도 했다. 그뿐만 아니라 여러 경기에 참가하게 되면서 나는 그제야 내 세상을 만난 기분이었다. 많은 대회에서 좋은 성적을 거두었고, 나중에는 캐나다 선수권대회의 우승까지 거머쥐었다.

2개의 바인딩이 있고, 좁아지면서 둥근 모양을 한 꼬리 부분이 있는 1개짜리 스키. 급회전 중 안정감을 주기 위해 긴 핀이 부착되어 있다.

내가 상상했던 것보다 환상적이지는 않았지만 어느 정도는 좋은 시간이었다. 다음 시즌에도 나는 캐나다로 건너갔는데, 이때는 아내와 스키 강사 한 사람을 데리고 갔다. 이렇게 해서 두 번에 걸친 겨울에 9개월 동안 캐나다에 있으면서 나는 어느 정도 캐나다 생활에 익숙해졌다. 만일 내가 그곳에서 제대로 산에 갈 수 있었다면, 아마도 나는 캐나다에 더 오랫동안 남아 있었을지도 모른다. 캐나다는 좋은 점이 훨씬 더 많았다. 그러나 캐나다, 특히 프랑스 사람들이 살고 있는 '프랑스 캐나다'는 사람들이 정착하기 어려운 곳이었다. 많은 이민자들이 몇 달을 버티지 못하고 실망해서 다시 모국으로 돌아가는 현상이 벌어졌다. 내가 보기에 이 문제는 캐나다인들의 문제라기보다는 프랑스인들의 문제였다. 역설적이게도, 일상적인 언어가 도움보다는 방해가 되는 것 같았다. 프랑스계 캐나다인들은 ― 특히 대도시에서는 ― 우리가 쓰는 말과 크게 다르지 않았다. 모든 단계의 교육에서 프랑스 책들을 쓰고 있어서 차이가 크지 않았다. 영국 영어와 미국 영어, 포르투갈어와 브라질어만큼 차이가 크지 않은 것은 분명한 사실이었다. 가끔 구식 프랑스어가 들리기는 했지만, 사실 구문체舊文體는 보기 드물었다.

흔히 경험한 일이지만, 영어를 쓰는 지역에 사는 프랑스인들이 프랑스어를 쓰는 지역에 사는 프랑스인들보다 서로 더 잘 어울렸다. 프랑스계 캐나다인들의 사고방식과 습관 그리고 인생관이 우리들의 그것들과 다르기 때문에, 프랑스인은 브라질이나 아르헨티나 또는 칠레에서 사는 것이 우리 자손이 옮겨 간 '신 프랑스'에서 사는 것보다 현지와 융화하기가 쉽다. 2백년 이상이나 모국과 떨어져 심한 기후와 엄청나게 넓은 토지에서 미국 문명의 영향 아래 살다 보니 프랑스계 캐나다인으로서의 독특한 성격이 형성되었는데, 이것은 바로 이웃 나라인 미국의 성격과도 다르고 프랑스 선조들과도 달랐다.

서로 상반되는 두 가지 영향이 프랑스어를 사용하는 캐나다인들의 생활을 특히 유별나게 하고 있었다. 그것은 종교와 유물사상이었다. 특히 프랑스어를 많이 사용하는 퀘벡 주에는 아일랜드 자손도 많아서 가톨릭이 제1종교인데 반해 다른 지방은 개신교protestantism와 청교도puritanism가 우세했다. 퀘벡 주민이 가톨릭에 헌신하는 것도 큰 문제였다. 가톨릭의 나라인 프랑스인의 눈에도 그것은 놀라울 정도로 사회생활에 파고들고 있었다. 무신론을 표명하는 사람은 좀처럼 없으나, 그런 생각이 조금이라도 내비쳐지는 날에는 큰일이다. 누구나 매일 미사에 참가하는데, 주일미사에 빠지는 날에는 죄인 취급을 당한다. 여하튼 퀘벡은 100미터를 가기도 전에 신부나 수녀와 만나는 도시다. 또한 적어도 어느 수도회에든 가족의 누군가가 속해 있다. 성직자는 대단한 권력을 갖고 있으며, 그의 말이 곧 법이다.

퀘벡은 1948년 주교의 결정으로 모든 공공장소에서 댄스가 금지됐다. 바로 그 주교가 롤랑 프티Roland Petit의 발레를 못하게 했는데,

---

프랑스의 무용가 겸 천재 안무가. 롤랑 프티 파리 발레단을 조직하여 제2차 세계대전 후의 발레계에 새 바람을 일으켰다.

외국인들은 이 성직자의 권한과 주민으로부터 밝고 명랑한 생활의 일부를 박탈한 강압적인 신앙생활에 할 말을 잃고 말았다. 겉으로 보기에는 이렇게 신앙심 깊은 듯한 생활태도에 그저 놀랄 따름이다. 하지만 사실 퀘벡만큼 성자가 적은 곳도 없다. 악덕은 예사롭고, 술에 취한 자와 깡패가 거리를 누빈다. 예를 들어, 캐나다의 하키 경기는 거칠기로 유명하다. 관중들이 보여주는 열광에 있어서는 오직 투우 경기만이 비교의 대상이 될 뿐이다. 레슬링과 권투도 캐나다에서는 인기가 매우 높다. 이러한 야만스럽고 난폭한 행위를 즐기는 기풍은 일상생활에서 흔히 볼 수 있다. 어쩌다 남의 발을 밟으면 곧바로 주먹이 오간다. 그밖에 여기는 미국보다 더 심한 달러 왕국이다. 경제생활은 무자비한 자본주의가 지배하며, 자유경쟁은 처절한 상업전쟁으로 발전하고 있다. 잘 정리되어 있지만 캐나다는 여전히 파이어니어의 나라다. 엄청난 자원이 아직 그대로 있고 앞으로 해야 할 일이 얼마든지 있다. 눈에 보이는 것은 복지며, 나라의 생활 전체가 거대한 정책의 확장을 목표로 하고 있다. 돈이 전부며, 개인의 가치는 은행예금으로 결정된다. "얼마나 많이 갖고 있는가?"가 널리 들리는 이야기꺼리다. 사정이 이렇다 보니 재산을 불리는 것이 하나의 신조로 되어 있다. 거기서 쾌적한 생활, 사치스러운 생활에 대한 과도한 집착이 생긴다. 유감스럽게도 전후 미국식 사고방식이 무서운 속도로 프랑스에도 번졌기 때문에 이제 굳이 바다 건너 이 사람들에게서 새삼스럽게 배울 것도 없다.

캐나다의 제일 큰 문제는 기후다. 6개월이나 되는 겨울은 너무 길고, 바람이 강하게 불며, 어두침침하다. 또한 뜨거운 여름은 아주 불유쾌하다.

프랑스 사람들이 자신들을 세상의 빛과 소금이라고 여기고 자신들의 문명이 최고라고 하는 것은 커다란 잘못이다. 만일 그들이 캐나다를 프랑스처럼 만들려 하지 않고 캐나다의 장점과 단점을 그대로 받아들인다면, 그들은 이 땅에서 활동 무대를 많이 얻어 제2의 조국을 발견할 것이다. 설령 '모국 프랑스'와 같은 살맛은 나지 않는다 하더라도, 다른 어느 나라보다도 자유로우며, 그렇기 때문에 우리의 오래된 나라에서는 생각지도 못하는 창조적인 에너지를 그곳에서 발휘할 수 있을 것이다.

나는 이 첫 해외여행에서 많은 것을 배웠다. 아마도 대단한 모험은 아니었겠지만, 다른 나라, 다른 사람, 그리고 다른 문명과 만나며 시야가 넓어지고, 스키와 등산이 아닌 다른 분야에 대해서도 눈을 뜨게 되었다.

캐나다에서 절약하며 살았기 때문에 귀국하자 재산이 배로 늘어났다. 덕분에 생활이 안정되고, 가이드로서 자립하게 됐다. 따라서 나는 가이드라는 직업에 전념할 수 있었다.

1949년의 여름은 1947년 때처럼 화창했다. 덕분에 손님이 많았고, 과감한 등반을 펼칠 수 있었다. 그리하여 많은 성과를 거두었고, 시즌이 끝나고 나자 수입을 가장 많이 올린 가이드가 되었다. 조합의 규정에 따르면, 조합원은 그가 산에서 번 돈의 5퍼센트를 조합에 내게 되어 있다. 그중 3퍼센트는 관리비와 사무실 유지비로, 나머지 2퍼센트는 구제기금으로 쓰인다. 이 생활의 약점은 손님들이 원하는 대로 해야 하다 보니, 내가 하고 싶은 등반으로 그들을 이끌고 갈 수가 없다는 것이다.

1949년 시즌에는 라슈날과 커다란 규모의 등반을 적어도 한 번은 하자고 약속하고 있었다. 벌써 몇 해 전부터 계획한 그것은 피츠 바딜레의 유명한 북동벽 완등이었다.

그 무렵, 베르코르 산군의 이탈리아와 스위스 국경에 있는 높이 900미터의 이 암벽이 소문나 있었다. 카신과 동료 넷이 3일 만에 초등에 성공했는데, 몰테니와 발제키가 하강 중 피로로 추락사했다. 한편 레뷔파와 베르나르 피에르Bernard Pierre가 거의 같은 시기에 제2등을 했다.

그 뒤 이 벽은 네다섯 번 등반이 이뤄졌지만 모두 비박을 해야 했고, 등반에만 19시간 걸린 것이 가장 빠른 기록이었다. 사실 이 벽은 순수한 암벽등반의 대상으로 우리의 특별한 기술과는 관계가 없는 보기 드문 화강암이었다.

날씨가 아주 좋아서 우리는 기차와 버스 편으로 하루 반나절이나 걸리는 귀찮은 여행에 나서기로 했다. 그런데 프로몬토뇨에 늦게 도착해서, 해가 지기 전에 시오라Sciora 휘테까지 가기가 어려웠다. 이렇게 되자 제대로 휴식도 취하지 못하고 등반을 감행하는 수밖에 없었다. 우리는 아주 힘든 행군을 하고 나서 좁은 협곡을 벗어났는데, 마지막 햇빛에 빛나는 벽을 볼 수 있었다. 주위보다 높게 솟아오른 그 벽은 홀드나 스탠스가 거의 보이지 않고 매끈했다. 그때 갑자기 한 가지 아이디어가 떠올랐다. 벽 기슭에서 멀리 떨어져 있는 데다 별로 도움이 되지 않을 것 같은 휘테까지 갈 것이 아니라 적당한 곳에서 비박하자는 것이었다. 그러면 거의 두 시간이나 시간을 벌게 되고 그만큼 잠도 잘 수 있었다. 어느 농가의 처마가 적당한 비박 장소를 제공했고, 비박장비만 뒤집어써도 충분할 만큼 밤도 춥지 않았다.

날이 밝아오자 불길한 징조의 구름이 하늘을 반쯤 덮고 있어 우리는 실망하지 않을 수 없었다. 공기는 무거웠고, 날씨는 언제라도 급변할 것 같았다. 이렇게 먼 길을 왔는데, 하늘이 우리를 도와주지 않았다.

7시쯤 하늘이 다소 개는 듯해서, 그날 밤은 카신의 첫 번째 비박 장소에서 보내기로 했다. 악천후가 닥치면 후퇴할 수도 있고, 다음 날 날씨가 좋아지면 해가 지기 전에 정상에 도착할 수도 있는 곳이었다.

피츠 바딜레 북동벽

우리는 조금도 서둘지 않고 올라가며 이 황량한 대자연의 아름다움에 매료되어 이따금 쉬었다. 하늘을 찌를 듯한 화강암 첨봉이 푸른 고원지대와 검은 전나무 숲 위에 우뚝 솟아 있었다.

오전 9시 30분, 우리는 오르기 시작했다. 우리는 웃고 농담하고, 멋진 등반을 할 수 있는 곳으로 가득 찬 이곳에 감사하며 느긋하게 벽을 기어 올라갔다. 슬랩은 제법 경사가 있었다. 홀드는 작았지만 적당한 크기로 비교적 많은 편이었다. 오버행 한 곳은 꽤 어려웠지만, 곧 넓은 바위 턱이 나왔다. 그다음은 루트가 애매해져 우리는 등반 루트에 대해 쓴 메모를 꺼내 보았다. 루트는 더 이상 의심의 여지가 없었다. 두 시간 반 만에 비교적 넉넉하게 벌써 카신의 비박 장소에 온 것이었다. 정말 믿어지지 않았는데, 그렇다면 초등자들은 여기까지 하루 종일이 걸렸다는 이야기였다. 그러자 라슈날의 눈빛이 내가 일찍이 본 적이 없는 열정으로 불타올랐다.

"바보 같으니라고! 여기까지 올라오는 데 하루가 걸렸단 말이야? 쉴 때마다 카드놀이를 했나 보지. 이런 식이라면 앞으로 4시간이면 정상이다. 그때까지 날씨도 괜찮겠지. 아무 문제없어. 자, 가자!" 하고 라슈날이 소리쳤다. 그는 기다리지 않고 화살처럼 앞으로 나아갔다. 마치 맹수가 달리 듯해서 나는 그를 따라갈 수밖에 없었다. 그의 무시무시한 리듬이 돌아온 것이다.

늦게 오르기 시작해서 확보하지 않고 동시등반을 했는데, 그것이

오버행 등반은 시간이 많이 걸리고 힘도 많이 든다.

크게 도움이 되어 우리는 시간을 많이 벌었다. 예를 들면, 앞에 선 사람이 쉬운 곳에서 "오케이!"라고 소리치면 뒤에 선 사람이 즉시 출발하는 식이었다. 일련의 긴 등반에서 이 방법은 꽤나 시간을 단축했다. 말할 필요도 없이, 뒤에 선 사람이 어려운 곳에 부딪치면 그는 시간을 낭비하지 않고 즉시 자일에 의지해 올라왔다. 당연히 우리는 하켄을 거의 쓰지 않았다. 첫 번째 오버행이 예외였지만, 그렇다고 우리가 인공등반을 한 것은 아니었다. 30분의 빠른 등반으로 우리는 벽에서 진정한 테라스라고 할 수 있는 곳에 도달했다. 우리 앞에는 이 등반의 크럭스라고 할 수 있는 일련의 긴 크랙이 놓여 있었다.

"앞장서!" 라슈날이 말했다. "선등할 때가 됐어. 그렇지 않으면 다음에는 마음이 약해질 거야."

나는 바짝 긴장해서 첫 번째 크랙에 달라붙었다. 나의 딱딱한 등산화 창이 작은 홀드에 기가 막히게 잘 맞아, 나는 원숭이처럼 올라갔다. 나는 재빨리 하켄 두 개를 때려 박고 2~3분 만에 여기를 돌파했다. 그러자 곧바로 라슈날이 올라왔다. 계속되는 크랙을 10미터 올라가자 오버행이 앞을 가로막았다. 하켄 하나를 박았지만, 다음 박을 자리를 찾는 데 시간이 많이 걸렸다. 황당하기 그지없었다. 등반의 흔적이 전혀 없었던 것이다. 루트를 잘못 들지 않았나 하는 의구심을 떨쳐버릴 수 없었다. 그러는 동안 루이가 바위 모서리를 돌아 주위를 살펴보더니 루트가 오른쪽이라고 소리쳤다. 그래서 나는 그로 하

등반 루트에서 가장 어려운 곳

여금 나를 카라비너에 건 자일로 내리도록 했다. 이러는 동안 귀중한 시간이 흘러갔다. 나의 실수로 30분이나 손해를 본 것이다.

나는 명예를 회복하려고 세 피치를 선두로 나섰다가 라슈날에게 양보했다. 그가 나보다 빠른 클라이머였기 때문이다.

이제 날이 어둡기 전에 정상에 올라가게 되리라는 것이 분명해지기 시작했다. 그래서 나는 배낭을 무겁게 해 속도를 떨어뜨린 식량 일부를 버렸다. 하늘은 점점 흐렸지만 앞으로 몇 시간은 참아줄 것 같았다. 우리는 속도를 내 점점 더 빨리 올라갔다. 트래버스 루트가 여기저기 나타나 곡예를 하는 기분이었다. 그러나 이후에는 겔렌데가 쉬워져, 우리는 확보 없이 동시등반을 했다. 라슈날은 피곤도 모르고 다람쥐처럼 올라갔다. 나는 아무리 애써도 그의 속도를 따라 올라갈 수 없었다. 드디어 위로 하늘만 보였다. 9백 미터의 벽을 7시간 반 만에 오른 것이다. 날씨 때문에 서둘렀지만, 당시로서는 세상을 놀라게 한 등반이었다. 어떤 사람들은 우리의 등반 시간에 의심을 가졌다. 지금까지의 최고 기록보다 3배나 빨랐던 것이다. 하지만 시간이 흐르면서 우리가 결코 허풍 떨지 않았다는 것이 밝혀졌다. 몇 년이 지나 독일인 자일 파티 3명이 8시간 반 만에 올라간 것이다. 3명의 자일 파티로는 상당히 빠른 속도였다. 오스트리아의 유명한 등반가 헤르만 불Hermann Buhl은 단독으로 4시간 반 만에, 그리고 아이거에서 희생된 독일의 노트두르프트는 3시간 반 만에 올랐다.

오늘날 바딜레 북동벽은 더 이상 알프스의 어려운 벽이 아니다. 가끔 그곳에서 비박을 하는 사람들도 있지만, 보통 9~10시간이면 오른다.

1949년의 등반 이후, 나는 내 손님이며 뛰어난 여성 등반가인 수잔느 벨렌티니Suzanne Velentini와 함께 다시 여기를 올랐는데, 그때도 12시간이 채 안 걸렸다. 만약 독일인들이 앞을 가로막고 있지 않았다면 우리는 적어도 3시간 정도는 더 빨랐을 것이다. 아무리 뛰어난 젊은 여성 등반가라 할지라도 라슈날과 같은 명등반가와 같을 수는 없으며, 나 또한 벌써 서른일곱이어서 10년 전과 같지 않았다. 1949년의 우리 등반은 확실히 우수한 편이었으나 그렇다고 경이적인 것도 아니었다.

오후 5시에 정상에 도착해서 이탈리아 쪽에 있는 휘테로 내려가기에는 시간이 충분했다. 한 시간 후면 맛있는 식사와 따끈한 차 그리고 휴식을 즐길 수 있어 이쪽으로 내려가는 것은 상당히 유혹적이었지만, 그렇게 할 경우 우리는 하루를 더 쓰면서 다음 날 파소 디 본도Passo di Bondo를 넘어야 스위스로 갈 수 있었다. 하지만 고전적이면서도 어려운 북쪽 리지로 내려가면 분명히 힘은 들지만 빨리 갈 수 있었다.

우리들의 환상적인 성공에 보통 때보다 훨씬 더 의기양양해지고 낙관적이 된 라슈날은 무작정 북쪽 리지로 향했다. 운이 좋다면 우리

인공등반은 시간이 많이 걸릴 수밖에 없다.

는 완전히 어둡기 전에 고원지대로 내려가, 몇 시간이면 프로몬토뇨, 그리고 그다음 날이면 샤모니에 도착할 수 있을 것이다. 이곳을 통해 3시간 반 만에 하산한 경우를 우리는 알고 있었다. 이런 곳에서 우리의 속도라면, 우리는 30분 정도를 앞당길 수 있을 것으로 보았다. 최소한 기술적으로는 별 문제가 없어, 결국은 나도 라슈날의 뒤를 따랐다.

하산에 대한 기억은 희미하다. 정상을 떠나고 나서 15분 후에 천둥소리가 들린 것이 기억난다. 라슈날은 글자 그대로 자신감에 넘쳐, 미친 듯이 산을 내려갔다. 그는 어려운 곳에서도 자일 하강을 하지 않았다. 나는 라슈날이 확보해주는 자일을 믿고 미끄러지다시피 내려갔다. 라슈날의 차례가 되면 그는 믿어지지 않을 정도의 기교로 뒤를 따랐다. 바위지대가 급경사가 아닐 때는 등산화의 고무창과 가죽으로 된 바지로 제동을 걸며 미끄러지듯 내려갔다.

한 곳에서 우리는 서벽 쪽으로 너무 멀리 내려갔다. 라슈날은 우리가 다시 리지로 붙을 수 있도록 아래쪽에서 스탠스를 찾아야 한다고 말하며 계속 내려갔다. 하지만 오버행 위로 나갈 수도 있다고 확신한 나는 그의 말을 따르지 않았다. 그러자 바로 우리는 크게 다투었고, 화가 난 라슈날은 마침내 자일을 풀고 혼자 계속 내려갔다. 나는 리지로 돌아와서 침착하게 계속 내려갔다. 30분 정도 후에 전 구간 중 유일하게 하강 자일을 설치해야 하는 곳에 있을 때 맥이 빠져 보이는 라슈날이 나타났다.

막 어두워지려고 할 무렵 우리는 마지막 바위지대에 도착했다. 우리를 앞섰고, 그날 벽에서 우리를 지켜보았던 두 명의 등반가가 우리가 무지막지하게 그들에게 내려가자 마치 한 쌍의 유령을 본 것처럼 놀라는 표정이었다. 우리는 한 방울의 물도 찾지 못하고 고원지대에서 비박했다. 나는 견디기 어려울 정도로 갈증이 심해 자다가도 몇 번 깼다.

샤모니로 돌아오자 나는 곧바로 가이드 일을 시작했다. 날씨가 여전히 좋아 감당하기 어려울 정도로 손님이 많았다. 따라서 어느 날은 프티 샤르모즈Petits Charmoz, 다음 날은 베르트, 그다음 날은 에귀 뒤 디아블 하는 식으로 등반이 계속 이어졌다. 시즌이 끝나자 나는 완전히 지쳤으나, 일찍이 없었던 행복감에 젖었다. 미셸 크로Michel Croz, 로흐마터Lochmatter, 크누벨Knubel 또는 아르망 샤를레처럼 나도 샤모니 계곡의 진정한 일류 가이드가 된 것이다.

가스통 레뷔파와 나는 전후 세대의 가이드로서 위대한 등반을 많이 했다. 나는 훨씬 더 잘하고 싶었지만 그러지 못한 것이 내 인생에서 약간의 실망감으로 남아 있다. 내가 하고 싶은 것을 희생해 가면서 이 목적을 위해 위험을 무릅썼는데도 그에 따른 보상은 비교적 적었다.

내가 네덜란드 친구들이나 손님들과 안데스에서 한 다섯 번의 위대한 등반 — 몇 개는 내 경력에서 가장 만족스러운 것인데 — 을 제

외하고, 가이드로서 알프스에서 올린 주목할 만한 유일한 성과는 몽블랑 산군 프레네이 필라Pillar of Fresnay의 제3등이다. 바위와 눈이 혼합된 지형에서 계속적으로 길게 이어지는 이 등반의 몇 개 피치는 그 고도에서 이루어지는 등반으로서는 높은 수준의 난이도였고, 그 당시에는 유럽의 최고봉 정상으로 이어지는 가장 어려운 루트였다. 나는 이것보다는 다소 낮은 등급의 많은 루트를 가이드 등반했는데, 그 밖의 것으로는 바딜레 북동벽, 그랑 카퓌생Grand Capucin 동벽과 트리올레 북벽 등반이 있다.

다소 낮은 수준의 등반은 더 만족스러웠다. 16년 동안 나는 프로로서도 흔치 않은 60개 정도의 등반을 했다. 에귀 누아르 남릉과 베르트의 상 놈Sans Nom 리지, 몽블랑의 루트 마조르Route Major, 코르노 스텔라Corno Stella 북벽, 피츠 로제그Piz Roseg 북벽, 오베르가벨호른 Obergabelhorn 북벽 등이 그것이다. 가스통 레뷔파가 가이드를 동반한 등반의 절대적인 수준에서는 나를 능가할지 모르나, 이 정도 수준의 등반을 나만큼 많이 한 동료는 아무도 없을 것이다.

하지만 내가 가이드나 강사로서 한 600~700회의 등반과 비교하면, 나는 약간 실망하지 않을 수 없다. 특히 반복 등반한 것을 총 회수에 포함시키면 더욱 그렇다. 예를 들어, 그레퐁은 다양한 루트로 50회를 올랐고, 에귀 데 페레랑은 40회, 프티 샤르모즈 횡단등반은 20회를 했으며, 에귀 뒤 플랑과 드 투르de Tour의 일반적인 루트처럼

그랑 카퓌생 동벽에서 인공등반하고 있다.

조금 더 쉬운 곳들도 있었다. 하지만 가이드라는 직업은 아주 드문 경우를 제외하고는 위대한 등반을 하는 것이 아니라 고전적인 등반을 수행하는 것이다. 따라서 내가 불만을 토로한다면 그것은 크게 잘못된 것이다.

대부분의 손님들은 자연스럽게 능력에 맞는 루트를 선택하지만, 그들 스스로 문제를 해결하지는 못한다. 그리고 상황에 완전히 적응하는 경우는 거의 없다. 따라서 가이드는 끊임없이 문제를 알리고 자신감을 잃은 사람을 도와줄 준비가 되어 있어야 한다.

언젠가 므완 남릉에서 루트를 조금 벗어난 적이 있었다. 본래의 루트로 돌아가기 위해 위험하기는 했지만 확보 없이 아주 쉬운 횡단등반을 해서 좁은 바위 턱으로 가려고 했다. 그런데 아래쪽의 아주 어려운 곳을 내 뒤에 있는 사람이 사뿐히 넘어섰다. 그래서 확보 없이 횡단등반을 시켜도 무난히 해낼 것 같았다. 긴 등반에서는 일일이 확보할 수 없기 때문에 나는 전에도 종종 이렇게 하고는 했었다. 하지만 마지막 순간에 나는 간신히 크랙을 찾아 하켄 하나를 때려 박았다. 그러고 나서 뒷사람에게 등반을 계속하라고 소리쳤다. 그는 2미터 정도를 올라오더니 갑자기 떨어졌고, 8미터를 날아 허공으로 자일에 매달리고 말았다. 하켄 덕분에 내가 그를 잡아챌 수 있었던 것이다. 내가 그를 다시 위로 끌어올리는 데 상당히 애를 먹었지만, 만약 하켄이 없었더라면 나는 지금쯤 사망자 명단에 올라 있을 것이다.

이것은 단지 수많은 사건 중 하나에 불과하다. 손님의 4분의 3은 — 특히 눈과 얼음에서는 — 언제라도 추락할 위험성이 있다. 가이드가 잠시라도 주의를 딴 데로 돌리면 그들은 균형을 잃는다. 이런 순간이 얼마나 많았는지 모른다.

주의를 집중한다고 해서 다 되는 것이 아니다. 손님을 자루처럼 위로 끌어올리지 않고 등반을 해서 올라오게 하기 위해서는 인내와 때로는 계략이 필요하다. 설명을 하거나 훈계를 하거나 자일을 살짝 잡아당겨주지 않으면 올라올 수 없는 경우가 많다.

날씨가 악화되면 어려움은 순식간에 두 배가 된다. 고전적인 루트가 대등반의 루트로 변하는 것이다. 추위와 바람에 떨고 번개에 놀라는 손님들은 사실 달리 도와줄 방법이 없다. 이러한 상황에서는 누구에게도 행복한 결과를 안겨줄 수 없다. 가이드로서 이런 '큰' 등반을 하는 것은 '타이거' 셰르파와 함께 극한의 등반을 하는 것보다 더 걱정스럽고 더 많은 노력이 요구된다. 마음이 흔들리는 손님과 함께한 위험한 상황 이야기라면 나는 아마도 책 한 권을 쓸 수 있을 것이다.

누아르 남릉에서 바로 그런 일이 있었다. 나는 다섯 번째 첨봉의 커다란 크랙을 벗어나는 위험하고도 미묘한 횡단등반을 막 끝냈었다. 여기까지는 손님이 아주 잘 따라왔다. 긴 횡단등반은 6급으로 생각됐지만, 나는 그가 가이드들이 '텔레페리크*téléphérique*'라고 부르는 복잡한 자일 기술을 쓰지 않아도 잘 해낼 것으로 믿었다. 이것은 앞

뒤에서 동시에 확보가 가능한 기술이다.

나는 그에게 출발하라고 소리쳤다. 그는 상당한 고도감에 머뭇거렸다. 그가 추락하면 오버행 밑에 매달리게 돼 다시 되돌아 올라오는 것은 거의 불가능했다. 그는 몇 번이나 발을 내딛다가도 뒤로 물러섰다.

그가 공포심만 이기면 충분히 잘 해낼 수 있다는 믿음이 있었기 때문에 나는 모든 방법을 동원했다. 기술적인 설명도 하고 달래기도 하고 농담도 던지고, 그리고 욕까지 했지만 모두 헛수고였다. 그는 그곳 확보용 하켄에 매달려 꼼짝도 하지 않고 아무 말도 없이 애원하는 눈으로 쳐다볼 뿐이었다. 이런 상황이 30분이나 계속됐다. 하늘은 구름이 끼면서 어두워지기 시작했고, 나는 비박을 하고 싶지는 않았다. 길고도 정교한 작업이 필요한 '텔레페리크'를 설치하기 위해 되돌아갈까 하는 생각이 잠깐 들기도 했지만 나는 깊이 생각하지 않고 소리쳤다.

"빨리 하지 않으면 우리는 더 이상 친구가 아니야. 두 번 다시 말하지 않겠어!"

결과는 마치 내가 마술피리를 분 것처럼 환상적이었다. 내 말이 끝나자마자 놀랍고 기쁘게도 그는 절망적인 힘을 쏟아가며 횡단등반을 시작했고 곧 내가 있는 곳으로 왔다.

또 이런 일도 있었다. 쉰여덟이 된 나의 가장 오래된 손님과 몽 모디Mont Maudit 남동 리지를 등반할 때였다. 등반 조건이 좋지 않아 우리의 속도는 꽤나 느려지고 있었다. 이른 오후에 정상 가까이 다가갔는데 악천후가 닥쳤다. 머리에 쓴 모자 위에서 번개가 번쩍거렸다. 번개가 내리치면 언제나 나는 오래되고도 익숙한 패닉에 빠진다. 얼마 후 악천후는 사라졌지만, 산은 짙은 구름에 뒤덮였다. 그러자 곧 맹렬한 바람이 불어와 싸락눈이 얼굴을 때리면서 고글에 달라붙었다.

우리가 내려가고 있던 보통의 루트는 거대하고도 가파른 설사면으로, 여기저기에 빙벽과 세락이 가로막고 있는 곳이었다. 여기서 길을 찾기란 좋은 날씨에도 쉬운 일이 아니었다. 나는 이러한 날씨 속에서 나의 모든 지형 지식을 동원해 루트를 찾으며 내려갔다. 하지만 불행하게도 나의 동료는 시력이 아주 나쁜 데다 고글에 온통 눈이 달라붙어 실제적으로는 장님이었다. 당연한 일이지만 하산을 할 때는 그가 앞장섰다. 하지만 나는 그가 내가 방향을 소리쳐도 지시를 따를 수 없을 만큼 힘이 빠져 있다는 것을 깨달았다. 그는 이리저리 헤맬 뿐이었다.

얼어 죽지 않으려면 어떻게든 여기를 빠져나가야 했다. 유일한 방법은 내 손님을 자일로 묶어 바로 뒤에 세우고 내가 앞장서는 것이었다. 그런데 엎친 데 덮친 격으로 사면이 가파른 데다 여기저기에 얼음 덩어리들이 튀어나와 있었다. 이런 곳에서는 미묘한 아이젠 기술

빙하에 형성되는 빙탑. 불안정한 세락이 무너져 사고가 나는 경우가 많다.

을 구사해야 하는데, 지치고 반쯤 눈이 먼 상태의 손님은 언제든 추락할 위험이 있었다. 짙은 구름을 뚫고 길을 찾아야 하면서도, 내 손님이 뒤에서 20개의 아이젠 발톱으로 언제 나를 덮칠지 모른다는 불안감에 떠는 나의 심리를 독자들은 충분히 이해하리라고 믿는다.

내 평생의 경험에서 정말 잘 따라오는 손님은 20명 정도였고, 내가 가는 곳이 어디든 따라올 수 있는 사람은 서너 명에 불과했다. 이런 사람 중 한 사람이 독일계 스위스인으로, 그는 나에게 잊지 못할 특별한 경험을 선사했다. 가이드와의 등반 경험이 없는 그는 그의 친구가 부상을 당하자, 시간을 헛되이 보내지 않기 위해 휴가가 거의 끝날 때쯤 나와 연결되었다.

그날의 목표는 그레퐁 동벽이었는데, 위대한 고전 루트로 길고 어려운 곳이었다. 조그만 투르 루즈Tour Rouge 휘테로 올라가고 있었는데, 저녁이 되기도 전에 벌써 4분의 1을 올라가, 나는 곧 그의 놀라운 능력을 알아차렸다.

다음 날 아침 나는 출발부터 속도를 올렸는데, 손님이 전혀 어려움을 느끼지 않고 따라와 나는 더욱 빨리 올라갔다. 가끔 내가 되돌아보면 그는 언제나 바로 내 뒤에서 숨도 헐떡거리지 않고 웃는 얼굴을 하고 있었다. 나는 한두 번 형식적으로 이렇게 물었다.

"괜찮습니까? 너무 빠르진 않나요?"

그럴 때면 그는 언제나 이렇게 대답했다.

"아닙니다, 아니에요. 아주 좋습니다."

때때로 그는 재빨리 사진을 찍기 위해 걸음을 멈추었는데, 카메라를 다루는 솜씨도 예사롭지 않았다. 루트가 점점 어려워져 우리는 피치를 끊어가며 등반해 나가야 했다. 그래도 그는 속도가 처지지 않았다. 내가 피치를 끝내고 위에서 내려다보면, 그는 어느새 몇 미터를 올라와 있었다. 그리고 그는 다람쥐처럼 날렵하게 등반해 순식간에 내 옆에 서 있는 것이었다.

사진을 찍느라고 20번 정도 멈추었는데도 우리는 산장을 출발한 지 3시간 반 만에 정상에 올라섰다. 이것은 내가 예상했던 것보다 1시간 반이나 빠른 것이었다.

오전 8시 30분이었다. 나 자신의 몸도 아주 좋았지만, 손님의 등반속도는 가히 비행기의 속도였다. 다른 등반을 하나 더 해도 될 만큼 시간이 충분했다. 그래서 나는 에귀 드 블래티에르의 서벽을 횡단해서 푸Fou의 남쪽 리지 밑으로 가, 그 리지를 등반해 돌아오자고 제안했다. 전통을 벗어난 데다 설득력이 전혀 없었지만, 재미있지 않을까 하는 생각이 갑자기 들었다. 만약 이렇게 한다면 환상적인 질주가 되는 것이다. 하지만 대단히 실망스럽게도 내 스위스인 손님은 부드러운 목소리로 이렇게 대답했다.

"오! 안 돼요, 테레이 선생님. 저는 전혀 흥미가 없습니다. 저는 이렇게 빨리 오른 적이 없습니다. 너무나 즐거웠고, 이것으로 충분합니다. 내가 좋아하는 등산은 자연과의 교감입니다. 경치를 바라보는 것이 좋지요. 날씨가 이렇게 좋고, 어쨌든 오늘 하루를 약속하셨으니 정오까지 여기서 함께 있으면 어떻겠습니까?"

가이드 등반을 하는 것이 항상 어느 정도의 모험이라면, 한창의 시즌을 잘 짜는 것이 중요하다. 좋은 날씨가 계속되면, 아주 어려운 등반만큼 대단한 능력이 요구된다. 모든 요구를 다 받아들이거나 손님을 녹초가 되게끔 만들어야 하는 의무는 없다. 이렇게 하는 것이 오직 돈 때문이라고 생각할지 모르나, 정직하게 말하건대, 그렇지 않다. 가이드 일은 모든 것을 인간적으로 처리해야 한다는 법칙이 적용되는 일종의 게임이다. 사실 나는 시즌 중 자의적으로 쉰 적이 없다. 오히려 종종 나는 내가 묶인 끈의 끝에서 나쁜 날씨 덕분에 살아났다. 이를 테면 권투선수가 종이 울리며 살아난 경우라고 할 수 있다.

일련의 긴 등반을 끝낸 어느 날 나는 푸의 남쪽 리지를 등반했는데, 한결같이 힘이 드는 등반이었다. 다소 나이가 든 손님의 속도가 느려서, 그날 늦은 오후까지도 우리는 몽땅베르로 돌아가지 못했다. 나는 너무 지쳤지만, 캐나다 손님 둘을 만나야 해서 그날 저녁 루퀸 산장에 올라가야 했다.

저녁 식사를 마치니 밤 9시였다. 가이드 비용이 높지 않은 우리의 등반 루트는 당 뒤 루퀸에 있는 평범한 루트였다. 캐나다인들은 내가 극도로 피곤해서 못하겠다고 해도 전적으로 이해해줄 만한 멋진 사람들이었다. 하지만 나는 언제나처럼 출발했다. 헤드랜턴이 빙하에서 꺼져버렸다. 구름이 잔뜩 낀 어두운 밤이어서 나는 미로의 빙하에서 길을 잃어버렸다. 한참을 헤맨 끝에 길을 찾았지만 산장에 도착했을 때는 자정이 지난 시간이었다.

새벽 3시에 일어났지만 몸은 천근만근이어서 아무 생각도 들지 않았다. 이대로 누워 있을 수만 있다면 등반 취소의 대가로 10배를 물어줘도 좋을 것 같았다.

하지만 내 속사정을 모르는 고객은 산의 멋진 날씨에 들뜨고 행복해하면서 내 앞에 서 있었다. 얼버무린다고 될 일이 아니었다. 임무를 부여받은 군인과 같은 입장이어서, 나는 무작정 나서야만 했다. 의례적인 말이 오갔고, 나는 곧 새벽바람을 맞으며 고통스럽게 길을 따라 올라갔다. 그런데 갑자기 정신이 아득해지더니 나는 맥이 빠지고 말았다. 하지만 손님들이 눈치를 채지 못해 나는 겨우 나 자신을 추스를 수 있었다. 등반을 해나가자 몸이 풀렸고, 우리는 무사히 정상에 올라섰다. 그날 저녁 성공적인 등반에 흐뭇해하는 손님들을 데리고 몽땅베르로 돌아올 때는 계속 부슬비가 내렸다. 그래서 나는 달콤한 잠을 잘 수 있게 해준 내 행운의 별들에게 고마워했다. 아마도 나의 두 캐나다인 손님은 워커릉에서 탈출했을 때보다도 내가 더 힘들어했다는 것을 꿈에도 몰랐으리라!

또 한 번은 프티 드류의 아주 평범한 루트에서 너무나 힘이 빠져

과연 정상까지 갈 수 있을지 심각한 고민에 빠진 적도 있었다. 그날 따라 내 손님도 몸의 상태가 좋지 않아 시작부터 힘들어하더니 등반 속도가 느려졌다. 나는 나 자신이 너무나 힘들어 그의 상태를 파악할 여유가 없었다. 그런데 어느 순간 손님의 얼굴이 파래지면서 눈동자가 멍해지고 콧구멍을 벌름거리는 것이 보였다. 이런 상태로 등반을 계속할 수 없다는 것은 너무나 명백했다. 하지만 내 명예를 지키기 위해서는 내가 더 오래 버텨야 했다! 한 피치 한 피치를 등반해 나가자, 그 가엾은 사람은 점점 더 애처롭게 변해갔지만 포기할 기색이 없어 보였다.

정상에 도달하는 것보다 포기하자고 먼저 말하는 창피를 면하고자 했던 나의 비밀스러운 보조로 마침내 그 불쌍한 동료가 바위 턱 위에 주저앉는 절망스러운 지경에까지 이르렀다. 슬퍼하면서도 차분한 목소리로 그는 나에게 더 이상 갈 수 없다고 고백했다. 내가 보기에 그는 무척 미안해하는 것 같았다. 최선을 다했지만 운이 따르지 않았을 뿐이었는데…. 이제 그는 단 한 발자국도 움직일 수 없었다. 나는 걱정스러워하는 표정을 지어 보이려고 애써 노력했다. 하지만 나 자신을 관통하는, 좀 쉴 수 있게 되었다는 동물적인 기쁨의 본능을 억제할 수 없었다. 나는 겨우 명예를 지킬 수 있었던 것이다!

안나푸르나

1949년의 시즌이 끝날 무렵, 프랑스가 히말라야에 원정대를 보낼 것이라는 소문이 산악계에 나돌았다. 이 소문은 알피니스트들 사이에서는 사실 끊임없이 화제에 오르고 있었는데, 특히 프랑스 알피니즘의 위대한 제창자인 루시앙 데비Lucien Devies가 히말라야 정복의 역사에서 프랑스가 그에 걸맞은 지위를 차지할 수 있도록 하기 위해 결심하고 있다는 것이었다. 지금까지 프랑스가 이 분야에서 해온 역할은 그저 조용할 뿐이었다. 즉, 영국은 30여 차례의 원정이, 독일도 이와 거의 비슷한 횟수가, 그리고 이탈리아는 네다섯 차례의 원정이 있었고, 역사가 얼마 안 되는 미국마저 세 번이나 원정에 나선 데 비해 프랑스는 1936년 히든피크 원정 오직 한 번뿐이었다.

이 소문은 근거가 확실했다. 그해 10월 내가 루시앙 데비와 나눈 대화에서 사실이 밝혀진 것이다. 데비는 전전파戰前派의 뛰어난 알피니스트 중 한 사람으로 내가 알기에는 가장 대단한 사나이였다. 그는 프랑스의 유명한 빙벽등반의 달인 자크 라가르드Jacques Lagarde, 때로는 이탈리아의 저명한 클라이머 주스토 제르바수티Giusto Gervasutti와 한 조가 되어 여러 차례 대등반을 해냈다. 예를 들면, 푼타 그니페티Punta Gnifetti 북동벽 초등, 올랑 북서벽과 에일프로와드 북서벽 초등을 비롯해 그 밖에도 많은 성취가 있었다. 그러나 그는 그 뒤 한때 심한 병고를 겪어, 나이가 들면서 등산 활동을 단념할 수밖에 없었다. 그리하여 젊은 날의 꿈과 야망은 더 이상 자신으로서는 감당할 수 없다고 보고, 다른 사람들이 그 꿈과 야망을 실천할 수 있도록 힘쓰게 됐다. 따라서 데비는 프랑스 알피니즘이 지평을 넓혀 나가는 데 있어서, 자신의 남다른 열정과 놀라운 행동력을 바쳤던 것이다. 또한 그는 일류 알피니스트들이 뛰어난 등반을 실현할 수 있도록 지원하고, 그들에게 용기를 북돋아주었다. 이런 점에서 라슈날과 나는 그의 덕을 너무나 많이 보았다.

1949년 루시앙 데비는 프랑스 산악계의 주도권을 장악하게 된다. 즉, 그는 프랑스 내의 가장 중요한 세 조직인 프랑스 산악회와 프랑스 산악연맹 그리고 고령회GHM를 동시에 다루었다. 이러한 힘의 집중과 그의 남다른 능력에 의해 프랑스 알피니즘의 히말라야 대원정에 기회가 오게 된 것이다. 나는 그와 이야기하는 가운데, 1936년 장 에스카라와 앙리 드 세고뉴Henry de Ségogne가 히든피크 원정대를 조직할 때 시작됐던 프랑스의 히말라야 원정에 대한 움직임에 그가 다시 손을 대려 하고 있다는 것을 알았다. 이러한 상황은 어느 모로 보나 시의적절한 것이었다. 전후 프랑스 알피니즘은 질적으로나 양적으로나 활기찬 발전을 하고 있었다. 전쟁 전에 거의 독일과 오스트리아, 이탈리아가 개척했던 최대의 루트들이 이제 비로소 프랑스 산악인들의 손에 넘어오게 된 것이다. 따라서 여러 나라 원정대가 30회이상이나 시도를 감행하고도 성공하지 못한 8천 미터 급 고봉을 쟁취할 수 있는 강력한 원정대를 꾸리는 일이 가능하게 되었다. 그때까지 정복된 최고봉은 난다데비Nanda Devi였는데, 그것은 높이가 7,816 미터에 지나지 않았다. 또한 8천 미터 급 고봉의 도전을 불가능하게 했던 정치적 조건도 개선되는 듯이 보였다.

세계에서 가장 높은 봉우리 3개는 티베트와 파키스탄, 그리고 네팔에 있다. 1940년 이전에는 전통적으로 서구문명에 문호를 닫고 있던 티베트가 에베레스트에 가려는 영국 원정대에만 그 문호를 열어놓고 있었다. 그러나 제2차 세계대전 후, 동양에 대한 영국의 영향력이 약화되자 티베트는 모든 외국인의 입국을 막아버렸다.

인도의 서북부에는 카라코람과 히말라야가 있다. 8천 미터 급 고봉에 대한 시도는 대부분 여기서 벌어지고 있었으며, 그 서북부가 근년에 새로운 파키스탄으로 편입되었다. 그런데 여러 가지 정치적·종교적 혼란이 이 나라를 동요시켜, 중앙의 권력이 잘 미치지 않는 오지에 유럽인들이 접근하는 것을 어렵게 만들고 있었다. 그밖에도 불교도와 포터 역할을 하는 셰르파가 이 나라에서 생활하는 것을 금지하고 있었기 때문에 그 기술적인 문제의 해결도 쉽지 않았다.

그런데 이와 반대로 지금까지 유럽에 대해 완고한 쇄국정책을 써오던 네팔이라는 작은 독립국가가 새로운 정치제도를 채택하고 서양인의 방문을 환영하게 됐다. 그리하여 이해 여름, 미국의 조류학자와 스위스 산악인들이 처음으로 네팔 안에서 돌아다닐 수 있었다. 이렇게 되어 1950년에도 똑같은 혜택이 주어지리라는 희망이 생겼다.

난다데비는 빌 틸먼과 노엘 오델에 의해 1938년 등정되었다.

여기서 프랑스 산악연맹은 프랑스를 대표하는 원정대를 네팔에 파견할 수 있도록 허가를 받으려고 네팔 정부와 접촉했다. 이 나라에는 8천 미터 급 고봉 대부분이 있는데, 그중에서 성공 가능성이 있는 산을 고르는 일이 매우 중요했다. 다음으로는 원정대원의 선발인데, 이 일은 생각보다 훨씬 더 어려웠다. 또한 원정대 장비를 갖추는 일도 아주 중요했다.

우선 루시앙 데비의 추천에 따라 고령회GHM 사무총장인 모리스 에르조그Maurice Herzog가 제일 먼저 — 잠정적이기는 했지만 — 대장으로 임명됐다. 이런저런 이야기가 오가는 가운데, 루시앙 데비가 원정대의 유력한 대원으로 내가 거명되고 있다고 알려주며 내 의중을 물어왔다. 히말라야 원정대에 참가한다는 것은 내가 가장 원하던 것이 구체화되는 일이었다. 그러나 인생에서 열렬한 희망이 실현되는 일은 결코 쉽지 않고 흔치도 않다. 특히 히말라야는 나에게 동양의 신비와 매력으로 다가와, 내 손이 뻗을 수 없는데도 나는 언제나 히말라야에 오르는 것을 꿈꾸고 있었다. 그런데 그 꿈이 현실로 다가온 것이다. 이제 이것은 내 모험의 전체로, 내가 지금까지 그토록 애쓰면서도 제대로 해보지 못한 일이었다.

그해 11월 나는 아내와 산 친구 중 한 명인 유능한 프랜시스 오베르와 함께 캐나다로 돌아갔다. 그리고 겨울 한동안 그곳에 머물며 프랑스에서 진행되고 있는 일을 편지로 전해 듣고 있었다. 네팔의 허가는 오래 끌었는데, 원정대에 남겨진 시간은 2개월에 불과했다.

본업으로 바쁜 가운데서도 데비, 에르조그, 1936년의 원정대장이었던 앙리 드 세고뉴, 그리고 그 밖에 많은 사람들이 이루 말할 수 없는 열정을 쏟아가며 원정을 준비하고 있었다. 그리고 이제 그 기적이 이루어진 것이다.

그러나 첫 번째의 커다란 장벽은 원정 계획에 필요한 자금을 확보하는 일이었다. 본래 문제가 되는 곳에 재원을 쓰기 마련인 정부는 큰 아량을 보이지는 않았지만 600만 프랑을 승인했다. 그러나 이것은 필요한 자금의 절반밖에 되지 않았다. 한편 외부로부터의 모금도 있었고, 기증품도 적지 않았다. 수많은 산악인들이 주머닛돈을 보내왔다. 산악계 일선에서 물러난 지 얼마 안 되는 열정적인 알피니스트들이 자금 마련에 큰 힘을 보태주었다. 그들의 헌신이 아니었다면 필요한 돈을 모을 수 없었을 것이다. 그중에 이미 고인이 된 친구인 파리은행 총재 루이 위브라트Louis Wibratte와 파리대학 법학부 교수 장에스카라도 있었다. 그리고 지금도 건재한 앙리 드 세고뉴와 루시앙데비도 관계官界와 실업계의 거물들을 찾아다니며, 히말라야 원정의 의미를 설득해서 적지 않은 금액을 모금했다.

이제 등산과 캠핑에 관계되는 많은 기업이 이 국가적 사업에 참여하기를 희망했다. 그들은 대부분 돈이 적게 들거나 아예 안 드는 쪽으로 원정대가 장비를 준비할 수 있도록 했을 뿐만 아니라 특정 모델의 장비를 연구하고 제작하는 데 동의했다.

이러한 열의 덕분에 히말라야 원정에 필요한 장비가 크게 진보됐다. 확실히 양차 세계대전 사이에 있었던 히말라야 등산의 역사를 보면, 여러 나라 사람들이 지상 최고의 산에 도전하며 쏟아부은 열정과 용기와 영웅주의에 놀라지만, 한편 이러한 목적 달성에 필요한 장비를 고안하는 착상이 너무나 빈곤한 데 또한 놀란다. 따라서 장비 분야에서 이 20년 동안 이렇다 할 발전이 없었던 것을 굳이 지적하지 않을 수 없다. 그러나 우리는 전통과 권위에서 스스로를 해방하고 폭넓은 분야에서 개혁을 이룰 수 있었다. 물론 어떤 과오가 있었는지 모르겠지만, 히말라야 등산의 기술적인 면에서 한 걸음 전진하고, 뒤에 이어진 승리의 모든 것이 우리의 창의 덕분이라고 감히 말한다 해도 조금도 지나치지 않을 것이다.

나는 멀리 캐나다에 있어서 원정 준비에 어느 정도의 노력이 들어가며, 얼마나 어려움이 많은지 잘 알지 못했다. 에르조그와 라슈날은 편지로 우리가 산에 가게 됐다고 알려왔는데, 그것이 나로서는 무엇보다도 중요한 일이었다. 비로소 나는 내 생애에서 다리를 다친다든가 중상을 입는다는 것에 대한 사실상의 불안감을 느꼈다. 더 이상 스키 대회에 나가지 않았으며, 스키를 타도 속력을 내지 않았다. 비록 스키 강사로서는 바람직한 일이 아니었지만….

나는 내가 해야 할 일을 위해 출발을 며칠 앞두고 프랑스로 돌아갔다. 파리에 도착하니 라 보에티la Boétie 거리의 프랑스 산악연맹 사무소는 열광적인 흥분으로 가득 차 있었다. 라슈날이 장비 포장 일을 맡고 있어, 나는 그의 일을 도왔다. 온갖 종류의 캔이 산적되어 있고, 아이젠과 피켈, 주방기구, 우모 침낭과 텐트 등이 마구 쌓여 있었다. 나는 그 모든 것의 무게가 계산되고, 어느 물건이나 품질이 조사되며, 또한 그 형태와 용도가 충분히 검토되는 등의 고도로 합리화된 조직을 상상하고 있다가 한 대 얻어맞은 기분이었다. "이것 봐! 이런 것들을 갖고 일을 시작하겠다니 도대체 말이 돼?"

라슈날의 대답은 여전히 낙천적이었다. "그저 며칠 분류하고 포장하면 돼. 필요한 것으로 빠진 것은 없어. 남는 것은 각자 처분할 거고. 그리고 가장 중요한 것은 우리가 떠나는 일이지." 이번에도 그의 말은 옳았다.

히말라야 대원정에 필요한 것들은 알프스에서의 등반 — 비록 대등반이라 할지라도 — 과는 확연히 다르다. 알프스에서는 클라이머가 길어야 3~4일 문명을 떠나면 되지만, 히말라야에서는 1년의 거의 3분의 1을 문명과 떨어지게 되며, 적어도 한 달 이상을 불모지에서 지내야 한다. 알프스 등반은 자일 파티가 행하는 개인적인 성취의 연속이지만, 8천 미터 급 고봉의 정복은 오직 원정대 전체의 일이다. 히말라야 같은 고소에서 고립되면 인간은 무력화된다. 높은 고도에서 공기가 희박해지면 피로와 위험, 추위와 바람이 인간의 용기와 저항을 한계까지 몰고 가, 우수한 사람도 그 본성을 잃게 된다. 때로는 숨어 있던 본성이 나타나, 걷잡을 수 없이 행동하기도 한다. 과거에도 많은 원정대가 그런 일을 당해서 제 능력을 발휘하지 못하고 무력해진 일이 있었다. 그래서 원정대 책임자는 가능한 범위 안에서 굳게 단결된 팀이 되도록 노력하는 한편, 기술적으로 우수하더라도 지나친 개인주의 때문에 집단으로 행동하는 일에 도움이 되지 않는 사람은 배제하는 일이 있다. 따라서 루시앙 데비가 지휘하는 위원회에서는 고도의 기술을 가진 사람으로 원정에 필요한 개성을 가진 대원을 선발하려고 노력했다.

나는 대원 선발에 취해진 이런 공정하고도 높은 판단과 식견에 크게 만족했다. 누구나 간단히 상상하겠지만, 프랑스 산악회의 각 지부는 그들 휘하에 있는 유력한 사람을 내세우려고 때로는 압력을 가하기도 했다. 하지만 강한 지방의식의 영향을 피할 수 있었고, 또한 각 지방과 개인 간의 경쟁의식을 잘 처리할 수 있었다.

원정대장으로 모리스 에르조그가 결정되었다. 당시 이 선택은 뒤에 가서도 말이 많았지만 그것은 제대로 된 일이었다. 사실 에르조그는 당대의 우수한 등산가는 아니었고, 두드러진 등반 기록도 없었다. 그러나 그는 남다른 등산 경험을 가진 사람이었다.

그는 어려서부터 등산을 해왔고, 우수한 암벽 등반가였으며, '전천후 알피니스트'로 특히 빙벽등반에 강하고, 인내력과 체력이 뛰어났다. 그가 대장으로 선발된 것은 이런 기술적인 면과 또한 인간적이고 정신적인 면에서 남달리 높은 평가를 받은 덕분이었다. 객관적으로 보더라도, 대규모 원정대를 지휘할 만한 두세 명의 프랑스 등산가들 중에서 당시 그가 가장 적합한 인물이었다고 말할 수 있다. 예비역 장교로 실업가이기도 했던 그는 교양이 깊고 지휘에 익숙했기 때문에 대장 역할에는 아주 제격이었다.

그 밖에 그는 멋진 친구로 사람이 좋았다. 따라서 그라면 이상한 성격을 가진 대원에게도 그저 권위만 내세우는 대장과는 또 다른 식으로 명령이나 지시를 내릴 수 있을 것으로 보았다. 뿐만 아니라 그는 대부분의 대원과 자일 파티였기 때문에 이런 점에서도 자신의 임무를 잘 해낼 수 있는 이점을 갖고 있었다.

원정대를 조직하고 하부 캠프에서 지휘할 뿐만 아니라, 책임을 완수하기 위해 최종 공격에 스스로 참가할 수 있는 사람을 원정대의 대장으로 한다는 위원회의 원칙에도 그는 잘 들어맞았다. 결국 에르조 그는 원정대 지휘에 필요한 덕성을 갖추고 있었다. 즉, 그에게는 신념이 있었고, 이 원정의 주창자의 한 사람으로서 "산을 옮긴다."라는 패기와 열의로 그 자리를 맡았던 것이다.

위원회에서는 '원정대'에 가능한 한 내부의 결속이 다져진 자일 파티, 즉 오랫동안 같이 등반을 해서 굳은 우정으로 뭉쳐진 파티를 선출하는 데 노력했다. 결국 쿠지와 샤츠Couzy-Schatz의 파티가 대원으로 임명된 것은 아마도 그런 이유 때문이라고 본다.

폴리테크닉을 졸업한 젊은 기술자 쿠지는 원정대의 최연소자였다. 지적이며 자주적인 그는 후에 나와 가장 친한 친구가 되었고, 초몰론조Chomolonzo와 마칼루 원정에서는 나의 자일 파티였다. 당시만 해도 그는 젊은 사람으로 완벽하지는 못했고, 그가 장차 훌륭한 알피니스트가 되리라는 것을 사람들은 알지 못했다. 사실 그는 암벽 등반가로, 특히 돌로미테에서 잘 알려져 있었으며 국제적인 평판도 받고 있었다. 다만 고산 경험은 적었다.

한편 샤츠도 인텔리로 화학자였는데, 그는 가정 형편상 패션 잡지의 편집장 일을 맡아보고 있었다. 그도 뛰어난 암벽 등반가였는데, 쿠지와 마찬가지로 빙벽등반과 혼합등반은 경험이 그다지 풍부하지 못했다.

쿠지-샤츠 파티가 히말라야 원정대에 뽑힌 데 대해 기술적인 면에서 상당한 말이 오갔다. 그들이 프랑스에서는 뛰어난 암벽등반의 경험자라 할지라도 고산에서의 경험이 크게 부족했기 때문이다.

암벽등반이 아무리 뛰어나도 8천 미터 급 고봉의 정복에는 사실상 아무런 도움이 되지 않는다. 이러한 고산은 대부분 눈과 얼음의 사면을 오르게 된다. 세계 최고봉 에베레스트는 한 명의 뉴질랜드인 — 자기 나라의 설산 외에는 거의 오른 일이 없으며, 암벽등반 경험은 없다시피 한 — 과 또 한 명의 아주 대담하고 끈질긴 인내심을 가진 셰르파로 된, 암벽등반에는 아주 평범한 파티에 의해 초등되었다.

그다지 뛰어난 알피니스트가 아니더라도 산을 잘 아는 사람을 고르는 것이 쿠지나 샤츠와 같은 '6급 클라이머'를 택하는 것보다 현명하다고 처음에는 생각했었다. 그러나 위원회로서는 그들의 성격상의 장점을 믿고, 원정대 일을 해나가는 데 굳게 손을 잡을 수 있는 자일 파티로 도움이 된다고 보았던 것이다.

나는 루시앙 데비가 자신의 신념을 그대로 시험해보려 했다고 믿는다. 다시 말해서 8천 미터 급 고봉은 눈과 얼음이라 하더라도 기술보다는 불굴의 체력과 인내력, 용기와 그 계획에 대한 마음가짐이 중요하다는 것인데, 이 모든 것은 높은 수준의 암벽등반에서 요구되는 것들이다. 이러한 논리적 근거는 독일 원정대에서 볼 수 있는데, 그들은 바위 전문가들이었지만 히말라야에서도 상당한 성과를 올렸다. 사실상 8천 미터 급 고봉에서는 기술적으로 — 특히 빙벽에서도 — 어려운 곳이 하나도 없다. 여기서 주로 문제가 되는 것은 고독, 등반의 길이와 복잡성, 그리고 걷잡을 수 없는 기상 상태, 여기에 산소 결핍인데, 산소 결핍은 무엇보다도 큰 비중을 차지하며 정신적·육체적 능력을 말살한다.

아무리 힘이 들어도 아크로바틱한 기술이 그다지 필요 없는 상황에서는 뛰어난 체력과 저항력을 바탕으로 한 정신적인 자질을 갖추는 것이 성공을 가져오는 결정적 요인이라는 것은 확실하다. 이러한 개성을 잘 갖추고 설사면에서도 자신 있는 암벽 전문가가 경험이 많은 알피니스트들 사이에 끼어들 때, 그 파티는 힘을 발휘할 수 있다.

위원회에서 두 번째로 이야기된 것이 라슈날과 나였다. 우리의 산에 대한 폭넓은 경험과 서부 알프스의 거벽에서 올린 성과가 이 선발의 기준이 된 것은 확실했다. 가스통 레뷔파가 여섯 번째로 선발되었는데, 그도 본질적으로는 암벽 전문가였다. 레뷔파는 고산 경험이 그야말로 풍부했으며, 그의 빛나는 경력으로 볼 때 그는 기술적인 면에서도 당연히 뽑혀야 하는 프랑스의 대표적 알피니스트 중 한 사람이었다.

이 밖에도 두 사람이 대원으로 더 뽑혔다. 나의 친구로 의사인 우도와 저명한 영화 제작자 마르셀 이샤크Marchel Ichac였다. 심장혈관외과 분야에서 국제적으로 이름난 외과의사 우도는 원정대 의사로 아주 적합했다. 그는 또한 일류 알피니스트여서 등반에도 참가할 수 있었다. 따라서 정예대원 가운데 누군가가 빠질 경우 그를 대신하기로 되어 있었다.

영화와 산악사진의 권위자인 마르셀 이샤크는 원정대의 영화를 찍는 일과 동시에 원정 자금을 도와준 신문에 원고를 보내는 일도 하게 되어 있었다. 뛰어난 알피니스트이기도 한 그는 이미 1936년 히든피크 원정에 참가한 일이 있어, 대원 중 유일한 히말라야 경험자였다. 따라서 상황에 따른 그의 조언은 우리들에게 크게 도움이 될 것으로 기대됐다.

이상 8명의 알피니스트 외에 뉴델리 주재 프랑스 대사관의 젊은 외교관인 프랜시스 드 노이엘Francis de Noyelle이 끼게 됐다. 그가 할 일은 네팔 영내에서 수송 수단을 마련하고, 인도어의 지식을 활용해서 어느 정도 통역을 하는 것이었다. 등산의 세계가 좁다 보니 프랜시스 드 노이엘을 빼면 원정대원은 모두가 서로 아는 사이였다.

나로서는 쿠지와 샤츠를 빼고는 대부분의 대원들과 친한 사이였는데, 그러다 보니 대원들이 한데 모여도 마치 산 친구들이 모이는 것과 크게 다르지 않아, 처음 한동안의 어색한 분위기가 길게 가지 않았다.

네팔로부터의 허가가 늦어진 데다, 특히 원정자금을 마련하는 데 시간이 걸려 준비 기간이 얼마 남지 않게 되었다. 그래서 일이 다급해졌고, 원정이 제대로 될지 누구나 마음이 불안했다. 그러나 모두가 자기가 맡은 일에 전력을 쏟아서 온갖 장애를 물리치고 출발하는 날 마지막 짐을 포장하게 됐는데, 이것은 원정에 대한 이야기가 나오고 나서 두 달밖에 지나지 않은 시점이었다. 모든 것을 빈틈없이 끝내지는 못했어도, 라슈날이 예언한 대로 중요한 것 가운데 빠진 것은 하나도 없었다.

우리는 DC4를 타고 도중에 몇 군데 들렀다. 로마를 들렀고, 카이로에 가서 달빛에 피라미드도 보고, 페르시아 만의 바레인 섬을 거쳐 뉴델리로 갔다. 나는 주로 비행기 창밖으로 새로운 세계를 내려다보았다. 날씨가 좋았고 비행기가 낮은 고도로 가서 우리는 작은 것들도 자세히 볼 수 있었다.

심지어 아라비아의 거대한 황갈색 모래 평원 위를 가고 있는 베두인족Bedouin의 카라반 행렬까지 눈에 들어왔다. 비행기가 인도 북부 상공을 날아갈 때 나는 몹시 놀랐다. 키플링의 작품에 넘쳐흐르는 그 에스프리에서 나는 그때까지 이 나라를 초목이 무성한 곳으로 알고 있었고, 또한 열대 지방의 푸른 대삼림이 발밑에 펼쳐질 것으로 기대하고 있었다. 그런데 눈에 들어오는 것은 가도 가도 끝이 없는 황토빛을 한, 딱딱하게 굳어버린 빵 껍질 같은 토지뿐이었다. 푸른 곳은 하나도 없고, 끝없이 펼쳐진 세계에 겨우 나무 몇 그루가 있을 뿐이었다. 몇 시간 지나자 나는 우리가 황무지가 아니라 인구 밀도가 엄청난 곳 위를 가고 있다는 것을 비로소 알았다. 사실은 엄청난 격자格子 같이 벌어진 땅에 네모나게 나 있는 끝없는 지역은 몬순 전의 몇 달 동안 이글거리는 열기에 노출되어, 석회처럼 된 작은 밭들이 모여 있는 곳이었다. 커다란 과일 송이처럼 여기저기 불규칙하게 점재하는 작은 지붕들이 네모로 나 있는 융단의 단조로움을 다소 깨고 있었다. 그 작은 지붕들이 모인 곳은 마을이었으며, 그곳에는 뜨거운 태양에 고통 받으며 말라빠진 땅에서 먹을 것을 얻으려는 많은 사람들이 빈곤과 무지와 기아 속에 살고 있었다.

델리에서 프랑스 대사 다니엘 레비, 1등 참사관 크리스천 베일과 대사관 직원들 모두가 우리를 진심으로 맞아주었다.

우리는 빨리 떠나고 싶었지만 복잡한 세관 업무가 있었다. 모리스 에르조그는 어떻게든 잘 될 것이라는 느긋한 심정이었으나, 신생 인도 공화국의 관리들은 그들의 권력을 내세우며 풋내기의 열정을 부렸다. 그들은 나폴레옹의 유명한 말처럼 "보통 사람을 붙들고 그 사람에게 훈장을 줘라. 그러면 너는 전제군주가 된다." 하는 식이었다. 어제까지만 해도 낮은 자리에 있었던 관리가 독단적인 권력을 부리는 맛에 폭군처럼 굴고 있었다. 그 인간은 우리의 짐을 일일이 조사하며, 모든 짐에 세금을 붙이려 했다. 물론 이러한 요구는 미친 짓이나 다름없었다. 엄청난 세금은 차치하고 이런 식으로 일주일도 넘게 이곳에 붙들려 있어야 한다면 우리가 입는 날짜 손실은 원정의 성패에까지 영향을 미칠 것이다. 그런데 다행히도 헌신적으로 우리를 변호한 프랑스 대사가 외교적 수단을 썼다. 대사는 윗사람을 찾아가, 곧바로 모든 장애를 제거하는 데 성공했다.

에르조그, 노이엘, 이샤크, 우도 등이 미처 상상하지 못했던 이런 어려움에 이마를 맞대고 있는 동안, 이런 일을 전혀 모르는 대원들은 인도인들과 만나고 있었다. 그리하여 날마다 우리가 만나는 세계는 전혀 다른 세계였다. 이국적인 것과 심리적 호기심에서 오는 피상적인 매력이 사라지고, 이루 말할 수 없는 비참한 모습이 눈앞에 그대로 나타났다. 천년 동안 기아와 빈곤에 시달려 온 인도는 많은 무서운 일들을 감추고 있는 역사상 최대의 드라마를 되풀이해 오고 있었다.

영국의 식민주의 구속에서 벗어난 이 나라는 극적인 동란기를 맞고 있었다. 수천 킬로미터나 떨어져 있는 인도 북서부와 동남부는 경제적인 측면에서 불리한 파키스탄 건설로 분리되어 있었는데, 그나마 이 두 지방의 연결 역할은 이슬람교가 하고 있었다.

이 신생국가는 그 많은 비이슬람교도를 인도로 추방했으며, 한편 인도에서도 같은 방법으로 인도 내에 있는 몇 천만 명이라는 이슬람교도에게 압박을 가했다. 그리하여 이들이 추방되고, 무정부 상태가 이어진 몇 개월 동안 100만 명이 넘는 사람들이 학살됐다. 또한 이런 무질서 속에서 먹을 것이 없어 얼마나 많은 사람이 죽었는지는 아무도 알지 못한다.

올드델리의 슬럼가와 외곽에 있는 난민 수용소의 모습은 강심장을 가진 우리들의 마음까지 아프게 했다. 해충에 뒤덮여 악취 나는 누더기를 걸친 사람들은 마치 부헨발트Buchenwald나 아우슈비츠 수용소에서 방금 나온 듯이 보였다.

거리에서는 한 발짝을 움직일 때마다 '살아 있는 송장'과 부딪쳤는데, 이루 말할 수 없는 슬픔에 잠긴 그들의 눈동자는 움푹 들어간

빰으로 더욱 크게 보였다. 사람이 뼈만 남은 다리로 긴 지팡이에 몸을 간신히 의지하고 다니는 모습은 이 세상 같지 않았다. 그들이 언제 쓰러질지는 아무도 모르는 일이었다.

　어두컴컴한 구석에는 병든 사람과 기력을 상실한 사람들이 고통스러운 소리를 내며 우리들에게 손을 벌리고 애원하고 있었다. 한데 모여 말없이 웅크리고 앉아 있는 무리도 있었다. 처음에 나는 그들이 자고 있는 줄 알았는데, 파리 떼가 그들 위를 나는 것을 보고 그들은

인도와 네팔 지도

이미 시체나 다름없다는 것을 알았다.

우리는 뉴델리의 무더위 속에서 며칠을 보내고 나서야 드디어 떠날 수 있었다. 당시는 인도가 겨우 무정부 상태에서 벗어나려는 무렵이어서, 짐 수송은 그때그때 운에 맡기는 수밖에 없었다. 본대는 러크나우Lucknow까지 비행기로 가기로 했고, 레뷔파와 나는 짐과 함께 기차편으로 가기로 했다. 우리는 값진 물건들을 잃어버리지 않으려고 짐과 짐 사이에 자리를 잡았다. 갠지스 평원을 가로지르는 데 이틀이 걸렸다. 더위에 숨이 막힐 듯했고, 공기 중에 먼지가 일어 숨을 쉴 수 없었다.

우리가 지나가는 지방은 경치가 견디기 어려울 정도로 단조롭고, 풀 하나 없이 말라버린 곳이었다. 역에서 만나거나 밭에서 보는 사람들마저 이 버려진 땅에서 아무런 희망이나 즐거움을 모르고 살며 말도 없었다.

동료들이 러크나우에서 마중 나왔을 때 레뷔파와 나는 온몸에 먼지를 뒤집어쓰고 지쳐서 기진맥진했다. 다음 기차 여행에는 모든 대원이 같이 갔는데, 천을 씌운 좌석이 있는 기차로 네팔 국경에서 몇 킬로미터 떨어진 곳까지 갔다. 그리고 그곳에서부터 전체 왕국 중에서 글자 그대로 평탄한 오직 하나의 지역인, 습지가 많은 테라이Terai 평원을 가로질러 파헤친 좁은 길을 약 40킬로미터나 갔다. 숨이 가쁜 듯 느린 화물차량 두 대와 누더기같이 낡은 버스가 말로 표현할 수 없는 먼지를 일으키며 우리를 싣고 갔다.

이어서 범과 외뿔소가 있는 원시림, 그리고 바다의 섬처럼 푸르고 드높은 산이 나타났다. 드디어 우리의 꿈이 이루어진 것이다. 히말라야! 하늘에서 대지로 내뿜는 첫 폭풍설의 입김에 우리가 맞닥뜨린 것이다.

길은 첫 사면의 기슭에서 끝났다. 그 뒤부터는 6톤이 넘는 식량과 장비를 사람이 등에 지고 날라야 했다. 우리는 부트왈Butwal에서 잠깐 쉬었는데, 본대가 짐을 나르는 데 필요한 200명가량의 포터를 모으는 동안, 라슈날과 나는 정찰을 위해 일찌감치 먼저 떠났다.

첫날 오후에는 숲이 무성한 열대지역을 갔다. 마치 두 개의 세계를 갈라놓은 듯한 푸르고 푸른 숲이 히말라야 최초의 지맥인 시발릭Shivalik 산맥의 사면을 감싸고 있었다. 숲속에서 밤이 되어, 어둠 속을 한동안 걷다가 우리는 어느 가난한 찻집에서 그날 밤을 묵었다. 한낮 더위를 피하려고 우리는 새벽부터 걷기 시작했다. 숲속의 풀밭을 보고 어둠을 조금씩 분간하게 되어, 제멋대로 생긴 거목들을 피해 갈 수 있었다.

조심스럽게 깃발이 꽂힌 길은 네팔과 인도 간에 간선도로 역할을 하는 5~6개 중 하나였다. 사실 시발릭 산맥 저쪽에 사는 800만 명 정도의 사람들은 진흙과 돌로 된 좁고 굽은 이런 길 외에 현대세계와 만나는 수단을 갖고 있지 않았다. 그런데 이런 길이 또한 티베트와의 놀라운 '교역로'의 시작이었다. 이런 길로 용감한 상인들이 때로는 6천 미터의 고개를 넘거나 좁은 산길을 지나 중국까지 가곤 했다. 건조기에 이런 길을 메우는 사람들의 왕래는 파리에서 가장 번화한 곳과 같다. 엄청나게 큰 짐을 허리를 굽혀가며 지고 가는 쿨리의 행렬이 끊임없이 이어진다. 반쯤 벗은 남자들은 부풀어 오른 허벅지와 종아리 근육이 드러나지만, 여자들은 긴 치마로 그들의 다리를 감추고 있다. 그들은 누구나 면포와 향료, 설탕 등 잡다한 물건들을 네팔로 가져가고, 돌아올 때는 쌀과 보리, 소금, 그릇, 양모와 모피 등을 가져온다.

세상이 아직 잠에서 깨어나지 않은 이른 시간의 산길은 종종걸음으로 내려가는 짐꾼 몇 명만 가끔 보일 뿐 한적했다. 숲을 뒤로 하고 능선 위에 올라서자 첫 아침햇살이 유난히 눈부셨다. 아직은 어둑한 곳을 뚫고 황금빛 화살촉이 서서히 그 모습을 드러내기 시작했다. 나는 그 광경을 놓치지 않으려고 더욱 서둘렀다. 그러자 곧 기적이 일어났다. 발밑으로 아득히, 푸른 빛의 안개에 싸인 산릉들이 마치 물결치듯 수놓더니, 이 녹색의 바다 위에 히말라야의 거대한 흰 산이 눈부시게 빛나고 있었다. 나는 어떤 환상적인 꿈속에서도 이와 같은 아름다움이 지구상에 존재하리라고는 상상해보지 못했다. 시간은 기억을 지워버리기 마련이지만, 그 순간 내 마음을 움직인 것은 빨갛게 불에 달군 쇠에 입은 화상처럼 영원히 남을 것이다. 지금까지도, 내

육체노동에 종사하는 중국인·인도인 노동자. 특히 짐꾼, 광부, 인력거꾼 등을 가리켜서 외국인이 부르던 호칭이다.

청춘의 꿈이 처음으로 눈앞에서 형상화된 그 순간이 가장 강렬한 감동으로 내 인생에 남아 있다. 그것은 우리와 다른 시한時限 속에 응결된 하나의 세계, 즉 네팔이었다.

이 경이적인 나라가 눈앞에 나타난 날부터 네 번에 걸친 원정으로 — 시간으로 따지면 한 해 동안에 — 나는 여기서 행복한 시간을 보냈다. 이곳은 인간의 세상이 아닌 고산의 세상이었다. 뿐만 아니라 나는 이와 거의 같은 기간을 네팔 사람들이 사는 낮은 지역에서 보냈다.

1950년에는 여러 가지 일들이 얽히며, 네팔은 완전히 서구의 영향에서 벗어나 있었다. 오늘날도 수도 카트만두와 국경의 몇 개 마을을 빼면 이 나라는 사실상 몇 세기 동안 진화하지 못하고 있다.

나는 네 번에 걸쳐 네팔을 여행하는 동안 2,000킬로미터나 산릉과 계곡을 돌아다녔다. 그러면서 산에서 사는 사람들과 사귀고, 때로는 그들과 함께 생활하기도 했다. 나는 그들의 목가적인 생활에 끌려 들어갔다. 그들의 생활철학은 내 성격에 상당한 영향을 미쳤다.

아주 젊어서부터 나는 언제나 자연과 전원 세계에 깊은 애정을 품고 있었다. 농부들의 단순하고 탁월한 생활은 나를 매료해, 나는 몇 년이고 그들과 생활을 같이 했던 것이다. 그러던 내가 그런 생활을 떠나야 했던 것은 다른 사정 때문이었다.

새로운 경험을 열렬히 갈망하고, 마음속에 넘쳐흐르는 멋진 생각을 품으며 온몸의 감각이 눈을 뜨고 있던 내가 인도라는 땅을 밟았을 때 나는 새로운 양식을 가진 미美와 시詩가 나타날 것으로 기대하고 있었다. 그러나 단조로운 풍경과 슬픔, 생기 없는 얼굴, 불결과 마음 아픈 가난이 기대했던 감동과 열광을 나에게 하나도 안겨주지 않았다. 그런데 인도가 나에게 주지 않았던 것, 그것을 나는 네팔에서 발견한 것이다. 여기서 나는 넓고 넓은 정원의 다시없이 호화스러운 자연의 매력에 사로잡혀, 마치 마술에 걸린 듯했다. 사람들은 자연 속에서 자연과 하나가 되어, 그 아름다움과 조화를 파괴하지 않고 살아가고 있었다.

주의 깊게 신경을 써서 우아하게 지은 집들은 세밀한 부분까지 황토색과 흰색 칠이 되어 있었다. 노란 짚으로 아름답게 덮인 집들이 바나나 나무의 그늘 아래 서 있었다. 이런 초가집이 산릉 위 여기저기에 서 있어 녹색의 약동이 한층 돋보였다.

여기서 살고 있는 수백만 명의 농민들은 성서에 나와 있는 것과 같은 매력적인 생활을 하고 있었다. 단순하다 못해 청교도와도 같은 그들의 기질은 고귀할 만큼 평화스러운 위엄을 지니고 있었다. 남자들은 흰 머리띠를 두르고 있었고, 여자들은 선명한 빛깔의 긴 옷을 걸치고 모두가 소박한 식량을 얻으려고 대지에서 열심히 일하고 있었다. 이러한 노동과 비옥한 토지 덕분에 수확이 풍부해, 한 해 두 번 수확하기도 했다. 인도와는 달리 사람들은 굶주림 없이 대부분 여유

라슈날과 나

있게 살고 있었다.

　원추형을 한 산릉은 나무가 드문드문 서 있을 정도로 개간되어 있었다. 여기서 집안 대대로 일을 하며, 급사면까지 밭을 일궈서 고도가 높은 곳의 농작물인 보리와 옥수수 그리고 쌀농사를 하고 있었다. 꾸불꾸불한 산릉지대 사면에 푸르거나 또는 누런 경작물이 아라베스크 모양을 그리고 있어, 이러한 곡선은 풍경에 특별한 우아함을 더해주고 있었다.

　나는 네팔의 주요 지역을 힘들게 걸어 다니는 동안 한 번도 이 나라 주민들의 매력에 지루함을 느낀 적이 없다. 지금이라도 다시 그곳으로 돌아간다면, 그 나라의 거대한 산들의 장엄함을 다시 보는 것뿐만 아니라, 우리와 다른 시대에 살고 있는 그들의 시詩를 또 한 번 보고 싶을 따름이다.

　어느 빛나는 아침에 네팔이 눈앞에 나타났을 때 나는 이 나라에 대해 아는 것이 하나도 없었다. 그러나 산릉과 계곡을 걷거나 쉬는 동안 사람들을 만나고, 힘든 하루가 지나고 모닥불 주변에 둘러앉아 셰르파들과 이야기하며 조금씩 이 나라를 알게 됐다.

　대체로 네팔에 대한 어느 정도의 기본적인 지식이 없으면 히말라야 원정이 어떤 것인지를 이해하기는 아주 어렵다. 간단히 그 윤곽을 이야기하자면 이렇다. 거의 200년 동안 권력을 쥐고 있던 강하고 냉철한 지도자들 덕분에 네팔은 놀라운 발전을 이룩했다. 길이 800킬

깨끗한 집들이 있는 아름다운 작은 마을

로미터 너비 200킬로미터에 걸쳐 있는 영토에서는 여기저기 산릉지대에 지금처럼 사람들이 살고 있었는데, 영토의 거의 반 이상이 불모의 고산지대고, 주민은 850만 명 정도였다. 그러던 촌락을 서로 연결하려고 로마시대와 같이 도로에 돌을 깔았다. 덕분에 포카라Pokhra와 팔파 텐징Palpa-Tensing 같은 부락들이 번화한 작은 도시로 발전하고, 글자 그대로 예술적인 특징을 가진 도시 건축물들이 매력적인 모습을 유지하게 됐다.

네팔을 잘 살펴보면 이 나라의 통일은 아직 겉으로만 그렇다는 것을 바로 알 수 있다. 즉 국민의 대부분은 네팔 국어, 다시 말해 인도어에 가까운 구르카어나 네팔어를 배우지만, 5개의 방언이 쓰이고 있다.

네팔은 힌두교와 불교가 서로 뒤섞인 데다, 아시아 최초의 침략자가 신봉하고 있던 아주 오래된 이교도의 영향을 받았다. 그리고 다수의 탄트리스트Tantrist와 샤크티스트Shaktist파가 이들 신앙에 우위를 더해주고 있다.

오늘날 종교 습관은 크게 변화해 카스트caste마다 조금씩 특수한 종교를 갖고 있다. 내 관점으로 보면, 그들의 식생활에서 금기 사항이 아주 다양하다. 예를 들면 달걀마저 먹지 않는 엄격한 채식주의자도 있다. 한편 어린 염소와 산양을 먹기도 하고, 타망족Tamangs처럼 물소 고기를 기피하지 않는 사람들도 있다. 그리고 티베트 국경 종족

솔루쿰부의 셰르파 아이들

인 셰르파족Sherpas과 보티아족Bhotias만이 소 — 더 정확하게는 야크 — 를 도살해서 먹는다. 이런 일은 죄악으로 돼 있으며, 발각되면 감옥에 가기 때문에 아주 은밀히 행해지고 있다. 그러나 사실 네팔은 종족과 종교, 언어가 제각각이지만 공통된 습관과 교양이 있다. 예를 들면 농사일이나 집 모양은 큰 차이가 없다.

네팔 문화의 특징 가운데 하나는 적어도 바퀴를 이용하지 않는다는 것이다. 시발릭 산맥 너머에서 이륜차나 짐차 등 바퀴가 달린 차를 본 적이 없다. 이 나라에서는 모두가 짐을 등에 지는데, 그것도 사람이 등으로 나른다.

네팔은 인구 과잉의 나라로, 식량 부족을 채우려고 문명이 점차 기능적 성격을 띠게 됐다. 지역마다 단 1미터의 토지도 버리지 않고 급사면에까지 논밭을 만들었다. 이런 논밭은 폭이 겨우 1미터가 될까 말까 할 정도인데, 그 사이에 2~3미터 높이의 둑이 만들어져 있다. 길은 경작 가능한 토지를 침범하는 일이 없도록 폭이 무척 좁다.

식량산업은 높은 발전 단계에 있었다. 네팔에서는 동물이 짐이나 사람을 나르지 못하게 하고 있는데, 이것은 분명 사람이 먹을 것을 생산하는 농토를 되도록 많이 확보하기 위해서다. 똑같은 칼로리를 소비한다면 숙련된 사람이 동물보다 더 무거운 짐을 질 수 있는 시골에서는 사람이 동물의 노동을 대신하고 있는데, 이것은 아주 합리적인 일이다.

오랜 세월 이 많은 계단식 농토에서 쌀과 옥수수를 재배해 오고 있다. (칼리 간다키 계곡)

확실히 짐을 나르는 동물은 고지대의 계곡에서만 볼 수 있는데, 어떤 농사에도 도움이 되지 않는 돌투성이의 그런 급사면에서 풀을 뜯어먹는 동물들은 인간으로부터 먹을 것이라고는 조금도 빼앗지 않고 살 수 있다.

시발릭 산맥을 넘으며 짐을 나르는 한 무리 노새의 대열을 빼고, 나는 어느 산릉지대에서도 짐을 등에 싣고 가는 동물과 만난 적이 없다. 그런데 말을 탄 사람들과 마주치면 그들은 언제나 관리 아니면, 말을 가질 수 있는 특별히 사치스러운 사람들뿐이었다.

경제적 목적을 위해 동물의 능력을 이용할 수 없기 때문에 사람들이 스스로 이 일을 하고 있는 것이다. 또한 토지가 기복이 심해서 바퀴가 달린 수송수단을 사용하기가 어려워 사람들은 등에 짐을 지고 그 일을 하고 있다. 이러한 것은 효율이 적지만, 이곳의 전통이나 습관이라기보다 경제·사회 구조의 기초로 굳어져버린 것이다.

네팔의 운반 기술은 서양인들이 상상도 할 수 없는 수준이다. 아이들은 두 발로 서면서부터 어떤 도움도 받지 않고 짐을 나르는 방법을 몸에 익힌다. 짐은 보통 등에 진 바구니에 넣고 폭이 넓은 띠로 받친다. 보기에는 그저 간단한 것 같지만, 어려서부터 익히지 않고서는 사실상 어려운 일이다. 내가 아는 한 히말라야 원정 경험이 있어도 완전히 이와 비슷하게 하는 사람을 보지 못했다. 분명한 것은 이마에 건 가죽 띠로 짐을 나르려고 목근육의 힘이 빠지지 않도록 하려면,

짐 전체의 무게가 척추에 제대로 가도록 해야 한다는 것이다. 그런데 이것은 어려서부터의 습관이 아니고서는, 제멋대로 생긴 땅 위를 걷는 동안 균형 잡힌 상태를 유지할 수 없다. 나는 한번 이렇게 해보았는데, 힘들어하는 것을 알았던지 포터들이 배꼽을 잡고 웃으며 '프랑스 셰르파'라고 불렀다.

결국 나는 어떤 때는 어깨로, 어떤 때는 이마로 이 방법을 썼다. 이마에 걸친 가죽 띠 덕분에 네팔 사람들은 상상할 수 없는 먼 거리까지 짐을 나를 수 있다. 그들은 여덟이나 열 살 때부터 자기보다 무겁고 큰 짐을 몇 킬로미터까지 멀리 나를 수 있고, 아주 강하고 훈련을 많이 받은 남자들은 우리들의 상상을 초월한다.

15년 전 나는 몽블랑 산군의 앙베르 데 에귀Envers des Aiguilles 산장을 짓는 곳에서 짐꾼으로 일한 적이 있었다. 힘들고 긴 나날이었다. 그때 나는 55킬로그램이 넘는 짐을 진 일은 별로 없었다. 나와 함께 일하던 사나이들은 모두 힘이 좋았는데, 우리는 노임이 많은 그 일에 끌려 산에서의 그런 일을 전문적으로 했다. 그래도 60킬로그램 이상을 지는 사람은 보기 드물었으며, 키가 1미터 90센티미터에 가깝고 체중이 100킬로그램이나 되는 이탈리아 사람 한 명이 65킬로그램에서 70킬로그램 정도의 짐을 날랐을 뿐이었다. 만일 이 보기 드문 장사가 네팔에 와서, 별로 도움이 되지 않는 이마 띠를 사용한다면 그보다 20~30킬로그램이나 체중이 가벼운 사람들의 웃음거리가 될 것이다.

안나푸르나로 가고 있을 때, 인도와 네팔 사이의 큰 마을 사이를 장사로 오가는 사람들이 우리 일을 돕겠다고 나섰다. 그들은 대체로 몸집이 크고 체력이 좋아 보였다. 그중에서도 그들의 다리가 볼 만했다. 햇볕에 탄 종아리 근육이 제법이었으며 마차를 끄는 말처럼 실했다. 그들의 몸에는 지방이 거의 없었고, 대부분 체중이 80킬로그램을 넘지 않았다.

그들은 서로 이야기를 나누더니 평균 40킬로그램이나 되는 짐을 나르는 일에 별로 흥미를 느끼지 않는다고 했다. 그런데 통역의 이야기를 듣고 나는 놀랐다. 짐이 너무 무겁다는 이야기인가 하고 내가 묻자, 그들은 서로 웃으며 짐이 가벼워서 노임이 얼마 안 될 것이라고 했다는 것이다.

이 말에 놀란 나는 이 짐들은 나눌 수 없으며, 노임도 그 이상 줄 수 없다고 말했다. 그런데 그들의 답을 듣고 나는 할 말을 잃었다. 그들은 "조금 무거워도 짐을 두 배로 지면 임금을 두 배로 줄 수 있느냐?"라고 말했던 것이다.

이렇게 해서 그들 헤라클레스와 같은 힘 있는 사나이들이 80킬로그램의 짐을 지고 매일 20~25킬로미터의 거리를 갔다. 그들은 걷는 동안에도 계속 떠들며, 짐 나르는 것을 당연한 일로 여기는 듯했고, 저녁 늦게 도착하는 일이 없었다.

그 뒤 나는 지형이 보통과 다른 곳에서 네팔 포터들과 티베트 포터들이 두세 명씩 서로 교대하는 것을 보았다. 그러나 그것은 계곡 깊숙한 곳의 좋은 길에서의 이야기가 아니라, 오히려 5천 미터가 넘는 고원지대나 너덜지대의 급사면에서의 일이었다. 그때 그들은 직업적인 짐꾼도 아니었고 체중도 60킬로그램 정도밖에 안 되는, 허약해 보이는 인근의 농민들이었다.

1950년 네팔은 서방 국가와 사회에 처음으로 문호를 개방했다. 그 무렵 이 나라에 들어온 외국인은 100명 정도에 불과했으며, 그들은 수도 카트만두에 와보는 것으로 만족할 수밖에 없었다. 그런데 그들이 여기까지 오는 데도 교통수단이란 말이나 사람의 등이 아니면 자기 발로 걷는 것이었다. 당시에는 인도와 제대로 연결된 도로가 없었다.

하지만 놀랍게도 그 당시에도 차가 몇 대 있었다. 그렇다면 이처럼 무거운 차가 어떻게 멀리 떨어진 이곳까지 올 수 있었을까? 낙하산으로 떨어뜨렸다는 말인가, 아니면 분해해서 날랐다는 말인가? 그게 아니었다. 피라미드를 세우듯이 수백 명의 사람들이 달라붙어 산길로 날라 온 것이었다. 시발릭과 마하바라트Mahabarat를 넘는 좁고 계단 진 산길을 아는 사람이라면, 그런 길을 따라 '롤스로이스'를 나른다는 생각을 한다는 것이 믿어지지 않을 것이다.

네팔 사람들은 종교와 인종에 상관없이 공통된 관습과 문화를 갖고 있는데, 티베트 국경 부근에 사는 사람들은 그렇지 않다. 그들은 종교와 관습에 대해서는 물론이고, 인종 면에서도 근본적으로 다르다. 티베트와 연결되어 있는 그들은 분명히 그 후손들이다. 그들과 그들의 고국 사이에는 높은 산이 가로놓여 있지만, 그들 고산 주민들은 그들의 조상과 겨울철 한동안만 떨어져 있을 뿐 긴밀한 관계를 유지하고 있다.

네팔의 티베트인은 저지대에 살고 있는 네팔인과는 정신적·육체적으로 크게 다르다. 체구가 대체적으로 작고 허약하게 보인다. 그런데 이것이 오히려 그들의 포터로서의 공적이나 전설적인 저항력을 그만큼 경탄의 대상으로 만들고 있다.

인간의 정착이 쉽지 않은 고지대의 주민들은 제대로 먹지 못한다. 그들은 대부분 가난하고 더러운 환경 속에서 살고 있는데, 다소의 예외는 있겠지만 목욕하는 일이 별로 없다. 그러나 생활이 이처럼 어려운 가운데서도 그들 산속의 주민들은 이 세상에서 다시 없이 명랑한 자들로, 언제나 웃고 노래를 부르며 무슨 일에나 마시고 춤을 춘다. 영리하고 창의성이 풍부한 그들의 기질과 태도는 때로는 구릉지대의 평화롭고 조금 모자란 듯한 동포들의 엄격함이나 신중함 등과 비교할 때 떨어지는 점이 있다.

국경지대에 사는 가장 많고 흥미로운 사람들은 말할 것도 없이 셰르파족이며, 그들의 이름은 히말라야 탐험과 떼려야 뗄 수 없다. 그들은 에베레스트 산군의 물이 남서로 흘러내리는 솔루쿰부 계곡 상류에 살고 있다. 그들은 두 부류로 나뉘어져 있는데, 한 부류는 솔루쿰부의 3,400미터에서 4,300미터 사이에 살고, 수가 더 많은 다른 부류는 하류 부근인 산릉지대에서 생활한다.

셰르파족의 인구가 얼마나 되는지 계산하기는 쉽지 않으나 대략 3천 명에서 6천 명 정도로 알려져 있다. 한 가지 확실한 것은 끝 모르는 노동으로 산에서 얻은 얼마 안 되는 농토와 거친 땅에서 풀을 뜯어먹는 약간의 야크에 의지하고 살아 나가기에는 그들이 너무 많다는 것이다.

그들 중 많은 사람들이 솔루쿰부에서 티베트로 통하는 5천 미터가 넘는 낭파 라Nangpa La를 넘나드는 대상隊商으로 살아간다. 장사 소질이 있는 사람은 성공해서 큰 부자가 되기도 하지만, 대부분은 야크 몰이꾼이나 포터로 살아간다. 이런 일로 그들은 티베트 오지와 인도까지 다녔고, 중국이 국경을 폐쇄하자 경제적으로 큰 곤란을 겪었다.

이렇게 멀리까지 오가며 장사하는 습성이 모험성과 적응능력 그리고 정신적 활달 — 이것이 이 종족의 특성인데 — 을 셰르파에게 주었다.

인도와 티베트 간의 통상교역이 그들의 중요한 역할이었지만, 솔루쿰부 사람들은 에베레스트에 가로막힌 마을에 살아 일자리를 찾을 수 없었다. 그래서 그들은 대부분 살기 좋은 곳을 찾아 떠나게 되었다.

지난 세기 말엽, 영국인들이 조금 색다른 곳에 다르질링이라는 작은 도시를 만들었다. 그곳은 네팔과 시킴의 국경에 가깝고, 뱅골 평원이 바라보이는 높은 산릉지대였다. 다르질링은 2,500미터의 고소로, 영국인들이 몬순이 시작되기 전 몇 달의 무더위를 피해 고원의 신선한 공기 속에서 새로운 활력을 회복하려는 목적으로 만들었다.

이해가 잘 안 되는 일이지만, 다르질링에서 수십 킬로미터 떨어진 네팔은 사람들이 넘쳐났다. 하지만 시킴의 이 산릉지대에는 사람들이 거의 없었다. 도시의 건설과 그에 이은 광대한 차 농사는 사람들을 필요로 했다. 따라서 노동자들은 주로 네팔에서 공급되었다. 그들은 부지런하고 규율이 잡힌 작은 체구의 명랑한 라이스족Raïs과 타망족이었는데, 그들 중 일부가 길게 땋아 늘어뜨린 머리카락과 해진 순모복 등으로 티베트에서 온 보티아족의 모습을 상기시켰다. 그들이 바로 20일 정도를 걸어서 새로운 약속의 땅을 찾아온 셰르파들이었다.

아마도 처음에 영국인들은 네팔의 티베트인들과 그들의 사촌 형제 격인 다른 부족들을 구별하지 못하고 있었는데, 얼마 안 되어 역사적인 사건들로 해서 그들의 독창적인 개성을 분명히 알게 되었던 것 같다.

영국은 제1차 세계대전 전부터 에베레스트를 정복하려는 꿈을 갖고 있었다. 그러나 그 계획의 실현은 당시로서는 불가능했다. 그런데 전쟁 중 그 생각이 대규모의 정찰대를 조직하는 방향으로 익어가다가 1921년에 드디어 실현되었다. 이때 티베트가 그 영내에 들어가는 것을 허락하여, 원정대는 다르질링을 떠나 네팔의 동남쪽을 돌아 에베레스트 북면을 탐사했다. 그리하여 양차 세계대전 사이에 6개의 원정대가 같은 길을 이용하게 됐으며, 그들 중 일부는 구식 장비를 갖고 8,500미터를 넘어서기도 했다. 초기의 영국 원정대는 오늘날의 기준으로 보면 놀라울 정도로 규모가 커, 어떤 경우는 천 명의 포터를 쓰기도 했다. 당연히 이들 중 상당히 많은 인원이 다르질링에서 모집되었는데, 그들은 대부분 티베트에서 넘어온 노동자들이었다. 그리하여 곧 셰르파가 고소 포터로 등장하게 된다.

히말라야에 사는 모든 주민은 무거운 짐을 나르거나 희박한 산소에 견디는 능력을 갖고 있기 때문에, 셰르파의 우수성은 오히려 정신적인 면에서 빛난다. 그들 역시 사촌 형제 격인 보티아족이나 부탄족Bouthanais들처럼 높은 산에 사는 신들의 분노에 두려워하지 않았지만, 그들은 유럽인 고용자들이 이끄는 대로 기꺼이 따랐다. 그들의 용기는 전설이 되었고, 영국인들은 곧 그들을 '타이거'라고 불렀다.

일찍이 히말라야에서 벌어졌던 비극을 통해, 이들 작은 몸집의 사나이들이 정직하고 솔직하며 진취적이고, 거기에 뛰어난 유머 감각 — 인도 사람들이나 다른 네팔 사람들에게서는 좀처럼 찾을 수 없는 — 도 갖고 있는 것으로 밝혀졌다. 그리고 더욱이 그들은 명예를 중요

본래 '타이거'는 영국에서 뛰어난 클라이머를 일컫는 말이었다. 히말라야에서는 가장 강력한 셰르파를 말한다.

시하고 헌신하는 태도도 갖고 있었다. 어떤 위험이 닥쳐도 그들은 주인 나리sahib를 끝까지 따랐다.

히말라야의 역사에는 셰르파들의 영웅적이고 헌신적인 사례가 많이 기록되어 있는데, 그중 가장 두드러진 것이 1934년 낭가파르바트의 드라마였다. 다시 말해서 돌발적인 폭풍설에 휘말린 독일-오스트리아 등산가들이 추위 속에 굶주리며 모두 기진맥진해 쓰러진 것이다. 셰르파들은 저항력이 있어서 폭풍설을 뚫고 살 수 있는 캠프까지 갈 수도 있었지만, 그들의 주인 나리 곁을 끝까지 떠나지 않았다. 그들이 위기에서 탈출하려고 한 것은 마지막 유럽인이 쓰러진 뒤였다. 결국 살아서 돌아온 사람은 한 사람뿐이었다. 훗날 발견된 벨첸바흐의 노트에 그들의 헌신적인 모습이 잘 나타나 있다.

문명과의 접촉으로 셰르파들이 다소 타락했을지 모르지만, 대부분은 그들 부족만의 남다른 덕성을 그대로 지키고 있다. 길고 가느다란 눈으로 밝게 미소 짓는 이 자그마한 체구의 사나이들과 지낸 시간은 내 생애에서 가장 아름다운 추억이었다. 우리들은 확실히 현실적이라기보다는 상징적인 목표를 위해 함께 싸웠다. 이러한 영웅적인 싸움의 뜻을 그들은 잘 이해하지 못했지만, 언제나 열정과 의지를 내보였다. 우리는 악천후 속에서 그들과 함께 싸웠다. 그럴 때 공포가 햇볕에 탄 그들의 얼굴을 더욱 어둡게 했지만, 그들은 용기를 내고 남을 생각하는 기색을 잃지 않았다. 그들은 무거운 짐을 기꺼이 지

빌로 벨첸바흐Willo Welzenbach는 알프스 북벽등반의 명인으로 1934년 7월 독일 낭가파르바트 2차 원정 당시 갑작스런 기상변화로 인한 폭풍설 속에서 사망했다.

고, 어려운 일을 신속하고도 유쾌하게 잘 해냈다.

또한 우리는 그들과 함께 네팔의 경치 좋은 길을 여기저기 다니며, 성스러운 자연의 모습을 몸소 받아들이고 느꼈다. 능선이 끝나거나 가던 길이 꺾이는 곳에서 느닷없이 나타나는 그 신비스럽고 감동적인 풍경과 조화에, 셰르파가 감격한 나머지 "보세요, 나리. 베리 나이스!"라고 외치는 소리를 우리는 얼마나 많이 들었는지 모른다.

우리들은 저녁이면 모닥불 주변에 둘러앉아, 오래 사귄 친구처럼 몇 시간이고 서로 자기가 살아온 세계를 이야기했다. 그리고 활활 타오르는 모닥불과 별빛 속에서 소박한 옛날 노래를 부르고 춤을 추기도 했다. 히말라야 원정이 우리들에게 안겨준 큰 매력 가운데 하나는 셰르파들과의 사귐이었다.

물론 아직도 원시적으로 살고 있는 그들에게는 결점도 있고 신경쓰이는 데가 적지 않았으나, 그들 본래의 밝고 근면한 근성, 좋은 솜씨, 시적인 감정 등이 인생에 새로운 멋과 맛을 더해주었다. 그들과 고락을 함께해 오는 가운데 잃어버린 인간성을 찾는 한편, 결코 그들이 분별없는 공상 속에 살고 있다고는 생각되지 않았다.

히말라야 정복은 1914년 이전에는 소규모로 시작되었지만, 에베레스트에 대한 초기의 원정 이후 규모가 커졌다. 그리하여 문명국에서는 누구나 이 도전을 해보려 했고, 세계 여러 나라에서 오는 열광적인 사람들이 신성한 산에 공격을 가하기 시작했다.

영국인이 가장 활발했다. 그들은 에베레스트를 정찰하면서 낮은 산에 대한 도전도 소홀히 하지 않았다. 한편 독일과 오스트리아는 세계 최고봉에 갈 수 없게 되자 8천 미터 급 고봉을 제일 먼저 정복하려 했다. 그리하여 칸첸중가Kangchenjunga와 낭가파르바트에 대한 도전은 히말라야의 서사시紋事詩 중에서 가장 용감하고 처절한 기록을 장식하게 된다. 미국과 이탈리아, 프랑스에 일본까지도 이 싸움에 끼어들었는데, 결국 두 번에 걸친 세계대전 사이에 주요 원정대의 숫자가 100을 넘었다.

이러한 원정대는 모두 필연적으로 산 밑까지 짐을 나르고, 그 위로 캠프를 설치하기 위한 원주민 포터를 필요로 했다. 히말라야 원주민은 거의 모두 산의 높이와 관계없이 짐 운반에 유능했지만, 빙하와 고산의 벽에서 추위와 위험과 맞닥뜨리면 언제나 셰르파가 압도적으로 우수했다. 그러다 보니 그들을 고용하는 것이 당연시 돼, 제2차 세계대전 전까지는 대부분의 주요 원정대가 그들에게 의지했다. 그들 중 다르질링에 기반을 둔 적어도 100명 정도는 전문가가 되었고, 일부는 충분한 경험을 쌓고 기술을 익혀 거의 가이드와 같은 수준이 되었다.

원정대가 많아 다르질링에서 포터들을 다 구하지 못할 때는 400킬로미터가 넘는 오르막내리막 길을 10일 동안 달려가 형제와 가까운 친척들을 데리고 오도록 셰르파를 보내기도 했다. 그러자 곧 셰르파 포터들 사이에 큰 혼란이 일어났다. 적지 않은 원정대가 솔루쿰부에서 바로 오는 셰르파가 다르질링에 살고 있는 그들의 동포보다 육체적으로나 정신적으로 더욱 능력이 있다는 것을 알게 된 것이다. 원정대장들의 말에 따르면, 문명과 접촉한 다르질링 셰르파는 씻고, 요리하는 법과 영어도 익혔지만, 대신 육체적·정신적인 면에서 약해졌으며, 특히 많은 셰르파들이 그렇게 좋던 정신적 소양을 잃고 인도인이나 백인의 결점과 좋지 못한 버릇에 젖었다고 한다.

곧 네팔 정부에 의해 상황이 복잡해졌다. 네팔 정부는 관광 수입을 증대하고자 카트만두에 설립된 조합에 소속되지 않은 셰르파의 고용을 금지하려 했다. 또한 파키스탄이 독립된 이후 셰르파의 입국을 불허하자 네팔만이 그들의 유일한 활동무대가 됐다. 그러자 셰르파들이 다르질링을 떠나 네팔 영내에 살기 시작했다.

모리스 에르조그는 프랑스 원정대가 카라반 하는 모습을 생생한 필치로 묘사했다. 산과 계곡을 넘으며 전진해 나간 우리들의 16일간의 이야기를 알고 싶다면, 그의 멋진 『초등 안나푸르나』가 좋은 참고가 될 것이다. 나 자신은 재능이 부족해 에르조그의 글에 더 보탤 것이 없다. 아직까지 기억나는 오직 한 가지는, 우리가 이미 늦고 있었기 때문에 몬순이 내습하기 전에 공격할 수 있는 시간을 벌기 위해 무척 서둘렀다는 것이다.

며칠 동안 이국적인 정서를 실컷 즐기고 난 동료들 대부분은 열대 지방의 더위로 카라반에 염증을 느끼기 시작했다. 그러다 보니 세계 최고봉 하나를 정복하겠다고 온 동료들은 인내심을 잃곤 했다. 왜냐하면 이 기다림의 2주일간이 점점 고문으로 변해갔기 때문이다. 나 자신도 그들처럼 신경이 날카로웠지만, 나는 자연과의 조화에 더 초점을 맞추었다. 우리들이 천천히 전진하면서 내딛는 한 걸음 한 걸음은 우리들의 기억에 놀람과 기쁨으로 각인된 새로운 발견을 안겨주었다.

라슈날과 내가 정찰을 맡았다. 우리는 매일 아침 셰르파 몇 명을 데리고 본대보다 먼저 출발했다. 이 시간은 공기가 상쾌해서 우리는 얼마동안 빠른 걸음으로 전진할 수 있었다. 그러나 오전도 중간쯤 되면 더위가 심해져 자연스럽게 걸음이 처졌다. 굽이치며 흐르는 강물이 내려다보이는 언덕, 무화과나무의 가지와 잎이 그늘을 만든 곳에서는 무슨 일이 있어도 쉬어가고 싶었다. 우리는 산들바람에 기분 좋게 바닥에 누워, 나무가 무성한 계곡을 뚫고 흐르는 푸른 강의 물줄기와 산허리에 층층이 나 있는 논밭의 조화를 바라보았다.

다른 여행객들도 자주 걸음을 멈추고 그늘에서 더위를 식히며 쉬었다. 나는 셰르파의 도움으로 그들과 이야기를 나누었는데, 나의 관심을 끈 것은 무거운 짐을 등에 지고 나르는 쿨리들이었다. 나는 그들에게 어디에서 와서 어디로 가는지 묻고는 했다. 이런 익숙하지 않은 물음에 놀란 듯, 햇볕에 탄 그들의 얼굴은 한층 더 주름져 보였다. 그들은 잠시 생각에 잠겼지만 별 말이 없었다. 그들 영원한 방랑자들에게 인생이란 그저 요람에서 무덤까지의 길고 긴 나그네길이 아닐까….

가끔 냇가로 내려가 물에 들어갔다. 빨래하던 아가씨들이 소리를 지르거나 웃으며 도망갔지만, 치마로 인해 그들은 빨리 가지 못했다. 일본인 여자처럼 보이는 그들의 얼굴은 코 왼쪽에 달고 있는 금빛 보석에도 불구하고 매력적이었다.

우리가 즐겨 쉰 곳은 마을이었다. 우리는 찻집 처마 밑에서 몇 시간을 앉아 있고는 했다. 시간이 흘러가는 것도 모르고 느긋하게 살고 있는 그들의 인생을 보는 것은 재미있었다.

나는 작은 선반이 많은, 처마가 낮고 좁은 상점에서 무엇인가 사고 싶었다. 상점에는 색다른 식료품과 나무로 된 머리빗, 여자들의 보석, 아름다운 색의 염료, 그리고 그다지 마음이 가지 않는 향료 등이 있었다.

나의 셰르파인 아일라Aïla는 십턴Shipton이나 틸먼Tilman을 따라다닌 사람으로 영어가 잘 통해서 나는 여러 가지 질문을 하곤 했는데, 그는 나의 색다른 호기심에 적지 않게 당황하는 듯 보였다.

라슈날도 우리 주위에서 벌어지는 모든 일에 관심을 보였지만, 그는 천성이 급하다 보니 내가 너무 자주 쉰다고 투덜대면서 기다릴 생

십턴과 틸먼은 경량 등반을 주창한 영국의 탐험가이자 알피니스트. 이 둘은 산악 탐험 역사상 가장 흥미롭고도 결실이 풍부했던 파트너 관계였다.

각도 없이 들짐승처럼 빠른 걸음으로 먼저 가곤 했다. 하지만 그럴 때면 나는 보통 몇 시간 뒤 무화과나무 그늘에서 자고 있는 그를 발견하곤 했다.

저녁이 되면 우리는 주방 담당인 판지Panzy를 따라잡고는 했다. 그는 여러 차례 원정에 참가한 노련한 요리사로, 그날그날의 야영지를 찾는 책임을 맡고 있었다. 판지는 아침에 우리와 함께 출발하지만, 우리가 쉬는 동안 언제나 먼저 떠났다. 그리고 그와 다시 만나면 그는 불을 지피고 음식을 준비하고 있었다. 영국의 손님들과 만나면서 얻은 습관 외에 이렇다 할 재능은 없었지만, 그는 맡은 일을 한 번도 게을리하지 않았다. 다른 대원들은 언제나 우리 뒤를 곧바로 따라왔으며, 그들보다 조금 늦게 셰르파들을 앞세운 포터 무리가 왔다. 보통 포터들은 시끄럽게 떠드는데, 마을을 지나오면서 창 — 수수로 만든 일종의 맥주 — 을 마셔 얼큰한 경우는 언제나 그랬다.

그들은 웃고 노래 부르면서 바로 텐트를 치기 시작하는데, 솜씨가 대단했다. 그러면 얼마 후 '나리'들이 짐이 잘 정돈된 자기 텐트에 들어가는 것이다.

해가 떨어지기 전에 카라반 본대가 10명, 15명씩 나타났다. 땀에 젖은 포터들은 캠프장 가운데에 짐을 내려놓은 다음, 자신의 낡은 담요와 쭈그러진 식기를 들고 다리를 끌며 같이 잘 동료를 찾아갔다. 그들은 계급과 부족대로 작은 그룹으로 한데 모여 모닥불을 중심으로 둘러 앉아 식사 준비를 했다. 선배 격인 쿨리가 네팔 저지대에서 주식으로 하는 쌀밥을 지을 준비를 하는 동안, 다른 사람들은 물을 길러 가기도 하고 나무를 준비하기도 했다.

그때 호기심에 끌린 마을 사람 몇 명이 누추한 차림으로 나타났다. 처음에 그들은 멀찌감치 서서 말없이 이야기로만 듣던 신기한 '동물'들을 바라보는 눈치였다. 그들에게 유럽인은 한 번도 본 적이 없는 낯선 사람들이었다. 그래서 히말라야 원정대의 캠프라고 하는, 그들 원주민으로서는 이해할 수 없는 전혀 새로운 구경거리를 바라보고 있는 것이다. 그들은 아무 말 없이 너무나 조용해서 나는 놀랐다. 그런데 어른들처럼 조용한 해방감을 모르는 아이들은 처음에는 주저했지만, 바로 대담해져서 텐트 안까지 침입해 들어왔다. 그러자 평소에는 말이 없는 셰르파들이 지독한 감시자로 변해 사정없이 아이들을 몰아냈다.

그들이 여기저기 연기가 피어오르는 곳에 모여 있는 모습은 인상적이었다. 그것은 마치 군인들이 야영하는 모습 같았다. 근육질에다 자랑스럽게 허리에 큼직한 칼을 찬, 얼굴이 납작한 사나이들은 한때 아시아와 유럽을 제패했던 몽고 유목민 병사를 닮은 듯했다. 영국식 훈련을 받고 세계 최강의 병사가 된 자들이 이들의 형제가 아니었을까? 그들은 언제라도 우리를 죽일 수 있을 것이다. 가난한 그들에게 우리의 물건은 값으로 따질 수 없는 보물일 테니까. 그들이 아무런 통신 연락 방법도 없고 경찰도 없는 이런 산중에서 죄를 짓고 도망치는 것은 너무나 쉬울 것이다.

그러나 그들의 조용하고 부드러운 눈매를 볼 때, 그들이 갖고 있는 무기와 강해 보이는 체구가 어떠하든, 그런 생각은 그들 마음속을 한 번도 스쳐지나간 적이 없다는 것을 알 수 있었다. 한편 나는 그들이 나무를 자르는 것을 보고, 마치 사람의 목이라도 자를 듯한 폭넓은 날이 달린 칼을 허리에 차고 있는 그 억세고 늠름한 사나이들 옆에 있을 때 오히려 마음이 편했다.

보름 정도 지나자 주위가 황량해지고 골짜기는 마치 격류가 단번에 산을 깎아버린 듯이 좁은 협곡으로 변했다. 이러한 곳을 뚫고 나가기 위해 보기에도 무서운 계단이 바위에 나 있었다. 이따금 능선 사이로 거대한 흰 산이 모습을 드러내곤 했는데, 창공을 찌를 듯이 솟은 그 장엄한 모습에 이제 목표가 얼마 멀지 않은 곳에 있다는 것을 알았다.

우리는 티베트인 대상과 점점 더 자주 만나게 되었는데, 그들은 낮은 지방에서 본 티베트인과는 달랐으며, 소금과 붕사硼砂를 나르는 작은 나귀와 양 또는 염소의 무리를 끌고 가고 있었다. 그리고 어느 동물이나 적당한 짐을 야크 가죽으로 된 부대에 넣어 두 개씩 등에 걸치고 있었다. 해가 높이 솟아오르면 모든 짐을 내리고 동물들을 풀어 놓아 주변의 풀을 뜯게 했으며, 서늘해지는 저녁이면 머리를 길게 딴

이들이 쓰는 날이 달린 칼을 쿠크리Kukri라고 한다.

목동들이 휘파람을 불어 동물들을 모아서 다시 가던 길을 재촉했다.

드디어 계곡이 넓어졌다. 눈앞에 넓은 너덜지대가 나타나더니, 그 위로 마치 소용돌이 구름이 꼭대기를 장식한 듯한 거대한 다울라기리가 고고한 모습을 드러냈다. 그 6천 미터에는 반짝거리는 갈라진 빙하들과 마치 바람에 흔들리고 있는 듯한 능선, 그리고 워커룽보다도 더 높은 칙칙한 버트레스가 있었다.

그 모습이 너무나 압도적이어서 우리는 길옆에 앉아 모두 할 말을 잃고 멍하니 바라만 보았다. 마음이 저린 나는 혼자 이렇게 생각했다. '젊은 날의 꿈이 드디어 현실이 되는구나. 이제야 진실로 지구상의 8천 미터 급 고봉 하나가 눈앞에 서 있네!'

베이스캠프는 다울라기리Dhaulagiri 북동릉의 마지막 바위지대 밑에 설치됐다. 말라서 누렇게 된 짧은 풀들로 덮인 넓은 곳에 우리 텐트가 군대식으로 설치됐는데, 이곳은 투쿠차Tukucha 마을 끝자락이었다. 이 마을은 네팔 저지대의 마을과 달리 지붕이 납작한 돌집들로, 제법 분위기가 있었다. 숙소와 창고를 겸한 이 건물들은 연중 좋은 날씨에 네팔과 티베트를 왕래하는 대상들의 숙소였다. 아침 일찍부터 저녁때까지 무거운 짐을 진 사람들이 짐을 등에 둘러멘 동물들을 부리고 와서 그들의 생필품인 차와 설탕, 그리고 쌀을 사갔고, 야크나 나귀들은 메마른 산허리에서 간신히 풀을 뜯고 있었다. 이 어둡고

침침한 건물 안에서는 갖가지 물건이 거래되는데, 소문에 의하면 무기나 아편까지도 거래된다고 했다. 카라반에 의한 장사가 티베트의 전통적인 교역 방식이지만 티베트인들은 거의 없고, 있다 해도 대부분이 네팔 상인들의 하인 노릇을 하고 있었다.

이론적으로, 우리는 영국이 지배하고 있을 때 인도 측량국이 만든 지도를 갖고 있었다. 하지만 그 지도들은 예술작품임에도 불구하고 계곡 주위를 빼면 실제 지형과는 판이하게 달랐다. 확실히 네팔의 이 지역은 지리학상으로 아직 탐험이 안 된 곳으로, 미국의 조류 학자가 몇 해 전에 한 번 지나간 것이 전부였다. 우리가 알고 있는 것은 이 지역에 8천 미터가 넘는 고봉이 두 개 있다는 것뿐이었다. 날씨가 좋으면 그 고봉들의 모습이 인도 평원에서도 보이며, 그곳에서 노련한 영국의 측량기사가 정확하게 삼각 측량했다는 사실 때문에 우리는 그렇게 확신하고 있었다.

결국 우리는 믿을 만한 지도는 고사하고 적당한 사진도 없이 완전한 미지의 세계로 들어온 것이었다. 따라서 이 두 고봉 중 어느 것을 도전할지도 정하지 못했다. 우리는 이 두 고봉의 접근로를 탐색한 다음 성공 가능성이 많은 산을 택하고자 했다.

처음부터 우리는 가능한 목표로서 안나푸르나8,091m를 생각하고 있었으나, 더 높은 다울라기리8,172m의 우아하고 고고한 모습에 마음이 끌렸다. 우리는 두 산의 정상을 동시에 정찰해보기로 했는데,

시간을 낭비하지 않기 위해 팀을 네 개로 나누었다. 계곡에서는 다울라기리의 동쪽 면만 보여 우선 그곳을 정찰하기로 했다. 그 하부는 정말로 거대한 아이스 폴 지대였지만, 처음 도전하는 사람들에게 운이 있다면 북동릉 — 오른쪽에 있는 투쿠차봉과 연결된 능선과 만나 정상으로 이어지는 — 으로 올라가는 루트를 그곳에서 찾을 수 있을 것으로 기대했다. 이 북동릉은 거의 일정하게 45도의 경사를 이루고 있어, 그곳까지 가기만 한다면 그다지 어렵지 않아 보였다. 우리는 다울라기리의 최대 과제가 시작 부근에 있다는 것을 깨달았다. 네 개의 팀이 동쪽 빙하를 돌파하려고 했지만 모두 성공하지 못했다. 결국 나는 위험을 무릅쓰고 우도, 아일라와 함께 능선 200미터 밑에까지 접근했는데, 그곳에는 거대한 크레바스가 있어 도저히 통과할 수 없었다. 우리는 주저하지 않고 돌아섰다. 우리의 루트는 더 이상 전진하기에는 너무나 위험했다. 설령 운이 좋아 무사히 통과한다 하더라도 이런 곳으로 짐을 나른다는 것은 도저히 생각할 수 없었다.

우리는 또한 북쪽에서 이 북동릉으로 가보려고 두 번이나 시도했다. 거의 이틀이나 걸려, 투쿠차봉을 돌아서 우도와 내가 드디어 거대한 북벽을 바라볼 수 있는 콜로 나아갔다. 전체가 석회암 지붕의 기와처럼 되어 있는 아주 험한 이 벽은 흔히 말하는 등반 루트가 아니었지만, 그 뒤 몇 년간 다섯 개의 원정대가 이쪽으로 다울라기리를 오르려고 했다. 1953년의 아르헨티나 원정대는 북서릉을 통해 정상

빙하가 부서져서 떨어져 내리는 지역. 강의 급류지역으로 비유할 수 있다.

300미터 밑까지 올라갔는데, 날씨가 조금만 좋았더라면 그들은 승리를 거둘 수 있었을지도 모른다. 하지만 나는 그렇게 생각하지 않는다. 그들이 능선에 도착했을 때는 이미 탈진 상태였고, 대장인 내 친구 이바네스는 심한 동상 — 결국 후에 그는 이 동상으로 죽고 말았는데 — 에 걸려 있었다. 이런 고도에서 정상까지 300미터의 톱니 같은 능선은 정상적인 사람조차도 힘든 장애물이다.

우리가 오른 콜에서 투쿠차봉과 북동릉 사이에 있는 넓은 새들 — 말안장 같은 곳 — 로 나갈 수도 없었다. 우리가 바라본 이쪽 사면은 등반이 불가능한 거대한 세락 지대로 그 끝이 보이지 않았으며, 전체적으로 너무나 위협적이어서 루트를 만들어 나가는 것이 거의 불가능해 보였다. 그런데 사실은 우리의 이러한 판단이 잘못되었다는 것을 훗날 역사가 밝혀주었다.

9년 뒤, 다울라기리에 도전한 여섯 번째 원정대가 이 루트로 새들에 도달했고, 그다음 해에 일곱 번째 원정대가 바로 이리로 정상에 올라선 것이다. 이 루트가 위험하기는 했으나, 그들은 북쪽의 투쿠차봉 가까운 쪽에서 루트를 찾아냈다. 그러나 노련한 등산가들로 구성된 여러 원정대가 몇 년 동안 이쪽에서 루트를 찾아 헤맸으니, 이 루트가 그다지 분명하지 않았던 것은 틀림없다. 나로서는 쉽게 납득하기가 어려워, 빙하의 모습이 바뀐 것이 아닐까 하는 의심이 갈 정도였다.

여섯 번째와 일곱 번째는 모두 스위스 원정대였다.

나는 정찰을 좀 더 밀어붙이지 못한 것을 후회했다. 그러나 모든 것을 고려해보면, 설사 우리가 새들까지 이어지는 루트를 찾는 데 성공했다 하더라도 다울라기리의 정상까지 올라갈 수 있었을 것이라고는 생각하지 않는다. 1950년은 이러한 시도를 하기에는 아직 일렀다. 시간도, 히말라야 경험도 없는 데다 장비란 것도 시원치 않았으며, 셰르파 또한 여덟 명뿐이어서, 이처럼 어렵고 전혀 모르는 루트를 성공적으로 해내기에는 우리의 원정대가 너무나 약했다.

양차 세계대전 사이에 활약한 영국의 위대한 알피니스트로, 5개 원정대에 참가했고, 카메트Kamet를 등정했으며, 에베레스트에서 산소를 쓰지 않고 8,500미터까지 올라갔던 프랭크 스마이드가 몇 해 전에 이렇게 말했다. "히말라야 등반은 다양한 어려움이 있어, 12개의 8천 미터 급 고봉 중 단번에 오를 수 있는 것은 하나도 없다."

스마이드는 선구자였으나, 그 후의 등정 기록들은 그가 잘못 생각하고 있었다는 것을 증명했다. 결국은 안나푸르나를 단번에 오른 우리 역시 선구자였다. 히말라야 등반은 스마이드 이후 실질적인 진전이 없었다. 다울라기리에서 성공을 거둔 1960년 원정대는 점진적으로 전진한 것이 아니었다. 그들은 대원과 짐을 새들까지 비행기로 날랐다.

에르조그는 다울라기리가 너무 어려워 깨기 어려운 호두라는 결론을 재빨리 내리고 모든 노력을 안나푸르나에 집중하기로 했다. 하

스마이드의 예언 중 유일한 예외가 안나푸르나 초등이다.

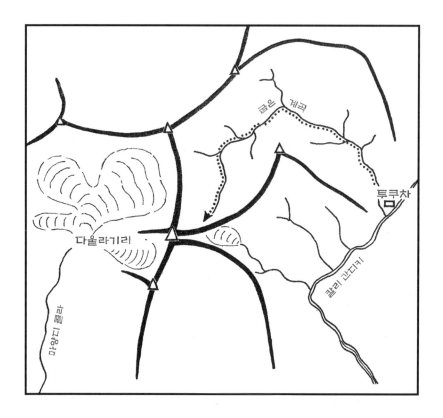

다울라기리

투쿠차

검은 계곡

칼리 간다키

마양디 콜라

지만 이 산이 어디에 있는지조차 몰랐고, 처음에는 산의 모습조차 볼
수 없어, 우리는 혹시 가공의 산이 아닌가 하고 의심할 정도였다.

닐기리 산맥에 가려 보이지 않는 안나푸르나를 보기 위해서는 다
울라기리 쪽으로 상당히 높이 올라가야 했다. 우리가 겨우 볼 수 있
었던 것은 동쪽과 남쪽이 수직의 벽으로 되어 있는 정상 부근뿐이었
는데, 옆에서 보니 그 북쪽은 35도를 넘지 않는 폭이 넓은 보통의 사
면이었다. 그리고 여기서 보이지 않는 하부도 그렇게 다르지 않다면,

인도 측량국이 만든 지도

등반이 어려울 것 같지는 않았다.

이러한 희망적인 징후가 우리를 고무시켰지만, 쉬운 듯 보이는 이 사면을 오르려면 그곳까지 가야 했다. 이것이 미스테리의 시작이었다. 멀리서 봐서는 닐기리 산맥은 끝도 없는 장벽이었다. 먼 하늘에 살짝 모습을 드러내고 있는 안나푸르나의 북쪽에 가려면 북서쪽으로 산맥 전체를 돌아가든가, 아니면 가장 오르기 쉬운 곳 ― 만일 그런 곳이 있다면 ― 으로 이 산맥을 넘어가든가 해야 했다.

우리는 시간을 단축하기 위해 후자를 선택했다. 1차 정찰대가 첩첩산중으로 들어가, 깊은 협곡을 만들며 흐르고 있는 미리스티 콜라 Miristi Khola를 거슬러 올라 산맥을 넘는 길을 찾아냈다. 하지만 이 협곡의 물줄기가 너무 거세서 불안했다. 그렇게 크지 않은 닐기리 빙하에서 흘러나온다고 보기에는 수량이 너무 많았다. 확실한 근거는 없었지만, 안나푸르나 북쪽 외에 서쪽의 물까지 미리스티 강으로 흘러드는 것 같았다.

그때까지 우리는 지도가 엉망이라는 것도 잘 모르고 있었는데, 이 것만은 사실이었다. 즉, 이 물의 흐름은 안나푸르나 바로 북쪽에 있는 틸리초 고개에서 시작되고 있었다. 그곳으로 나 있는 길을 따라가 고개를 넘으면 반대쪽의 마낭보트Manangbhot 계곡으로 갈 수 있었다.

모든 것이 이렇게 풀리다 보니 믿어지지가 않았다. 사실 이곳 주민들조차 미리스티 강을 거슬러 올라가는 길이나, 닐기리 저쪽으로 넘어가는 길은 고사하고, 틸리초 고개가 있는지도 모르고 있었다. 이 얼마나 수수께끼 같은 일인가!

우리 유럽인들의 입장에서 보면 지도가 잘못된다는 것은 있을 수 없는 일이다. 멀리 떨어져 있는 산에 대해서는 조금도 관심이 없는 마을 사람들의 말보다 지도를 믿는 것이 논리적이 아닌가? 좋게 생각하면, 이곳 주민들은 교역로가 바뀌는 바람에 오래전에 있었던 고갯길에 대해 잊어버렸을지도 모른다. 우리는 틸리초 고개의 존재를 직접 확인하기로 했다. 미리스티 콜라가 산맥이 이어지는 것을 깊이 단절한 이상, 길을 제대로 찾아 나가야 했는데 그것이 문제였다.

셰르파들이 탐문한 바에 의하면 미리스티 협곡의 하부는 통과할 수 없는 곳이었다. 하지만 우리가 다울라기리 쪽에서 여러 각도로 관찰한 바에 의하면, 협곡의 위쪽이 고개로 이어지고 있었다. 이러한 가능성이 드러나자 우도와 샤츠, 쿠지가 사다 앙 타르카이Ang Tharkay 와 셰르파 몇 명을 데리고 정찰을 하러 떠났다. 그들은 신의 섭리에 의해 꼭 필요한 곳에 정교하게 나 있는 아주 작은 길을 따라 사면 아래쪽의 정글지대를 뚫고 지나갈 수 있었다. 이 길은 고원지대를 통해 닐기리의 남서릉에 있는 튀어나온 곳으로 나 있었다. 그곳에서 1,000미터가 넘는 두 벼랑 밑쪽에 나 있는 유일한 길을 따라 6킬로미터 가량 가자 격류가 흐르는 협곡 위쪽으로 나왔다. 하지만 불행하게도 그들은 허기를 이기지 못하고 더 이상 앞으로 나아가지 못했다.

결국 그들은 계곡의 끝까지 정찰하지 못하고 돌아서야 했다.

이렇게 되어 그들이 가져온 정보로는 안나푸르나를 보호하는 것으로 보이는 신비를 완전히 밝혀낼 수 없었다. 그러나 그들은 적어도 미리스티 강이 안나푸르나 서쪽에서 발원하고 있다고 확신하고 있었다. 또한 그들은 안나푸르나의 북서릉으로 이어지는 거대한 암릉을 가까이서 관찰할 수 있었다. 하지만 그들은 안나푸르나의 북쪽 빙하로 접근할 수 있는 루트를 전혀 찾아내지 못했다. 그들이 유일하게 제안한 내용은 너무나 터무니없었다. 즉, 닐기리 능선을 넘은 다음 북서릉을 따라 빙하로 진입한다는 것이었다. 다만 보이지 않는 쪽에 의외의 장벽만 없다면 그렇게 어렵게 보이지 않아, 이론적으로는 가능해 보였다. 그러나 그것이 아주 복잡한 루트인 것만은 분명했고, 히말라야 역사에서 지금까지 한 번도 해본 적이 없는 기술적인 문제가 있었다.

이것은 우리들에게 그다지 고무적이지 않았다. 에르조그를 비롯한 우리들은 이러한 불확실한 모험보다는 마낭보트 계곡을 통해 안나푸르나의 북쪽 빙하로 접근하는 것이 우선이라는 데 의견의 일치를 보았다. 그리하여 내가 우도와 함께 다울라기리 동쪽 빙하를 최종적으로 정찰하는 동안, 에르조그와 이샤크, 레뷔파가 닐기리와 묵티나트Muktinath를 갈라놓은 고개를 넘어 광범위하게 정찰해보기로 했다. 원주민도 정확히 모르는 이 고개는 그렇게 어렵지는 않았지만,

그 너머에서 우리 동료들은 자신들이 이름 붙인 '거대한 장벽Great Barrier'에 의해 안나푸르나로부터 여전히 단절되어 있었다.

5월 13일 동료들이 투쿠차로 돌아왔을 때도 안나푸르나의 지형은 우리에게 여전히 신비스럽기만 했다. 알프스처럼 그다지 복잡하지 않은 산에 익숙한 우리들의 감각으로는 안나푸르나와 그 위성봉들이 좁은 통로 한 곳을 빼고는 난다데비처럼 원형으로 둘러싸인 것이 아닌가 하고 추측할 뿐이었다.

우도와 내가 다울라기리 정찰에서 빈손으로 돌아오자, 5월 14일 에르조그가 일종의 작전회의를 열었다. 우리가 이곳으로 오고 나서 처음으로 전체회의가 열린 것이다. 원정대원 모두가 투쿠차 베이스캠프에 세워진 대형 텐트에 모였다. 중대한 결정을 내리는 순간이었는데, 분위기는 절망적이었다.

우리는 지금까지 전인미답의 거대한 산속에 빠져들어, 다울라기리와 안나푸르나 주변을 조사하느라 한 달 이상이나 아까운 시간을 보내고 말았다. 하지만 확실한 루트 하나 찾지 못했으며, 마음을 설레게 하는 어떤 일도 없었다. 게다가 몬순이 다가오고 있어, 늦어도 3주일 뒤에는 우리를 엄습할 것으로 전망되고 있었다. 그렇다고 해도 우리는 포기할 생각이 없었다. 희망에 부풀어 준비하던 나날과 젊은 날의 멋진 꿈, 안나푸르나의 무서운 벽과의 싸움이 슬픈 좌절로 종말을 맞을 수는 없었다. 이제 우리는 무엇인가 해야만 했는데, 그 첫 번

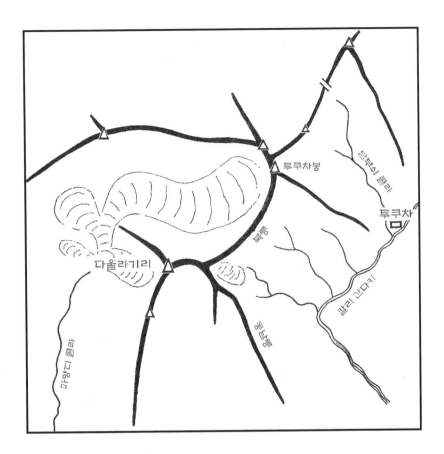

째가 8천 미터 급 두 고봉 중 하나를 선택하는 것이었다.

고고하고 거대한 다울라기리는 우리에게 그 비밀을 거의 다 드러냈다. 우리는 유난히 두드러진 이 성채가 오직 한 가지 약점밖에 드러내지 않고 있다는 것을 알고 있었다. 그것은 북동릉이었다. 투쿠차봉 쪽으로 어렵게 횡단한다면, 이 능선은 낙천적인 사람에게는 이론적으로 가능했다. 시간과 능력만 있다면, 비록 자살행위와 같은 것일

실제의 디울라기리

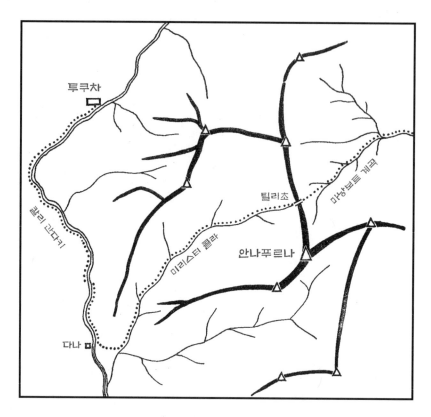

지 모르지만 생각해볼 수 있는 일이었다.

그러나 이와는 반대로 안나푸르나는 여전히 신비에 싸여 있었다. 우리는 멀리서 그 장엄한 피라미드를 확인했는데, 그토록 어렵고 기나긴 정찰에도 불구하고 이제 겨우 그 피라미드와 만난 것에 불과했다. 이 피라미드를 지키고 있는 지릉들의 미로에 빠진 우리는 그것이 어떻게 생겼는지 그저 상상으로만 생각할 뿐이었다. 그래도 운 좋게 셰르파들의 멋진 감각으로 쿠지와 우도, 샤츠는 10킬로미터나 되는

인도 측량국이 만든 지도

엉뚱한 산속을 뚫고 들어가, 산의 핵심부까지 들어가 보는 믿어지지 않는 일을 해냈다. 의외로 빨리 돌아오게 된 그들은 "아마도 길이 있을 것 같다."라고 말했다.

이제 우리는 절망과 미지에 대한 도전의 갈림길에 서게 되었다. 에르조그는 어떻게 결정을 내려야 할지 망설였다. 너무 실체가 없어 신비에 싸여 있는 승리 — 의심스럽기는 하지만 — 를 포기할 것인가? 아니면, 자기를 따르겠다고 맹세한 사나이들을 극도의 위험 속으로 내몰 것인가? 자신이 짊어진 무거운 책임을 알고 있는 모리스는 불확실하지만 합리적인 카드를 뽑았다. 그것은 안나푸르나였다.

라슈날과 내가 샤츠를 따라 즉시 출발하기로 했다. 모리스와 레뷔파는 쿠지를 따라 다음 날 출발하고, 우도와 이샤크가 그 뒤를 잇기로 했다. 노이엘과 앙 타르카이는 투쿠차에 남아 식량과 장비를 재포장하고, 짐꾼을 모은 다음 명령을 기다리기로 했다.

이것은 주위의 환경에 따라, 우리가 주변의 7천 미터 급 봉우리를 시도하기 위해 즉시 공략 태세를 갖추거나, 아니면 재빨리 철수할 수 있는 선택이었다.

드디어 출발하게 되자, 우리는 너무 기쁜 나머지 미친 듯이 준비에 들어갔다. 필요한 물건들은 하나도 빠짐없이 당장 배낭 속에 챙겼다. 포터 네 명도 즉시 짐을 꾸렸다.

오후 일찍 나는 사냥꾼 노래를 부르며, 마치 군악대장처럼 일행의 선두에 서서 피켈을 빙글빙글 돌리며 의기양양하게 앞으로 나아갔다.

크지 않은 바위들이 끝없이 널려 있는 평탄한 지대를 빠른 속도로 전진해, 산허리를 감아 도는 메마른 길을 따라 우리는 해가 지기 전에 고도 2,400미터의 소야 마을에 도착했다. 오후 한나절 만에 20킬로미터를 달려온 것이다. 우리는 초원지대에 재빨리 캠프를 설치하고, 닭요리로 저녁을 먹은 다음 잠자리에 들었다.

날이 밝아올 무렵 나는 셰르파들을 흔들어 깨워, 오전 7시에 지난 4월 26일 우도와 샤츠, 쿠지가 발견한 고개로 이어지는 길을 떠났다. 아침에는 늘 그렇듯 날씨가 좋았다. 나는 다울라기리를 마지막으로 쳐다보았다. 이 각도에서 보니 북릉이 상당히 쉬워 보여, 순간 아쉬운 마음이 들기도 했다. 하지만 너무 늦었다. 주사위는 이미 던져졌고, 이제는 뒤돌아보지 않고 앞으로 나아가는 수밖에 없었다.

천천히 고원지대로 올라갔다. 200미터 정도 오르자 경작지와 멀어졌고, 우리는 절벽을 따라 나 있는 무시무시한 길을 따라갔다. 그러자 길이 급경사의 내리막으로 변하며 대나무 숲이 나왔다. 길은 다시 시원하게 물이 흐르는 깊은 계곡으로 떨어지더니, 이번에는 물을 건너 반대편 사면으로 나 있었다. 뚜렷하지 않고 어려워 따라가기가 쉽지 않은 길이었으나, 나는 꼭 필요하다 싶은 곳에 절묘하게 나 있는 길과 그것을 찾아내는 셰르파들의 능력에 감탄했다.

7장

잠시 후 산불이 난 곳과 만났다. 불에 탄 커다란 나무의 잔해가 비참한 모습을 띠고 있었다. 우리는 잠시 쉬며, 셰르파가 자작나무 비슷한 나무 밑동에서 뽑아낸 수액을 마시고 원기를 회복했다. 오르는 길은 환상적인 관목들이 있어 더욱 즐거웠다. 다양한 색깔의 로도덴드론rhododendron과 예쁜 들국화 군락 등이 길 양쪽을 덮다시피 하고 있었다. 그러나 점차 고도가 높아지자 꽃들도 자연히 적어졌다.

풀이 있어 미끄러지기 쉬운 길을 오르려는데 비가 오기 시작했다. 고도의 영향이 나타났지만 모두 원기 왕성했다. 짐이 무거웠으나 걸음도 빨랐고 셰르파와 포터들도 잘 따라왔다. 길은 가끔 애매하기도 했지만, 그럴 때마다 왼쪽으로 나 있었다. 이리하여 우리는 인상적인 두 '절벽'을 수직으로 가르고 있는 심한 경사면을 횡단하기 시작했다. 눈에 덮인 쿨르와르를 몇 번 건너야 했는데, 맨발로 디뎌야 하는 포터에게 신경이 쓰였다.

절벽의 높은 곳에서 출구 비슷한 곳을 빠져나가자 목동들의 흔적이 여기저기 남아 있는 완만한 사면으로 올라서게 되었다. 우리는 장작이 남아 있는 곳을 골라 일찌감치 막영에 들어갔다. 포터들은 40킬로그램 가까운 짐을 지고 2천 미터를 오른 셈이었다.

다음 날 우리는 1,500미터에서 2,000미터를 올라가 닐기리 산맥의 지릉에 나 있는 작은 고개에 올라섰다. 광대한 산으로 보면 보잘것 없는 이 고개가 결국은 히말라야 정복의 역사에서 가장 중요한 곳

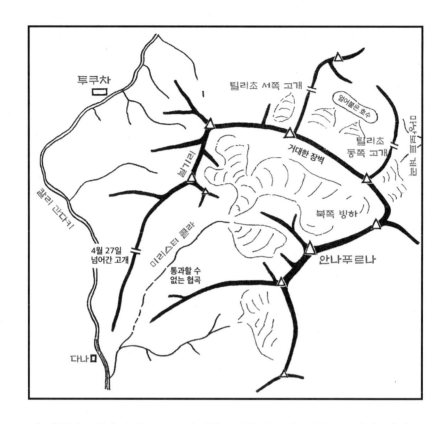

이 되었다. 왜냐하면, 1950년 4월 26일 우도와 샤츠, 쿠지가 미리스티 협곡의 벽에 나 있는 환상적인 횡단 루트를 발견한 곳이 바로 이곳이었기 때문이다. 만약 그때 그 횡단 루트를 발견해내지 못했더라면 안나푸르나는 결코 등정되지 못했을 것이다.

능선을 조금 내려가자 저 아래에서 흐르는 미리스티 콜라의 격류가 보였는데, 거품을 일으키며 거칠게 흘러가는 강물 소리는 이곳이 1,500미터나 떨어진 위여서 들리지도 않았다. 그러나 적어도 이런

실제의 안나푸르나

정상
8,078

5캠프
7,400

4캠프
6,900

3캠프 6,400

2캠프
5,900

안나푸르나 북벽과 등반루트. 이후에 밝혀진 안나푸르나 주봉의 실제 높이는 8,091미터다.

큰 산을 모르는 사람에게는 이와 같이 무시무시한 협곡을 횡단하는 것이 무서울지 몰라도, 우리에게는 그냥 평범한 것이었다.

끊임없이 꺾이는 발목에 통증을 느끼며 우리는 그물처럼 얽힌 벼랑길을 간신히 뚫고 나갔는데, 10킬로미터의 이 길은 닐기리 동남봉의 높은 남서벽을 가로지르고 있었다. 절벽을 따라 나 있는 이 벼랑길은 좁고 급하다가 넓고 쉬운 길이 되기도 했고, 작은 골짜기와 이어지는가 하면 깊은 급류를 건너기도 했는데, 오르내리는 기복이 무척 심한 길이었다. 더 이상 갈 수 없을 것 같더니 뜻밖에 쉬운 길이 나타나기도 했고, 흔적이 없다가도 군데군데 큰 돌이 삐죽이 나타나 길을 안내해주기도 했다.

날마다 오후가 되면 비가 오거나 안개가 꼈다. 그러면 걸음이 느려지고 때로는 기분이 처졌다. 하지만 운이 좋게도 샤츠가 셰르파의 힘을 빌려, 확고한 신념으로 우리를 이끌고 나아갔다. 목동들의 야영지가 점차 줄어들었고, 그리 오래되지 않은 낙서가 우리들의 흥미를 끌었다. 길의 표지로 서 있던 큰 돌은 점차 보이지 않았다. 그러더니 길이 50미터 앞에서 수직의 벽으로 바뀌었다. 나는 불안한 마음으로 샤츠를 쳐다보았는데, 그는 그런 기색이 전혀 없었다. 샤츠는 안개 속에서 절벽 있는 곳으로 갔다. 기적 중의 기적이랄까, 모든 노력이 물거품으로 돌아가려는 바로 그 순간 우리 발밑으로 쿨르와르가 나타났다. 급경사이긴 했지만 비교적 쉬운 사면을 750미터쯤 내려가자,

그곳은 미리스티 콜라의 협곡이 시작되는 곳에서 수백 미터 위쪽이었다. 후에 알았지만 이것이 깊은 계곡에서 절벽과 이어지는 유일한 길이었다. 우리는 정말 운이 좋았던 것이다. 격류를 횡단하는 모습은 그림처럼 아름다웠다. 떠내려가는 포터들을 끈을 던져 붙잡는 라슈날은 꼭 카우보이 같았다. 그러나 결국 우리는 나무다리를 만들어 문제를 해결했다.

5월 17일 우리는 끝도 없는 모레인 지대를 느릿느릿 전진했다. 오후 세 시쯤 우리는 이전의 정찰대가 되돌아섰던 곳에 도착했다. 라슈날과 셰르파들이 캠프사이트를 물색하는 동안, 샤츠는 루트를 찾기 위해 계속 앞으로 갔다.

거대한 벽 사이에 나 있는 깊은 계곡의 광대한 빙하에서 세락이 무너져 아이스 폴을 이루고 있었다. 나는 쌍안경으로 루트를 찾아보았다. 그러나 눈에 들어오는 것은 급사면을 이룬 곳뿐이어서 실망했다. 머리 위로 구름을 뚫고 솟아오른 거대한 북서릉이 오히려 매력적으로 보였다. 맑은 날씨에 멀리서 그 모습을 본다면, 6,400미터쯤에서 안나푸르나의 정상 피라미드와 이어질지 모른다고 생각하기에 충분했다.

만약 우리가 가장 중요한 곳이 되는 그곳까지 2,400미터를 오른 다음, 그곳에서부터 필요한 곳에 고정자일을 설치한다면 나머지는 그다지 어렵지 않을 것 같았다. 하지만 우리는 히말라야라는 곳을 너무 몰라 연속적으로 오판을 하고 있었다. 결국 모리스와 내가 눈만 덮여 있는 환상적인 능선에 있는 첫 번째 피너클 ― 밑에서는 전혀 보이지 않은 ― 에 도달하는 데만 최고 수준의 등반을 했음에도 3일 이나 걸리고 말았다. 죽도록 싸운 결과가 알지도 못하는 작은 봉우리 하나를 올라간 것이라니! 우리는 또 실패하고 만 것이다. 하지만 이 시시한 승리는 내 마음속에 아직까지도 자긍심으로 남아 있다. 있는 힘을 다하고 용기를 내어 나 자신의 싸움을 끝까지 밀고 나간 그 절 망적인 날보다 더 기억에 남는 것은 없었다. 안나푸르나의 북서릉에서 6천 미터까지 올라간 그 등반은 내가 그때까지 그런 고도에서 한 가장 힘든 등반이었다. 네댓 피치가 4급이었고, 어떤 곳은 극도로 어려운 빙벽등반 구간이었으며, 한 피치는 눈과 얇은 얼음이 덮여 있는 위험에 상당히 노출된 5급이었다.

5월 21일 저녁 모리스와 내가 힘들게 베이스캠프로 돌아오자, 반가운 소식이 기다리고 있었다. 능선의 상태에 실망해 하루 전날 먼저 내려온 라슈날과 레뷔파가 계곡 안쪽으로 깊숙이 정찰을 했는데, 그곳에서 그들은 안나푸르나 상부 2,500미터를 관찰할 수 있었다는 것이다. 그들의 말로는 그쪽에는 큰 장애물이 없지만, 5,200미터쯤에 형성돼 있는 플라토는 볼 수 없었다고 한다. 그들은 아이스 폴 오른쪽에 있는, 자일 등반이 필요해 보이는 바위지대를 통해 그 플라토에 도달할 수 있을 것이라고 자신 있게 말했다.

피너클은 능선에서 뾰족하게 튀어나온 봉우리이다.
히말라야에서는 눈으로 덮여 있는 평편한 고원지대를 '플라토'라고 한다.

우리는 이미 북서릉의 6천 미터에서 그 플라토를 보고 어려운 곳이 없다는 것을 알았기 때문에 드디어 우리가 루트를 제대로 찾았다고 생각했다. 과연 행운의 여신이 우리의 집념과 신념에 보답을 해줄 것인가?

모리스 에르조그는 재빨리 다음 날의 계획을 짰다. 라슈날과 레뷔파가 세락 지대의 오른쪽을 공략해 캠프사이트가 될 만한 곳을 찾으면 아지바Adjiba를 즉시 돌려 내려보내도록 했다. 샤츠는 판지와 아일라를 데리고 다른 길로 가기로 했다. 즉, 모리스가 지난날 왼쪽으로 가보고 나서 더 오르기 쉽다고 생각한 곳으로 가보는 것이었다. 지난 일주일 동안 쉬지 않고 움직여 피로해진 에르조그와 나는 반나절 동안 쉬기로 했다. 그러고 나서 힘과 기술이 좋은 사르키의 도움을 받아가며 오후에 길게 뽑기로 했다. 쿠지는 능선에 남겨둔 짐을 가지러 가고, 이어서 베이스캠프를 계곡 안쪽으로 깊숙이 옮기기로 했다.

늦은 시간에 일어난 나는 정신없이 식량과 장비를 챙겼다. 그러면서 일상생활에서 몰랐던 조직적인 활동의 진면목을 알게 됐다. 사르키는 자신의 옷을 빨고, 나는 게이터를 손질하며 먹을 것을 만들었다. 모리스 에르조그는 위대한 대장이어서 그런 잡일에는 신경을 쓰지 않고, 주위의 형용하기 어려운 풍경을 쳐다보며 한가롭고 편안한 마음으로 햇볕을 쪼이고 있었다.

오후 일찍 우리 셋은 무거운 짐을 지고 출발했다. 끝도 없는 모레

등산화 위에 덧신어 눈이 안으로 들어오는 것을 방지하는 것

인 지대에서는 욕을 퍼부으며 앞서거니 뒤서거니 하며 갔다. 얼마 지나지 않아 아지바와 만났는데, 그는 우리의 대원들이 안나푸르나 북쪽 빙하의 아이스 폴 우측에 있는 바위지대를 쉽게 올라가서 1캠프를 세웠다고 알려줬다.

멀리서 보았을 때와는 다르게 점점 가까이 다가가자 바위지대는 충분히 오를 수 있어 보였다. 곧 우리는 편하고 빠르게 올라갈 수 있는 좁은 길이 지그재그로 계속 나 있는 것을 보고 기뻐했다. 유일한 위협은 위에서 떨어질지 모르는 얼음이었다.

우리가 도착한 날 저녁, 우리는 샤츠가 정찰한 것을 무턱대고 믿었던 것을 다소 후회하지 않을 수 없었다. 그때는 거리가 멀었고, 안개가 낀 저녁이어서 산이 잿빛이다 보니 석회암 바위지대가 등반이 불가능하게 보였던 것이다. 게다가 우리는 오랫동안 하는 일 없이 지냈기 때문에 피가 끓어 망아지처럼 달려 나가고 싶었다. 그래서 우리는 다른 가능성을 확인하기 위해 하루를 참지도 못하고 북서릉으로 갔던 것이다. 이렇게 해서 불리한 운명을 뒤집기 위한 굳은 결심에 경험 부족까지 더해져, 승리를 가져왔을지도 모르는 5일간을 한 일 없이 낭비하고 말았다.

우리는 좁은 길과 창세기 이래 우리를 기다리고 있었던 듯한 작은 쿨르와르를 이용해서 이 거대한 잿빛의 바위지대 한가운데를 조금도 어려움 없이 올라갔다. 그리하여 라슈날과 레뷔파가 기다리고 있는 1캠프에 도착했을 때는 햇빛이 광막한 안나푸르나의 북사면을 비추고 있었다. 의심할 여지없이 신이 우리 곁에 있었다. 지난 몇 주일간 맑은 오후가 없었는데, 지금은 신의 특별한 은총으로 안나푸르나를 쉽게 관찰할 수 있었다. 거의 수직이나 다름없는 몇 천 미터의 안나푸르나 북벽이 지난 며칠간 상당히 무섭게 보여, 잠시 동안 우리들의 판단에서 희망이 사라졌었지만, 가까이서 있는 그대로를 관찰할 수 있었다.

제대로 판단하려면 알프스식의 관찰을 잊어버리는 것이 필요했다. 오직 우리들의 최근의 경험만이 우리 앞에 놓인 사면의 거대한 규모를 이해하는 데 도움이 되는 것이다. 이러한 적응과정을 거치자 경사진 설사면에 불과했던 것이 사실은 무서운 세락들이 난립해 있고, 높이가 100미터나 되는 바위 밴드에 가로막힌 복잡한 벽이라는 사실을 깨달을 수 있었다. 끊임없이 들려오는 눈사태 소리는 목표물의 위험성을 계속적으로 상기시켰지만, 우리는 두 곳 — 어느 정도는 위험하고 어려운 루트지만 — 정도를 머릿속에 그릴 수 있었다. 몇 차례 논의를 거쳐 우리는 경사가 심하지 않은 오른쪽이 보다 쉽다는 데 의견일치를 보았다.

자그마한 고소 텐트에 셋이 들어가 불편하기는 했지만 잠은 잘 수 있었다. 아침이 되자 우리는 어떤 것이라도 할 수 있는 준비가 되어 있었다. 모리스는 일부러 과장되게 쓴, 공격을 명령하는 메시지를 사

바위가 옆으로 밴드처럼 튀어나온 곳

르키에게 주면서 투쿠차로 전달하도록 했는데, 이 헌신적이고 투지가 넘치는 사나이는 밤낮으로 걷고 뛰어 우리가 3일이나 걸린 그 길을 36시간 만에 주파했다. 우리는 텐트를 모두 걷고 침낭 한 개와 약간의 식량만 남겨 놓았다. 우리의 짐은 5천 미터가 넘는 고소치고는 많은 편이었는데, 무게가 25킬로그램이 넘는 배낭도 있었다. 그러나 우리는 하루나 이틀의 결정적인 시간을 벌 수 있을지도 모르기 때문에 이런 상황을 순순히 받아들였다. 묜순까지는 보름 정도밖에 남지 않아, 미봉책을 쓸 시간이 없었다. 우리는 무거운 걸음으로 플라토를 건너가 무서운 세락에 둘러싸인 짧은 바위 밴드를 공략했다. 나는 배낭끈이 어깨를 파고들어, 숨을 쉬기 위해 자주 걸음을 멈추어야 했다. 그러나 정상으로 이어지는 거대한 얼음덩어리를 볼 때마다 앞으로 나아가지 않을 수 없었다.

마침내 우리는 긴 설사면으로 무사히 빠져나왔는데, 이번에는 구름이 몰려오면서 눈보라가 엄습했다. 모리스와 나는 번갈아 길을 뚫고 나갔다. 다행히 발은 깊이 빠지지 않았다. 나는 몽유병에 걸린 사람처럼 비틀거렸는데, 꼭 알프스에서 가이드로서 최선을 다해 연속적인 등반을 했을 때처럼 기진맥진했다. 그럼에도 나는 포기할 생각이 전혀 없었고, 오히려 다른 사람들이 지쳐 처지면 독려하기까지 했다.

샤츠 일행의 외침이 들려왔다. 그들은 아이스 폴의 왼쪽에서 어려

안나푸르나 원정 중의 테레이

운 루트를 뚫고 올라와 이제 우리와 합류하려던 참이었다. 그리하여 6천 미터 부근에서 좋은 캠프사이트를 찾았을 때는 우리가 7명이 되었다. 이때 빠른 결단이 내려졌다. 나의 동료 네 명이 더 높은 캠프에 꼭 필요한 텐트 한 동과 짐을 지키기 위해 이곳에 남고, 셰르파들은 식량과 장비를 가지러 베이스캠프로 내려가기로 했다. 하지만 셰르파들만 내려보낼 수 없어, 내가 1캠프까지 함께 내려가기로 했다. 나는 1캠프에 남겨 놓은 침낭을 쓰면 되는데, 이렇게 해서 의미 없이 베이스캠프까지 내려가지 않고 휴식을 취하고 나서, 다음 날 올라오는 셰르파들과 합류하기로 했다.

셰르파들이 계곡으로 내려가는 동안, 나는 1캠프에서 얼음의 한기를 막아줄 납작한 돌들을 골라 자리를 만들었다. 가지고 있는 옷이란 옷은 다 껴입고 방수 망토와 코끼리 발을 침낭 위로 끌어당겨 덮을 때만 해도 나는 내 인생에서 가장 안락한 비박을 하는 줄 알았다. 하지만 곧 눈까지 동반한 강력한 바람이 불어닥쳐 끊임없이 싸워야 하는 밤이 되고 말았다. 숨을 쉬기 위해 덮개를 열면 눈과 한기에 얼굴이 얼어붙었고, 덮개를 덮으면 질식할 것 같았다. 몇 시간을 이렇게 싸우고 나자 지쳐버린 나는 돌과 돌 사이에 머리를 끼고 깊은 잠에 빠지고 말았다.

맑게 갠 새벽이 되자, 나는 신설에 묻힌 채 추위에 떨고 있었다. 나는 몸을 웅크린 채 햇빛이 나에게 닿을 때까지 참아야 했다. 끝없이

안나푸르나에서 설사면을 오르고 있다.

지루하게 느껴지는 시간이 흘러갔다.

마침내 햇빛이 나에게 닿았지만, 곧 그 열은 견디기 어려울 정도로 뜨거웠다. 나는 조금 남아 있는 짬파를 날로 씹으며 허기를 이겨보려고 했으나 별 소용이 없었다. 온몸에서 힘이 빠지고 지쳤다는 느낌이 들었다. 나는 글자 그대로 몸을 질질 끌다시피 조그만 바위가 만든 그늘로 가 다시 웅크리고 있었다. 이곳에서 나는 쿠지가 계곡 안쪽 깊숙이 설치한 새로운 베이스캠프를 볼 수 있었다.

잔돌들이 구르는 소리가 들려오더니 곧 셰르파들이 나타났다. 바라클라바를 삐딱하게 뒤집어 쓴 아지바가 얼굴에서 땀을 흘리며 배낭에서 식량을 꺼냈다. 내가 캠프로 가자 벌써 텐트와 먹을 것이 준비돼 있었다.

어두워지기 전에 에르조그와 라슈날, 레뷔파와 샤츠가 바람과 같은 속도로 지나갔다. 그들은 허리까지 빠지는 눈 속을 몇 시간 동안 힘들게 올라가 어려운 세락의 장벽에 부딪쳤는데, 샤츠가 추락했을 뿐 아니라 악천후까지 닥쳐 할 수 없이 후퇴했다고 설명했다. 그들이 올라간 거리는 350미터에 불과했다. 그들은 눈에 잘 띄는 곳에 고소 장비(텐트 한 동, 침낭과 에어매트리스 두 개, 야영용 주전자 두 개, 알코올 스토브 한 개)와 약간의 식량을 아이스하켄으로 매달아 놓았다고 했다. 그들은 일단 베이스캠프로 내려간 다음 원기가 회복되는 대로 다시 올라온다는 것이었다. 이제 비로소 가장 높은 정상에 도달할 때까지 짐과 짐을 올리고 내리며, 캠프와 캠프를 쳐나가는 발레가 시작된 것이다.

24일, 나는 판지와 아일라를 데리고 1캠프를 떠났다. 헤라클레스처럼 힘이 좋은 아지바는 1캠프와 베이스캠프 사이를 왕복하도록 했다. 지루하고 드러나지도 않는 이 일을 그는 훌륭한 마음씨로 멋지게 해냈는데, 며칠 사이에 백 킬로그램이나 되는 식량과 장비를 나른 이 셰르파가 없었다면 우리는 분명 성공하지 못했을 것이다.

우리는 100킬로그램의 식량과 두 개의 고소 장비로 된 짐을 졌는데도, 일찍 출발한 덕분에 오전 10시 조금 지나 2캠프에 도착했다. 배는 고팠지만 몸은 좋았다. 그래서 우리는 잠깐 쉰 다음, 밤사이에 눈이 내렸지만 어제 동료들이 남긴 발자국을 이용할 수 있을 것으로 보고 계속 올라가기로 했다. 나는 에르조그가 남겨 놓은 텐트를 가지고 갈 의도로 고소 장비 하나와 약간의 식량만을 챙겼다.

눈사태 위험이 있는 200미터 정도의 쿨르와르를 피해 갈 수 있는 방법이 없었다. 나는 쓸데없이 서두르고 말았는데, 발자국은 전날 밤의 눈으로 채워져 있어, 보이기는 했지만 별 도움이 되지 않았다. 햇볕에 녹은 눈에 무릎까지 빠졌다. 하지만 마침내 우리는 위험에서 벗어날 수 있었다. 2주일 동안 날마다 한두 팀이 이곳을 지나갔는데도 사고가 나지 않은 것은 기적이었다.

우리는 세락 사이에 있는 평편한 곳에서 잠시 쉰 다음 계속 싸워

나갈 수 있었다. 나는 두 손으로 분설을 헤치면서 발로 다져야 했다. 이런 식으로 참호를 파듯 1미터를 가는 데 1분이 걸렸다. 이 고도에서 이렇게 하는 노동은 사람을 몹시 지치게 만들어, 서둘러야 하는데도 나는 계속 쉬면서 숨을 헐떡거리지 않을 수 없었다.

나는 전날 에르조그가 1시간 이상이나 걸려 힘들게 설치한 고정자일 덕분에 빠른 속도로 벽을 돌파할 수 있었다. 하지만 나는 북서릉에서 이미 경험해 익숙해진 반 기절 상태의 한계점까지 도달했다. 이런 고도를 올라보지 않은 사람은 결코 상상할 수 없는 격렬한 헐떡거림은 말로 표현할 수 없을 정도였다.

셰르파들은 이러한 종류의 곡예적인 움직임에 둔해서 나는 그들을 갤리선의 노예처럼 위로 끌어올려야만 했다. 나는 경사가 심한 사면 쪽으로 이어진 발자국을 놓치고 말았다. 그리하여 다시 한 번 눈을 헤치고 나아가야 했다. 동료들이 남겨 놓은 고소 장비는 완전히 사라진 것 같았다. 게다가 매일 그랬듯 오후의 눈보라가 닥치고 있어, 우리가 가지고 올라온 작은 텐트를 서둘러 쳐야 했다. 나는 눈사태로부터 비교적 안전해 보이는 작은 능선을 발견했다. 이것저것 따질 때가 아니었다. 자리를 평탄하게 만들고 텐트를 치자 우리는 이미 눈보라의 힘에 밀려 비틀거리고 있었다.

2인용 텐트에 셋이 들어가니 죽을 맛이었다. 나는 너무 지쳐서 음식도 삼킬 수 없었다. 침낭이 두 개뿐이어서 판지가 세 개의 우모복

주로 사람이 노를 저어 움직이는 범선

으로 몸을 감싸고, 우리 둘 사이에 누워 버티는 희생정신을 발휘했다. 우리는 텐트에서 15미터밖에 떨어지지 않은 쿨르와르에서 천둥소리를 내며 떨어지는 눈사태에 공포의 밤을 보내야 했다. 눈사태가 일어날 때마다 바람이 텐트를 흔들며 지나갔다. 셰르파들은 뜬 눈으로 밤을 보내며 담배만 피워댔다. 나는 우모복이 없어 추위에 덜덜 떨어야 해서, 나와 판지가 내는 소리는 캐스터네츠 2중주 같았다. 그러나 나는 수면제를 먹고 깊은 잠에 빠졌다.

아침에 나는 텐트를 걷기 전까지 우리를 지켜준 빙벽을 올라갔다. 1미터가 넘는 신설을 뚫고 나아가는 것은 느리고 고단한 일이었다. 60도의 짧은 사면이 나타나 단조로운 작업을 잠시 잊을 수 있었다. 그러자 내 안 깊숙한 곳에서 의구심이 일기 시작했다. 매일 이렇게 해야 한다면, 우리 모두는 정상에 오르기 훨씬 전에 지쳐 나자빠질 것이 뻔했다. 눈사태가 한 번 쓸고 지나가지 않는 한, 그리고 며칠 날씨가 좋아져 상황이 반전되지 않는 한….

나는 그다지 마음에 안 드는 쿨르와르를 빨리 횡단하려고 서둘렀는데, 결국은 남아 있는 힘만 다 쓰고 말았다. 나는 건너가자마자 주저앉고 말았다. 판지가 잠시 임무를 교대했는데, 나도 지쳤지만 셰르파들도 매한가지였다. 겨우 200미터를 올랐을 뿐인데, 더 이상 어떻게 할 수 없었다. 나는 세락 하나를 간신히 건너가, 우리가 가지고 온 모든 장비와 짐을 묶어 두었다. 햇빛이 눈에 반사되면서 반짝거려,

우리는 호사스럽게 길게 뻗고 누워 약간의 음식을 게걸스럽게 먹었다. 최고의 순간이었다.

내려오는 길도 상황이 좋아지지 않아 나는 점점 짜증이 났다. 2캠프 못 미쳐 우리는 모리스와 앙 다와Ang Dawa 그리고 다와톤두Dawatondu를 만나 휴식을 취하며 웃고 이야기를 나누었는데, 그러고 나자 어느 정도 기력이 회복되었다. 고도가 낮아지면 회복에 도움이 되리라 생각하고, 나는 그날 저녁 1캠프로 내려갔다. 그곳에는 많은 사람들이 충분한 휴식을 취하며 악마와 싸워 이길 준비를 하고 있었다. 나는 너무 힘이 들어 그다지 낙관적인 기분이 되지 못하고, 먹을 것에만 관심이 갔다. 식량이 점점 줄어들어, 나는 다음 날 하루 종일 고소 캠프에서 쓸 과일 조각, 초콜릿과 비스킷 같은 식량을 고르며 보냈다. 이것들은 결국 마지막에는 남을 것 같았다. 셰르파들은 큰 접시에 비스킷을 부숴서 초콜릿을 섞어 먹었다. 그리하여 나는 그것들을 효과적으로 없애버리는 공정한 방법을 썼다고 이제야 고백한다.

충분히 먹고 쉬자 우리는 곧 원기를 회복했다. 27일에 나는 곧바로 2캠프로 올라갔고, 우리들이 올라갔던 곳보다 조금 위쪽에 3캠프를 설치하고 내려오는 에르조그와 셰르파들이 하산하는 모습을 쌍안경으로 지켜볼 수 있었다. 그들은 4캠프도 설치한 것 같았지만 확인할 수는 없었다. 나는 그들이 가장 쉬운 곳으로 올라간 것이 아니라는 것을 알 수 있었는데, 후에 나의 이러한 관측이 도움이 되었다. 3

캠프에는 쿠지, 라쉬날, 레뷔파, 샤츠가 있어 에르조그는 2캠프로 내려와야 했다.

저녁에 우리는 모든 상황을 면밀히 분석했다. 모리스는 다른 사람들이 육체적·정신적으로 지쳐 있는 것을 걱정했다. 그는 다른 사람들과 잠시 함께 있었을 뿐인데, 그들이 지치고 의기소침해 있어 효과적으로 움직이기 힘들다고 보고 있었다. 이와는 대조적으로 7천 미터 고도에서도 그의 몸 상태는 매우 희망적이어서, 그는 눈이 매일같이 10~15센티미터 넘게 내리지만 않는다면 승산이 있다고 자신하고 있었다. 그는 내가 육체적·정신적으로 좋은 상태에 있다는 것을 알고, 마지막 순간을 위해 힘을 아끼기를 바랐다. 그의 계획은 자신이 하루를 쉬는 동안 나와 셰르파가 짐을 3캠프로 올리고 내려오는 것이었다. 그러면 다음 날 가벼운 짐을 멘 네 명의 셰르파가 4캠프까지 우리를 위해 길을 내고, 우리가 그다음 날 최대한 높이 올라가 정상 공격 캠프를 설치한다는 것이었다.

한 번 더 나는 제 시간에 깨지 못할 것 같아 잠을 설쳤다. 말할 필요도 없이, 원정을 준비한 사람들은 매우 간단한 문제인데도 자명종을 준비해 주는 것을 깜빡 잊고 말았다. 3캠프에 오르는 일은 역시 힘들었지만 처음보다는 훨씬 좋았다. 눈 상태가 그다지 나쁘지 않았고, 라쉬날과 쿠지가 내려오면서 남긴 발자국이 크게 도움이 됐다. 우리는 그들과 중간에 만났는데, 그들은 짐을 4캠프까지 올릴 힘이 없어 기운을 회복하려고 하산하는 중이었다. 3캠프에 도착하기 직전 구름을 뚫고 내려오고 있는 샤츠와 레뷔파를 만났는데, 그들은 우리를 만나자 다시 3캠프로 올라가기로 했다. 캠프에 도착해 포획된 새처럼 정신없이 식사를 하고 나자, 나는 상황을 되돌아볼 필요성을 느꼈다.

결과적으로 상태가 좋지 않은 네 명의 동료들은 고소 장비 한 세트와 식량을 4캠프로 올리지 못했다. 그리고 이것은 전체 계획에 차질을 가져왔다. 일이 이렇게 되자 미묘한 문제가 나타났다. 즉, 내가 명령에 따라 내려가야 하는가, 아니면 셰르파들이 있는 이곳에 남아 미완의 임무를 수행해야 하는가 하는 문제였다. 이렇게 되면 지금 가장 좋은 몸 상태를 보이며, 정상을 공략하기에 가장 유리한 위치에 있는 에르조그와 함께 팀을 이룰 기회를 놓치게 된다는 의미였다. 그러면 결국은 별로 관심을 받지 못하는 운행을 하면서 내 모든 희망을 좌절시키는 비참한 역설이 되는 것이다. 이미 정해진 운명에 굴복해, 명령에 따르는 것은 너무 쉽다. 아무도 내가 내리는 결정에 반대하지는 않을 것이다. 하지만 결국 나는 복종을 하겠다고 맹세한 단순한 보병이 아니었나? 그러나, 그렇다 하더라도…. 이 시점에서 내려간다는 것은 하나를 포기해야 한다는 의미였다. 이런 생각이 들자, 사람이 범죄를 모의할 때 느끼는 극심한 정신적 고통이 찾아왔다. 이런 심리적 갈등이 얼마간 계속됐다. 의심할 여지없이 나는 중세적 생각

2캠프로 내려오고 있다.

7장

으로 가득 찬 바보멍청이였다. 하지만 나는 다음 날 아침 4캠프로 짐을 나르는 멋지고 힘든 쪽을 택했다.

내가 레뷔파와 샤츠에게 내 마음을 밝히자, 몸 상태가 조금 좋아진 레뷔파는 나와 동행하기로 했다. 샤츠는 이때까지도 너무나 좋지 않아 짐만 될 뿐이라며 위험해도 혼자 내려가기로 했다.

4캠프까지는 수직의 높이로 350미터 정도밖에 되지 않았지만, 계속적인 지그재그와 위험한 요소로 인해 우리가 그곳까지 올라가는 데는 7시간이나 걸렸다. 깊은 눈과 아래쪽으로 불어오는 바람으로 전보다 훨씬 더 어려웠다. 우리가 캠프에 도착했을 때에는 눈보라가 미친 듯이 불어댔다. 텐트는 눈 속에 파묻혀 있었다. 텐트를 다시 세우고, 가지고 온 텐트를 치는 일은 세상에 다시없는 고난이었다. 얼마 동안 발에서 감각을 느끼지 못한 레뷔파는 재빨리 발을 살펴봤는데, 그렇지 않아도 홀쭉한 그의 얼굴이 근심걱정으로 더욱 쪼그라들었다. 내가 그의 발을 문지르고 때리자 겨우 피가 돌기 시작했다. 수면제 덕분에 그날 밤은 그런대로 잘 수 있었지만, 우리에게 여전히 힘이 남아 있었어도 고소증으로 우리는 심한 고통을 받았을 것이다.

새벽녘이 되자 텐트가 눈에 반쯤 파묻혔다. 텐트 안은 움직일 수도 없을 만큼 공간이 없었다. 우리는 코펠로 최대한 눈을 파내고 다시 일으켜 세워야 했다. 그렇다 하더라도 텐트는 비참한 모습이었다. 추위는 진정 북극과 다름없었고, 아래쪽으로 불어오는 바람은 전보다

3캠프

더 심했다. 우리는 이미 이런 것들과 싸워왔지만, 앞으로 1,200미터를 어떻게 더 오른다는 말인가? 승리는 더 멀어진 것처럼 보였지만, 우리는 그냥 최선을 다하는 수밖에 달리 도리가 없었다.

하산은 순조롭게 이루어지고 있었는데, 얼마 내려가지 않아 에르조그와 라슈날, 앙 타르카이와 사르키를 만났다. 라슈날은 몸의 상태가 좋아 보였는데, 완벽한 상태로 돌아왔다고 자신하고 있었다. 그들은 내가 모리스와 하기로 했던 계획을 수행할 작정이며, 정상에 오르기 전에는 내려오지 않겠다고 말했다. 나는 조금도 질투심을 느끼지 않고 그들의 행운을 빌었다. 왜냐하면 전날의 경험으로 봐서는 산의 상태가 아직 좋지 않다고 확신했기 때문이다. 내 생각으로는, 그들이 너무 안이한 몽상에 젖어 있는 것 같았다.

다음 날 아침 나는 성능이 좋은 쌍안경으로 루트를 자세히 관찰했다. 네 명이 4캠프 위의 매우 가파른 얼음 사면을 이미 돌파한 것이 쌍안경에 잡혔다. 그들은 위쪽 사면을 분리시킨 아치 모양의 거대한 바위지대 왼쪽에서, 뒤엉킨 세락들을 지나 루트를 개척하고 있었지만 곧 구름에 가리고 말았다. 우리는 이 거대한 바위지대를 '시클(낫)'이라고 불렀다. 그리고 훨씬 아래쪽에서 쿠지와 샤츠, 그리고 그들의 셰르파들이 3캠프 쪽으로 천천히 내려오는 모습이 잡혔다.

이제 2캠프는 사실상 하나의 마을이었다. 크고 안락한 텐트들을 쳐 놓고, 노이엘과 우도가 그 안에 자리 잡고 있었다. 그들은 우리들에게 식량과 장비를 올리기 위해 고생했던 이야기를 들려주었다. 기술적으로 그리고 외교적으로 복잡한 절차를 거쳐서, 가까스로 40명의 포터를 베이스캠프까지 데리고 올 수 있었고, 그들 중 12명 정도가 1캠프로 짐을 나르는 데 동의했다고 한다. 그리고 겨우 두 명만이 1캠프와 2캠프를 쉴 새 없이 왕복하는 아지바를 돕겠다고 나섰다는 것이다. 우리가 모든 어려움을 극복하게 된 것은 고소에서의 고통이나 위험보다는 바로 이러한 알려지지 않은 임무에 쏟아부은 그들의 헌신 때문이었다. 우리는 분명, 개인적인 영광을 버리고 세상과 동떨어진 어려운 곳에서 5~6일 동안이나 물자 수송이라는 어려운 과업을 수행한 이들이 없었더라면 아무 것도 할 수 없었을 것이다.

하루를 푹 쉬고 나서 가스통과 나는 다시 싸울 준비를 했다. 우리는 하루를 아낄 수 있는 대담한 계획을 짰다. 가벼운 짐을 지고 일찍 출발해 오전 10시나 11시쯤에 3캠프까지 올라가고, 그곳에서 쿠지와 샤츠의 발자국을 따라 필요한 모든 것을 4캠프로 수송한다는 것이었다. 또한 다음 날 우도와 두 명의 셰르파가 새로운 3캠프를 올려서 치기로 했다. (하산할 때 필요한 것으로 보았다.)

이번에는 모든 계획이 우리의 계획대로 정확히 이루어졌다. 우리는 3캠프에 11시에 도착했고, 앞서 7시간이나 걸린 4캠프까지는 고소 장비 두 세트와 10킬로그램의 식량을 갖고도 이미 나 있는 발자국을 따라 1시간 반 만에 올라갈 수 있었다.

모리스 에르조그

루이 라슈날

마르셀 이샤크

의사 자크 우도

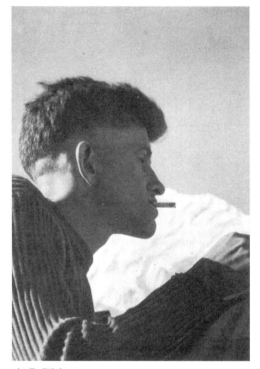

가스통 레뷔파

프랜시스 드 노이엘

마르셀 샤츠

장 쿠지

6,700미터 고소에서 고도차 800미터를 단 하루에 오른다는 것은 우리의 컨디션이 아주 좋다는 이야기로, 앞으로의 전망을 밝게 했다.

도중에 우리는 앙 타르카이와 앙 다와를 만났는데, 그들은 4캠프에 텐트가 모자라 내려오고 있었다. 한편, 쿠지와 샤츠는 두 배로 짐을 져 날라야 하는 상황에서 뜻밖에 우리가 나타나자 무척 기뻐했다. 나는 멋진 밤을 지냈다. 아침에 나는 동료들이 텐트를 철수하는 동안 루트 개척에 나섰다. 처음에는 눈이 가슴까지 찼다. 하지만 점차적으로 깊이가 얕아지더니 곧 여기 저기 얼음이 드러날 정도로 눈이 없었다. 경사는 알프스의 어려운 쿨르와르에 비길 만했다. 이런 고도에서 아이젠을 신고 걷는다는 것은 매우 힘이 드는 일인데, 셰르파들은 전혀 능숙하지 못했다. 그래서 내가 앞에서 발판을 깎아내면 샤츠가 뒤에서 넓히며 따라왔다.

우리는 이런 고된 작업으로 50미터를 올라가, '시클' 위쪽 가장자리에 올라섰다. 텐트 한 동이 세락을 보호막 삼아 잘 쳐져 있었다. 우리는 즉시 이 캠프를 4B캠프라고 불렀다. 텐트 안에는 앙 타르카이와 사르키가 있었다. 그들은 서툰 영어로 그들이 꽤 먼 곳에 또 다른 텐트를 치기 위해 에르조그와 라슈날을 따라갔다가 내려왔고, 여기서 대기하라는 지시를 받았다고 말했다. 그들은 발에 동상을 입고 있었고, 몸의 상태가 좋지 않아 보였다. 우리들의 유일한 두 셰르파는 자신들의 발 상태를 걱정하면서 발을 녹이려고 곧바로 텐트 안으로 기어들어갔다.

앙 타르카이의 말에 따라 우리는 거대한 세락들 사이로 그물처럼 나 있는 길을 이용해, 왼쪽으로 길게 가로질렀다. 샤츠가 앞장서 깊은 눈을 헤치고 나갔다. 레뷔파가 잠깐 교대했지만, 그는 발이 얼어들어와서 포기해야 했다. 트래버스가 끝나는 곳에서 내가 앞장서 아이스 폴 지대를 지그재그로 올라갔다. 안개에 싸이게 되면 길을 찾는 것이 너무나 어려워 보여, 우리는 최대한 흔적을 남기고 기억하면서 전진해 나갔다.

깊은 눈이 이제는 발목까지 빠지는, 쉽게 깨지는 크러스트로 바뀌었다. 바람으로 아주 단단해진 크러스트를 만나면 우리는 아이젠을 신고 가야 했다. 젖지 않도록 배낭에 넣어서 4캠프까지 조심스레 가져온 큼직한 새 등산화를 신었는데도 한기가 발끝까지 스며들었다. 발가락을 계속 놀렸으나 효과가 없어, 등산화와 양말을 벗고 코끼리 발 안에서 발가락을 문질렀다. 이렇게 하기도 힘이 드는데 모진 바람으로 더욱 어려웠다. 나보다 조금 위에 있는 쿠지와 샤츠도 나처럼 하느라고 걸음을 멈추고 있었다. 루트를 만들어 나가는 것이 점차 쉬워졌고, 바람에 눈은 굳어서 30~35도 정도 되는 사면을 아이젠으로 가기에는 편했다. 작은 바위 밑에 세워진 5캠프가 손에 잡힐 듯이 보였지만, 아무리 애써도 텐트는 가까워지지 않았다. 다시 몸이 서서히 얼어 오는 것을 느껴, 다른 사람들이 도착하기 전에 발을 살펴보기

고산에서 알피니스트에게 고통을 주는, 발이 얼어들어 오는 것은 단지 기온이 낮아서 만이 아니라 산소 부족으로 적혈구 수가 크게 증가하기 때문이다. 결국 혈액이 농축되면 모세혈관의 혈액 순환이 나빠진다.
눈의 표면이 바람 등의 영향으로 단단하게 굳어 있는 상태를 '크러스트'라고 한다.

위해 걷는 속도를 높였다. 레뷔파도 같은 이유로 걸음을 서둘러 쿠지와 샤츠를 따라잡았다. 하지만 나는 큰 어려움 없이 계속 앞장서 나갈 수 있었다.

내가 도착하자 텐트는 반쯤 묻혀 있었다. 하지만 나는 남아 있는 작은 공간으로 기어들어갔고, 레뷔파가 도착하자 두 번째 텐트를 치기 위해 그에게 자리를 양보했다. "죽겠다는 말은 결코 하지 않는다." 가 모토인 샤츠가 이 어려운 작업을 도와주었다. 작업 도구로 쓸 수 있는 것은 피켈과 코펠이 전부였다. 바람으로 굳어진 눈이 얼음 같아서, 이 경사면에 텐트 한 동을 세우기 위해서는 엄청나게 깎아내야 했다. 7,500미터 고소에서는 잠깐만 움직여도 숨이 끊어질 것 같은데, 이런 노동은 그야말로 죽을 지경이었다. 피켈을 열 번만 휘둘러도 심장이 터지고 폐가 찢어지는 것만 같았다. 동작을 멈추면 미친 듯한 심장의 고동이 귀에까지 들렸다. 질식할 것 같은 기분에서 회복하고, 심장 박동을 가라앉히는 데 족히 30초 이상이나 걸렸다. 이런 식이라면 결코 끝나지 않을 것 같아, 나는 한계까지 밀어붙이기로 했다. 나는 때때로 눈앞에 검은 베일이 씌워지는 듯해서, 무릎을 꿇고 전속력으로 달린 야수처럼 숨을 헐떡거렸다.

그렇지만 나는 셰르파의 도움을 거절하고, 그들을 즉시 내려가도록 했다. 이것은 최소한 우리들이 할 수 있는 일이었다. 눈보라가 일기 시작해 점점 시야가 나빠지고 있기 때문에 우리를 도와준 친구들이 발자국이 지워지기 전에 4캠프로 내려가야 하는 것은 너무나도 당연했다.

쿠지가 힘을 보태주어 텐트사이트는 빠른 속도로 커져갔다. 처음 여기에 온 사람들이 남겨 놓은 자리는 아주 불완전했기 때문에 그것을 넓힌 다음 새로 텐트를 치고, 레뷔파가 안에서 발을 되살리려고 애쓰고 있는 기존의 텐트도 다시 일으켜 세웠다.

서둘러 만들다 보니 캠프사이트는 불편하기 짝이 없었는데, 게다가 우리는 에어매트리스는 세 개, 스토브는 한 개만 준비를 해 갖고 와 불편함이 배가 되고 말았다. 그래도 쿠지와 샤츠가 한 텐트에, 나와 레뷔파가 다른 텐트에 기어들어갔다.

에르조그와 라슈날은 어디를 올라가고 있을까? 그들은 텐트를 이곳에 두고 갔기 때문에 아마도 꽤나 먼 정상까지 올라가고 있을지 모른다. 아무 것도 알 수 없는 상태에서 시간이 흘러가고 있었다. 텐트 밖은 심한 눈보라가 울부짖고 있어서 우리의 마음은 몹시 불안해졌다. 조금 더 시간이 지나면 누군가가 4캠프로 내려가기에는 너무 늦어서, 우리는 둘로도 좁아터진 텐트에 세 명씩 자는 수밖에 없을 것 같았다. 사정이 이렇다 보니 고산병에 걸린 것이 분명한 쿠지와 샤츠가 4캠프로, 그리고 가능하다면 더 밑으로 내려가기로 했다. 그들이 떠나자마자 나는 바로 침낭과 장비를 갖고 그들이 쓰던 텐트로 옮겨갔다. 그리고 습관에 따라, 오보말타인과 토니몰트Tonimalt를 만들기 위해 서둘러 눈을 녹였다.

시간이 점점 더 흐르자 불안감이 극에 달했다. 내가 혹시 무엇이라도 볼 수 없을까 하고 상체를 텐트 밖으로 내놓자 눈보라가 사정없이 나를 때렸다. 마침내 온 신경을 집중한 내 귀에 틀림없이 눈을 밟을 때 나는 소리가 들렸다. 내가 밖으로 튀어나가자 모리스가 다가오고 있었는데, 그는 혼자였다. 온몸과 수염은 눈을 뒤집어쓰고 있었지만, 그의 반짝이는 눈동자는 승리를 말하고 있었다.

나는 그의 손을 붙잡았지만, 너무나 놀랍게도 나는 고드름과 악수를 하고 있었다. 손은 금속처럼 차갑게 굳어 있었다. "모모, 손이 꽁꽁 얼었어!"라고 내가 소리치자, 그는 자신의 손을 무관심하게 쳐다보더니, "별것 아니야. 곧 좋아질 거야."라고 대답했다. 나는 라슈날이 함께 오지 않아 놀랐는데, 모리스는 그가 곧 올 것이라고 나를 안심시키더니 가스통의 텐트로 기어들어갔다. 나는 물을 끓이기 시작했다. 라슈날은 여전히 나타나지 않았다. 나는 모리스에게 다시 라슈날에 대해 물어보았으나, 그는 텐트로 들어오기 전까지 그들이 함께 있었다는 이야기만 되풀이했다.

내가 머리를 텐트 밖으로 내밀자 멀리서 희미한 비명이 들려왔다. 강한 바람 때문에 희미하기는 했지만 분명 "살려줘!"라는 소리였다. 내가 텐트 밖으로 나가자, 90미터 정도 떨어진 아래쪽에 있는 라슈날이 보였다.

나는 황급히 옷을 입고 등산화를 신었다. 그리고 다시 텐트 밖으로 나왔지만, 맨 사면에는 아무것도 보이지 않았다. 나는 너무나 큰 충격을 받아서 자제심을 잃고 눈물을 흘리며 절망적으로 소리쳤다. 내 생애에서 가장 멋진 나날을 함께했던 친구를 이제 영원히 잃어버린 것 같았다. 슬픔을 이기지 못해, 나는 내 주위에서 미쳐 날뛰는 눈보라도 잊은 채 눈 위에 드러누웠다. 그런데 갑자기 감히 바랄 수 없는 일이 벌어졌다. 구름이 갈라진 사이로, 내가 기억하고 있는 곳보다는 훨씬 아래쪽 사면에 여전히 그가 있는 것이 눈에 들어왔다. 아이젠을 신을 생각도 하지 않고 나는 마구 미끄러지다시피 내려갔다. 눈이 바람에 단단히 크러스트 되어 있어 제동이 걸리지 않으면 큰일 날 상황이었다.

라슈날은 틀림없이 길게 미끄러진 것 같았다. 그는 모자도 장갑도 피켈도 없었고, 한쪽 발에만 아이젠을 신고 있었다. 그는 간절히 바라보는 눈빛을 하고 "미끄러졌어. 두 발 모두 발목까지 꽁꽁 얼었어. 빨리 2캠프까지 내려 보내줘. 우도가 주사를 놔줄 수 있을 거야. 빨리! 자, 움직이자!" 하고 소리쳤다.

나는 그에게 어둠과 눈보라 속에서 자일도 아이젠도 없이 내려간다는 것은 미친 짓이나 다름없다고 설득했다. 그러나 그는 다리를 잘라야 할지 모른다는 공포심에 사로잡혀, 내가 강제로 설득하려 하자 갑자기 내 피켈을 빼앗아 잡고 사면을 달려 내려가려 했다. 그러나 그는 아이젠이 한쪽뿐이어서 달려 내려갈 수 없게 되자, 눈 위에 주저앉아 울며 소리를 질렀다.

"내려가자, 제발! 주사를 맞아야 해. 그렇지 않으면 난 끝장이야. 다리가 잘린단 말이야!"

캠프에서 밤을 지내는 수밖에 달리 살아날 방법이 없다고 어떻게 해서라도 그를 설득시키려고 했으나, 그는 들으려 하지 않았다. 그러면서 얼마 동안 우리 둘은 마치 귀머거리처럼 자신의 말만 되풀이했다. 그때 라슈날이 겨우 내 말을 들었다. 나는 숨을 헐떡거리며 미친 듯이 사면을 빠져나오려 했고, 그는 네 발로 기다시피 따라왔다.

텐트 안에 들어가자마자 나는 라슈날의 등산화를 벗기려고 했는데, 등산화는 마치 나무토막처럼 굳어 있었다. 그래서 나는 칼로 등산화를 자르고 벗겼다. 그의 발은 허옇게 완전히 죽어 있었다. 그것을 보는 순간 내 심장이 '쿵' 하고 내려앉았다.

인류 최초의 8천 미터 급 고봉 안나푸르나 초등이 이렇게까지 대가를 치러야 할 정도로 가치가 있는가? 나는 승리를 위해 생명을 바칠 준비를 해왔다. 하지만 지금 이 순간 그것은 너무나 비싼 대가를 요구하고 있었다. 지금 이런 생각을 할 여유가 없었다. 나는 움직여야 했다. 그것도 아주 빨리!

이렇게 해서 어떤 모험소설에도 쓰여 있지 않은 극적인 하룻밤이 시작됐다. 에어매트리스가 모자라 식량 꾸러미 위에 앉아 나는 숨이 넘어갈 때까지 라슈날의 발을 문지르고 때렸다. 이따금 내가 실수로 엉뚱한 곳을 때리면 라슈날이 견디지 못하고 소리를 질렀다. 자주 나는 동작을 멈추고 두 명의 환자가 마실 뜨거운 음료를 만들었다. 옆 텐트에서도 레뷔파가 에르조그의 손발을 정신없이 문지르는 소리가 들려왔다. 시간이 하염없이 흘러갔다. 지치고 졸려서 나는 라슈날에게 쓰러지기도 했다. 친구는 간신히 말을 이어가며 최후의 싸움 이야기를 들려주었다.

텐트는 전날 밤에 내린 눈의 무게로 거의 무너져서, 아침이 되자 그들은 뜨거운 음료도 한 잔 마시지 못하고 떠나야 했다고 한다. 위로 올라갈수록 자꾸만 멀어져가는 것 같은 정상, 무자비하게 스며드는 추위와 피로, 그러나 끝내 도달한 정상과 사진 촬영 등 다시없는 희열의 순간을 들려주었다. 그러나 정상에서는 고통스러운 공허함 외에는 아무것도 없었다고 한다. 그는 미끄러지면서 미친 듯이 굴러 떨어져 죽음으로 내몰렸지만, 전혀 예상치 못한 정지와 다시 의식이 돌아와 느낀 공포와 고통 외에는 하산과정을 전혀 기억하지 못하고 있었다.

나는 말없이 그의 이야기를 들었다. 동료들은 불굴의 의지와 희생 정신으로 우리 모두의 위험을 무릅쓴 노력에 왕관을 씌워주었다. 이 두 영웅의 필사적인 노력으로 몇 년에 걸친 준비와 꿈이 이제 드디어 종착점에 도달했다. 순수한 이상으로 우리를 도와준 많은 사람들의

당시에는 좋다고 알려진 이런 치료 방법은 오히려 해가 되는 것으로 밝혀졌다. 동상에 걸렸을 때 문지르거나 때려서는 안 된다.

노력 덕분에 우리는 이곳에 올 수 있었으며, 이제 그 보상을 받은 것이다. 에르조그와 라슈날이 이 노력의 위대한 아치 위에 마지막 돌을 얹어 놓음으로써 지금까지 빛을 보지 못한 우리 민족의 불멸의 덕성을 전 세계에 보여준 것이다. 이런 일은 앞으로도 계속될 것이며, 우리의 젊은이들이 우리의 뒤를 이어 더욱 멋지고 빛나게 해나갈 것이다.

밖에서는 눈보라가 더욱 기승을 부려, 텐트는 생명의 위협을 느낄 만큼 흔들렸다. 벽과 텐트 사이에 눈이 쌓이며 텐트를 압박해 들어왔다. 텐트를 손으로 쳐서 쌓이는 눈을 털어버리려고 애썼지만, 그럴수록 우리가 있는 공간이 좁아지기만 했다.

그러나 그날 밤 우리의 노력은 헛된 것이 아니었다. 무엇보다도 기뻤던 것은 라슈날의 발가락이 움직이기 시작했고, 두 다리에 핏기가 돌아오고 있었다는 것이다. 전날 밤의 허옇던 피부가 불그스레한 장밋빛을 띠었다.

옆 텐트에서 아무 소리도 들리지 않은 지가 꽤나 되어 소리를 쳐보았다. 너무 피곤해서 잠이 들었던 모양이다. 날이 밝아오고 있었지만, 눈보라는 여전히 맹위를 떨치고 있었다. 이제 행운이 다 된 것인가? 오후의 눈보라가 밤까지 이어진 것은 두 달 동안 처음 겪는 일이었다. 안나푸르나의 여신이 인간의 침입에 복수하려는 것일까, 아니면 그저 라디오가 이미 알려준 대로 몬순이 시작되고 있다는 이야기일까? 어느 쪽이든 우리는 빨리 탈출해야 했다. 내일이면 우리는 체력이 더 떨어질 것이고, 신설이 쌓이면 더욱 곤란에 빠질 것이다.

나는 라슈날과 자일을 묶었다. 하지만 그의 발이 부어서 등산화를 신길 수 없었다. 내가 겨우 그의 발에서 동상을 제거했는데 맨발로 눈 위를 걸어가야 한다는 것은 그에게 너무 잔혹한 일이었다. 그렇다 해도 어떻게 아이젠을 신길 수 있을 것인가? 아이젠이 없다면 그는 단단히 얼어붙은 사면에서 제대로 걸을 수 없을 것이다. 우선은 그를 끌고 내려갈 수 있겠지만, 횡단을 해야 하는 곳에서는 어떻게 할 도리가 없을 것 같았다. 바보 같은 소리지만 해결 방법이 없었다!

처음에 나는 도저히 해결 방법이 떠오르지 않았는데, 갑자기 영감 하나가 떠올랐다. 내 등산화가 그의 것보다 두 치수 컸다. 이것이라면 그의 발에 잘 맞을 것 같았다. 그러나 바로 몸서리가 쳐졌다. 그에게 내 것을 주면 내가 그의 등산화를 신어야 하는데, 그의 것은 내게 작다. 뿐만 아니라 칼로 잘라냈으니 눈이 들어와 동상에 걸리는 것은 이제 내 차례였다.

순간 나는 무거운 중압감에 시달렸다. 자신의 몸을 희생하는 것은 죽음보다도 더 공포스러운 것이다. 그러나 본능보다 더 강한 책임감 이 있었다. 자신만의 안전을 생각하는 것은 명예롭지 못하며 죄악이고 우정에 대한 배반이다. 이제 달리 방법이 없었다. 돌격 앞으로 할 때 총탄 속을 뛰쳐나가는 병사들의 각오로, 나는 배낭에서 여분의 양

말을 꺼내 신고 이 저주스러운 형벌의 등산화에 발을 쑤셔 넣었다.

이제야 나는 제대로 된 행동을 할 수 있었다. 나는 만일에 대비해 우모 침낭 하나와 식량을 조금 배낭에 넣고, 에르조그와 레뷔파에게도 그렇게 하도록 소리쳤다. 나는 또 텐트 한 동도 가져갈 생각이었다. 비록 좁은 공간이지만, 침낭 두 개를 넷이 번갈아 사용하면 긴 밤의 추위를 그런대로 견디어 낼 것 같았다. 밖은 여전히 눈보라가 몰아치고 있어, 우리는 아이젠을 신기도 힘들었다. 라슈날이 전날 아이젠 한쪽을 잃어버려, 그의 남은 한쪽을 내가 써야 했다. 하지만 내 피켈은 어디로 사라진 것일까? 어제 저녁 황급히 서두르는 바람에 잘 챙겨놓는다는 것을 깜빡하고 말았다. 아무리 찾아도 피켈이 보이지 않았다. 라슈날이 미끄러지면서 피켈을 잃어버려 이제 우리 네 명에게 남은 피켈은 두 자루뿐이었다. 이 두 자루는 나와 라슈날이 쓸 수밖에 없었다. 나는 텐트를 걷고 싶었지만, 에르조그와 레뷔파는 벌써 내려가고 있었다. 바람은 강했지만 눈이 더 이상 오지 않아 시야가 아주 나쁜 편은 아니었다. 그러자 조급해진 라슈날이 자일을 아래로 잡아당기며 소리쳤다.

"서둘러! 텐트는 도대체 뭐 하러 걷으려고 하는 거야? 1시간이면 4캠프야."

갑자기 나는 낙천주의에 빠졌다. 우리는 세락 지대에서 실수 없이 길을 찾아 내려갈 수 있을 것 같았다. 결과적으로 나는 그가 내려가도록 내버려두었다. 이제 기회는 우리의 것이었는데, 그것은 전적으로 운에 달린 것이었다.

우리는 단단한 눈이 덮인 첫 번째 쿨르와르를 쉽게 내려갔다. 하지만 첫 번째 세락이 문제였다. 다시 눈보라가 몰아치고 굵은 눈송이가 떨어지며 짙은 안개가 몰려와 앞을 분간하기가 어려웠다. 이런 상태에서는 4B캠프가 10미터 앞에 있어도 찾을 가망이 거의 없었다. 그렇다고 달리 방법도 없었다. 장비 없이 비박해서 살아남는다 해도, 내일 아침이면 스스로 생존할 수 없는 상태가 될 것이다. 우리가 살아남을 수 있는 것은 오직 날씨가 좋아지느냐에 달려 있었다.

우리는 몇 시간이나 길을 찾아 헤맸다. 눈송이가 커지고 눈이 내리는 속도가 빨라졌다. 점점 더 길을 뚫고 나가기가 힘들었다. 눈이 허벅지까지, 그리고 점차 허리까지 차올랐지만 분설이어서 그다지 어렵지는 않았다.

나는 아직 내게 힘이 남아 있는 것에 놀랐다. 레뷔파가 규칙적으로 나와 교대했는데, 그는 대단한 용기를 보여주었다. 그의 전설적인 끈기가 놀라움을 불러일으켰는데, 그는 내가 시도했다가 물러난, 눈이 마구 무너져 내리는 가파른 사면을 두 팔과 두 다리로 조금씩 기어올라 끝내 그 등반을 해내기도 했다.

이따금 우리는 낙담해서 주저앉았다. 이런 때가 되면 나는 등산화를 벗고 꽁꽁 언 발을 문질러 피가 통하도록 했다. 죽을 맛이었으나 나는 불구가 되고 싶지는 않았다.

에르조그는 힘들다는 소리를 한 번도 하지 않고 그의 리더를 따라 갔다. 라슈날은 나를 귀찮게 했다. 우리가 쓸데없이 체력을 낭비하는 것이라고 설득해도, 그는 설동을 파고 그 안에서 좋은 날씨를 기다리 자고 할 뿐이었다. 그러한 그를 끌고 가는 방법은 내가 자일을 잡아 당기거나 화를 내는 것밖에 없었다. 나 자신도 이제는 이러한 상황에 무관심하게 되었다. 내가 지금 하는 행동을 완벽하게 의식하고 있었 지만, 전혀 공포심이 들지 않았다. 나는 금방이라도 눈사태가 날 것 같은 사면을 건너 얼음으로 된 가파른 곳을 한쪽 아이젠만 신고 흥분 해 돌아다니고 있었는데, 이러한 특수한 능력에 나 자신도 놀라지 않 을 수 없었다.

우리가 이렇게 사방을 헤집고 다니는 목적은 4캠프로 갈 수 있는 유일한 출구인 세락의 왼쪽에 있는 길을 찾기 위해서였다. 그러나 짙 은 안개로 광범위한 지역을 헤매다 보니 우리는 아마 그곳을 백 번이 나 지났을지도 모른다. 4B캠프에 혹시라도 누가 있을지 몰라 우리는 주기적으로 구조를 요청하는 소리를 질렀다. 우리는 지난 24시간 동 안 아무 것도 먹은 것이 없었다. 그러나 놀랍게도 우리는 7천 미터가 넘는 고소에서 며칠을 버티고 있었다. 이런 기적은 혹시 우도가 우리 에게 규칙적으로 먹도록 요구한 약 때문이 아니었을까?

우리가 살아남기 위해 투쟁하는 동안 시간은 자꾸만 흘러갔다. 그러다 보니 어느덧 밤이 다가오고 있었다. 이제는 바람을 막아줄 피난처 역할을 할 크레바스를 필사적으로 찾아야 했다. 내가 크레바스를 찾는 동안 에르조그와 레뷔파가 어딘가 기억나는 곳을 찾아보려고 애를 썼다. 하지만 깊이를 알 수 없는 심연이나 바람이 휘몰아치는 얕은 구덩이뿐이었다. 나는 이 고약한 일을 거의 포기하고 얕은 구덩이를 피켈로 까내고 있었는데, 바로 그때 뒤에서 라슈날의 무서운 비명이 들려왔다. 나는 순간적으로 돌아보았으나 그의 모습이 보이지 않았다. 다만 둥글고 작은 동굴이 그 미스터리를 말해주고 있었는데, 동굴 안에서 희미하게 들려오는 말소리에 마음이 놓였다. 그는 동굴에 빠졌는데, 다치지도 않았을 뿐더러 그곳이 우리가 오늘 하룻밤을 보내기에는 안성맞춤이라고 말했다. 그래서 4~5미터를 내려갔더니 그의 말이 사실이었다.

작은 방 정도의 구멍으로 바람을 완벽하게 막아주고 있었다. 더욱이 따뜻하기까지 했다. 여기저기를 조금씩 손질하자 비교적 편하게 쉴 수 있는 곳이 되었다. 나는 침낭을 꺼냈지만, 에르조그와 레뷔파는 지옥 같은 텐트에서 탈출한다는 사실에 흥분한 나머지 침낭을 가지고 내려온다는 생각을 미처 하지 못한 것 같았다.

꽁꽁 언 몸이 부드러운 우모에 닿자 따뜻한 열기가 온몸으로 번져나갔다. 나는 나 자신도 모르게 곤경에 빠진 인간의 이기주의가 발동해 급히 침낭 속으로 몸을 집어넣었다. 그런데 옆에서는 동료들이 춥다는 말도 못 하고 서로 몸을 비벼대고 있었다. 순간 나는 이 무서운 이기주의에 정신이 들어 몸을 움직이기가 쉽지 않았지만, 에르조그와 라슈날의 하반신이나마 하나 뿐인 이 침낭 안으로 쑤셔 넣도록 했다.

나는 소름이 끼칠 정도로 무서웠던 그날 밤이 잘 생각나지 않는다. 오직 생각나는 것은 추위와 온몸에서 일어난 경련이었는데, 친구들의 손발을 문질러야 한다는 생각에 사로잡혀 다른 생각을 할 틈이 없었던 것 같다. 나는 좋은 날씨만이 우리를 살릴 수 있다는 것을 알고 있었다. 사람은 희망이 있어야 살 수 있다. 그래서 우리는 최후의 희망을 버리지 않았다. 내일까지 이겨내야만 했다. 죽음은 다음에 생각할 일이었다. 나는 너무 지쳐서 어느새 잠이 들고 말았다.

추위가 뼛속까지 파고들어 눈을 떴다. 동굴 안으로 빛이 희미하게 스며들기 시작했다. 그러나 아직 아무것도 분명히 구별할 수 없었다. 그때 머리 위에서 굉음이 들리며 눈덩어리가 내 위로 쏟아졌다. 순간 나는 눈사태가 우리 머리 위쪽을 휩쓸고 지나가, 천장의 일부가 무너졌다는 것을 깨달았다. 우리는 눈에 살짝 덮였을 뿐 파묻힌 것은 아니었다. 우리는 눈을 헤치고 숨을 내쉬었다. 그러자 나에게 분명히 문제가 생긴 것 같았다. 나는 약하게 설맹에 걸려 있었다. 가스통도 역시 고통스러워하고 있었다. 좋아, 그렇다면 어떻게 해야 하지? 먼저 해야 할 것은 밖을 내다보고, 날씨를 알아보는 것이었다.

우리의 장비들이 동굴 여기저기에 흩어져 있어서, 우선은 눈을 파내고 끄집어내야 했다. 가스통이 제일 먼저 자기 등산화를 찾아 밖으로 나갔다. 우리가 날씨에 대해 소리쳐 물으니 그는 바람이 여전히 불고 있으며 아무 것도 보이지 않는다고 말했다.

이번에는 내가 등산화를 찾았는데, 눈이 거의 보이지 않아서 라슈날의 도움을 받아야 했다. 하지만 그는 너무 조급해하고 있어서 제대로 하지 못했다. 결국은 내가 있는 힘을 다해 동태처럼 굳은 등산화를 간신히 발에 끼었다.

동굴에서 밖으로 얼굴을 내밀자 심한 돌풍이 얼굴에 불어닥쳤고, 하늘은 잿빛으로 어두웠다. 아직까지 날씨가 나쁘다고 생각하니 절망감이 들었다.

그러자 뒤에서 라슈날이 머리를 들이밀며 소리쳐서, 나는 그가 밖에 나갈 수 있도록 자리를 양보했다. 그는 등산화를 찾지 못해 양말 바람이었다. 그런데 그는 밖으로 나가자 "날씨 좋네, 날씨 좋아. 이제는 살았다. 살았어!" 하고 소리쳤다. 그리고 미친 듯이 헛소리를 하며 우리가 있는 곳으로 달려왔다.

동굴 속에서는 에르조그가 흩어진 장비들을 샅샅이 찾고 있었다. 나는 자일로 등산화 두 켤레와 배낭들을 하나하나 끌어올렸다. 이제 에르조그가 나올 차례였다. 그런데 그는 손에 동상이 걸려 자신의 몸을 가눌 수 없었다. 온 힘을 다하고, 가이드의 경험까지 동원했지만

80킬로그램이나 되는 그를 끌어올리기가 쉽지 않았다. 그러다가 간신히 그의 상반신을 동굴 밖으로 걸치게 했다. 그는 내 발에 매달려 겨우 빠져 나왔다. 완전히 탈진한 그는 "리오넬, 이제 모두 다 끝났어. 더 이상 어떻게 할 수가 없다. 날 내버려둬. 나는 마지막이야." 하고 말했다. 하지만 내가 최선을 다해 격려하자, 그는 곧 기분이 좋아졌다.

곧 우리는 천 미터 아래가 내려다보이는 곳 위에서 햇빛을 받아가며 앉아 있는 동료들에게로 갔다. 완전히 정신이 나간 라슈날은 2캠프가 보인다고 소리 지르고 있었다. 나는 그에게 등산화와 아이젠을 신겼다. 나도 아이젠 한 짝을 신으려고 했는데, 더듬거릴 정도로 보이지가 않았다. 가스통과 내가 에르조그에게 등산화를 신기려 했으나, 우리 모두 더듬거리고 있었다. 정신이 더 이상해진 라슈날은 옆에서 힘이 되어주기는커녕 "빨리 빨리, 서둘러. 이제는 살았다."라고 소리 지르고 있었다. 에르조그에게 등산화를 신기는 데 30분 이상이나 걸렸다. 그것도 이미 칼로 잘라낸 곳을 더 많이 잘라내고 나서야 가능했다.

에르조그와 라슈날은 아직 눈이 보였기 때문에 우리가 가야 할 방향을 물었다. 라슈날은 '오른쪽'이라고 하고, 에르조그는 '왼쪽'이라고 했지만 아무도 자신이 없었다. 이제 어떻게 해야 하나? 도움이 안 되는 친구들은 2캠프가 훤히 보인다고 하는데, 이제 죽어야 한다는 말인가? 우리가 살아남는다는 것은 아직도 먼 일이었다. 모리스와 루이는 동상에 걸린 데다 탈진했고, 가스통과 나는 시력을 잃었다. 상황이 이렇다 보니 우리의 희망이 모두 사라지고 말았다. 하필 이럴 때 날씨가 좋다니! 왜 우리는 크레바스에서 완전히 눈 속에 묻혀버리지 않았을까? 상황이 이토록 극적일 수가 없었다.

영화에서처럼 놀라운 기적이 일어난다면, 지금이 바로 그런 때가 아닐까? 왼쪽 어디에서인가, 분명 그렇게 멀지 않은 곳에서 소리가 들렸다. 처음에는 모두 귀를 의심했지만, 그 소리를 믿지 않을 수 없었다. 구조대가 온 것이었다. 50미터 떨어진 세락 뒤에서 샤츠가 나타났다. 나는 설맹에 걸려 있었지만, 움직이고 있는 검은 점을 알아볼 수 있었다. 그리하여 우리는 사람들이 사는 세상으로 극적으로 돌아왔지만, 나는 이미 몇 시간 동안 내 손발에서 감각을 느낄 수 없었다. 만약 내 손발이 잘린다면 나는 도대체 무엇을 할 수 있을까? 내가 먹고 살아야 하는 것보다 더 중요한 것은 없었다. 아직 시간이 남아 있는 한 나는 어떻게 해서라도 나 자신을 살려야 했다. 나는 미친 사람처럼 샤츠의 발자국을 따라 4B캠프에 도착해, 쿠지가 막 쳐 놓은 텐트 안으로 굴러들어갔다. 나는 다른 사람들을 즉시 데리고 내려가야 하며, 가능하다면 다음 날이라도 당장 누군가가 나를 위해 올라와야 한다고 주장했다.

하산하는 팀의 소리가 점점 멀어져 가자, 나는 상당한 고도의 숨이 막힐 듯한 고요 속에 혼자 남게 되었다. 나는 몇 시간이고 내 손과 발을 문지르고 때렸다. 다행히 내 손발은 두려워할 정도는 아니었다. 조금씩 피가 돌면서 하얗게 변했던 피부가 핑크빛으로 변하기 시작했다. 하지만 너무나 아파서 나는 신음소리를 내뱉지 않을 수 없었다. 그러는 사이 시간은 알지도 못하게 흘러가고 있었다. 나는 나 자신이 거대한 산속에 한 점으로 홀로 남아, 내 운명은 전적으로 돌아오겠다고 약속한 친구들에게 달려 있다는 생각에 사로잡혀 있었다. 여기저기서 들려오는 눈사태 중 하나가 이곳을 쓸어버리면, 나는 굶어 죽을 운명이 되겠지만, 눈이 먼 내가 할 수 있는 것은 아무것도 없을 것이다.

하지만 그때 말소리와 뿌드득 뿌드득 눈 위를 걸어오는 소리가 들렸다. 그리고 곧 익숙한 목소리가 들렸다.

"괜찮아, 리오넬. 걱정 마! 앙 타르카이와 내가 왔다."

목이 탈 정도로 갈증이 심했지만, 나는 바로 내려갈 준비를 했다. 그러나 마르셀은 우리가 비박한 크레바스에 가서 카메라와 필름을 찾아 온 다음에 내려가자고 했다. 그는 앙 타르카이가 나를 위해 몇 차례 눈을 녹일 때까지 돌아오지 않았다. 나는 혼자인 그가 혹시라도 크레바스에 빠지지 않을까 몹시 걱정이 됐다. 그러나 마침내 그가 필름의 일부를 찾아 갖고 의기양양하게 돌아와, 우리는 즉시 하산하기 시작했다.

이때부터 우리는 때때로 부러질 정도로 길게 빼내야 했던 우리들의 목을 바싹 움츠려야 했다. 우리는 한두 차례 행운을 차버릴 뻔했지만, 그 여신은 끝까지 우리 편이었다. 신설이 두껍게 쌓여, 사방에서 눈사태를 일으키는 사면을 우리가 무사히 내려갔다는 것은 대단한 기적이었다. 4캠프는 셰르파 두 명이 떠나자마자 눈사태에 휩쓸렸다. 에르조그, 판지와 아일라는 실제 또 다른 눈사태에 휩쓸렸지만, 에르조그가 스노브리지가 부서지면서 크레바스 속으로 빠지는 바람에 살아났다. 에르조그에게 연결된 자일이 판지와 아일라가 휩쓸려 내려가는 것을 막았고, 에르조그는 셰르파들의 무게로 크레바스 속으로 심하게 떨어지는 것을 면할 수 있었다.

그리하여 우리의 꿈이 점차 희미해지면서, 우리는 고통과 기쁨, 영웅심과 비겁함, 숭고함과 비열함이 뒤섞인 일종의 공포감을 느끼며 사람들이 사는 곳으로 돌아왔다. 시간이 지나자, 우리는 마침내 간선도로와 혼잡함 속으로 나왔다. 모든 것이 끝났다는 사실은 나를 슬픔이라는 무게로 짓눌렀다. 이제 다시 우리는 세상과 마주해야 했다.

모리스 에르조그는 그의 책 『초등 안나푸르나』의 에필로그에서 이러한 모험이 갖는 깊은 뜻과 가치를 다음과 같이 표현했다.

"사람들은 이상이라는 것이 결국은 실현할 수 없는 것이라고 말한다. 안나푸르나는 우리에게 있어 실현된 이상이었다. 우리들의 젊은 마음은 우리들의 상상력을 고취시키기 위해 만들어진 가공적인 전망에 홀리지 않았다. 산은 우리에게 대자연의 활동 무대였다. 생사의 갈림길에 서는 그곳에서 우리는 우리가 잘 알지 못하는 인간의 본성 중에서 가장 필요한 자유를 찾았다. 신비주의자는 우리가 산의 아름다움을 찬미했던 신성한 이상을 숭배할 것이다. 정신적 빈곤 속에 다가갔던 안나푸르나는 앞으로 우리가 의지하며 살아야 하는 보물이다. 왜냐하면 이제 우리 앞에 어려운 삶이 놓일 것이기 때문에. 모든 사람의 인생에는 저마다의 안나푸르나가 있다."

우리들의 집약된 노력이 일시적으로 우리들의 이상의 높이에까지 올라갔던 1950년 6월 3일로부터 11년이라는 세월이 흘렀다. 이제 나는 지난날을 되돌아본다. 과연 '친구들은 모두 자신만의 안나푸르나를 찾았을까?'

에르조그는 심한 손상을 입었다. 그는 우선 손과 발을 절단하는 수술을 받아야 했다. 사람들은 그의 빛나는 지성과 늠름한 투사의 모습에 그늘이 지지는 않을까 염려했다. 그러나 그는 갖은 시련을 이겨 내고, 다시 출발할 수 있었다. 육체적으로 정상적인 상태에서 등산은 하지 못해도, 계획을 세우고 생각하는 자신의 욕구를 다른 분야로 옮길 수 있었다.

복잡 미묘한 인간의 세계를 헤쳐 나가는 타고난 재능 덕분에 그는 이전에 그가 관여하고 있던 기업에서 임원의 위치에 올라서게 됐을 뿐만 아니라, 광범위한 지도 역량으로 프랑스 산악회의 회장이 되었으며, 나중에는 청소년과 스포츠를 총괄하는 국가적 조직의 개혁자가 됐다.

이와 반대로 비극적인 운명에 끌려 다닌 라슈날은 어떠한 보상도 받지 못하고 죽고 말았다. 그는 자신만의 안나푸르나를 찾았을까?

그는 5년 동안 16번이나 수술을 받는 시련을 겪어야 했지만 놀라운 용기로 버텨냈다. 결국 그는 등산 강사로 일할 수 있을 만큼 회복했지만, 그의 천재성은 다시 찾을 수 없었다. 이러한 제한은 그의 성격을 상당히 변화시켰다. 한때 그는 평범한 우둔함과 인간이 짊어진 무게에서 벗어나 있었지만, 그와는 정반대로 그는 족쇄에 채워지고 말았다. 등산의 세계에서 이전처럼 움직일 수 없게 되자, 4차원의 세계에서나 볼 수 있었던 동작과 불가능 위에서 추었던 춤을 더 이상 볼 수 없게 되었고, 그는 이것을 필사적으로 다른 분야에서 찾았다.

그의 운전 능력은 곧 전설이 되었다.(전설이 언제나 그렇듯 그의 경우도 과장되었다.) 타고난 재주가 있는 그는 재치 있고 냉정하며 남달리 뛰어난 대담성으로 날마다 사람들을 깜짝 놀라게 했다. 즉 그가 핸들을 잡으면 어떤 차든 최고의 성능을 발휘하게 만들었다. 나는 기술이 좋기로 소문난 많은 사람들의 차를 타보았지만, 라슈날보다 운전을 잘하는 사람은 있어도 그만큼 재주가 뛰어나고 대담한 사람은 보지 못했다. 언제나 위험을 무릅쓰면서도 기술적으로 가능성의 한계까지 가보는 것이 그의 관심이었다. 그가 이렇게 하면서도 4년 동안이나 살아남았다는 것이 나에게는 기적처럼 느껴졌다.

물론 이러한 일들은 여러 가지로 비판을 받았다. 그러나 사람들이 이런 일들을 그저 남들에게 보여주기 위한 그의 취향이라고만 본다면 그것은 큰 잘못이다. 스피드에 대한 열망은 허영심과는 다르다. 그것은 그의 본성에 잠재된 일종의 욕구에 대한 치료약이었다. 나는 그가 자신의 디나Dyna 핸들을 잡고 출발하는 것을 여러 차례 보았는데 "어디로 가는 거지?" 하고 물으면, 그저 이렇게 대답하기만 했다. "아무 곳에도 안 가. 그냥 드라이브 하는 거야!"

사람들은 자동차가 그에게 '속에서 불타고 있는 생의 열정'을 토해 내는 역할을 한다고도 했다. 이것이 맞는 말이다. 그러나 누구보다도 그를 잘 아는 나로서는 열정이라는 말이 너무 강하게 느껴진다. 확실히 라슈날은 남다르게 이상한 활력이 넘쳐흐르며, 때로는 그것이 격류로 흘러나오기도 하는데, 그렇다고 앞뒤를 모르는 광적인 사람은 아니었다. 오히려 그는 언제나 밝고 조용했으며, 인생의 매력과 만물이 지니는 시적 정서에 민감한 청년이었다.

그가 무의식중에 스피드에 도취되며 얻고자 했던 것은 무거운 갑옷처럼 사람을 조이는 인간의 조건에서 잠시나마 벗어나는 것이었다. 자동차 핸들을 잡고 있을 때 그는 신의 은총을 다시 받은 듯했다.

등산의 진정한 천재였던 라슈날은 자연이 그에게 안겨준 남다르게 뛰어난 육체적·정신적 특성을 완전히 구사하는 방법을 산에서 발

1967년 시트로엥에 흡수 합병된 'Panhard Dyna'가 만든 전륜 구동 자동차를 말한다.

견했다. 알랭 드 샤텔러스Alain de Chatellus는 이렇게 지적했다. "이러한 천부적 재능이 도움이 되는 직업은 거의 없다." 산을 떠난 그는 나래를 빼앗긴 수리처럼 세상의 분위기에 젖어들지 못했다. 그는 많은 재능을 가졌지만 등산의 재능만큼 자신의 것으로 만들지 못했다. 그는 인텔리였으나 교육을 충분히 받지 못했다. 손재주가 뛰어나서 구두 수선공, 재단사, 목수, 기계공, 건축가, 석공을 한 번씩 거쳤으나, 오히려 뛰어난 장인이 되지 못했다. 따라서 제대로 준비가 안 된 그는 등산과 관련된 것이 아닌 다른 것에서는 언제나 자신의 개성을 찾지 못했다. 그는 이러한 것들에서 혼란을 느꼈고, 그것은 그에게 상처가 되었다. 그의 기이한 행동과 신랄한 말투는 이러한 것들이 밖으로 드러난 것뿐이다.

그러나 나이가 들며 그는 차분해졌다. 스피드를 내며 차를 몰지 않았고, 자신도 남과 다를 바 없는 한 명의 인간에 지나지 않는다고 체념한 듯했다. 그는 언제나 애정이 있는 아버지였지만 더 훌륭한 '눈의 표범'이 되려고 했다. 유명한 지역 시민으로 안락한 인생을 마감하면서 나타난 모든 것들은 애정과 존중으로 바라보아야 한다. 그렇지 않다면 운명은 다른 결정을 내렸을 것이다. 어느 청명한 가을날 아침, 그는 산에서 불어오는 바람에 어쩔 수 없이 끌렸다. 그는 산에 열중했던 지난날처럼 모든 것을 내던지고, 일부러 불러낸 친구와 함께 산으로 갔다. 그리고 해마다 수많은 스키어로 북적거리는 빙하에

알랭 드 샤텔러스는 "등산은 스포츠요 탈출이며 때로는 정열이고, 거의 언제나 일종의 신앙이다."라는 유명한 말을 남겼다.

서 분설이 휘날리는 곳에 몸을 맡기고 춤을 추듯 스키를 탔는데, 눈 밑에 히든 크레바스가 입을 벌리고 있었다. 순간, 그토록 자주 죽음을 거부해 온 그는 한 줌의 재가 되고 말았다.

라슈날은 안느시 태생으로 어려서부터 알피니스트에 마음이 끌려 산을 오르면서 점차 남다른 소질을 나타냈다. 1941년 그는 '청춘과 산JM'에 들어갔고, 곧 등산과 스키 강사가 되었다. 그 뒤 그는 샤모니에서 가이드 겸 스키 강사가 되었으며, 그 무렵 우리가 서로 알게 된 것이다.

1950년 라슈날은 안나푸르나 원정대에 뽑혀 정상공격 대원이 됐다. 모리스 에르조그는 그에 대해 이렇게 말했다.

"그의 많은 공적이 기억에 남지만 활달한 웃음소리와 즐겁게 일하던 모습, 특히 친근감이 가는 솔직함 등을 잊을 수 없다."

우리의 가장 오래된 친구 마르셀 이샤크는 그의 재능을 훌륭하게 발휘했다. 그가 이번 히말라야 모험에서 찍은 영화는 불완전하기는 했지만, 멋진 장면들이 있어서 강연회와 일반 영화관에서 수많은 관중을 매료했다.

이 영화와 모리스 에르조그의 저서는 일반 대중에게 '그랑드 알피니즘'을 알리는 데 크게 공헌했다. 이 두 작품 덕분에 히말라야와 안데스 원정대가 필요한 자금을 모을 수 있었다. 이렇게 우리의 모험이 결실을 가져와, 프랑스의 알피니스트들이 해외에서 청춘의 꿈을 실현하게 되었다.

1958년 이샤크는 큰 도박을 감행했다. 그는 영화 역사상 처음으로 산을 단순한 배경으로 삼지 않고, 등산도 인기 있는 신화로 만들지 않은 장편영화를 만들었다. 이 영화의 진정한 주인공은 '등산'이었다. 스릴 넘치는 이야기와 압도적인 장면의 〈미디의 별Les Etoiles de Midi〉이 바로 이 영화다. 나는 다행히 이 영화의 주 협력자가 되어, 촬영 장소를 물색하고 가이드와 포터를 모두 지휘했다. 그리하여 다양한 문제들에 부딪치면 대안을 제시하면서 어느 정도는 시나리오도 수정하게 만들었다.

우리의 예산은 이러한 장편영화를 제작하는 데 필요한 비용의 반밖에 되지 않았다. 그래서 이러한 빈약한 조건 아래서 야심만만한 작품을 만드는 것은 처음부터 끝까지 모험이었다. 이러한 물질적인 어려움을 극복하고, 예술적인 작품을 만들어냈다는 것을 나는 높이 평가하지 않을 수 없다.

우리의 영웅적인 의사 우도 또한 남다른 운명을 받아들여야 했다. 불행하게도 비극적인 죽음이 그가 마음에 품고 있던 산의 정상에 오르기도 전에 그의 등반을 가로막았다. 경험이 많은 임상의였던 그는 심장혈관외과를 학문적으로 연구하고 있었다. 이 분야에서 그는 프랑스 내의 1인자였는데, 그가 하는 일은 과학 진보에 큰 공헌을 했다.

그는 교수가 되기 위한 아주 어려운 외과의 시험에도 합격했다.

그는 자주 샤모니로 향했는데, 빗길을 과속으로 달리다가 미끄러지면서 반대편에서 오는 차와 부딪쳐 사고를 당하고 말았다. 프랑스 산악계와 외과 학계는 뛰어난 인물 한 명을 이렇게 잃었다.

원정대원 중에서 가장 눈부신 성공을 거둔 사람은 아마도 레뷔파일 것이다. 그다지 넉넉하지 않은 소시민의 집에서 태어난 그는, 가정 형편으로 초등교육도 제대로 받지 못했다. 부모님의 재산과 교육의 덕을 못 본 그를 나는 스무 살 때 알았는데, 언제나 수줍어하며 차분하지 못했으며 조금은 멍청한 청년이었다. 그는 이렇다 할 장점도 없었지만 그렇다고 뚜렷한 단점도 없는 보통 프랑스 사람이었다. 단지 대화 중에 자주 튀어나오는 산에 대한 미친 듯한 야망은 한때의 사무원 또는 그가 되고 싶어 했던 체육선생보다는 장래성이 있는 신호로 보였다.

별로 관심을 끌지 못하는 외모의 레뷔파에게는 완고한 의지와 나폴레옹과 같은 결단력, 드물게 보이는 직관적 이해력이 숨어 있었다. 이러한 개성이 산에 대한 격렬한 열정에 녹아들면서 그는 탁월한 알피니스트, 당대 최고의 가이드가 되었다.

안나푸르나 초등 1년 뒤, 레뷔파는 알피니즘 역사에 한 획을 긋는 매우 중요한 성취를 이룩했다. 대등반을 할 만한 능력의 손님을 만나는 행운을 가진 그는 그랑드 조라스의 워커릉을 다시 올랐다. 그리고

레뷔파는 유일하게 워커릉을 두 번 오른 사람이 되었고, 가이드로서는 첫 기록이었다.

며칠 뒤 그는 격렬한 폭풍설을 이겨내고, 아이거 북벽의 제7등을 해 냈다. 이 두 가지 성공으로, 그와 폴 아브랑Paul Habran은 한 시즌에 알 프스 최대의 북벽을 연달아 해낸 최초의 알피니스트가 되었다. 그리 하여 사람들이 그에게 알프스 최후의 대과제나 더 높고 어려운 해외 등반을 기대한 것은 당연한 것이었다. 하지만 1951년의 이 성공이 사실상 그에게는 백조의 노래가 되고 말았다. 이때를 기점으로 레뷔 파는 인생의 방향을 크게 틀어, 모범적인 남편과 아버지가 되었다.

그는 규모가 큰 등반을 하지 않고 일반적인 직업 등반에 몰두했으 며, 큰 사업에 상업적으로 참여하기도 했고, 산악도서를 저술하는 재 능을 발휘해서 크게 성공하기도 했다. 그밖에도 그는 재능 있는 사진 작가와 유능한 프로모터, 인기 있는 강연자와 유망한 영화감독이 되 었다.

젊은 외교관인 프랜시스 드 노이엘은 처음에 통역 겸 수송 담당으 로 우리와 한 팀이 되었는데, 그의 자리는 조금 특별했다. 속내를 모 두 털어놓는 쾌활한 성격의 그는 누구와도 잘 어울리고 존경받았다. 하지만 그는 솔직히 말해서 등산가가 아니었다. 그는 ― 산과 여행을 즐길지는 모르지만 ― 모험이나 영웅주의를 열렬히 갈망하는 나머지 겪는 고통은 알지 못했다. 그는 대사大使의 아들로 태어나 일상적인 삶을 살아왔기 때문에 환상을 가질 수 없었다.

늠름한 물리학자이며, 패션 잡지 회사를 경영하는 샤츠는 원정에서 돌아온 지 1년 후에 결혼에 성공해, 정기적으로 하던 등산을 그만두었다. 그리고 한동안 사업에 전념해 크게 성공했다. 30대가 넘어서자 그는 다시 연구에 손을 댔다. 샤츠는 사업을 아내에게 맡기고 주야로 연구에 몰두했다. 그리하여 그는 프랑스가 최초로 원자폭탄을 만드는 프로젝트에 참여했다.

쿠지도 색다른 운명을 맞이했다. 1958년 11월 맑은 어느 날 아침, 록 데 베르제Roc des Bergers의 바위를 오르고 있을 때 낙석 하나가 열정으로 가득 찼던 그의 생애에 종지부를 찍었다. 그는 고금을 통해 가장 화려한 경력을 가진 알피니스트였다. 그의 운명이 그렇게 되리라고는 아무도 상상하지 못했다.

냉철했지만 인간관계가 원만했던 쿠지는 어느 모로나 빈틈없는 교양이 몸에 밴 멋진 인텔리였다. 뿐만 아니라 과학적인 연구에 대한 열정을 예술과 형이상학에도 똑같이 쏟아부었다. 그는 고등이공과학교와 고등항공학교를 나온 뒤 공군의 중요한 자리에 있었다.

쿠지는 행복한 결혼으로 네 아이를 둔 아버지였다. 그는 넘치는 듯한 청춘의 활력을 눈과 얼음을 오르는 데 썼다. 사회적으로 그리고 지적으로 성공을 해나가고 싶어 했겠지만, 그는 알피니즘에 더 끌린 듯했다.

그는 수입이 많은 민간기업 자리를 스스로 포기하고, 직업에 충실하면서도 상당한 자유를 얻을 수 있었기 때문에 군용 항공학원을 택

고통과 희열이 뒤섞인 얼굴

했다. 쿠지는 이상주의자로, 형이상학을 고민했으며 인생과의 싸움에서 술책을 부리는 일이 없었다. 특히 그는 언제나 육체적인 활동에 굶주리고 있었다. 그는 대체로 15년간 산을 오르며 아연케 할 정도로 자유를 만끽하는 나날을 보냈다. 그의 빛나는 성과는 대부분 높은 확률처럼 명쾌하고 불요불굴의 의지가 행운을 넘어서 가져온 것이었다.

쿠지는 뛰어난 저항력과 남다른 체력의 소유자로 외모는 약해 보였으나 놀라운 스포츠맨이었다. 나아가 강건한 몸과 타조 같은 소화 능력이 대규모의 등반에서 힘을 발휘했다. 이에 반해 처음에는 타고난 재주가 없어 어떤 지혜나 기술로는 해낼 수 없는 '중급 루트'에서도 그는 늘 어릿어릿했다.

선천적인 경쾌함은 없었으나 그는 아주 어려운 산도 잘 올라갔다. 방법을 바꾸고 궁리해가며 훈련한 결과 그는 재능의 부족을 완전히 보완할 수 있었고, 특히 암장에서 거장의 한 사람이 됐다.

남달리 뛰어난 클라이머가 되기 위해, 쿠지는 경기에 나가는 운동선수의 훈련에 으레 따르는 구속이나 희생을 모두 받아들였다. 그리고 매일 준비운동을 하며 밤을 새우거나 폭음, 포식을 하지 않고, 특히 "쇠는 불에 달구어 때려라."라는 말대로, 계절과 기후에 관계없이 일요일마다 폰텐느블로Fontainebleau나 소수아Saussois에서 적어도 여러 시간 동안 훈련을 해나갔다. 그는 이렇게 체력 단련에 몰두했지만

테레이와 라슈날

그것만이 목적이 아니었다. 그는 여기서 아크로바틱한 기술의 최고 경지까지 도달하게 되어 자부심도 가졌으나, 기상예보가 주말에 맑다고 하면 바로 알프스나 피레네로 가서 며칠 동안 자유로운 시간을 가졌다.

뿐만 아니라 그는 한시라도 빨리 산 밑에 도착하려고 이따금 자기 클럽의 비행기를 빌려 타고 파리를 떠나기도 했다. 이렇게 이삼일을 이용하여 그는 많은 등반을 해나갔다. 이러한 주말 등반으로 그는 15년도 안 되는 사이에 어느 알피니스트도 손에 넣지 못했던 완벽한 명예를 자신의 것으로 만들었다.

이러한 활동과 열정으로 그는 마르몰라다Marmolada에서 치마 오베스트 디 라바레도Cima Ovest di Lavaredo까지 돌로미테의 암벽을 오르고, 에귀 누아르 드 푸트레이부터 조라스까지 몽블랑의 가장 험준한 벽을 올랐으며, 트리올레부터 당 데랑Dent d'Hérens까지 가장 어려운 빙벽도 해냈다.

그는 초등자로서도 큰 이름을 남겼다. 친구였던 레네 드메종René Desmaison과 함께 그는 알프스 최후의 정복자가 되었다. 이러한 중요한 등반 중에는 올랑Olan 북서벽 직등과 드류 서벽의 놀라운 동계등반이 있는데, 이것은 알피니즘의 궁극적인 형식으로서 새로운 시대를 연 것이었다.

안나푸르나에서 쿠지는 너무 어려서 큰 역할을 맡지 못했다. 그러

리오넬 테레이

나 그는 1954년 마칼루 정찰과 초몰론조Chomolonzo(7,804m) 등정 때 정력적인 활동으로 좋은 결과를 가져온 대원이었다.

이 두 번의 히말라야 원정에서 나는 다행히도 쿠지와 거의 자일을 같이 묶었다. 이때 나는 그를 알게 되면서 친해졌고, 진정 어려운 몇 개월 동안 우정 어린 시간을 함께 보냈다.

인간이 주인으로서 지배하는 일이 없는 먼 나라의 산에서는 기술적인 면에서 사람을 흥분케 하는 일은 드물다. 몇 주일, 몇 개월을 고독과 희박한 공기 속에서 알피니스트는 살아야 한다. 이런 혹독한 시련과 부딪치면 인간의 가면이 벗겨지고 그 속에 숨어 있던 약점이 표면으로 나온다. 이런 세계에서 나는 쿠지가 드디어 그다운 행동을 보인 영웅적인 면모를 보았다.

샤츠가 현명하고도 감성적으로 쓴 추도사에 쿠지의 개성이 잘 드러나 있다. 정상을 공격하기 전날 밤, 우리는 히말라야에서 가장 격렬한 바람과 밤새도록 싸웠다. 몇 시간 동안 우리는 텐트가 찢어지지 않을까 하는 극도의 불안감에 싸였다. 동이 틀 무렵, 텐트 안의 온도계는 영하 27도를 가리키고 있었다. 바람은 어느 정도 잦아드는 듯했으나, 시속 140킬로미터가 넘는 돌풍이 우리를 나뭇가지 부러트리듯 바닥으로 내리쳤다. 이렇게 되자 정상보다는 한시라도 빨리 그곳에서 도망치고 싶었다. 그러나 나는 쿠지의 자석 같은 흡입력에 죄수처럼 끌려서, 그를 따라 갔다. 셰르파들은 우리가 출발 준비를 하는 것

벽에 붙어 있는 쿠지

을 보고 다시는 만나지 못할 것처럼 눈물을 흘렸다.

샤츠는 추도사를 이렇게 썼다.

"테레이는 이 모험이 쿠지에 의해 이루어진 것이라는 데 전적으로 동의한다. 마칼루 정찰은 그다음 해의 등정 성공에 확신을 가져왔다. 그러나 쿠지에게 그 정도는 빈손으로 돌아가는 것과 마찬가지였다. 능선으로 5킬로미터 떨어진 곳에 거대한 초몰론조가 우뚝 솟아 있었다. 그 모습을 본 쿠지는 돌아갈 생각이 없었다. 히말라야의 이러한 정상이 그렇게 빠르고도 쉽게 함락된 적이 없었다. 그날 정오 그들은 초몰론조의 정상에 섰다.

쿠지가 나에게 이 모험을 설명하며 사진을 보여주었을 때, 나는 그의 눈이 불타오르는 것을 보았다. 기상 정보가 좋았고 눈이 크러스트 돼 있어, 목표가 손에 잡힐 듯한데도 그는 차분하고 진지하기만 했다. 모든 조건을 보면 정상 공략에 나서지 않을 수 없었다. 그러한 행동을 단순한 조건 덕분이라고 돌리는 그는 얼마나 훌륭한가! 쿠지는 순수한 사나이였다. 어떤 육체적 공포도 그에게 고통을 안겨주지는 못했으며, 언제나 자신이 정한 대로 행동했다. 이것이 바로 그가 산과 인생에서 보인 비밀, 바로 그 순수성이었다."

세계의 산들

1950년 7월, 덥수룩한 수염을 한 채 부상을 당한 친구를 두 팔로 껴안고 오를리 공항에 내렸을 때 나는 군중들의 광적인 환호에 놀라지 않을 수 없었다. 그것은 결코 반복될 것 같지 않은 에피소드의 종착역이었다. 그리고 이제 막 끝난 이 모험이 나의 생애에 전환을 가져오리라고는 생각지도 못했다.

곧 우리의 위업은 우리들의 가장 거친 기대를 간단히 뛰어넘는 반응을 일으켰다. 영웅이나 신화를 마음대로 만들기도 하고 변질시키기도 하는 현대의 전제군주인 신문이 우리의 모험담을 수중에 넣고 왕이나 영화배우의 러브 스토리와 같은 읽을거리로 화려하게 장식해나갔다. 신기하고 드라마틱한 이야기는 승리의 결과와 함께 결부되면서 대중들이 원하는 일종의 선정주의에 영합했다. 더욱이 일반 지리의 무식으로 사람들은 우리가 오른 최고봉을 '세계 최고봉'으로 알았다. 우리를 둘러싼 명성의 소용돌이가 결국 이러한 혼란을 가져왔다고 해도 틀린 말은 아니다. 신문은 대원들의 승리라는 추상적인 관념의 방향을 흔히 있는 원정대장의 인간승리 이야기로 돌려 독자의 관심을 끌려고 했다. 그리하여 에르조그만이 국가적인 영웅의 자리에 오르고, 라슈날 등 다른 대원들은 단순한 들러리로 전락할 수밖에 없었다. 그리고 이러한 신화를 좀 더 멋있게 꾸미기 위해, 나를 얄망궂은 헤라클레스와 같은 존재로 만들어 그 구렁텅이에서 끌어냈다.

그 후 어디를 가든 나는 이 끔찍한 명성을 들어야 했다.

지난날 아이거에 올라갔을 때 나는 이러한 명성이 얼마나 헛된 것인가를 알았기 때문에, 지금까지 내가 살아온 본바탕을 생각해 환영회 같은 데는 말려들지 않으려고 했다. 승리하고 돌아온 지 일주일도 되기 전에 나는 다시 피켈을 잡았다. 그리고 손님을 데리고 콜 데 히론델Col des Hirondelles에서 콜 뒤 제앙Col du Géant까지 완전한 종주를 해냈다. 이것은 그랑드 조라스와 아레트 드 로슈포르Arête de Rochefort의 능선에 있는 모든 봉우리를 이틀 동안 넘는 등반이었다. 이해 여름은 특히 날씨가 좋아서 손님도 많았다. 결국 나는 피로를 풀지 못하고 8월 말에 며칠 쉬었을 뿐이다.

9월 중순, 나는 캐나다에서 함께 보냈던 젊은 친구 프랜시스 오베르와 함께 극도로 어려워 별로 등반되지 않은 에귀 누아르 드 푸트레이 서벽을 하기로 했다. 우리는 새벽에 이노미나타 콜을 넘었다. 프레네이 빙하로 내려가는 길은 그렇게 어렵지 않아 자일이 필요 없었다. 희미한 여명 속에서 우리는 각자 길을 따라가고 있었다. 프랜시스는 길을 살짝 벗어났다는 것을 알아차리고 내게로 조금 올라오고 있었다. 내가 그에게 방향을 알려주고 있었는데, 바로 그때 머리 위쪽 침니에 끼어 있던 바윗덩어리가 그에게로 떨어졌다. 잠깐 동안 그가 그 바윗덩어리를 밀쳐 놓으려고 했으나, 그는 수백 미터 아래로 떨어지고 말았다. 나는 산에 혼자 남게 되었다.

나는 지금까지 등반 중 추락사한 시신을 여러 번 아래로 옮긴 적이 있었다. 전쟁 중에는 내 바로 옆의 전우가 총에 맞아 죽기도 했다. 그래서 나는 이런 광경에 크게 흔들리지 않을 것이라고 생각했다. 하지만 그렇지 않았다. 나는 너무나도 슬퍼서 친구의 이름을 부르고 또 불렀지만, 들려오는 것은 바람 소리뿐이었다.

이때의 충격으로 나는 몇 달을 번민 속에서 보냈다. 그리고 처음으로 의구심이 들었다. 산이 이런 희생을 바칠 만큼 가치가 있는가? 나의 이상은 미친 사람의 꿈에 불과한 것이 아닐까? 나는 가이드들이 다니는 잘 알려진 곳 외에는 결코 가지 않기로 결심했다.

가을이 되자 샤모니의 국립 스키등산학교에서 연락이 왔다. 2년 동안이나 자리를 비우고 있었는데, 겨울부터 다시 와달라는 것이었다. 캐나다에서의 생활은 좋았고 수입도 많았는데, 스키는 재미없었다. 나는 멋지고 긴 활강에 강한 향수를 느끼고 있었다. 그 미혹에 더이상 견디기 어려워, 경제적으로는 상당히 손해였지만 샤모니로 돌아가기로 했다. 마음을 들뜨게 하는 스키와 즐거움이 이노미나타의 비극을 어느 정도 잊게 해주었다. 봄이 되자 가을에 품었던 결심이 흔들려 내 마음은 새로운 모험으로 달려갔다. 레네 페를레를 중심으로 한 파리의 친구들이 안데스 산맥의 악명 높은 피츠로이 원정을 계획하고 있다는 새로운 소식에 심장이 뛰었다.

지구 반대편에 있는 이 마터호른의 이름은 이미 프랑스에도 잘 알려져 있었다. 등산 잡지는 파타고니아Patagonia의 광야에 3,450미터 높이로 솟은 화강암의 이 멋진 봉우리를 소개하고 있었으며, 뛰어난 알피니스트들로 구성된 원정대가 이 매혹적인 산의 등반에 나서기도 했다. 그런데 3,450미터라는 비교적 낮은 높이에도 불구하고 이 마지막 봉우리를 올라선 원정대는 없었다. 650미터의 벽은 적어도 알프스에서 가장 어려운 곳과 비교할 만했다. 그러나 진정한 어려움은 파타고니아의 날씨에 있었다. 여름은 계속적인 악천후로 등반에 필요한 충분한 시간을 가질 수 없고, 겨울은 알프스보다 기상이 더 혹독해서 벽에 얼음이 얼고 폭풍설이 느닷없이 엄습한다. 이러한 기상 조건 때문에 초기의 원정대는 제대로 붙어보지도 못하고 기진맥진해 후퇴할 수밖에 없었다.

나는 페를레의 계획에 마음이 쏠려 대등반에 대한 열정을 되찾았다. 혹시 피츠로이가 알프스와 히말라야가 내게 준 적이 없는 이상적인 산은 아닐까? 나는 안나푸르나에서 다른 세계에 대한 매력을 강하게 느꼈고, 발견과 탐구에서 오는 자극적인 희열과 동시에 아주 드라마틱하기는 했지만 알피니스트의 입장에서 실망이 컸던 모험의 쓴맛을 보았다. 파장도 많았고 고통도 심했으나, 이때의 히말라야 등반은 나로서는 알피니즘과는 또 다른 어떤 것이었다.

나에게 알피니즘이란 개인적인 경험이며 일종의 예술이었다. 그러나 높은 산에서 부딪치는 여러 조건들은 한 사람의 힘만으로 이겨낼 수 없으며, 거대한 집단의 힘과 우수한 장비의 구사로 비로소 승리를 거둘 수 있다. 따라서 히말라야에서의 모험은 예술이라기보다 국가적 계획과 행동에 가까운 것이었다.

그 후 나의 꿈은 알프스보다는 더 어렵고 복잡한 과제를 주는 모험적인 산에 도전하는 것이면서 두 사람의 간단한 자일 파티로 할 수 있는 것이었다. 피츠로이가 나의 이상에 꼭 들어맞았다. 나는 피츠로이 원정 계획을 듣자마자 페를레에게 편지를 써 합류할 수 있는지를 물어보았는데, 그는 친절하게도 나의 요구를 들어주었다.

남반구에 있는 파타고니아는 계절이 반대여서 출발은 12월로 예정되어 있었다. 출발까지는 시간이 많이 남아 있었지만, 나는 그때까지 할 일이 많았다. 가을 한동안 이샤크는 안나푸르나에서 찍어 온 영화를 편집했는데, 프랑스 산악연맹은 이 영화와 강연 등으로 대단한 결과를 얻었다. 파리에서는 40번이나 상영된 영화를 보려고 플레이엘 홀에 10만 명이나 운집했다. 지방 주요 도시에서도 사람들이 매표소로 몰려들었고, 표를 사지 못한 사람들은 그대로 발걸음을 돌려야 했다. 대부분의 영화 시사회에서 에르조그와 라슈날은 붕대를 감은 채 해설을 했고, 다른 대원들도 이에 동참했다.

나는 겨울 동안 국립 스키등산학교의 일을 보고 있어, 프랑스의 해외원정에 필요한 막대한 자금을 모금하는 일을 도울 수 없었다. 스키 시즌이 끝나자 히말라야 위원회에서는 한 달 동안의 강연 여행을 계획하고 나를 찾고 있었다. 나는 보수가 좋아 이를 적극적으로 받아들였다.

어른들을 위한 공식 강연 외에 나는 매일 아침 학생들을 위한 강연을 두 번씩 해야 했다. 나는 또한 내 손으로 영사기를 설치해야 했고, 파티와 연회, 리셉션에도 나가야 했으며, 이곳저곳으로 낡은 르노를 운전하고 다녀야 했다. 프로그램은 지리적인 고려를 하지 않고 수익을 우선해 계획되었기 때문에, 때로는 상당히 먼 거리를 가야 할 때도 있었다. 그래서 어느 날은 그레노블에서 강연하고, 다음 날은 안느시에서, 또 그다음 날은 발랑스Valence에서 이야기해야 했다. 나는 이렇게 피곤하고 신경이 쓰이는 일에 육체적으로나 정신적으로 적응이 되지 않았다. 그래서 샤모니에 돌아왔을 때는 등반을 세 번 연속 했을 때보다 더 지쳤다. 나는 두 번 다시 이런 일을 하지 않겠다고 결심했다.

여름이 되자 나는 가이드 일로 돌아왔고, 9월에는 나 자신을 위한 등반을 할 수 있었다. 다행히 날씨가 좋아, 지난날 그토록 비극을 겪은 에귀 누아르 드 푸트레이 서벽을 해냈다. 수직에다 때때로 오버행이 나타나는 이 화강암 벽은 전쟁 전에 등반된 두세 개의 가장 어려운 루트 중 하나였다. 이것보다 어려운 루트는 발터 보나티Walter Bonatti가 해낸 그랑 카퓌생 동벽뿐이었다.

손님을 데리고 한 등반은 암벽에서 요구되는 아크로바틱한 등반에는 별 도움이 되지 못했다. 아주 어려운 곳들에서 나는 나 자신의

테레이가 피츠로이를 살펴보고 있다.

남반구의 마터호른 피츠로이 산군

한계를 느꼈다. 반면에 그들 고향의 짧지만 어려운 석회암 암장에서 매주 연습한 나의 젊은 동료들은 놀라울 정도로 쉽게 등반을 해냈다. 최소한 비범한 암벽등반가로서의 재능을 타고나지 않은 사람들은 근대 등산의 이 궁극적인 형태를 어떤 식으로든지 준비해야 한다는 중요한 사실을 나는 깊이 깨달았다. 이런 종류의 등반에서 긴 '인공등반' 피치는 아주 지루하다는 것을 알았는데, 특히 몇 피치가 연속적으로 계속되거나 수백 미터가 이어질 때는 더욱 그러했다.

'6급'의 세계에 발을 디디며 나는 지금까지보다도 더 확고한 생각이 들었다. 즉, 만약 알피니즘이 단순히 기술을 발전시키는 것이라면, 유럽의 산이 아닌 서쪽의 보다 복잡한 지형에서만 행해져야 한다는 것이다. 기술과 훈련, 장비의 진보는 클라이머를 너무 효율 지향적으로 만들어버렸다. 다른 분야에서처럼 기술은 모험을 죽이고 있었다. 이제 곧 산과 싸우며 자신의 본성을 찾고자 하는 사람들은 단독등반과 동계등반의 절망적인 방법 외에는 달리 방법이 없게 될 것이다.

이해 여름에 피츠로이 원정 계획이 구체성을 띠게 됐지만, 페를레는 자금 마련에 애를 먹고 있었다. 피츠로이 등반은 히말라야 대규모 원정의 4분의 1 정도 자금이면 된다고 하지만, 자금을 마련하는 것은 그렇게 쉽지 않았다. 안나푸르나의 영화와 책이 크게 성공해서 히말라야 위원회에는 돈이 넘치고 있었지만, 그들은 이 돈을 앞으로의 에

3캠프 위의 피츠로이 벽. 등반은 크랙 밑에서 시작됐다.

베레스트 원정에 쓸 생각이어서 피츠로이 등반에는 쓰고 싶어 하지 않았다. 하지만 그들은 프랑스 산악회 파리지부와 그 밖의 단체에서 모금하고 개인이 기부한 큰돈을 지원해주었다. 그렇다 해도 이 돈만으로는 상당히 부족했다.

그리하여 페를레는 함께 갈 대원들이 나머지를 부담하도록 요구했다. 기도 마뇽Guido Magnone은 유일한 재산인 낡은 트랙터를 전당포에 잡혔고, 나는 저금한 돈 대부분을 내놓았다. 자크 포앙스노Jacques Poincenot처럼 한 푼도 없는 대원도 있었다. 그런데 랑그도시앙Languedocian 클라이머인 의사 아제마Azéma가 나머지를 모두 부담하는 조건으로 원정대에 합류했다. 결국 우여곡절 끝에 우리는 출발할 수 있게 되었다.

아르헨티나 사람들은 고루한 유럽에서는 생각할 수도 없는 열정과 감동적인 친절로 우리를 맞아주었다. 당시의 독재자 페론Péron 장군은 우리를 친히 접견했다. 그는 우리의 문제점을 알고 여러 장관들을 내세워 돕도록 했는데, 마치 동화의 세계에 있는 기분이었다. 이렇게 해서 돈이 부족했던 우리는 파타고니아에서 호화스러운 여행을 할 수 있었다.

그런데 우리가 산 밑에 가기도 전에 문제가 생겼다. 강이 범람하고, 앞뒤가 맞지 않는 늙은 가우초gaucho가 네 마리의 조랑말을 구하는 데 시간이 걸려 우리는 일주일도 넘게 기다려야 했다. 피츠로이는

남아메리카 초원지대의 카우보이

폭풍으로 악명 높은 케이프 혼Cape Horn에서 북쪽으로 200킬로미터 밖에 떨어져 있지 않아, 북극에 가까운 노르웨이처럼 기후가 가혹하다. 더욱이 거대한 빙원이 태평양 해변까지 뻗어 있다. 여름은 짧고 좋은 날씨는 길지 않다. 우리의 여정이 예정보다 늦었고 허송한 날들이 많아, 귀중한 시간을 조금이라도 벌어보려고 자크 포앙스노와 내가 정찰을 하기 위해 먼저 앞으로 나아갔다. 우리는 가벼운 마음으로 급류를 건넜지만, 그가 급류에 떠내려가 익사하고 말았다. 매력적인 사나이로 유능한 클라이머였는데…. 그의 갑작스러운 사고로 우리는 큰 혼란에 빠졌다. 계속할 것인가, 아니면 돌아갈 것인가를 놓고 우리는 이틀 동안 정말 진지하게 고민했다. 최고의 대원을 잃고 무척 상심했지만, 며칠 후 우리는 정신을 차리고 전진을 계속했다.

3주일 가까이 시속 200킬로미터가 넘는 허리케인과 맞서 싸우느라 기진맥진한 시간이 계속됐다. 1캠프의 텐트가 돌풍에 쓰러지고 찢겨서, 우리는 피난처를 만들기 위해 빙하에서 설동을 파야 했다. 매일처럼 우리는 캠프와 캠프 사이의 길을 새로 내야 했는데, 한 발을 디딜 때마다 눈이 무릎까지 빠졌다. 이런 악조건에도 우리는 절망적인 노력을 한 끝에 캠프를 세 개 세우고 상당량의 식량과 장비를 비축했다.

2캠프까지는 멀었지만 비교적 쉬운 루트였다. 하지만 3캠프 전의 300미터는 또 다른 문제였다. 이곳은 알프스의 북벽과 맞먹는 얼음과 바위의 벽이었다. 그래서 무거운 짐을 지고 안전하게 여기를 오르내리기 위해서는 이곳 전 구간에 고정자일을 설치해야 했다.

이 지역에는 목동 몇 명을 빼고는 사는 사람이 없어서, 우리는 포터를 구하기가 어려웠다. 결국 1톤 가까운 짐은 모두 우리가 지고 날라야 했고, 그중에서 300킬로그램 정도를 최종 캠프까지 날라야 했다. 바람은 사람이 날아갈 정도로 셌고, 이것은 추위와 눈, 그리고 작은 얼음 동굴에서 살아야 하는 불편함과 함께 일찍이 경험한 적이 없는 가장 비참하고 고된 것이었다.

이 미치광이 같은 날씨는 우리 일에 조금도 도움이 되지 않았다. 지금까지 책을 통해 파타고니아 남쪽 지역의 대기大氣에 대해 익히 알고는 있었지만, 실상은 우리의 상상을 훨씬 뛰어넘는 것이었다. 우리가 지금까지 알프스에서 경험한 것보다 훨씬 더 고약한 날씨의 끊임없는 공격에 피츠로이에 대한 우리의 희망은 거의 꺼져가고 있었다.

우리의 계획은 될수록 쾌적한 최종 캠프를 세우고 많은 식량을 그곳에 비치해, 파타고니아의 날씨가 잠깐 좋아지는 때를 기다리는 것이었다. 마침내 모든 준비가 끝나 세 명이 태세를 갖추었다. 힘 있고 활동적이며 암벽등반을 잘하는 파리 출신의 기도 마뇽과 카메라맨 조르쥐 스트루베Georges Strouvé, 그리고 나였다. 스트루베는 캠프에 남아 진행상황을 지켜보며 촬영을 하기로 했고, 기도와 내가 등반에 나서기로 했다. 우리가 얼음으로 만든 우리의 '보금자리'에 자리를 잡자마자 예기치 않은 맹렬한 눈보라가 엄습해 5일 동안이나 계속됐다. 잠깐 맑은 틈을 타 베이스캠프로 도망쳤을 때는 우리를 버티게 해준 정신적 '연료'가 다 떨어져 가고 있었다. 오랫동안 위쪽에 잡혀 있다가, 나무와 풀의 단순함을 보고, 따뜻하고 신선한 음식을 먹으니 동양을 전부 지배하는 자도 따라올 수 없는 강렬한 기쁨을 맛볼 수 있었다.

그 사이에 이틀이나 악천후가 계속되면서 해발 800미터의 베이스 캠프에도 눈이 내렸다. 3일째 되던 날 오후가 되자, 마치 알프스의 여름 같이 하늘이 완전히 갰다. 다음 날도 날씨가 계속 좋아, 우리는 희망과 흥분 속에 허리까지 올라오는 신설을 헤치며 단숨에 3캠프까지 올라갔다. 새벽동이 틀 무렵 동굴 밖으로 나오니 추위가 대단하고 하늘이 음산했다. 날씨가 마음에 걸렸지만 그래도 우리는 등반에 나섰다. 등반은 처음부터 많은 하켄을 써야 할 만큼 무척 힘들었지만, 마눙은 매우 어려운 피치도 프리로 올라갔다. 저녁 7시가 되었는데도 우리가 오른 것은 650미터의 벽에서 고작 120미터였다.

계획대로, 우리는 밤을 보내기 위해 고정자일을 설치해 놓으면서 3캠프로 돌아왔다. 새벽이 되자 구름 한 점 없는 하늘에 바람까지 잠잠했다. 마침내 행운의 여신이 우리 편이었다. 우리는 강력하게 밀고 나가야 했다.

될수록 빨리 오르려고 우리는 과감한 전술을 썼다. 일단 잘 빠지지 않는 하켄을 빼는 데 헛된 시간을 쓰지 않으려고 우리는 하켄을 많이 가져갔다. 따라서 무게를 생각해 식량을 줄이고, 비박 장비도 비박색과 재킷만 챙겼다.

고정자일을 이용했는데도 전날 올라갔던 곳까지 가는 데 4시간이나 걸렸고, 그 다음부터는 속도가 훨씬 느려졌다. 인공등반을 해야 할 만큼 등반이 어려워졌고, 한 피치를 오르는 데 5시간이 걸리는 곳도 있었다. 그리하여 주위가 어두워질 때까지 우리는 벽의 반도 오르지 못하고 좁은 테라스에서 밤을 지내야 했다. 입은 것도 시원치 않은 데다 식량도 별 볼일 없어 그날 밤은 말이 아니었다.

다음 날은 기술적인 어려움은 어느 정도 줄어들었지만, 바위에는 얼음이 덮여 있어 아이젠을 신고 등반해야 했는데, 루트가 확실치 않고 날씨가 다시 나빠지기 시작했다. 벽에 붙어 있을 때 폭풍이 몰아치면 우리가 후퇴할 수 없으리라는 것은 의심의 여지가 없었다. 날씨가 약해지지 않는다면 우리는 추위와 허기로 죽을 수밖에 없었다. 이러한 위협적인 현실에 사로잡힌 나는 용기를 잃고 아직 시간이 있을 때 내려가고 싶었다. 하지만 마뇽의 무쇠 같은 결심이 나를 이겼다. 나는 많은 위험을 받아들이고 계속 등반해 나갔다. 하켄을 거의 다 썼을 즈음 마침내 어려운 곳이 모두 끝났고, 오후 4시 우리는 정상에 올라섰다.

아침부터 군데군데 하늘을 덮고 있던 구름이 점차 두꺼워지더니

비박용으로 쓰는 가볍고 작은 텐트

산으로 빠르게 내려오기 시작했다. 하지만 행운의 여신이 한 번 특별히 배려했는지, 바람은 아직 없었다. 하산은 절망적이었다. 18번이나 자일 하강을 한 끝에 우리는 고정자일이 있는 곳까지 내려왔다. 그러자 그때까지 꾹 참고 있던 폭풍설이 일기 시작했다. 곧바로 눈이 내리기 시작하더니 바람이 폭력을 휘두르듯 불어닥쳤다. 그러나 다행히 고정자일이 있어 우리는 벽 밑까지 오래 걸리지 않고 내려올 수 있었다. 밤 10시였다. 기진맥진한 우리는 3캠프에서 기다리고 있던 친구의 품에 쓰러졌다.

우리의 파타고니아 원정은 긴 환영회로 이어졌다. 정상 등정이 아르헨티나 정부의 도움으로 이루어진 것이기 때문에 거의 3주일 동안 연회와 리셉션이 있었고, 대중들의 열렬한 환영을 받았다. 멘도사 산악회와 아르헨티나 군부는 우리를 해발 6,961미터로 안데스의 최고봉인 아콩카과Aconcagua 등반에 초대하기까지 했다.

4일간으로는 고소순응을 제대로 할 수 없어 이 너무나도 쉬운 등반은 거의 재앙으로 끝났다. 대원들이 차례차례 고산병에 시달려 모두 나가떨어지고 말았다. 하지만 내가 — 나도 무척 애를 먹었지만 — 우리와 파타고니아에서 함께 있었던 아르헨티나의 젊고 친절한 장교 파코 이바네스Paco Ibañez와 함께 정상에 서게 되어 겨우 체면을 유지했다. 이 계획은 미등의 동남릉을 오르기 위한 고소순응과 남벽 정찰을 목적으로 하고 있었다. 이 거대한 벽은 앞으로 중요한 목표가 될 것이 분명해 보였다. 아주 즐거운 일은 아니었지만, 하산 중 우리는 고산병으로 혼수상태에 빠진 칠레 등반대를 도와주었다. 구조작업은 길고 몹시 힘이 드는 일이었다. 결국 한 사람은 끝내 죽고 말았다. 이런 돌발적인 사태로 시간이 흘러, 우리는 동남릉을 해보지도 못하고 프랑스로 돌아와야 했다.

샤모니에 돌아오자 나는 다시 해외로 새로운 모험에 나섰다. 나의 네덜란드 손님 키스 에겔러와 톰 드 부이는 두 사람 모두 암스테르담대학의 지리학 교수였는데, 연구를 위해 페루에 가려 하고 있었다. 그들은 한두 개의 큰 산을 해보기 위해 기간을 연장하기로 결심했다. 그들은 내가 가이드로 함께 갈 수 있는지 물었다. 피츠로이는 나에게 안데스야말로 완벽한 플레이그라운드라는 것을 알려주었다. 나는 페루의 산들이 파타고니아와는 사뭇 다르다는 것을 알고 있었지만, 나의 동경을 채워주리라고 기대했다. 남미로 돌아갈 수 있다는 사실보다 더 기쁜 것은 없었다.

이 지역이야말로 — 내가 깨달은 바로는 — 아크로바틱한 암벽등반이 요구되는 곳이 아니라 때로는 너무 경사져서 이제까지 아무도 루트를 찾지 못한, 눈을 뒤집어 쓴 높은 봉우리를 오르는 등반이 요구되는 곳이었다. 게다가 '태양의 제국'이었던 옛 잉카의 안정된 기후가 우리들의 도전에 크게 도움이 되기는 하겠지만, 대신 해발 6천 미터가 넘는 산에서 겪는 산소결핍 문제는 알프스에서보다 훨씬 더 심한 피로를 가져오리라는 것을 나는 알고 있었다. 그러나 나는 이러한 새로운 조건들에 흥미를 느꼈다.

우리의 목표는 해발 6,369미터의 네바도 우안트산Nevado Huantsan 으로, 중앙 안데스에서 가장 높은 미등봉이었다. 이 산은 루트의 길이와 난이도로 봤을 때 장비가 부족한 세 명으로서는 상당히 어려워 보였다. 그래서 고소순응도 할 겸 열대지역에 있는 안데스 특유의 문제들에 적응하기 위해 먼저 네바도 폰고스Nevado Pongos(5,710m)를 해보기로 했다. 이 산은 위쪽이 상당히 어려웠지만, 우리는 베이스캠프에서 하루 반 만에 등정에 성공했다.

우안트산은 제법 완강해, 첫 시도는 실패로 돌아가면서 거의 비극으로 끝날 뻔했다. 우리는 밤에 하강하고 있었는데, 드 부이가 몸을 잘못 움직여 순간적인 경련이 일어나면서 하강자일을 놓쳐 7~8미터 추락한 다음 다시 빙벽 아래로 70미터나 미끄러졌다. 하지만 그는 산에서 아주 드물게 일어나는 기적 덕분에 다친 데 없이 빙하 위로 떨어졌다.

며칠간의 휴식과 계속되는 나쁜 날씨로 시간이 없어, 우리는 캠프를 순차적으로 쳐 나가는 고전적인 방법을 쓸 수 없게 되었다. 산이 곧 폭풍에 휘말릴 것 같아, 혁신적인 방법만이 유일한 희망이었다. 좋아 보이는 루트를 발견해, 우리는 일주일을 버틸 수 있는 식량을 갖고 5,500미터로 올라가 그곳에 2캠프를 친 다음, 곧장 정상을 공략하기로 했다.

처음에 배낭은 25킬로그램이나 나갔다. 이런 짐을 지고 커니스가 있는 좁은 능선을 횡단하는 것은 매우 신경이 쓰이면서도 지치는 등반이었다. 그곳은 경사가 심한 빙벽이 좌우로 끊임없이 나오는 곳이었다. 텐트를 치고 첫날 밤을 보내고 나니, 배낭의 무게도 가벼워졌고 루트도 쉬워졌다. 우리는 해발 6,100미터의 북봉에 오른 다음, 북봉과 주봉을 갈라놓는 새들로 내려갔다. 3일 째가 되던 날, 아주 미묘한 빙벽등반으로 우리는 마침내 우안트산 정상에 올라섰다. 정상에서 2캠프까지 3킬로미터의 능선을 내려오는 데 다시 이틀이나 걸려, 등반에는 모두 5일이 소요됐다. 포터들은 우리가 사고를 당해 죽었다고 믿고 짐을 꾸려 모두 돌아가고 없었다.

허름한 차림에 겁이 많고 때로는 물건도 훔치며 언제 도망갈지 모르는 포터에 의지해, 우리 셋은 인디오Indio들이 비참하게 살고 있는 황량한 산속으로 들어갔던 것이다. 그리고 이 무자비하게 고립된 세계에서 우리는 우리의 목표를 달성했다. 우리는 그곳에서 산의 본래 모습과 등반이라는 것이 어렵다는 사실을 있는 그대로 알았다. 그리고 초기 정복자들이나 윔퍼가 체험했을 순수한 모험의 세계를 다시 발견했다.

두 달 만에 나는 파리로 돌아와, 다음 날 곧바로 샤모니로 갔다. 48시간 뒤 나는 영국인 손님 둘과 몽블랑 프레네이 산릉 밑에서 비박했다. 다시 24시간 뒤에 나는 이 어려운 루트의 제3등을 해냈다.

1952년까지 나는 카메라는 물론, 사진도구는 만진 적이 없었다. 그랑드 조라스의 워커릉이나 아이거 북벽을 등반할 때 라슈날과 나는 산에 대해 순수한 이상을 품고 있어서, 산을 통해 무엇인가를 얻으려고 생각해본 적이 없었다. 아주 간단한 코닥이라도 그것을 쓰면 우리 자신의 즐거움이 줄어든다고 생각했다. 그러다 보니 5년 동안 한결같이 등반했던 우리는 사진이 한 장도 없었다. 그러나 내 생각은 안나푸르나와 피츠로이를 등반하며 조금씩 달라지기 시작했다. 나는 이렇게 생각했었다. 우리에게는 사진 전문가가 딸려 있으며, 사진을 찍는 것은 전적으로 그들의 몫이다. 나는 산에 등반을 하러 온 것뿐이다. 피츠로이에서 스트루베가 사진을 찍기 위해 포즈를 취하라고도 하고, 때로는 더 밑으로 내려가라고도 했을 때 나는 그에게 욕을 할 만큼 등반에 대한 긴장감을 느끼고 있었다. 정상을 공략할 때 카메라를 가지고 가지 않은 것은 전적으로 내 책임이었다.

그 얼마 후, 아콩카과에서 우리는 오랫동안 기다리는 시간을 보내야 했다. 나는 시간을 보내기 위해 스트루베에게 그 불가사의한 도구를 사용하는 방법을 알려달라고 했고, 사진을 몇 장 찍어봤으며, 가벼운 카메라 한 대를 정상에 가져가기까지 했다. 파리로 돌아왔을 때 나는 사진이 무척 잘 나온 것을 보고 놀랐다.

페루로 갈 때 나는 우리의 모험을 기록할 영상 전문가가 없다는 생각에 안타까운 마음이 들기도 했다. 그러다가 출발을 며칠 앞두고 내가 직접 영상을 찍어야겠다고 결심했다. 실질적으로는 돈이 없어서, 친구로부터 10만 프랑을 빌려 코닥크롬 400미터를 사고 아주 가벼운 카메라를 준비했다.

그날 저녁 나는 친구인 카메라맨 자크 랑귀팽Jacques Languepin을 만났다. 내가 카메라를 샀다는 이야기를 하자 그는 손을 내저었다.

"그것으로 도대체 무엇을 하겠다고 하는 거야? 1초에 16장을 찍어도 아무 소용이 없어. 어쨌든 경험도 없으니 엉망이 될 거야."

나는 기어들어가는 목소리로 이렇게 대답했다.

"음, 잘 알고 있네! 추억으로 남기고 친구들에게 보여주려고…."

랑귀팽은 잠시 생각에 잠기더니, 긴장이 풀린 푸른 눈가에 타고난 선량한 빛을 띠며 이렇게 말했다.

"내일 아침 잠깐 찾아와. 내가 몇 가지 알려줄게. 저기에 앉아 있는 사람보다는 네가 머리가 좋으니, 운이 좀 따른다면 매우 흥미 있는 것을 가지고 돌아올지 모르잖아?"

원정 내내 나는 가능하면 그의 조언을 따랐다. 나는 우안트산의 마지막 정상 능선을 올라갈 때도 카메라를 가지고 갔는데, 더 중요한 것은 내가 바람과 추위를 무릅쓰고 영상을 찍었다는 것이다. 그것을 네덜란드 친구가 계곡에서 촬영한 필름과 같이 랑귀팡이 잘 편집해, 이 영화는 40분 가까운 '작품'이 됐다. 물론 걸작은 아니었으나 우리가 체험한 것을 잘 표현했다.

안나푸르나 순회영화로 재미를 본 영화사가 이에 대해 관심을 가졌으나, 너무 짧다며 내가 몇 년 동안 해온, 급사면을 아크로바틱하게 활강하는 모습을 담아보라고 제안해 왔다. 그러한 활강은 그다지 어렵지 않았기 때문에, 나는 아직 일반에게 알려지지 않은 몽블랑 북쪽 사면에서 이 모험을 해보기로 마음을 굳혔다.

이 영화의 촬영은 결국 큰 모험이 되고 말았다. 악천후로 우리는 몇 번이나 4,360미터의 발로Vallot 산장에 갇혔으며, 시간이 이렇게 흘러가자 우리의 촬영기사인 자크 에르토Jacques Ertaud는 다른 계약 때문에 떠나야 했다. 하지만 운이 좋게도 조르쥐 스트루베가 그를 대신할 수 있었다.

그가 나타나 바로 연속적인 장면을 촬영하러 갔을 때, 내가 스키 회전을 잘못해 20미터나 되는 빙벽 아래로 떨어졌다. 나는 머리부터 떨어지며 돌고 돌다가, 절벽 끝에 가서 간신히 멈추었다. 내가 일어서자 척추에서 통증이 느껴졌다. 날씨가 좋기를 기다려 나는 미국 친구와 함께 멋지게 사면을 내려갔고, 스트루베는 피에르 테라즈Pierre Tairraz의 도움으로 우리의 활강을 거의 완벽하게 찍었다.

다소 유머러스한 이 영화는 트렌토 국제산악영화제에서 1위를 차지한 반면, 〈우안트산의 정복〉은 온갖 장밋빛 전망에도 불구하고 2위에 머물렀다. 그리고 이 영화 두 편을 상영하는 강연회는 큰 관심을 끌지는 못했으나, 우리가 영화를 만드느라고 투자한 시간과 노력은 충분히 보상되었다. 그리하여 이 수익 덕분에 나는 1956년 네덜란드 친구들과 다시 페루로 가서 더욱 감동적인 모험을 할 수 있었다.

두 번의 성공적인 원정으로, 1952년은 나에게 특별히 환상적인 해였다. 이에 반해 1953년은 아주 어려웠다. 그처럼 고생해서 찍은 〈몽블랑 대활강〉 이후 등이 아주 뻣뻣해졌다. 통증은 어느 정도 참을 수 있었지만 상당히 신경이 쓰여 가이드 일에 지장을 주었다. 9월에는 해마다 해온 대등반을 포기하고, 액스 레 뱅Aix-les-bains에서 의사로 있는 아버지를 만나 검사를 받아야 했다.

　가을이 되자 히말라야의 새로운 원정에 참가하고 싶은 희망이 구체화되기 시작했다. 안나푸르나 정복 이후 히말라야 위원회는 에베레스트를 등정하기 위한 신청서를 제출할 준비를 하고 있었다. 그러나 불행하게도 상황은 반대로 흘러가고 있었다. 1951년 영국 원정대가 에베레스트를 네팔 쪽에서 정찰했는데, 그때까지 그곳은 어느 유럽인도 정찰에 나선 적이 없는 곳이었다. 그들은 정찰이 끝난 후 — 그때까지의 가정과는 다르게 — 그쪽으로 에베레스트를 오를 수 있는 가능성이 충분하다고 발표했다.

이러한 발견의 결과에 따라, 몇몇 나라가 에베레스트 등반 신청서를 네팔 당국에 제출했다. 일련의 긴 협상 끝에 스위스가 1952년, 영국이 1953년, 그리고 프랑스가 1954년에 에베레스트를 공략하는 것으로 결론이 났다.

스위스는 시간이 부족했지만 강력한 원정대를 구성하는 데 성공했다. 하지만 그들의 입장에서는 가볍고 성능이 좋은 산소 기구가 없어, 레이몽 랑베르Raymond Lambert와 셰르파 텐징 노르가이로 구성된 정상 공격조가 8,500미터 못 미친 지점에서 돌아서고 말았다. 이것은 그 자체로 놀라운 성과였고, 앞으로의 성공을 충분히 예측할 수 있는 일이었다. 하지만 그들은 제2차 세계대전 전에 영국인들이 북릉을 통해 두 번에 걸쳐 도달했던 고도를 넘어서지는 못했다. 세 번에 걸친 이러한 경험으로 8,500미터가 심리적인 '한계선'일지 모른다고 생각하게 되었다. 랑베르나 텐징 같은 강하고 잘 훈련된 사나이들이 이 고도에서 한 발짝도 더 위로 내딛지 못했으니, 이 고도를 넘어서면 공기 중에 생명을 유지할 수 있을 만큼 충분한 산소가 없다고 결론을 내리는 것이 논리적이었다.

2년 동안 유예기간을 가진 영국인들은 많은 자금 덕분에, 13명의 유럽인과 40명의 셰르파로 구성된 모두가 고급장교 출신의 대장으로부터 일사분란한 지휘를 받는 대규모의 원정대를 조직했다. 피라미드식의 거대한 지원 조직과 개방형 산소 기구 덕분에 그들은 특별한 기술적 어려움 없이 지구상의 최고봉을 정복할 수 있었다. 이 승리는 30년에 걸친 도전의 한 시대에 종지부를 찍으면서, 등산의 진화에 전환점이 되었다.

8,848미터의 지구상 최고점이 등정되자, 몇몇 나라가 그와 비슷한 고도를 가진 서너 개의 정상을 노리고 있었다. 그리하여 이러한 봉우리들에 도전하기 위한 다소 어리석은 국제적 경쟁이 시작됐다. 이탈리아인들은 파키스탄 정부에 끊임없이 압력을 가한 끝에 세계 제2위의 고봉인 K28,611m에 대한 등반 허가를 받아냈다.

프랑스는 K2보다 약간 낮은 8,596미터의 칸첸중가 등반 허가를 받았을지도 모르지만, 영국이 확실히 성공을 보장하는 정찰활동을 이미 벌이고 있었기 때문에 히말라야 위원회는 스포츠 정신을 발휘해 물러섰다.

이제 두 가지 가능성이 남게 되었는데, 그것은 세계 제4위의 고봉 로체Lhotse(8,516m)와 제5위 고봉인 마칼루8,485m 였다. 로체는 마칼루보다 조금 더 높지만, 솔직히 말하면 에베레스트의 남쪽 위성봉에 지나지 않고, 루트의 4분의 3은 이미 스위스인들과 영국인들에 의해 개척된 상태였다. 따라서 그곳을 정복한다고 해봐야 탐험적 요소가 현저히 줄어들어, 과업이 과소평가 받을 위험이 있었다. 그에 반해 마칼루는 장엄하면서도 황량한 지역 한가운데 우뚝 솟은 산이었다. 그리고 소규모의 경량 원정대가 그 산의 서쪽 측면을 둘러보고 상당히

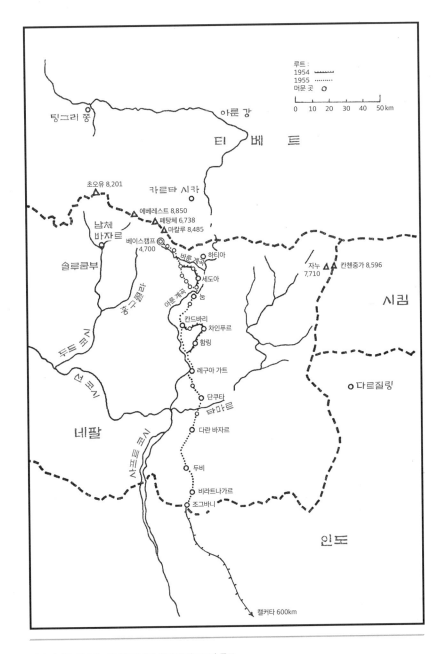

루트 :
1954 ┉┉┉
1955 ┉┉┉┉
머문 곳 ⊙

0 10 20 30 40 50 km

아룬 강

티 베 트

팅그리 쭝

초오유 8,201

카르타 시카

에베레스트 8,850

페탕체 6,738

마칼루 8,485

남체
바자르

베이스캠프
4,700

바룬 계곡

하티아

자누
7,710

칸첸중가 8,596

슬루쿰부

세도아

눔

시킴

아룬 계곡

칸드바리

차인푸르

함링

레구아 가트

다르질링

네팔

단쿠타

탸마르

다란 바자르

두비

비라트나가르

조그바니

인도

캘커타 600km

네팔 남서쪽. 점선은 1955년 마칼루 원정대 어프로치 루트

세계의 산들

어려울 것이라는 인상을 받고 온 것이 전부였다. 또한 접근 자체가 상당한 문제가 되어, 그 산을 본 모든 사람들은 — 특히 에베레스트 쪽에서 본 사람들은 — 8천 미터 급 고봉 중에서는 이 산이 가장 힘들 것이라는 데 동의했다. 기술적인 면과 탐험의 관점에서 보면, 마칼루 의 등정이 가져올 아름다움과 관심은 확실한 것이어서 우리는 당연 히 마칼루를 선택했다.

그리하여 네팔 정부에 허가 신청서를 냈지만, 1954년은 미국 원 정대에 허가가 났다는 답변이 돌아왔다. 그러자 로체로 방향을 틀 것 인가가 논의되었지만, 미국 원정대는 마칼루를 도전하기에는 경험이 부족하다는 신중한 판단을 내리고 1955년에 마칼루로 가기로 했다. 성공의 기회를 최대한 살리기 위해, 위원회는 먼저 정찰대를 파견한 다는 현명한 결정을 내렸다. 정찰은 1954년 가을에 몬순이 끝나고 겨울이 시작되는 얼마 안 되는 기간을 이용해 실시하기로 했다. 대장 은 장 프랑코가 맡기로 했다. 하지만 그가 개인적인 일로 원정 준비 에 전적으로 매진할 수 없게 되자, 루시앙 데비가 기도 마뇽과 나에 게 준비의 대부분을 맡아달라고 요구했다. 장 쿠지는 영국인들이 에 베레스트에서 사용한 것을 참고해 완벽하면서도 가벼운 산소 기구를 제작하는 임무를 맡았다.

마칼루의 높이는 8,485미터로 에베레스트8,850m보다 365미터 낮 다. 이 차이는 평지라면 큰 문제가 되지 않겠지만, 8천 미터가 넘는 고소에서는 이야기가 다르다. 점차적으로 산소가 희박해지는 것과는 별도로, 물자와 산 밑에까지 이어지는 모든 조직이 추가적으로 필요하다. 이 차이로 우리는 에베레스트의 영국 원정대보다 가벼운 원정대를 구성할 수 있겠지만, 반면에 마칼루 정상 부근의 가파른 바위 피라미드는 더 어려워 보이는 것이 확실했다.

1954년 4월부터 6월까지 프랑코, 마뇽, 원정대 의사 리볼리에 박사와 나, 그리고 쿠지는 새로운 산소 기구, 등산복과 캠핑 장비를 우리들의 선배들이 사용한 것보다 더 가볍고, 강하고, 따뜻하고, 간단하게 만들기 위해, 새로운 포장 방법을 고안해내기 위해, 고소에서도 입맛을 돋우며 가볍고 영양가 있는 식품을 찾기 위해, 그리고 독창적인 공략 방법을 생각해내기 위해 개미처럼 열심히 일했다. 6월 말이 되자 모든 준비가 끝났다. 그리고 이미 확정된 대원 외에 가이드인 르루와 장 부비에가 합류했다. 8월 초 이전에는 출발하지 않기로 해서, 나는 가장 우수한 손님 몇 사람을 데리고 산에 갈 수 있었다.

우리는 당연히 '우리의 산'에 대한 미국 원정대의 결과에 촉각을 곤두세우고 있었다. 그러던 어느 날 그들이 실패했다는 소식이 날아들었다. 여러 가지 원인 중에서 내가 이해하지 못한 것은 그들이 남동릉으로 공격을 했다는 것이었다. 우리의 항공사진에서는 남동릉이 그다지 좋아 보이지 않았었다. 그들은 실제로 많은 문제에 부딪쳤고, 그다지 높이 올라가 보지도 못하고 돌아서야 했다. 동시에 우리는 힐

러리가 이끄는 뉴질랜드 원정대도 ─ 7천 미터 급 봉우리에 대해 허가받은 것이 분명한데 ─ 마칼루에 불법으로 들어갔다는 소식을 들었다. 그들은 동남릉에서 미국 원정대의 모습을 볼 수 없게 되자, 더 만만해 보이는 북서벽으로 도전했지만 7천 미터 부근에서 바위지대와 빙벽을 만나 더 이상 오르지 못하고 돌아서야 했다.

두 번에 걸친 이 시도의 결과는 크게 도움이 되지 않았다. 반면에 뉴질랜드 원정대가 7천 미터에서 돌아서야 했다는 것은 우리도 우리가 예상하는 것보다 더 일찍 곤란에 직면할지 모른다는 이야기가 되는 것이었다. 그리하여 이렇게 어려운 산에 대한 정찰의 중요성이 대두되었다.

몬순이 한창일 때 카라반을 해나가는 것은 끊임없는 비로 애를 먹는 어려운 일이었다. 강물이 불어 자주 먼 길을 돌아가야 했다. 24일간이나 갖은 고생을 한 끝에 우리는 인상적인 마칼루 서벽 아래에 도착해 베이스캠프를 설치했다. 무더위와 습기, 그리고 수많은 거머리의 공격에도 불구하고, 이 카라반은 나에게 다시없는 즐거움이었다. 이 지역은 1950년에 본 지역보다 훨씬 더 황량한 곳이었다.

본격적으로 마칼루에 달라붙기 전에 우리는 먼저 고소순응과 적응훈련을 단계적으로 실시했는데, 결과는 대만족이었다. 우리는 주변에 있는 몇 개의 산을 올라갔고, 마칼루의 네팔 쪽을 잘 관찰할 수 있었다. 유일하게 좋아 보이는 루트는 북서벽 밑에서 시작하여 북북

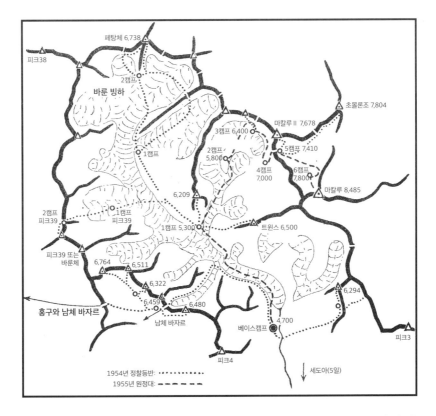

마칼루 산군

서릉 — 뉴질랜드 원정대가 시도했던 — 으로 사선을 그리며 올라가는 것이었다. 루트의 위쪽이 되는 그 이후의 북벽은 볼 수 없었다. 그곳은 전혀 정보가 없는 곳이었다. 그리고 항공사진으로 판단해보면 그곳은 아주 가파른 바위지대였다.

3개의 캠프를 설치하는 데는 많은 시간이 걸리지 않았다. 그중 마지막인 6,400미터의 3캠프는 전진 베이스캠프가 되었다. 4캠프는 고도 600미터 위쪽의 빙벽 한가운데 발코니에 설치됐다. 곧 이어서 부

마칼루 산군

비에와 르루가 우리들보다 이곳에 먼저 왔던 사람들이 돌아서야 했던 장애물을 돌파하는 데 성공해, 북북서릉의 7,400미터쯤에 있는 콜에 5캠프를 세웠다. 그때까지 날씨가 — 비록 바람이 불고 춥기는 했지만 — 좋았다. 힘들기는 했지만 견딜 만했었던 날씨가 악화되기 시작해, 돌풍이 불고, 3캠프의 온도계는 보통 영하 20도 밑으로 떨어졌다.

날씨가 이렇게 변하자 단순한 생존이 전쟁으로 바뀌었다. 하지만 북벽에 대한 정찰은 계속됐다. 눈보라가 소강상태에 빠지자, 프랑코와 나는 셰르파 둘을 데리고 5캠프 위쪽의 북북서릉 끝에 있는 봉우리에 올라갈 수 있었다. 7,678미터의 이 봉우리는 캉슝체Kangshungtse 또는 마칼루Ⅱ로 알려져 있었다. 이곳에서 마칼루 북벽이 대부분 보였는데, 오를 수 있어 보였지만 세락 지대와 마지막 바위지대가 중대한 장애물인 것 같았다. 그리고 벽 전체가 고르게 경사져 눈이 오면 — 봄에는 자주 눈이 오는데 — 눈사태의 위험이 매우 클 것 같았다. 하지만 우리가 북벽의 4분의 3만 보았기 때문에 5캠프 아래쪽의 플라토에서 쉬운 능선으로 연결된 북쪽 봉우리인 초몰론조 정상에서 바라본다면 훨씬 더 정확한 정보를 얻을 수 있을 것 같았다. 그 후 부비에와 르루, 그리고 쿠지와 마뇽이 루트의 출발지점을 알아보려고 북벽을 올라가 보았다. 그런데 변함없이 푸른 하늘에도 불구하고 허리케인급으로 바뀐 바람 때문에 그들은 3캠프로 쫓겨 내려오고 말았다. 더 이상 견딜 수 없는 상황이 되자, 프랑코는 후퇴를 결심하고, 쿠지와 내가 5캠프를 철수하도록 했다. 큰 산도 오르지 못한 채 히말라야를 떠날 수 없어, 우리는 프랑코에게 바람이 다소 잦아들면 초몰론조를 도전해보고 싶다고 말했다.

5캠프에 올라가니 텐트는 부서지고, 기온은 영하 27도였다. 이런 상황에서 텐트를 다시 세운다는 것은 여간 고통스러운 일이 아니었다. 간신히 텐트 안으로 기어들어가자, 파타고니아의 허리케인급 폭풍이 휘몰아쳤다. 어떤 때는 시속 140킬로미터가 넘는 돌풍이 불어오기도 했다. 캠프가 있는 콜은 바람의 통로였다. 텐트가 바람과 같은 방향으로 쳐진 것은 천만다행이었다. 돌풍이 불 때마다 텐트는 가라앉듯 찌그러졌다가 제 모습으로 돌아오고는 했다. 우리는 몇 시간 동안 극도의 긴장감에 휩싸였다. 함께 온 셰르파 세 명은 공포에 질려 얼굴이 새파래졌으나 점차 이런 상황에 적응해 나갔다. 결국 우리는 최전방에서 전투를 벌이고 있는 병사처럼 옷을 입고 등산화를 신은 채 잠에 빠졌다.

다음 날 새벽 눈을 뜨니 돌풍이 어느 정도 잦아들고 있었다. 쿠지는 어떻게 해서라도 초몰론조에 도전해보고 싶어 했다. 그의 불굴의 의지는 셰르파들의 애원과 나의 열정 부족에도 꺾이지 않았다. 우리는 길고 완만한 설사면을 통해 초몰론조의 능선이 시작되는 7,200미터의 또 다른 콜로 내려갔다. 우리는 산소가 분당 4리터씩 흘러나

오도록 조정해 놓고 능선에 붙었는데, 그곳은 기술적으로 그다지 어렵지 않았다. 바람은 다시 이전의 위력을 되찾은 듯했다. 돌풍 앞에서는 몸을 일으켜 세우기도 어려웠다. 그러나 굳은 눈과 우수한 산소 기구, 그리고 어렵지 않은 지형 덕분에 우리는 계속 올라갈 수 있었다. 우리는 공격에 나선 병사들이 일련의 행동을 취하는 것처럼 전진해 나갔다. 돌풍이 잠깐 잦아들면 온힘을 다해 능선을 올라갔고, 다시 돌풍이 불어올 조짐을 보이면 배낭을 돌풍 방향으로 하고 피켈을 눈에 박고 웅크려 앉았다.

정상이 가까워지자 영하 35도까지 떨어지는 무지막지한 추위로 산소 흡입기가 얼어붙고 말았다. 다행히 커니스에 몸을 숨기고 산소 기구를 녹였는데, 이때 이후로는 두꺼운 장갑을 낀 손으로 얼굴에 있는 마스크를 감싸 서리가 끼지 않도록 했다.

정오 무렵 우리는 드디어 정상에 올라섰다. 우리는 초몰론조 정상에서 마칼루 북벽 전체를 볼 수 있었다. 분명 오를 수 있어 보였고, 등반이 가능한 루트를 눈으로 정확히 따라갈 수 있었다.

5캠프로 돌아오는 일은 그야말로 극적이었다. 내려오는 도중 산소가 다 떨어지고 말았다. 그러자 한 걸음 한 걸음을 내딛는 것이 고통의 연속이었다. 그러나 우리는 산소통 2개를 콜의 눈에 잘 띄는 곳에 세워 두고 왔기 때문에 크게 걱정하지 않았다. 우리가 넓은 콜에 와보니 잘 보이도록 세워 두었던 산소통이 보이지 않았다. 바람에 쓸

날카로운 차크라라후 동봉. 커니스와 빙벽으로 장식된 거인이다. 리오넬 테레이는 1962년 8월 18일 이곳 정상에 올라섰다.

마칼루 북벽에서 바라본 초몰론조

려간 것이 틀림없다고 생각한 우리는 바람이 만들어놓은 눈의 언덕을 찔러보며 오랫동안 주위를 찾아 헤맸다 이런 수색에 기진 니는 물 밖으로 나온 물고기처럼 기력을 상실했다. 쿠지는 산소 없이 5캠프로 올라가자고 했지만, 나는 너무나 쇠약해져 산소를 꼭 찾고 싶었다. 내가 마지막 절망에 빠져, 쿠지를 그냥 터덜터덜이라도 따라가자고 마음먹은 순간, 바람에 날려 거의 눈에 덮여 있는 산소통이 눈에 들어왔다. 두 시간이 채 안 돼서 셰르파들과 다시 만났는데, 우리가 실종됐다고 생각하고 있던 그들은 뛸 듯이 반가워했다.

우리는 뜨거운 음료를 나누어 마시고 텐트를 철수한 다음, 너무나도 비인간적인 그곳에서 도망쳤다. 위험한 곳마다 설치해 놓은 고정자일 덕분에 우리는 주위가 막 어두워지기 시작하자마자 3캠프로 내려올 수 있었다. 쿠지의 불굴의 의지에 이끌려 움직인 이날이야말로 내가 체험한 가장 겁나고 힘든 날이었다.

바람과 포스트 몬순의 추위는 마칼루 정찰등반을 견디기 힘든 시련으로 만들었다. 그러나 1955년의 원정대가 완벽한 성공을 거두게 된 것은 말할 것도 없이 이때의 경험 덕분이었다. 우리가 등반이 가능할 것 같은 루트를 찾아냈고, 특히 산소 기구를 포함한 새로운 장비의 성능을 시험했던 것이다. 포스트 몬순의 경험으로 장비가 세심하게 개선되었고, 원정대 전체의 조직이 본격적으로 재검토됐다. 그리하여 앙드레 비알라테André Vialatte와 제르주 쿠페Serge Coupé를 합류

세계 5위의 고봉 마칼루 정상에서

시켜 원정대를 강화했고, 셰르파의 수를 거의 배로 늘렸다. 이러한 노력으로 8천 미터 급 고봉을 정복할 수 있는 참다운 힘이 생겼으며, 그것이 최고의 효과를 가져왔다.

네팔로 다시 돌아오자, 청명하고 바람이 없는 날씨가 오랫동안 우리를 도와주어, 우리의 원정등반은 일종의 모범적인 교과서가 되었다. 정찰을 더 할 필요가 없었고, 대원들은 잘 훈련된 병사처럼 일사분란하게 움직였다. 시간이 낭비되지 않은 채 5캠프까지 순조롭게 설치됐으며, 1.5톤이 넘는 식량과 장비, 산소통이 그곳에 비축됐다. 이러한 물자와 3캠프까지 잘 깔린 고정자일 덕분에 이 전진 기지는 누구나 쾌적하고 안전하게 머물 수 있는 곳이 되었고, 날씨가 나쁘면 언제라도 후퇴할 수 있는 곳이 되었다.

프랑코는 쿠지와 나를 첫 번째 정상 공격조로 지명했다. 우리는 3명의 셰르파를 엄선해서 5캠프를 떠났는데, 눈이 크러스트 되어 있어 경사가 심한 지역을 무난히 횡단하고, 루트가 비교적 분명한 바위지대를 넘어, 7,800미터에 6캠프를 세웠다. 셰르파들이 돌아가고 나자, 우리 둘만이 이 삭막한 고소의 둥지에 남게 되었다. 비록 텐트 안의 기온이 영하 33도에 달했지만, 그래도 약하게 빠져나오는 산소 덕분에 그날 밤은 어느 정도 버틸 수 있었다.

아침 7시에 캠프를 떠나, 멀리서 보았을 때 아주 불안했던 8,200미터의 암벽 밑에 두 시간도 채 안 돼 도달했다. 이 암벽은 경사가 심했으나, 그렇게 어렵지는 않았다. 구멍이 많이 뚫린 화강암이어서 홀드가 많았으며, 강풍에 얼음이나 눈이 별로 붙어 있지 않았다. 우리는 산소 흡입량을 최대로 올리고, 예상했던 시간의 반에 불과한 1시간 만에 정상으로 이어지는 능선 위로 나왔다. 그리하여 능선 위에 있는 정말로 어려운 바위 장벽을 넘어 45분 만에 세계 5위의 고봉에 올라섰다.

준비하는 데 1년이라는 내 인생을 바친 고봉이 어리둥절할 정도로 간단하게 함락되자 나는 적지 않게 실망했다.

마치 시계의 태엽처럼 정교한 메카니즘이 작동하여 우리는 짐과 짐을 나르고, 캠프 위에 캠프를 치면서 정상으로 유도되었다. 같은 날 저녁 프랑코와 마뇽, 그리고 사다 기알젠Gyalzen이 다음 날 정상에 오르기 위해 6캠프에서 우리와 교대했다. 5월 16일 그들은 정상에 올라섰고, 그다음 날에는 부이에, 르루, 비알라테, 그리고 쿠페가 세 번째로 등정에 성공했다. 그리하여 등산의 역사 이래 처음으로 대원 전원이 8천 미터 급 고봉에 올라서는 기록을 남겼다. 이것은 탁월한 행동과 상황을 절대적으로 제어함으로써 얻은 결과였다.

1957년에는 마칼루에서 우리가 사용한 전략과 장비를 채택한 강력한 스위스 원정대가 로체 초등에 성공하고, 단숨에 에베레스트의 제2등을 성취했다. 그리하여 1955년 이래 다른 8천 미터 급 고봉들이 줄줄이 함락되었다. 비록 다울라기리와 같이 완강히 저항한 산도 있었지만, 이것은 순전히 원정 자금이 부족한 탓이었다.

마칼루 원정대에는 전문적인 카메라맨이 없었다. 따라서 프랑코 대장은 나에게 기록영화를 만들라고 주문했다. 나는 프랑코, 르루, 마뇽과 협력해서 관객을 인도 국경에서 마칼루 정상까지 유도하는 완전하고도 실감나는 르포르타주 필름을 갖고 돌아올 수 있었다.

나는 히말라야 산록의 원주민, 특히 셰르파들의 생활과 풍속이 많은 관객의 흥미를 끌 수 있을 것으로 확신했다. 그래서 나는 등정에 성공하고 베이스캠프로 돌아왔을 때, 프랑코 대장에게 원정대와 헤어져 솔루쿰부 계곡으로 돌아갈 수 있도록 허락해달라고 말했다. 그 계곡에서 나는 셰르파의 생활과 풍속을 필름에 담고 싶었다.

마뇽과 많은 셰르파들이 함께한, 이 별도의 여행은 멋진 모험이었다. 6천 미터 고개 두 개를 넘는 3일 동안의 여행 끝에, 우리는 셰르파들의 고향 남체 바자르Namche Bazar로 갔다. 이렇게 해서 나는 자연 그대로 살아가고 있는 우리들의 행복하고 믿음직스러운 동료들을 관찰할 수 있었다.

이틀 동안을 우리들은 버터가 들어간 차와 좁쌀로 만든 맥주를 마시고, 노래를 부르고 춤을 추며 형제처럼 지냈다.

이때 티베트 국경에서 도보로 반나절이 걸리는, 4,400미터의 타미Thami사원에서 종교 제전이 있다는 것을 알았다. 이것은 놓칠 수 없는 볼거리였다. 우리는 거칠고 장엄한 산을 배경으로 한 화려한 의

상, 상징적인 낯선 춤, 기괴한 가면, 큰 나팔과 소탈한 음악을 보고 들을 수 있었다. 이러한 장면은 진정 또 다른 세계였다. 승려들의 배려로 우리는 마음대로 영화를 찍었고, 마농은 그들의 음악을 녹음기에 담을 수 있었다.

제전이 끝나고, 우리는 다시 문명세계로 돌아와야 했다. 6천 미터 고개를 넘는 믿어지지 않는 길을 통해 우리는 3일 만에 낮은 지대로 나왔으며, 그곳에서부터 일주일간을 걸어서 카트만두로 돌아왔다. 그리고 우리는 다시 불가마 같은 더위의 인도로 가야 했다.

산악연맹의 데비 회장은 내가 페루 원정을 구상하고 있다는 말을 듣고, 프랑스의 국가적인 프로젝트로 미등의 6천 미터 급 봉우리 중 하나를 해보면 어떻겠냐고 제안했다. 그 정도의 고도에서 시도되는 등반으로서는 상당히 어려울 것 같았지만, 나는 이 아이디어에 완전히 마음이 끌려 즉시 그의 제안을 수락했다. 우리는 곧바로 6,108미터의 장려한 네바도 차크라라후Nevado Chacraraju를 대상 산으로 선정했다.

이 산은 제2차 세계대전 전에 강력한 독일-오스트리아 원정대가 두 번에 걸쳐 접근을 시도한 적이 있었고, 1945년 이후에는 또 다른 독일 원정대뿐만 아니라 몇몇 미국 원정대의 주요 대상지가 되기도 했다. 하지만 어느 원정대도 모든 측면이 높이 800미터에 달하는 수

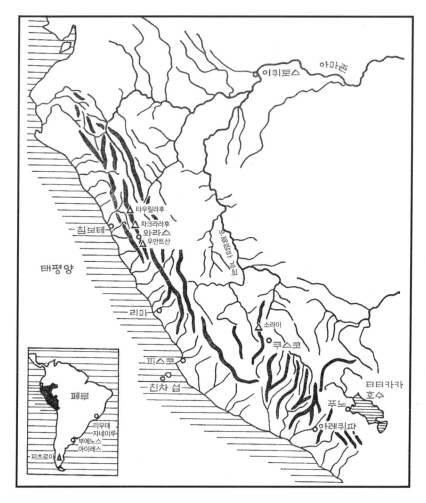

직의 얼음 기둥으로 장식된 이 산에서 등반이 가능할 것 같은 루트를 찾아내지 못했다. 그들 모두는 산 밑까지는 접근했지만 그 모습을 보고 너무나 기가 죽어 돌아서고 말았다.

여러 방면에서 얻은 정보와 환상적인 사진을 통해 우리는 차크라

페루

라후가 적도의 중앙 안데스에서 가장 흥미진진한 미답봉으로 우리 원정대의 이상적인 목표라는 것을 확신했다. 국가적인 프로젝트로 이 원정 계획이 히말라야 위원회에서 승인이 나자, 나는 곧바로 준비에 착수해 모든 일을 혼자 다 해나갔다.

계획서를 작성하고 3개월이 지나자 모든 준비가 끝났고, 내가 탄 비행기가 잉카의 고도 쿠스코Cuzco에 내렸을 때는 4월이었다. 그곳에는 에겔러와 드 부이, 그리고 지리학자인 한스 데크하우트가 마중 나와 있었다. 며칠 후 우리가 초청한 젊고 총명한 제네바 출신의 클라이머 레이몽 제니Raymond Jenny가 볼리비아에서 달려왔다. 그는 스키와 등산을 가르치기 위해 6개월 동안 볼리비아에 가 있었다.

원정대는 우안트산과 차크라라후가 솟아 있는 코르디예라 블랑카Cordillera Blanca에서 동남 쪽으로 1,000킬로미터 떨어진 곳에 있는 코르디예라 빌카밤바Cordillera Vilcabamba에 자리를 잡을 예정이었다. 이 부근의 산들은 6,200미터를 넘지 않기 때문에 낮은 편이었다. 이 산맥은 거대한 선수船首의 형태로 끝없는 아마존 밀림으로 뻗어 있기 때문에 산의 측면에 붙어 있는 얼음에 밀도 높은 습기가 끼고, 많은 눈과 비가 내려 등반에는 아주 불리하다. 하지만 그에 대한 보상이라면 이 지역은 미답봉들이 많이 남아 있다는 것이다. 몇 년 전 프랑코·미국 합동원정대에 의해 등정된 살칸타이Salcantay가 유일한 등정봉이었다.

우리는 인근에 있는 베로니카Veronica(5,800m)를 오르는 것으로 훈련을 마치고 나서, 유만타이Humantay라고도 하는 이 산맥 제2봉 소라이Soray로 갔다. 이 산의 높이는 확실하지 않았는데, 6천 미터 정도 되는 것 같았다. 이 산은 몇 개의 원정대가 정찰을 한 적이 있었고, 이탈리아-스위스 합동원정대가 비교적 본격적인 공격을 시도한 적이 있었다. 그들의 보고에 의하면 이 산은 상당히 어려운 대상지인 것 같았다.

소라이의 모든 벽은 경사가 아주 센데, 일련의 얼음과 바위로 된 북벽은 짧으면서도 햇빛이 든다는 장점이 있었다. 그리하여 세락의 붕괴 위험에도 불구하고 우리가 선택한 것은 북벽이었다. 북벽의 일부 구간은 매우 미묘한 빙벽등반이 요구되었지만, 정상은 기대보다 일찍 떨어져 나갔다. 우리는 남아 있는 몇 주일을 뜻있게 보내기 위해 살칸타이 제2등에 도전하기로 했다.

악천후를 이겨내고 해낸 두 번의 연속적인 성공으로, 우리는 자신감이 충만했다. 쿠스코에 있는 큰 산들은 알프스에 있는 평범한 산들보다도 대접을 받지 못했다. 그러나 며칠 동안 눈과 비가 내려 베이스캠프에 갇히게 된 우리는 이제 시간적인 여유가 없었다. 우리는 사전 정찰 없이 날씨가 잠깐 호전되는 틈을 타 공격을 감행하기로 했다.

살칸타이를 초등한 사람들은 캠프를 쳐 나가고 고정자일을 설치

우리는 장려한 네바도 차크라라후를 대상 산으로 선정했다.

하는 데 거의 3주일을 보냈지만, 우리는 우안트산에서의 경험을 살려 한 번에 등정을 해내기로 했다. 첫날 우리는 정상 150미터 밑까지 올라갔다. 2인용 텐트에 4명이 들어가 괴로운 밤을 보내고 나서 우리는 다음 날 아침 비교적 이른 시간에 정상에 올라섰다. 한 번의 짧은 자일 하강을 제외하고 우리는 줄곧 아이젠을 이용해 걸어내려와 깊은 밤에 베이스캠프로 돌아왔다.

네덜란드 친구들이 과학적인 조사에 나서는 동안 나는 프랑스 원정대원을 맞이하러 리마에 갈 때까지 케추아족Quechua의 생활상을 촬영하며 시간을 보냈다.

일주일 뒤, 우리는 등반이 가능한 루트를 찾기 위해 차크라라후 주변을 돌아다녔다. 북벽의 루트가 가장 적합해 보여, 우리는 다루기 힘든 노새 40마리를 몰고 힘든 카라반을 닷새 동안이나 한 끝에 4,000미터에 베이스캠프를 설치했다. 그러고는 곧바로 히말라야에서 익힌 빈틈없는 공격에 들어갔다. 억센 메스티소mestizo 포터 세 명의 힘을 빌려 세락이 미로처럼 되어 있는 곳의 끝에 전진 베이스캠프를 구축했다. 이곳은 벽에서 200미터 떨어진 5,100미터 고소였다.

교대로 작업을 하면서 처음 350미터에 고정자일을 설치하는 데 3일이 걸렸다. 이곳은 낙빙의 위험이 상당한 곳이었는데, 일부 암벽등반 구간은 너무나 어려워 인공등반의 방법을 쓰지 않을 수 없었다. 그리하여 세 번의 시도 끝에 우리는 대략 5,750미터의 빙벽 한가운

테레이가 차크라라후를 오르고 있다.

데에 비박 캠프를 세울 수 있었다. 그다음 날 선두에 선 파티가 60도가 넘는 빙벽을 250미터나 오르면서 다시 고정자일을 설치했다. 하지만 날씨가 나빠져 우리는 베이스캠프로 내려와야 했다.

7월 30일, 우리는 전원이 장비와 식량 등 무거운 짐을 지고 비박 캠프로 올라갔다. 그리고 다음 날, 날이 밝기 두 시간 전부터 공격에 나섰다. 날이 훤해졌을 때는 고정자일 덕분에 우리는 이미 전에 올랐던 최고지점에 있었다. 어려운 암벽등반 루트는 오버행으로 끊어진 수직의 얼음 걸리 밑으로 이어지고 있었다. 얼음이 아이스하켄을 쓸 수 없을 정도로 약해, 이곳을 돌파하는 데 아주 미묘한 등반기술이 필요했고, 우리는 1시간 만에 이곳을 돌파했다. 다시 아주 힘들게 60미터를 오르자 정상으로부터 100미터 아래에 있는 넓은 눈의 테라스가 나왔다. 이곳에서 본 마지막 구간이 무시무시해, 우리는 휴식을 취하지 않고 곧바로 공격에 나서기로 했다. 얼음을 깎아내는 중노동으로 4피치를 오른 끝에 나는 이 미등봉의 정상에 올라설 수 있었다. 오후 5시였다. 그리고 곧 6명의 공격대원이 이 좁은 얼음의 지붕에서 서로 악수를 나눴다.

'불가능의 산' 차크라라후가 마침내 정복됐다. 그러나 원정대의 크기와 등반수준, 장비와 그곳에서 펼친 전술에도 불구하고, 등반은 길고 어려웠다. 마지막 800미터를 돌파하는 데는 11시간이 걸렸고, 그중 7시간은 벽에 매달려 있어야 했다. 최후의 200미터는 고소의 영

멋진 화강암 구간

향으로 두 배나 힘들었고, 일부 빙벽등반 구간은 일찍이 경험해본 적이 없을 정도로 어려웠다.

지극히 행복한 순간이었다. 사방의 지평선 위로 눈과 바위로 이루어진 코르디예라 블랑카의 산들이 마치 우리에게 작별인사라도 하는 것처럼 석양에 붉게 타오르고 있었다. 발아래에는 우리가 오른 산의 그림자가 황량한 알티플라노Altiplano의 산릉 위로 거대한 화살촉을 만들고 있었다. 그 순간의 황홀함이 내 가슴 속에 가라앉고…. 그러나 우리의 베이스캠프는 얼마나 멀고 작게 보이는지, 또 얼마나 바람이 불고 춥던지! 만약 텐트나 침낭 같은 것도 없이 이곳에서 비박을 한다면 그것은 지옥이나 다름없을 것 같았다. 잠깐 동안 이야기를 나눈 후 우리는 다수의 의견에 따르기로 했는데, 대부분 비박을 하지 말고 헤드랜턴을 이용해 내려가자고 주장했다.

우리는 밤새 기를 쓰며 여러 차례 자일 하강을 거듭해, 다음 날 아침 7시에 비박 캠프로 돌아왔다. 26시간 만이었다. 그러나 지치고 지쳐서 꽃이 피어 있는 계곡으로 돌아온 것은 그다음 날이었다.

차크라라후에서 힘들게 얻은 성공이 끝나자, 우리를 이 먼 나라까지 오게 한 모험의 갈증이 상당히 가라앉았다. 높이는 다소 떨어지지만 주봉보다 훨씬 어려운 차크라라후 동봉은 남은 3주일을 보내기에는 너무나 웅대한 목표였다. 그래서 타우릴라후Taulliraju(5,830m)에 정력을 쏟기로 했는데, 우리는 이미 이 산의 도도한 모습을 여러 번 찬

차크라라후 북벽의 설사면을 오르고 있다.

양했었다. 등반은 어렵지만 루트는 상당히 짧은 이중적인 매력을 갖고 있는 산이었다.

진정한 등반이 요구되는 루트의 길이는 500미터 정도였으나, 타우릴라후 등반은 적어도 차크라라후만큼이나 힘들었고 더 심한 곳도 있었다. 차크라라후에서 치를 떤 그 악명 높은 수직의 얼음 걸리만큼 어려운 빙벽 구간은 없었지만, 거대한 화강암 슬랩은 이런 고도에서 해본 등반으로는 가장 어려운 곳이었다.

아주 조심스러운 빙벽등반을 해, 처음 300미터에 고정자일을 설치했다. 그런 다음 잠깐 날씨가 나빠졌는데, 우리는 8월 17일 정상 공격에 나섰다. 고정로프를 설치해 놓은 곳 위쪽으로 200미터가 남아 있을 뿐이었지만, 하루 만에 정상까지 올라갔다가 내려오는 것은 불가능해 보였기 때문에 우리는 침낭을 포함한 비교적 쾌적한 비박 장비와 각각 1.5킬로그램과 2킬로그램이 나가는 작은 텐트 두 동을 가지고 등반했다.

고정자일을 이용해 지난번의 최고지점에 올라서니 오전 9시였다. 그곳에서부터는 계속 동쪽 능선 쪽으로 올라가야 했는데, 그곳에는 깊고 부드러운 눈이 쌓여 있어 시간도 많이 걸렸고 힘도 많이 들었다. 우리가 찍어온 사진들을 봐서는 깊은 눈을 헤치며 나가야 했던 일이 얼마나 고되고 무섭고 위험했는지는 알지 못한다. 60도가 넘는 벽에 밀가루 같은 신설이 쌓여 있었다. 그때 한 곳이 무너지는 바람

타우릴라후에서는 악천후로 온통 눈으로 뒤덮인 곳을 힘들게 뚫고 나가야 했다.

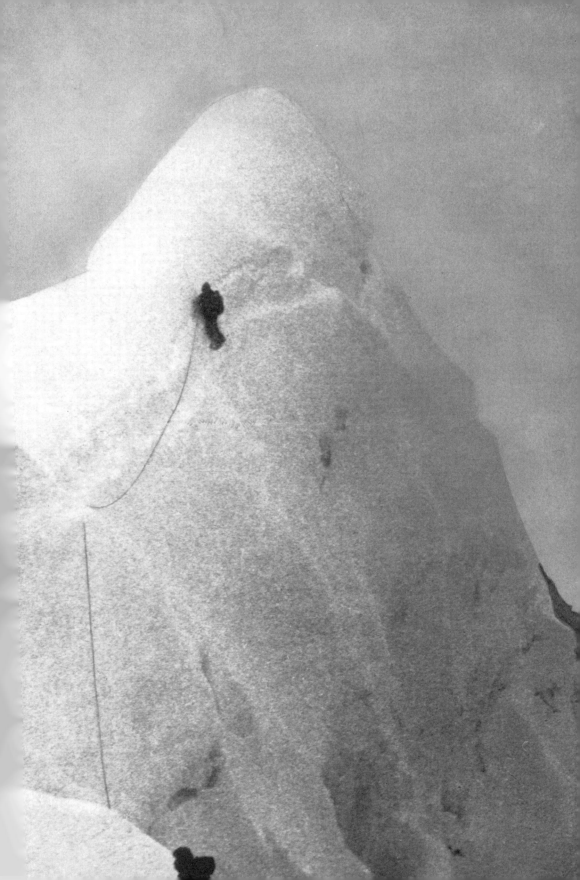

히말라야 칸첸중가 산군에 있는 자누(7,710m)

에 내가 10미터쯤 추락했는데, 다행히 세넬리에Sennelier가 제동을 걸어 살았다. 한 피치에 1시간 이상이 걸려서, 오버행을 넘어 30미터가 넘는 화강암 밑에 있는 크러스트 된 능선 위로 올라선 것은 오후 3시쯤이었다. 세넬리에가 이 어려운 곳을 앞장 선 다음, 다음 날을 위한 고정자일을 설치했다.

구름이 끼고 간헐적으로 눈이 무너져 내렸지만, 8월 18일 오전 8시에 등반이 다시 시작됐다. 슬랩으로 이어지는 멋진 빙벽등반 구간을 올랐지만, 능선의 왼쪽으로 나가야 해서 우리는 무엇을 찾기라도 하는 듯 눈을 파헤치고 발로 밟으며 전진해야 했다. 마침내 미묘한 등반이 필요한 빙벽을 넘어 오후 2시 우리는 정상에 올라섰다. 200미터를 오르는 데 무려 12시간이 걸린 것이다. 아마도 등산의 역사에서 산 하나를 오르는 데 이처럼 힘이 들었던 일은 없었던 것 같다. 슬랩의 밑에 믿어지지 않을 정도로 아슬아슬하게 쳐진 텐트 안에서 또 하룻밤을 보내고, 8월19일 우리는 거의 24시간 동안 아무 것도 먹지 못한 채 1캠프를 향해 빙하 위를 비틀거리며 내려갔다.

친구들이 프랑스로 돌아간 뒤 나는 두 달을 더 페루에 머물렀다. 나는 케추아족부터 찍기 시작한 영상을 끝내기 위해 남쪽을 돌아다니면서 메스티소처럼 생활하고, 장사를 하는 트럭에 편승해 여행하고, 마구간 같은 곳에서 자면서 인디오와 함께 생활했다. 시처럼 아름답

타우릴라후 동봉. 우리 등반 루트의 오른쪽에 있었다.

지만 거친 이들의 생활을 영상에 담고자 하는 열정에 빠져, 그들의 본질에 가깝게 다가가려고 분석하고, 놀랄만한 이미지를 찾다 보니 필름이 두 배로 들어가면서 나는 일찍이 경험해 본 적이 없는 강렬한 미의 형태를 보게 되었다. 모험에 찬 멋진 여행을 끝내고 유럽으로 돌아오니 10월 말이었다.

7년이 채 안 되는 사이에 나는 일곱 번 원정에 참가했고, 거의 27개월을 해외에서 지냈으며, 알프스에서는 180번 정도의 등반을 해냈다. 또한 700회에 가까운 강연을 했고, 15만 킬로미터 이상 여행을 다녔다. 나의 아내와 친구들은 이러한 힘에 겨운 생활을 하고도 지치지 않은 나를 보고 놀랄 뿐이었다. 하지만 솔직히 말하면 나 자신이 더 놀랐다.

아주 정직하게 말하면, 나는 내 운이 다하기 전에 멈추어야 하는 것이 아닌가 하고 자주 고민했다. 그러나 이런 생각이 든 때는 내가 신경이 예민해져 잠을 잘 수 없거나, 예상보다 긴 등반을 끝내고 지쳐서 계곡으로 내려왔을 때였다. 그럴 때면 나는 나 자신 안에서 조용히 타오르는 열정과 자연에 대한 사랑을 멀리하고 싶었고, 평온한 보통의 생활이 그리웠다. 하지만 나는 나 자신의 몸과 마음이 추슬러지면 곧바로 과거로 돌아가곤 했다. 일상생활이 모두 보잘 것 없고 평범하고 단조롭게 보이기 시작하면서 강렬했던 시간들에 대한 기

타우릴라후(5,830m) 북벽. 북벽에서 북동릉의 왼쪽에 있는 봉우리를 향해 오르면 정상으로 나아갈 수 있다.

억이 나를 사로잡기 시작하는 것이었다. 때때로 나는 또 다른 강렬한 경험을 찾아 헤매는 나 자신을 발견하고는 했다. 그리하여 나는 또다시 나 자신을 엄청난 게임 속으로 내던지고는 했다. 1958년까지는 특별한 원정 계획이 없어, 1957년은 조용한 한 해가 될 줄 알았다. 그래서 여름 한동안 가이드 일에 전념하면서 몇 차례 본격적인 등반을 했다. 그러나 불행하게도, 모두가 아는 것처럼 나는 내 기억에서 결코 사라지지 않는 <u>아픈 상처</u>로 고통 받고 있었다. 나는 가이드 일을 포기하고 몇 개의 본격적인 등반을 했다. 친구인 드 부이와 함께 베르너 오버란트에 있는 그로스호른Grosshorn의 북벽을 제5등으로 오른 것이 그중 하나였다. 이곳은 알프스에 있는 가장 경사가 심한 빙벽 중 하나인데, 그다지 좋은 상태가 아니었는데도 우리는 천 미터가 넘는 이 북벽을 10시간 반 만에 올랐다. 1955년, 우리 둘은 폭풍설의 위협에도 불구하고 이것보다 다소 낮지만 더 어려운 트리올레 북벽을 정확히 5시간 만에 오르기도 했었다. 페루 안데스에서 내가 한 빙벽등반과 시간을 비교한다면 서로 큰 차이가 있다는 것에 누구나 놀랄 것이다. 그렇다고 페루의 산이 더 높기 때문이라고만은 할 수 없다. 그만큼 페루의 산은 어려웠다. 이것을 알고 나자 알프스의 빙벽은 훈련 장소로밖에 보이지 않았다.

히말라야 위원회는 전대미문의 프로젝트를 해보자는 장 프랑코의 대

1957년 1월 1일 몽블랑에서 있었던 구조작업을 말한다.

담한 제안을 받아들였다. 히말라야의 미등봉 중에서 가장 압도적인 자누가 바로 그의 목표였다. 해발 7,710미터로 수직의 벽이 2단으로 되어 있는 이 화강암 탑은 히말라야에 있는 자연의 요새 중 난공불락으로 남아 있었다. 1957년 가을, 기도 마뇽이 이끄는 소규모 정찰대가 가능성을 타진해 보려고 히말라야로 떠났다. 그들은 오버행 진 세락들과 암벽으로 단절된 거대한 화강암 벽을 보여주는 여러 장의 훌륭한 사진을 갖고 돌아왔다. 이쪽이 그나마 가장 쉬운 곳이었다. 의지로 가득 찬 우리의 친구들은 이 수직의 장벽에서 믿을 수 없을 정도로 대담한 루트를 생각해냈다. 확실히 어느 곳도 등반이 가능하지 않을 것처럼 보였으나, 길고도 연속적으로 이어지는 어려움은 지금까지 행해진 거창한 등반과는 전혀 다른 문제였다. 그것은 차크라라후를 세 번 겹쳐 올려놓은 것과 다를 바가 없었다.

이런 계획에 숨어 있는 위험에 놀라 위원회는 한때 주저했으나, 자금도 있었고 대원도 있었다. 이 아이디어는 한 번 나오자마자 불어난 격류처럼 모든 전통과 신중함을 휩쓸어 버렸다. 자누 원정등반이 결정된 것이다. 다만 최적의 장비와 대원을 모으기 위해 1959년 이전에는 하지 않기로 했다.

이렇게 되어 1958년에 시간이 많았기 때문에, 나는 본격적인 산악 영화를 촬영하고자 이샤크의 제안을 받아들여 그의 야심만만한 프로젝트에 합류하게 되었다. 이것이 바로 몽블랑 산군의 빙하와 암벽에서 5개월을 보내면서 찍은 〈미디의 별〉이라는 영화다.

1959년 자누 원정이 마침내 실현되자, 우리 모두는 기대에 부풀었다. 정찰대가 예상한 루트는 끊임없는 눈사태에 노출되어, 재앙을 당하기에 알맞은 곳이었다. 그런데 우리는 운이 좋게도 다른 곳을 발견했다. 그곳은 객관적인 위험에 덜 노출되어 있기는 했지만, 아주 어렵고 상당히 돌아야 하는 루트였다. 이 루트는 일단 6,700미터의 전위봉을 뚫고 올라갔다가 과감하게 리지를 횡단해 마지막 바위 장벽 밑으로 가는 것이었다.

시작 부분은 페루의 산들보다 기술적으로 다소 덜 어려운 듯했다. 8명의 대원들과 17명의 셰르파가 150개의 아이스하켄을 쓰면서 2천 미터가 넘는 자일을 고정시켜, 캠프 6개를 설치했다. 3캠프와 4캠프 사이의 가장 힘든 구간에서는 무거운 짐을 올리느라 40번을 오르내려야 했다. 하지만 이런 노력에도 불구하고 우리는 정상 등정에는 실패했다. 정상 직전의 300미터 벽은 난공불락의 요새였다.

우리는 지루하리만치 오랫동안 실패의 원인을 분석하는 데 매달렸다. 많은 원인이 있었고, 모든 대원들이 각자의 성향에 따라 한두 가지의 원인을 고집했다. 개인적으로 나는 목표가 우리들의 능력에 비해 너무 컸다고 생각했다. 사실 출발하기 전에 우리는 성공 가능성을 30퍼센트 정도로 생각했었다. 우리는 노력했지만 실패했다. 하지만 이것은 자연스러운 결과였다.

어려운 곳이 계속적으로 이어지며, 루트는 복잡한 데다 길고, 날씨
도 순조롭지 못했기 때문에 우리가 상당한 시간을 보내면서 마지막
지점까지 올라가자 시즌이 거의 끝나가고 있었다. 우리가 어느 정도

남동쪽에서 스케치한 자누와 1959년 등반 루트

안전하게 등반을 끝내기에는 식량도 장비도 부족했다.

파리로 돌아오자 우리는 다시 한 번 시도해 보기로 의견을 모았다. 히말라야 위원회는 1961년으로 결정했다. 그러나 여러 가지 이유로 두 번째 자누 원정대는 1962년에 출발해야 하는 상황이 되었다. 이런 등반을 이끌기에는 나이가 들었다고 생각한 장 프랑코는 원정등반을 나에게 위임했다. 무거운 책임감에 부담을 느껴 상당히 주저하다가 나는 끝내 그의 요청을 받아들였다.

앞으로 며칠이 지나면 나는 마흔이 된다. 세계의 산과 20년에 걸친 싸움을 하면서 나는 젊은 동료들보다 더 많은 에너지와 열정을 쏟아부었다. 하지만 나는 이미 워커릉이나 아이거, 피츠로이와 차크라라후에서 자연의 힘과 맞서 싸우며 승리를 거두었던 내가 아니었다. 오랜 시련과 위험을 겪으면서 나는 나 자신도 모르게 변해 있었다.

자누에서 돌아와, 나는 잘 아는 손님과 둘이서 몽블랑 프레네이 빙하를 건너가다 세락이 무너지는 사고를 당했다. 손님은 죽고 나는 얼음덩어리 5미터 밑에 깔렸다. 그 순간 나는 행운의 여신이 이제는 나를 버렸다고 생각했다. 하지만 등산의 역사상 가장 믿어지지 않는 기적이 일어나, 나는 손끝 하나 다치지 않고 얼음덩어리를 빠져나왔다. 크레바스 바닥에서 얼음덩어리에 깔린 나는 가까스로 주머니에서 칼을 꺼냈다. 칼로 얼음덩어리들을 찍어내자 한 번 더 작은 행운이 나를 찾아왔다. 나는 아이스하켄 하나와 해머로 빛이 보이는 쪽으로 통로를 파들어 갔다. 이렇게 5시간 동안 사투를 벌이고, 나는 마침내 신선한 공기를 들이마실 수 있었다.

바로 내 옆에서 친구가 죽고 나 또한 죽음의 문턱 앞에 서 있었던 이 순간이 나에게는 10년간의 성공적인 모험보다도 더 값진 교훈이었다.

억센 열망의 힘에 이끌려 어느 원정에서나 나는 앞장서서 나아갔다. 그리고 언제나 모든 위험과 때로는 무거운 책임을 조용한 마음으로 받아들였다. 친구들이 위험에 처했을 때, 나는 그들 곁을 떠난 적이 없다. 하지만 지금은 의지도 용기도 그때처럼 억세지 못하고 많이 꺾였다. 친구들이 가공할 만한 요새를 공격하려고 한다면, 나는 여전히 그들의 선두에 서서 공격을 지휘하는 대장이 될 수 있을까? 그보다는 뒤편으로 물러서서 싸움을 바라보며, 모두가 불안과 공포 속에 전진하는 것을 구경하고 있는 대장은 아닐까….

자누 뒤에는 또 무엇이 남아 있을까? 인간의 탁월함을 증명할 만한 것이 남아 있기는 한 것일까?

아마 우리 친구들은 높이는 낮아도 더 어려운 산에 도전할 것이다. 과거의 알프스에서 그리고 오늘날의 안데스에서처럼 마지막 남은 정상이 함락되면, 그다음의 도전 대상은 리지와 벽이 될 것이다. 하지만… 그 시대의 최고의 알피니스트들에게 한계란 없다.

내가 할 수 있는 범위는 현저히 줄어들 수밖에 없다. 힘도 용기도 점차 사라질 것이다. 그리고 이제 곧 나의 알프스는 젊은이들의 것이 될 것이다. 나를 기다리는 바위도, 얼음도, 크레바스도 없는 그날이 오면, 이미 늙고 지친 나는 양떼가 뛰어놀고 꽃이 피어 있는 푸른 초원에서 평화로운 시간을 보내고 있을지 모른다. 인생의 수레바퀴가 한 바퀴 돌면, 나는 마침내 어린 시절부터 꿈꾸어 온 평범한 농부가 되어 있을 것이다.

1961년 7월 그레노블에서

자누, 차크라라후 동봉, 닐기리에 오르다

이 책을 끝까지 읽은 독자들이라면, 너무나 많은 모험과 시련으로 나의 에너지가 점차 말라가고 열정이 식어가면서, 개성 또한 변해가고 있다는 것을 알았을 것이다. 나 역시 철학자들이 말하는 쪽으로 인생의 길을 걸어가는 것이었을까? 마지막 문단은 — 내가 인생을 보다 평화롭게 사는 쪽으로 물러서면서 — 두 번째 자누 원정을 떠맡는 것을 일종의 백조의 노래로 생각하고 있었다는 인상을 줄 것이다.

하지만 이것은 진실과는 거리가 있다. 사실, 1962년은 내 인생에서 가장 활동적이고 중요한 한 해였다.

1961년 7월, 나는 『무상의 정복자』를 끝내자마자 다시 가이드로 나섰다. 그리고 9월에 나는 파리로 가서 대규모 원정대를 조직하는 일에 매달렸다. 모든 일이 잘 되어가고 있을 때인 11월, 나는 파리에서 동남쪽으로 30킬로미터 떨어져 있는 석회암 암장 소수아Saussois

에서 딛고 있던 바위가 떨어져 나가는 바람에 10여 미터를 떨어졌다. 그리하여 갈비뼈 6개가 부러지고 흉막에 구멍이 뚫리는 전치 1개월의 부상을 당했다. 운이 좋다면 자누 원정대의 베이스캠프까지는 갈 수 있을 것 같았다. 하지만 정상 공격에 나서는 것은 명백히 불가능했다.

통상의 사회보험 가입자에게는 당연한 진단이었다. 하지만 가이드의 인생이란 그런 것이 아니다. 3일 후에 나는 4시간 동안 사유서와 각서를 썼고, 그로부터 5일 후에 무리하지 말라는 조언을 무릅쓰고 내 임무를 수행하기 위해 아픈 몸을 이끌고 병원을 나섰다.

이 사고로 계획이 늦어졌지만, 원정은 계획대로 진행됐다. 이전보다 규모가 더 크고 장비도 더 좋은 원정대가 3월 초에 자누로 향했다. 베이스캠프는 3월 19일에 구축됐다. 기술적으로 매우 뛰어난 10명의 대원과 30명의 셰르파는 이전의 경험을 바탕으로 4월 18일 6캠프까지 설치하면서 공격을 진행했다. 이 2주일간 우리들의 전망은 너무나 낙관적이었다.

처음에 나는 사고의 여파와 그동안의 운동 부족으로 너무 힘이 들어, 단지 지시하고 도와주는 수준에 머물러야 했다. 하지만 시간이 지나자 점차 나의 몸은 좋아졌다. 3캠프가 설치된 후 나는 다시 등반에 나설 수 있었고, 4월 15일까지 나는 공격조의 한 팀을 맡아 선두에 섰다. 이틀 후 나는 5캠프와 6캠프 사이에 있는 거대하고 가파른 얼음에 고정자일을 설치하면서 앞장섰다. 4월 26일, 비록 내 산소 기구가 제대로 작동하지 않았지만 나는 1년 전에 돌아서야 했던 가장 어려운 바위지대를 올라설 수 있었다. 그로부터 24시간 후 4명의 대원이 마침내 많은 사람들이 불가능하다고 했던 자누 정상에 올라섰다. 그리고 그다음 이틀 동안 나를 포함한 대원과 셰르파 7명이 또다시 정상 등정에 성공했다.

우리는 6월 초에 프랑스로 돌아왔다. 그리고 한 달도 지나지 않아 나는 다시 페루로 갔다. 우리의 목표는 내가 6년 동안 꿈꿔 온 가공할 만한 차크라라후 동봉이었다. 1956년 100미터가 더 높은 서봉의 정상에서 우리는 바위와 얼음의 화살촉인, 실로 등정이 불가능할 것 같은 이 봉우리에 대해 자세히 관찰했었다. 그때 얼마나 무시무시해 보였는지, 우리는 서봉의 정상에 성공적으로 올라가고도 이 봉우리를 해보겠다는 생각조차 품지 못했다. 그리하여 이 봉우리 대신 우리는 좀 더 쉬워 보이는 타우릴라후를 선택했던 것이다.

그 등반이 끝난 후 나는 곧바로 이렇게 썼었다. "차크라라후 동봉은 세계에서 가장 강력한 팀을 유혹할 것이다." 이것은 과장이 아니었다. 왜냐하면, 결과적으로 세계 여러 나라의 7개 원정대가 이 산을 목표로 페루에 갔지만, 단지 바라만 보고 돌아섰기 때문이다. 클로드 멜라르가 조직한 우리 원정대는 내가 대장을 맡았고, 경험이 아주 많은 7명의 대원으로 구성되어 있었다. 그중에는 유명한 기도 마뇽도 있었다. 안데스에서의 나의 경험은 물론이고 자누 원정에서의 고소순응이 남아 있어 나는 큰 어려움을 겪지 않고 앞장서서 등반을 이끌 수 있었다. 동벽을 올라 북동릉으로 가는 우리의 루트는 힘이 많이 드는 잔혹한 곳이었다. 간간이 바위가 나타나지만 얼음이 대부분인 마지막 600미터는 극도로 어려워, 이 고도에서라면 순응이 잘 된 사람이라도 불리할 수밖에 없었다. 어떤 날에는 하루 종일 60미터도 나아가지 못할 정도로 전진이 늦었다. 루트는 실제로 길고도 복잡해 600미터의 수직의 벽을 돌파하기 위해 우리는 2,500미터에 달하는 고정자일을 써야 했다. 우리는 8월 18일 마침내 이 길고도 힘든 등반에 대한 보상을 받을 수 있었다. 우리 5명이 얼음을 날카롭게 가공해 만든 듯한 정상에 올라선 것이다. 다음 날 나는 촬영 담당인 자크 랑귀팡과 함께 고정자일을 이용해 정상에 다시 올랐다. 그리고 나서 4명의 대원이 또다시 정상 등정에 성공했다.

1962년에는 또 다른 모험도 있었다. 나의 네덜란드 친구 에게러와 드 부이가 10년을 준비한 끝에 히말라야 원정등반에 발을 들여놓게 된 것이다. 그리하여 9월 중순 나는 이들과 합류하려고 네팔로 향했다. 항상 그래왔듯이 이들의 목적은 등반도 즐기고 과학 연구도 하는 것이었다. 내가 이끈 이 원정대는 5명의 네덜란드 등산가들로 구성되어 있었다. 우리의 목표는 안나푸르나와 가까운 멋진 닐기리 주봉7,061m으로 1950년에 내가 봤던 산이었다.

나는 긴 카라반을 강행한 끝에 이 산의 마지막 마을에서 친구들을 따라잡았다. 우리는 재빠른 정찰을 몇 번 한 후 북벽을 공략하기로 했다. 꽤 경사가 있는 북벽의 중앙이 어려워는 보였지만 바람의 영향을 덜 받을 뿐더러 객관적인 위험으로부터도 비교적 안전해 보였다. 몇 군데의 상당한 바위 장벽을 빠르게 돌파한 후 2캠프를 6,100미터의 테라스에 설치했다. 셰르파가 부족해서 우리들이 직접 모든 짐을 2캠프로 날라야 했다. 그 위쪽은 가파른 얼음지대와 장애물을 돌파하는 것이었는데, 350미터 정도의 그곳에 고정자일을 설치하며 돌파하는 데 6일이 걸렸다. 그리고 마침내 3캠프가 6,500미터에 설치되었다. 마지막 구간은 그다지 어렵지 않아, 그곳을 넘어가는 데는 반나절밖에 걸리지 않았다. 10월 26일이었다. 3명의 네덜란드 친구들과 셰르파 윙디가 나와 함께 정상에 올라섰고, 나는 건너편에 있는 안나푸르나 북벽을 바라볼 수 있었다. 닐기리 초등은 자누나 차크라라후만큼 어렵지는 않았지만 충분히 도전적인 등반이었다. 그리고 또한 이 등반은 등산의 역사에서 한 사람이 1년 동안 3개의 주요 원정을 이끌어 성공한 최초의 기록이자, 2개의 대륙에 있는 3개의 서로 다른 산군에서 성공을 거둔 최초의 업적이기도 했다.

리오넬 테레이로부터 배운 것

반세기에 가까운 지난 세월 동안 등산세계라는 생활권에서 살아오며, 나는 많은 것을 배우고 체험했다. 그것은 일반사회나 제도교육에서 얻은 것과는 사뭇 다른 것이었다.

등산은 조지 핀치의 말처럼 확실히 '스포츠가 아니라 삶의 방법'이었는데, 나는 이러한 것을 리오넬 테레이의 등산에서 구체적으로 보았다. 40여 년에 걸친 그의 짧은 인생은 올바른 알피니스트의 전형적인 모습이었다.

세계 등산의 역사는 어느덧 250여 년을 기록하고 있지만, 그 속에서 역사적인 인물로 남은 알피니스트는 그다지 많지 않다. 그리고 등산의 무대인 대자연이 더 이상 모험과 도전의 대상이 아닌 오늘날의 등산세계에서 그전과 같은 거인들이 나오기는 어렵게 됐다. 에드워드 윔퍼나 헤르만 불 그리고 발터 보나티 같은 인물들은 앞으로 기대하기 어렵다는 이야기다.

등산세계에서 역사적인 인물의 조건은 무엇일까? 그것은 한 마디로, 미래를 내다보는 안목과 사상과 행위가 등산의 조류를 바꾸고, 그의 등반기가 영원한 기록으로 남는 것이라고 나는 생각한다. 에드워드 윔퍼의 『알프스 등반기』, 헤르만 불의 『8천 미터 위와 아래』, 발터 보나티의 『내 생애의 산들』이 가장 두드러진 예이다.

나는 리오넬 테레이의 『무상의 정복자無償의 征服者』를 뒤늦게 읽고, 알피니스트로 살아온 그의 인생에서 새로운 사실을 알게 됐다. 그리하여 한동안 그의 세계에 감정이입이 되어, 오늘날의 등산세계를 잊다시피 했다. 그리고 일찍부터 등산계에 널리 알려져 있던 '무상의 정복자'라는 독특한 개념이 어디에서 왔는가를 알게 되자, 리오넬 테레이가 한층 더 가깝게 다가왔다.

리오넬 테레이는 알피니스트로서 헤르만 불이나 발터 보나티와 같은 범주에 들기는 어려울지 모른다. 그러나 그는 자신이 처음으로 정의한 "등산은 무상의 행위다."라는 말로 일약 등산계의 위대한 거인이 되었다. 훗날 라인홀드 메스너와 예지 쿠쿠츠카Jerzy Kukuczka가 히말라야의 8천 미터 급 고봉 14개를 완등했을 때 국제올림픽위원회IOC가 그들을 표창하려고 하자, 이를 거부한 것은 그들이 모두 테레이의 말을 금언으로 받아들이고, 그대로 따랐다는 이야기다. 이런 점에서 테레이가 세계 등산계에 미친 영향은 지대하며, 그가 남긴 족

적은 역사적 의미를 갖는다.

리오넬 테레이는 1921년에 태어났는데, 알피니스트로서의 그의 소질은 일찍이 열네 살 때 샤모니의 침봉군 중 하나인 그레퐁 등반에서 나타났다. 그는 훗날 루이 라슈날, 가스통 레뷔파와 더불어 제2차 세계대전 후의 프랑스 등산계를 대표하는 '삼총사'의 한 사람으로 활약했다.

테레이의 명성은 1950년 프랑스 안나푸르나 원정 때 절정에 달했다. 당시 그가 없었다면 역사적인 안나푸르나 초등을 이룩한 모리스 에르조그와 라슈날의 운명이 어떻게 되었을지 아무도 모른다. 그 사실은 테레이 본인의 기록보다 대장이었던 모리스 에르조그의 원정기에 구체적으로 나와 있다. 안나푸르나 초등의 클라이맥스는 뭐니 뭐니 해도 당시 등정에 성공하고도 조난에 빠진 에르조그와 라슈날을 테레이가 구조하는 장면이다. 심한 동상과 탈진 상태에 있던 그 영웅들을 자기 자신도 설맹에 걸린 상태에서 헌신적으로 구조한 테레이의 모습은 순결하고 고상했으며, 알피니스트로서 지극한 우정의 극치였다.

리오넬 테레이라는 이름이 우리나라 등산계에 알려진 지는 오래다. 그러나 그에 대한 자세한 기록이 없어 그가 어떤 알피니스트인지 알기가 어려웠다. 그런 의미에서 이 책 『무상의 정복자』의 비중은 크고 소중하다.

옮긴이의 말

『무상의 정복자』가 처음 나온 것은 1961년이며, 그 제목은 원래 '쓸모없는 것의 정복자'였다. 이 책은 훗날 영국과 독일에서 연이어 출간됐는데, 이때 독일에서는 『하늘의 문 앞에서Vor den Toren des Himmels』라는 제목으로 출간됐다. 이 색다른 제목은 테레이가 라슈날과 만나 산에 빠지게 된 당시를 회고한 글에 나온다.

테레이의 책 속에 "라슈날과 만나다"라는 장章이 있는데, 나는 이것이 『무상의 정복자』 중 압권이라고 본다. 그 첫머리에 테레이는 "1945년 여름은 내 생애의 일대 전환기였다."라고 하면서, "알피니즘은 지금까지 내 마음을 사로잡았지만 이제는 바로 삶 그 자체이다. 다시 말해서, 알피니즘은 나에게 열정이고 고민인 동시에 생계를 해결하는 수단이 되었다."라고 썼다. 그는 또한 당시를 회상하며 "나는 하늘의 문 앞에서 놀면서 내가 땅 위의 사람이라는 것을 잊고 있었다."라고도 했다. 『무상의 정복자』 독일어판은 이 대목에 감정이입이 되어 결국 그 제목을 『하늘의 문 앞에서』로 했던 것 같다.

그런데 테레이 자신의 생각이 거기서 그치지 않았다. 훗날 라슈날과 아이거 북벽을 오르며 그의 등산 철학은 비로소 한 차원 높은 경지에 이르렀다. 그는 '아이언'을 오르며 루트를 찾지 못해 고생했는데, 그때 눈앞에 녹이 슨 낡은 하켄이 나타났다. 그것은 분명 앞서 도전했던 칼 메링거와 막스 제들마이어가 그곳에서 악전고투했다는 의미였다. 당시 그들은 불행하게도 연일 계속되는 악천후에 꺾이고 말왔다. 1935년의 일이다. 테레이는 이 녹슨 하켄이 암시하는 숭고하고도 처절한, 바로 '무상의 정복자'의 모습을 보았던 것이리라.

오늘날 세계 등산계에 영원히 남게 된 이 '무상의 정복자'라는 말은 단순히 멋진 언어의 유희나 추상적 시구詩句와 같은 것이 아니다. 오직 전인미답의 준엄한 대자연과 싸우던 알피니스트의 모습에서 얻은 불멸의 키워드요, 금언인 것이다.

리오넬 테레이는 알피니즘이란 본래 눈과 얼음이 섞인 거벽을 오르는 것이라고 말하며, 아이거 북벽 도전은 완벽한 기술, 불굴의 용기와 의지, 그리고 거기에 행운이 따라야 한다고 했다. 그는 메링거와 제들마이어가 그만한 능력과 소질을 갖고 있었지만, 결국 운이 따르지 않았다고 했다. 이것은 테레이가 자기 자신을 낮추고 그들 선구자들에게 무한한 경의와 찬사를 보낸, 알피니스트로서 돈독한 우정의 발로라고 나는 본다.

리오넬 테레이의 인간성은 여기에 그치지 않는다. 그가 훗날 히말라야 오지에 사는 원주민들을 바라보는 데도 그의 인간성은 그대로 나타났다. 그는 첨예한 알피니스트이면서도 단순히 눈 덮인 고산에만 관심을 갖지 않고, 화려한 현대문명을 모르고 사는 오지 사람들의 생활환경에도 남다른 관심과 애정을 갖고 있었다. 실로 그는 알피니즘과 휴머니즘을 공유한 보기 드문 등산 가이드였다.

서구사회에서도 부유한 중류층 가정에서 태어난 테레이였지만,

옮긴이의 말

그는 자연을 추구한 나머지 따뜻한 가정의 온실보다는 냉엄한 대자연의 알프스에 끌려, 끝내 등산 가이드가 됐다. 어느 지방에서 강연을 끝낸 테레이가 그곳 유지의 초청을 받았는데, 한 사람이 그의 신분을 대학교수나 엔지니어로 알자 그는 서슴지 않고 등산 가이드라고 말해 그 사람을 어리둥절케 했다고 한다. 이처럼 그는 등산 가이드라는 직업에 강한 애착과 긍지를 갖고 있었다.

테레이는 가이드란 기술이나 체력보다 정신적·지적 능력이 있어야 하며, 무엇보다도 헌신적이어야 한다고 했다. 알프스의 가이드는 남의 소중한 생명을 책임지고 있기 때문에 언제나 인간의 존엄성을 잊지 말아야 한다는 것이 그의 신조요, 주장이었다. 산이 그리워 평생 대자연 속에서 살려고 직업 가이드의 길을 갔던 테레이였지만, 그의 등산 철학은 철저했다. 그는 어려운 등반에서도 볼트나 사다리를 쓰는 인공등반을 배척하고, 어디까지나 도전적 알피니즘의 길을 갔다.

리오넬 테레이는 마흔이 막 지난 나이로, 1962년 당시 '공포의 산'으로 알려진 칸첸중가 산군의 자누Jannu(7,710m) 정상에 섰다. 그때 그는 "정말 매력 있는 등정은 그 산이 등산가에게 최고의 노력과 기술을 요구하는 데 있다."라고 했다.

나는 인생 후기에 발터 보나티의 『내 생애의 산들』을 옮겼고, 이제 리오넬 테레이의 『무상의 정복자』까지 끝냈다. 늦어도 한참 늦었지만 이런 책은 앞으로 절대로 나올 수 없을뿐더러, 알피니즘의 세계에서 그야말로 시공을 초월하는 문화적 유산이라고 나는 믿는다. 이를테면, 이제 내가 우리 등산계에 비로소 할 일을 다 한 느낌이다.

그러면서도 끝내 아쉬웠던 점은 이들 책이 모두 이탈리아어와 프랑스어로 되어 있어 역자로서는 하는 수 없이 독일어판을 옮겼다는 것이다. 이를테면 중역重譯인 셈인데, 그 점을 생각하고 영어와 일어판도 참고했다. 이 과정에서 느낀 점은 독일어판의 특색인데, 원서의 서술 가운데 그다지 중요하지 않다고 생각되는 부분은 적당히 생략하고 있었다. 여기 독일인다운 사고의 특성이 잘 나타나 있어 번역에 크게 도움이 되었다.

다만, 책의 제목은 우리에게 너무나 잘 알려져 있는『무상의 정복자』로 했다. 원 제목에 있는 '쓸모없는 것'은 물론 '산'을 가리키는 말로, 산이 등산을 모르는 사람에게는 위험하고 고생스러울 뿐 쓸모없는 것으로 보인다는 이야기다. 그런데 알피니스트는 그런 쓸모없는 것에 목숨을 걸기도 한다.

이제 리오넬 테레이의 책을 끝내고 한숨을 돌리면서, 근년에 나온 라인홀드 메스너의 자서전『나의 인생UBER LEBEN』을 펼쳤다. 하지만 나는 책장을 더 이상 넘기지 못한다. 거기 "사람은 누구나 쓸모 있는 것을 쓸 줄 안다. 그런데 쓸모없는 것을 쓸 줄 아는 사람은 거의 없다."라는 글이 있었다. 리오넬 테레이와 라인홀드 메스너라는 두 거

옮긴이의 말

인 사이에는 반세기의 시대차가 있다. 그러나 극한을 추구하던 그들의 등산 철학에는 시공을 초월하는 공감의 세계가 있었다.

여기 옮긴 독일어판은 『Vor den Toren des Himmels Von den Alpen zur Annapurna』로 『하늘의 문 앞에서—알프스에서 안나푸르나까지』로 되어 있다. 1965년도 판이다.

찾아보기